Steuerliche Aspekte der Investment-Aktiengesellschaft

# Europäische Hochschulschriften

Publications Universitaires Européennes
European University Studies

**Reihe II**
**Rechtswissenschaft**

Série II Series II
Droit
Law

**Bd./Vol. 4547**

PETER LANG
Frankfurt am Main · Berlin · Bern · Bruxelles · New York · Oxford · Wien

Linda Kristina Kasberg

# Steuerliche Aspekte der Investment-Aktiengesellschaft

PETER LANG
Europäischer Verlag der Wissenschaften

**Bibliografische Information der Deutschen Nationalbibliothek**
Die Deutsche Nationalbibliothek verzeichnet diese Publikation in der Deutschen Nationalbibliografie; detaillierte bibliografische Daten sind im Internet über <http://www.d-nb.de> abrufbar.

Zugl.: Köln, Univ., Diss., 2007

D 38
ISSN 0531-7312
ISBN 978-3-631-56642-8



www.peterlang.de

# Vorwort

Die vorliegende Arbeit entstand während meiner Tätigkeit als wissenschaftliche Mitarbeiterin von Prof. Dr. Joachim Hennrichs am Lehrstuhl für Bürgerliches Recht, Bilanz- und Steuerrecht an der Universität zu Köln. Sie wurde im Januar 2007 von der Rechtswissenschaftlichen Fakultät der Universität zu Köln als Dissertation angenommen.

Bei ihrer Anfertigung wurde mir vielfältige Unterstützung zuteil, für die ich mich herzlich bedanken möchte: An erster Stelle möchte ich mich besonders bei meinem Doktorvater, Herrn Prof. Dr. Joachim Hennrichs, bedanken, der mich stets in vielfacher Weise gefördert hat. Das Thema meiner Arbeit wurde durch ihn angeregt. Bei der Bearbeitung hat er mich mit wertvollen Hinweisen begleitet. Auch die von ihm geschaffene angenehme Arbeitsatmosphäre am Lehrstuhl hat zum Gelingen der Arbeit beigetragen.

Für die freundliche und zügige Erstellung des Zweitgutachtens bin ich zudem Herrn Prof. Dr. Jens Peter Meincke zu Dank verpflichtet. Mein Dank gilt ferner den Mitarbeitern am Lehrstuhl für Bürgerliches Recht, Bilanz- und Steuerrecht der Universität zu Köln, insbesondere Herrn Karl-Philipp Wojcik, für die Durchsicht des Manuskripts.

Herzlich danken möchte ich auch meinen Eltern, durch die ich fortwährende Unterstützung erfahren habe und die hierdurch wesentlich zum Gelingen dieser Arbeit beigetragen haben. Ihnen sei sie gewidmet.

Köln, im Januar 2007 Linda Kristina Kasberg

# Inhaltsverzeichnis

Literaturverzeichnis ..... XVII
Abkürzungsverzeichnis ..... XXXIII

Einleitung ..... 1

Erstes Kapitel: Wesen der Investmentaktiengesellschaft ..... 3
§ 1 Begriffsbestimmung der Investment-Aktiengesellschaft ..... 3
§ 2 Abgrenzung zur Kapitalanlagegesellschaft ..... 5
A. Investmentgesellschaft des Vertragstypus ..... 6
B. Bildung eines Sondervermögens und die daran bestehenden Eigentumsverhältnisse ..... 6
C. Open-End-Prinzip ..... 8
D. Depotbank ..... 9
§ 3 Historische Entwicklung der Investmentgesellschaften und speziell der Investment-Aktiengesellschaft ..... 9
A. Entstehung der ersten Investmentgesellschaften ..... 9
B. Aufschwung der Investmentidee in den USA ..... 11
C. Entwicklung in Deutschland ..... 12
I. Lage vor dem Erlass des Gesetzes über Kapitalanlagegesellschaften (KAGG) ..... 12
II. Erlass des KAGG im Jahre 1957 und die Zeit danach ..... 13
III. Einführung der Investment-Aktiengesellschaft durch das Dritte Finanzmarktförderungsgesetz ..... 15
1. Rechtliche Ausgestaltung der "ersten" deutschen Investment-Aktiengesellschaft ..... 15
2. Ursachen des Misserfolgs der Investment-Aktiengesellschaft ..... 16
IV. Neugestaltung der Rahmenbedingungen der Investment-Aktiengesellschaft durch das Investmentmodernisierungsgesetz ..... 19
1. Allgemeiner Rechtsrahmen ..... 20
a) Gründung ..... 20
b) Unternehmensgegenstand ..... 22
c) Praktische Rechtfertigung für die Existenz einer Investment-Aktiengesellschaft in Deutschland? ..... 23
2. Besonderheiten der Investment-Aktiengesellschaft mit veränderlichem Kapital ..... 25
a) Statutarisch genehmigtes Kapital ..... 25

b) Rücknahmeanspruch der Aktionäre ....... 26
c) Gebot der jederzeitigen Deckung des Grundkapitals ....... 27
3. Besonderheiten der Investment-Aktiengesellschaft mit fixem Kapital ....... 28
V. Zusammenfassung ....... 29

Zweites Kapitel: Grundlagen der Besteuerung ....... 31
§ 1 Besteuerung der Investment-Aktiengesellschaft und ihrer Anteilseigner vor Inkrafttreten des InvestmentG ....... 32
§ 2 Reform der Besteuerung der Investment-Aktiengesellschaft und ihrer Anteilseigner durch das Investmentsteuergesetz ....... 33
§ 3 Verhältnis des InvStG zum EStG, KStG und GewStG ....... 35

Drittes Kapitel: Steuerliche Behandlung der Ebene der Investment-AG ....... 37
§ 1 Befreiung von der Körperschaft- und Gewerbesteuer ....... 37
A. Sondervermögen ....... 37
I. Zweckvermögensfiktion und deren Rechtfertigung ....... 37
II. Befreiungsvorschrift des § 11 Abs. 1 Satz 2 InvStG ....... 39
B. Investment-Aktiengesellschaft ....... 39
§ 2 Keine Belastung der inländischen Erträge mit Kapitalertragsteuer auf der Eingangsseite der Investment-AG ....... 41
§ 3 Transparenzprinzip ....... 43
§ 4 Umsatzsteuer bei der Investment-Aktiengesellschaft ....... 44
A. Investment-AG als Steuersubjekt und Steuerschuldner der Umsatzsteuer ....... 44
I. Einfluss des Europäischen Gemeinschaftsrechts ....... 45
II. Vorliegen einer Nutzung von körperlichen Gegenständen zur nachhaltigen Erzielung von Einnahmen i.S.d. Art. 4 Abs. 2 Satz 2 der 6. Richtlinie bzw. einer nachhaltigen Tätigkeit zur Erzielung von Einnahmen i.S.d § 2 Abs. 1 Satz 3 UStG ....... 46
1. Erwerb, Halten und Veräußern von Anlagegegenständen ....... 46
2. Tätigkeiten, die über den bloßen Erwerb und Veräußerung von Anlagegegenständen hinausgehen ....... 47
B. Umsatzsteuerliche Behandlung der Verwaltung des Vermögens der Investment-Aktiengesellschaft ....... 49
I. Vorliegen einer umsatzsteuerbaren Verwaltungstätigkeit i.S.d. § 1 UStG ....... 49
1. Erbringung der Verwaltungstätigkeit durch die Investment-Aktiengesellschaft gegenüber ihren Aktionären ....... 49
2. Erbringung von Verwaltungstätigkeiten durch dritte Unternehmen gegenüber der Investment-Aktiengesellschaft ....... 51

II. Steuerbefreite Verwaltungstätigkeit nach § 4 UStG und der Anwendungsbereich des § 4 Nr. 8 Buchstabe h) UStG ..... 52
1. Steuerbefreiung der Verwaltung des Vermögens der Investment-Aktiengesellschaft nach § 4 Nr. 8 Buchstabe h UStG? ..... 53
2. Steuerbefreiung der Verwaltung des Vermögens der Investment-Aktiengesellschaft aufgrund richtlinienkonformer Auslegung des § 4 Nr. 8 Buchstabe h UStG? ..... 55
a) Wortlaut des Art. 13 Teil B Buchst. d Nr. 6 der 6. EG-Richtlinie ..... 56
b) Sinn und Zweck des Art. 13 Teil B Buchst. d Nr. 6 der 6. EG-Richtlinie 58
c) Grenzen der richtlinienkonformen Auslegung ..... 59
3. Steuerbefreiung der Verwaltung des Vermögens der Investment-Aktiengesellschaft aufgrund unmittelbarer Wirkung der Richtlinie? ..... 59
4. Steuerbefreite Verwaltung des Vermögens der Investment-Aktiengesellschaft aufgrund analoger Anwendung des § 4 Nr. 8 Buchst. h UStG? ..... 60
a) Planwidrige Regelungslücke ..... 60
b) Vergleichbare Interessenlage ..... 61
§ 5 Zusammenfassung ..... 62

Viertes Kapitel: Steuerliche Behandlung der Ebene der Anteilseigner ..... 63
§ 1 Laufende Besteuerung der Investmenterträge ..... 63
A. Regelbesteuerung ..... 63
I. Allgemeine Grundlagen ..... 63
1. Bekanntmachungs- und Nachweispflichten i.S.d. § 5 Abs. 1 InvStG ..... 63
2. Zuordnung zum Privat- oder Betriebsvermögen ..... 65
3. Bestandteile der Einkünfte ..... 66
a) Ausgeschüttete Erträge ..... 66
b) Ausschüttungsgleiche Erträge ..... 68
II. Umfang der Steuerpflicht ..... 69
1. Anteile im Privatvermögen ..... 69
a) Ausgeschüttete Erträge ..... 70
aa) Einkünftequalifikation ..... 70
bb) Laufende Investmenterträge aus Dividenden – Anwendung des Halbeinkünfteverfahrens ..... 71
cc) Laufende Investmenterträge aus Gewinnen aus der Veräußerung von Wertpapieren und Termingeschäften – Sachliche Steuerbefreiung ..... 73
(1) Begriff des Wertpapiers ..... 74
(2) Begriff des Termingeschäfts ..... 75
(3) Keine vollständige Verwirklichung des Transparenzprinzips ..... 78

dd) Vereinbarkeit des generellen Ausschlusses der Steuerpflicht von Rückzahlungen von Einlagen mit der Systematik des EStG ..... 80
b) Besonderheiten bei ausschüttungsgleichen Erträgen ..... 82
aa) Geringerer Umfang der Steuerbarkeit ..... 82
bb) Systemkonformität der Begrenzung der steuerbaren thesaurierten Veräußerungsgewinne in Bezug auf den privaten Investor ..... 83
2. Anteile im Betriebsvermögen ..... 85
a) Ausgeschüttete Erträge ..... 85
aa) Einkünftequalifikation ..... 85
bb) Laufende Investmenterträge aus Dividenden – Anwendung des Halbeinkünfteverfahrens bzw. des Beteiligungsprivilegs ..... 86
cc) Laufende Investmenterträge aus Gewinnen aus der Veräußerung von Wertpapieren und Termingeschäften – grundsätzlich steuerpflichtig... 89
dd) Vereinbarkeit des generellen Ausschlusses der Steuerpflicht von Rückzahlungen von Einlagen mit der Systematik des EStG bzw. KStG ..... 92
b) Besonderheiten bei ausschüttungsgleichen Erträgen ..... 93
aa) Geringerer Umfang der Steuerbarkeit der ausschüttungsgleichen Erträge ..... 93
bb) Systemfremdheit der Begrenzung der ausschüttungsgleichen Erträge in Bezug auf den betrieblichen Investor ..... 94
c) Gewerbesteuer unter besonderer Berücksichtigung der Frage der Anwendbarkeit des § 8 Nr. 5 GewStG ..... 95
aa) Erste Ansicht: Keine Anwendung des § 8 Nr. 5 GewStG ..... 97
bb) Zweite Ansicht: Anwendung des § 8 Nr. 5 GewStG ..... 97
cc) Stellungnahme ..... 98
3. Zusammenfassung ..... 99
III. Ermittlung der steuerpflichtigen Investmenterträge ..... 100
1. Ebene der Investment-AG ..... 100
a) Einnahmen-Überschussrechnung ..... 100
aa) Systemwidrigkeit der Ermittlungsmethode im Zusammenhang mit der Investment-AG ..... 101
bb) Anwendung des § 11 EStG und seine Durchbrechungen ..... 102
b) Abzugsfähigkeit der Werbungskosten ..... 103
aa) bei unmittelbarem wirtschaftlichen Zusammenhang mit Einnahmen. 104
(1) Fehlen einer speziellen Regelung im InvStG ..... 104
(2) Anwendung von Abzugsverboten? ..... 104
bb) Kein unmittelbarer wirtschaftlicher Zusammenhang mit Einnahmen 108
(1) Gesetzliche Vorgaben: Dreistufenregelung ..... 108

(2) Durchbrechungen des Transparenzprinzips ..... 111
(a) Pauschales Werbungskostenabzugsverbot in Höhe von 10% ..... 111
(b) Systemwidrige Verankerung von Werbungskostenabzugsverboten im Zusammenhang mit den Dividendeneinnahmen ..... 112
c) Behandlung von negativen Erträgen ..... 113
aa) Verlustausgleich innerhalb des Entstehungsjahres der negativen Erträge ..... 113
bb) Intertemporärer Verlustausgleich (Verlustvortrag) und der Verstoß gegen das Transparenzprinzip sowie gegen das aus Art. 3 Abs. 1 GG hergeleitete Leistungsfähigkeitsprinzip ..... 114
d) Optionales Ertragsausgleichsverfahren ..... 116
e) Gesonderte Feststellung der Besteuerungsgrundlagen ..... 117
aa) Gesonderte Feststellung ausschließlich gegenüber der Investment-AG ohne Erstreckung auf die Anleger ..... 117
(1) Rechtslage bei der Personengesellschaft ..... 117
(2) Rechtslage bei der Investment-AG ..... 118
bb) Besonderes Verfahren der Fehlerkorrektur und der Verstoß gegen das aus Art. 3 Abs. 1 GG hergeleitete Leistungsfähigkeitsprinzip sowie gegen das Transparenzprinzip ..... 120
2. Ebene der Anteilseigner ..... 121
a) Anteile im Privatvermögen ..... 121
aa) Einnahmen-Überschuss-Rechnung und Zeitpunkt der steuerlichen Erfassung der Investmenterträge ..... 121
(1) Zufluss als maßgeblicher Zeitpunkt der Besteuerung bei ausgeschütteten Erträgen ..... 122
(2) Zuflussfiktion bei ausschüttungsgleichen Erträgen und Teilausschüttungen ..... 123
bb) Abziehbarkeit von Werbungskosten ..... 124
b) Anteile im Betriebsvermögen ..... 125
aa) Betriebsvermögensvergleich bzw. Gewinnermittlung nach § 4 Abs. 3 EStG und Zeitpunkt der steuerlichen Erfassung der Investmenterträge ..... 125
(1) Zeitliche Erfassung ausgeschütteter Erträge ..... 126
(2) Zeitliche Erfassung ausschüttungsgleicher Erträge und einer Teilausschüttung ..... 127
bb) Abziehbarkeit von Betriebsausgaben ..... 129
3. Zusammenfassung ..... 130
IV. Kapitalertragsteuerabzug ..... 130
1. Umfang und Höhe der steuerabzugspflichtigen Erträge ..... 130
a) bei ausgeschütteten Erträgen ..... 131

b) bei ausschüttungsgleichen Erträgen ..... 133
2. Verfahren des Kapitalertragsteuerabzugs ..... 133
a) bei ausgeschütteten Erträgen ..... 133
b) bei ausschüttungsgleichen Erträgen ..... 135
c) Sonderfall: teilweise ausgeschüttete Erträge und teilweise ausschüttungsgleiche Erträge ..... 136
B. Pauschale Strafbesteuerung ..... 138
I. Zweck und Wirkung des § 6 InvStG ..... 138
II. Nichterfüllung der Bekanntmachungspflichten nach § 5 Abs. 1 InvStG ..... 139
III. Bemessungsgrundlage und Einkünftequalifikation der Pauschalsteuer ..... 140
IV. Verfassungsmäßigkeit des § 6 InvStG ..... 143
1. Verstoß der Mindestbetragsbesteuerung in § 6 InvStG gegen den allgemeinen Gleichheitssatz des Art. 3 Abs. 1 GG in Gestalt des Leistungsfähigkeitsprinzips ..... 144
2. Rechtfertigung des Verstoßes gegen Art. 3 Abs. 1 GG durch sachlichen Grund ..... 145
V. Zeitliche Erfassung ..... 146
VI. Kapitalertragsteuerabzug ..... 147
§ 2 Veräußerung bzw. Rückgabe von Anteilen an der Investment-AG seitens der Anteilseigner ..... 147
A. Anteile im Privatvermögen ..... 148
I. Anwendbarkeit von §§ 22 Nr. 2, 23 EStG und seine Voraussetzungen ..... 148
II. Mangelnde Umsetzung des Transparenzprinzips ..... 150
1. Nichtanwendbarkeit des Halbeinkünfteverfahrens ..... 150
2. Nichtanwendbarkeit des § 17 EStG ..... 152
III. Besteuerung des Zwischengewinns ..... 153
1. Zielsetzung der Zwischengewinnbesteuerung: Gleichbehandlung von Investmentanleger und Direktanleger ..... 154
2. Steuerpflichtiger Umfang und Ermittlung des Zwischengewinns sowie Einkünftequalifikation – Keine vollständige Umsetzung des Transparenzprinzips? ..... 156
3. Pauschale Strafbesteuerung im Zusammenhang mit dem Zwischengewinn bei Verletzung von Ermittlungs- und Veröffentlichungspflichten ..... 158
a) Pauschalbesteuerung gem. § 5 Abs. 3 S. 2 InvStG ..... 159
b) Pauschalbesteuerung gem. § 6 InvStG ..... 161
4. Kapitalertragsteuerabzug ..... 162
5. Verhältnis der Zwischengewinnbesteuerung zur Veräußerungsgewinnbesteuerung nach § 23 EStG ..... 163
B. Anteile im Betriebsvermögen ..... 163

I. Anwendung des § 8 InvStG (sog. Aktiengewinn) auf den Veräußerungsgewinn bzw. -verlust ..... 164
1. Umsetzung des Transparenzprinzips ..... 164
2. Definition und Ermittlung des Aktiengewinns sowie des steuerpflichtigen Teils bei der Veräußerung bzw. Rückgabe von Anteilen an einer Investment-AG ..... 165
a) Unterscheidung des positiven vom negativen Aktiengewinn ..... 165
b) Abzugsfähigkeit von Werbungskosten ..... 166
c) Abgrenzung des Fonds-Aktiengewinns vom Anleger-Aktiengewinn ..... 168
d) Ermittlung und Veröffentlichung des Aktiengewinns durch die Investment-AG nach § 5 Abs. 2 InvStG ..... 171
II. Exkurs: Bilanzierung von Anteilen an einer Investment-AG in der Handels- und Steuerbilanz ..... 173
1. Erwerb von Anteilen an einer Investment-AG ..... 173
2. Folgebewertung von Anteilen an einer Investment-AG ..... 174
a) Bewertung von Anteilen im Anlagevermögen ..... 174
aa) Handelsbilanz ..... 174
bb) Steuerbilanz ..... 175
(1) Teilwertabschreibung nach § 6 Abs. 1 Nr. 1 S. 2, Nr. 2 S. 2 EStG. 175
(2) Abzugsbeschränkungen in § 8 Abs. 2 S. 1 erster Hs. i.V.m. Abs. 3 S. 2 InvStG ..... 176
(3) Zuschreibung ..... 178
b) Bewertung von Anteilen im Umlaufvermögen ..... 178
aa) Handelsbilanz ..... 178
bb) Steuerbilanz ..... 179
III. Zwischengewinnbesteuerung ..... 179
IV. Gewerbesteuer ..... 180
C. Zusammenfassung ..... 181

Fünftes Kapitel: Internationale Aspekte bei der Besteuerung der Investment-Aktiengesellschaft ..... 183
§ 1 Investment-AG mit Einkünften im Ausland (Outbound-Investition) ..... 183
A. Vermeidung der Doppelbesteuerung der ausländischen Zins- und Dividendenerträge durch ein Doppelbesteuerungsabkommen ..... 185
I. Abkommensberechtigung der Investment-AG ..... 185
II. Abkommensrechtliche Beschränkungen bei ausländischen Zins- und Dividendenerträgen ..... 187
III. Anrechnung ausländischer Quellensteuer auf die Steuerschuld der inländischen Anteilseigner ..... 189

1. Übertragung der Anrechnungsmöglichkeit aus dem DBA auf die Anteilseigner ....189
2. Endgültigkeit der ausländischen Quellensteuer ....189
3. Berechnung der anrechenbaren ausländischen Quellensteuer ....190
4. Besonderheiten bei ausländischen Dividendenerträgen ....191
5. Wahrung des Transparenzprinzips? ....193
B. Vermeidung der Doppelbesteuerung von ausländischen Zins- und Dividendenerträgen durch unilaterale Maßnahmen ....195
C. Bekanntmachungspflichten der Investment-AG ....197
§ 2 Beteiligung ausländischer Investoren an der Investment-AG (Inbound-Investition) ....198
A. Umfang der in Deutschland steuerpflichtigen laufenden Investmenterträge ....199
I. Nach nationalem Recht ....199
1. Anwendbarkeit des § 49 Abs. 1 Nr. 5 Buchst. b) EStG auf betriebliche ausländische Investoren? ....199
2. Eingrenzung der Steuerpflicht auf inländische Dividendenbezüge und Tafelgeschäfte – Wahrung des Transparenzprinzips? ....199
3. Abstandnahme von bzw. Erstattung der Kapitalertragsteuer bei nicht steuerbaren Investmenterträgen ....201
II. Abkommensrechtliche Beschränkungen ....202
1. Einordnung der Investmenterträge der Investment-AG im Abkommensrecht ....203
2. Begrenzung des nationalen Besteuerungsrechts aufgrund Art. 10 Abs. 2 OECD-MA ....204
B. Veräußerung bzw. Rückgabe des Anteils an der Investment-AG ....205

Sechstes Kapitel: Berechtigung und Praktikabilität der transparenten Besteuerung der Investment-Aktiengesellschaft ....207
§ 1 Nichtberücksichtigung der Investment-Aktiengesellschaft als selbständige Trägerin von Rechten sowie wirtschaftlicher Leistungsfähigkeit ....209
§ 2 Systemwidrigkeit der steuerlichen Erfassung thesaurierter Gewinne bei den Anteilseignern ....212
§ 3 Abwicklungsschwierigkeiten in der Praxis ....213
A. Ermittlung sowie Information der Anteilseigner ....213
B. Wechsel der Anteilseigner innerhalb des Geschäftsjahres der Gesellschaft ....214
C. Nachträgliche Gewinnkorrekturen durch das Finanzamt ....216
§ 4 Besteuerung ausländischer Anteilseigner ....217
§ 5 Fazit ....218

Siebtes Kapitel: Zusammenfassung der Ergebnisse ....................................................219

## Literaturverzeichnis

*Abdala, Martin E.*, Das Recht der Investmentfonds – Ein Vergleich der deutschen Investmentgeschäfte und der amerikanischen Mutual Funds, Köln, Univ., Diss. 2000, Frankfurt am Main 2001, (zitiert: Abdala, Das Recht der Investmentfonds)

*Adler/Düring/Schmaltz*, Rechnungslegung und Prüfung der Unternehmen: Kommentar zum HGB, AktG, GmbHG, PublG nach den Vorschriften des Bilanzrichtlinien-Gesetzes, 6. Aufl., Stuttgart 1995, (zitiert: Adler/Düring/Schmaltz)

*Altfelder, Stefan*, Investmentfonds – endlich verständlich? - Plädoyer für ein prinzipiengeleitetes Steuerrecht –, FR 2000, 299

*Ammelung, Ulrich/ Lindauer, Ralf*, Besteuerung von Dachfonds, Einführungsschreiben des BMF zum InvStG hat Zweifelsfragen offen gelassen, NWB 2006, Fach 3, S. 14025

*Assmann, Heinz-Dieter/ Schütze, Rolf A.*, Handbuch des Kapitalanlagerechts, 2. Auflage, München 1997, (zitiert: Bearbeiter, in: Assmann/Schütze, Handbuch des Kapitalanlagerechts)

*Bacmeister, Friedrich*, Komplexität der Ertragsrechnung – Simplizität des Aktiengewinns – Eine Analyse des neuen Investmentsteuerrechts am Beispiel eines Dach-Hedgefonds, IStR 2004, 176

*ders.*, Aktiengewinn – Analyse und Anwendung von § 8 InvStG, BB 2004, 2787

*ders.*, Umsatzsteuerbefreiung des Outsourcing bei Investmentfonds – Die Sicht des EuGH, IStR 2006, 779

*Baehring, Bernd, Union-Investment-Gesellschaft mbH (Hrsg.)*, Investment in Deutschland, Frankfurt am Main 1981, (zitiert: Baehring, Investment in Deutschland)

*Baetge, Jörg/ Kirsch, Hans-Jürgen/ Thiele, Stefan*, Bilanzrecht, Handelsrecht mit Steuerrecht und den Regelungen des IASB, Kommentar, Losebl. (Stand: Juni 2006), Bonn/Berlin, (zitiert: Bearbeiter, in: Baetge/Kirsch/Thiele, Bilanzrecht)

*Baur, Jürgen*, Investmentgesetze: Gesetz über Kapitalanlagegesellschaften (KAGG) und Gesetz über den Vertrieb ausländischer Investmentanteile und über die Besteuerung der Erträge aus ausländischen Investmentanteilen (Auslandinvestment-Gesetz – AuslInvestmG), Kommentar, 1. Teilband (Einleitung nebst Länderübersicht; §§ 1-25j KAGG), 2. Teilband (§§ 26-55 KAGG; AuslInvestmG; Anhang; Stichwortverzeichnis), 2. Auflage, Berlin/New York 1997, (zitiert: Baur, Investmentgesetze)

*Baums, Theodor/ Kiem, Roger*, Die Investmentgesellschaft mit veränderlichem Kapital, in: Festschrift für Walther Hadding, Berlin 2004, S. 741

*Becker, Helmut/ Höppner, Horst-Peter/ / Grotherr, Siegfried/ Kroppen, Heinz-Klaus (Hrsg.)*, DBA-Kommentar, Losebl. (Stand: 1997), Herne/Berlin, (zitiert: Bearbeiter, in: Becker/Höppner/Grotherr/Kroppen, DBA)

*Beckmann, Klaus/ Scholtz, Rolf-Detlev,* Investment, Ergänzbares Handbuch für das gesamte Investmentwesen, Losebl. (Stand: Dezember 2005), Berlin (zitiert: Beckmann/Scholtz, Investment-Handbuch)

*Beck´scher Bilanz-Kommentar*, Handels- und Steuerbilanz: §§ 238-339, 342 bis 342e HGB mit EGHGB und IAS/IFRS-Abweichungen, 6. Auflage, München 2006, (zitiert: Bearbeiter, in: Beck´scher Bilanzkommentar)

*Beck´sches Handbuch der AG - mit KGaA*: Gesellschaftsrecht-Steuerrecht-Börsengang (Hrsg. von Welf Müller und Thomas Rödder), München 2004, (zitiert: Bearbeiter, in: Beck´sches Handbuch der AG)

*Berger, Hanno/ Steck, Kai-Uwe,* Regulierung von Hedgefonds in Deutschland: Zugleich ein rechtsvergleichender Blick auf die USA, Luxemburg und die Schweiz, ZBB 2003, 192

*Berkenheide, Josef,* Zur Änderung der Steuerbefreiungen im Umsatzsteuergesetz 1980, DStZ 1980, 140

*Birk, Dieter*, Steuerrecht, 8. Auflage, Heidelberg 2005, (zitiert: Birk, Steuerrecht)

*ders.*, Das Leistungsfähigkeitsprinzip in der Unternehmenssteuerreform, StuW 2000, 328

*Birkenfeld, Wolfram,* Das große Umsatzsteuer-Handbuch, Losebl. (Stand: Juni 2006), Köln, (zitiert: Birkenfeld, UStG)

*Bleckmann, Albert*, Gleichbehandlung von Männern und Frauen hinsichtlich des Zugangs zur Beschäftigung – Anmerkung zum Urteil des Europäischen Gerichtshofs in der Rechtssache 14/83 vom 10.4.1984-, DB 1984, 1574

*ders.*, Probleme der Auslegung europäischer Richtlinien, ZGR 1992, 364

*Bonertz, Rainer*, Outsourcing von Portfoliomanagement und Vermögensverwaltung aus umsatzsteuerlicher Sicht, DStR 2006, 932

*Bonin, Christoph*, BB-Forum: Der Aktiengewinn im Entwurf des Investmentsteuergesetzes, BB 2003, 2545

*Brechmann, Winfried*, Die richtlinienkonforme Auslegung, Zugleich ein Beitrag zur Dogmatik der EG-Richtlinie, München, Univ., Diss. 1993, (zitiert: Brechmann, Die richtlinienkonforme Auslegung)

*Brinkhaus, Josef/ Scherer, Peter*, Gesetz über Kapitalanlagegesellschaften, Auslandinvestment-Gesetz, Kommentar, München 2003, (zitiert: Bearbeiter, in: Brinkhaus/Scherer, KAGG/AuslInvestmG)

*Buciek, Klaus*, Anmerkung zum BFH-Urteil v. 11.10.2000, I R 99/96, DStZ 2001, 52

*Büschgen, Hans E.*, Das kleine Börsen-Lexikon, 20. Auflage, Düsseldorf 1994, (zitiert: Büschgen, Das kleine Börsen-Lexikon)

*Bundesministerium der Finanzen (Hrsg.),* Gutachten der Steuerreformkommission 1971, BMF Schriftenreihe Heft 17, Bonn 1971, (zitiert: Gutachten der Steuerreformkommission 1971, BMF-Schriftenreihe Heft 17)

*Bundesministerium der Finanzen*, Schreiben vom 2. Juni 2005: Investmentsteuergesetz (InvStG), Zweifels- und Auslegungsfragen, Az.: IV C 1 - S 1980 - 1 - 87/05, BStBl I 2005, 728, (zitiert: BMF-Schreiben v. 2.6.2005 zum InvStG, BStBl I 2005, 728, Rz.)

*Bundesministerium der Finanzen*, Schreiben vom 9. September 2005: Anwendung des Investmentsteuergesetzes, Az.: IV C 1 - S 1980 - 1 - 122/05, StuB 2005, 857, (zitiert: BMF-Schreiben v. 9.9.2005 zum InvStG, StuB 2005, 857 ff.)

*Bunjes, Johann/ Geist, Reinhold,* Umsatzsteuergesetz, Kommentar, 8. Auflage, München 2005, (zitiert: Bearbeiter, in: Bunjes/Geist, UStG)

*Canaris, Claus-Wilhelm,* Bankvertragsrecht, 2. Auflage, Berlin 1981 (zitiert: Canaris, Bankvertragsrecht)

*Carlé, Thomas,* Die Besteuerung von Kapitalerträgen nach dem Investmentsteuergesetz, DStZ 2004, 74

*ders.*, Die Besteuerung von Kapitalerträgen nach dem Investmentsteuergesetz, KÖSDL 2004, 14300

*ders.*, Zwischengewinnbesteuerung und Halbeinkünfteverfahren bei Investmentanteilen, Die Änderungen durch das Richtlinien-Umsetzungsgesetz, ErbStB 2005, 108

*Croneberg, Manfred,* Die Teilhabersteuer, Ein Beitrag zur Körperschaftssteuerreform unter besonderer Berücksichtigung der Unternehmensfinanzierung, Braunschweig, Univ., Diss. 1973, (zitiert: Croneberg, Die Teilhabersteuer)

*Dänzer-Vanotti, Wolfgang,* Richtlinienkonforme Auslegung und Rechtsfortbildung, StVj 1991, 1

*Dautzenberg, Norbert,* Kapitalertragsteuer auf deutsche Dividenden an ausländische Kapitalgesellschaften EG-rechtswidrig?, BB 2001, 2137

*Debatin, Helmut/ Wassermeyer, Franz,* Doppelbesteuerung, Kommentar, Losebl. (Stand: Mai 2006), München, (zitiert: Bearbeiter, in: Debatin/Wassermeyer, Doppelbesteuerung)

*Debatin, Helmut,* System und Auslegung der Doppelbesteuerungsabkommen, DB 1985, Beilage 23

*Desens, Marc,* Das Halbeinkünfteverfahren - Eine theoretische, historische, systematische und verfassungsrechtliche Würdigung, Münster, Univ. Diss. 2004, Köln 2004 (zitiert: Desens, Das Halbeinkünfteverfahren)

*Dötsch, Ewald/ Eversberg, Horst/ Jost, Werner F./ Pung, Alexandra/ Witt, Georg,* Die Körperschaftsteuer, Kommentar zum Körperschaftsteuergesetz, Umwandlungssteuergesetz und zu den einkommensteuerlichen Vorschriften der Anteilseignerbesteuerung, Losebl. (Stand: Juli 2006), Stuttgart, (zitiert: Bearbeiter in Dötsch/Eversberg/Jost/-Pung/Witt, KStG)

*Ebling, Klaus (Hrsg.)*, Blümich, Einkommensteuergesetz, Körperschaftsteuergesetz, Gewerbesteuergesetz, Kommentar, Losebl. (Stand: Mai 2006), München, (zitiert: Bearbeiter, in: Blümich, EStG/KStG/GewStG)

*Ebner, Christian*, Wiedereinführung des Zwischengewinns bei Investmentanteilen: Geplante Änderungen des InvStG durch das Richtlinien-Umsetzungsgesetz, DB 2004, 2495

*ders.*, Einzelfragen zur Besteuerung von Investmenterträgen, Veräußerungs- und Verschmelzungstatbestände bei betrieblichen Anlegern, NWB 2005, Fach 3, S. 13611

*ders.*, Zwischengewinn und Ersatzwert bei Investmentanteilen, StuB 2005, 870

*ders.*, Steuerliche Behandlung von Dach-Investmentvermögen nach dem neuen InvStG, BB 2005, 295

*Eicker, Klaus*, Anmerkung zum Urteil des FG Berlin vom 8.2.2005, IStR 2005, 344

*Engels, Wolfram/ Stützel, Wolfgang*, Teilhabersteuer, Ein Beitrag zur Vermögenspolitik, zur Verbesserung der Kapitalstruktur und zur Vereinfachung des Steuerrechts, 2. Auflage, Frankfurt/Main 1968, (zitiert: Engels/Stützel, Teilhabersteuer)

*Everling, Ulrich*, Zur Auslegung des durch EG-Richtlinien angeglichenen nationalen Rechts, ZGR 1992, 376

*ders.*, Zur Funktion des Gerichtshofs bei der Rechtsangleichung in der Europäischen Gemeinschaft, in: Festschrift für Rudolf Lukes, 1989

*Fikentscher, Wolfgang*, Methoden des Rechts in vergleichender Darstellung, Band III (Mitteleuropäischer Rechtskreis), Tübingen 1976, (zitiert: Fikentscher, Methoden des Rechts, Band III, S.)

*Fischer, Michael*, Besteuerung von inländischen Wertpapierinvestmentfonds und ihrer Anteilinhaber, WM 2001, 1236

*Flume, Werner*, Die Betriebsertragsteuer als Möglichkeit der Steuerreform, DB 1971, 692

*Fock, Till*, Investmentbesteuerung im künftigen Recht, BB 2003, 1589

*ders.*, Unternehmenssteuerreform und beschränkte Steuerpflicht, RIW 2001, 108

*ders.*, Das EuGH-Urteil "Abbey National" zur Umsatzbesteuerung von Investmentvermögen, IStR 2006, 379

*ders.*, Investmentsteuerrecht und Einkommensteuergesetz am Beispiel von Garantiefonds, DStZ 2006, 503

*ders.*, Investmentaktiengesellschaft mit veränderlichem Kapital im Umsatzsteuerrecht, UR 2006, 558

*ders.*, Das neue Recht der Investmentaktiengesellschaft, BB 2006, 2371

*Förster, Wolfgang/ Hertrampf, Urte*, Das Recht der Investmentfonds, 3. Auflage, Neuwied, Kriftel 2001, (zitiert: Förster/Hertrampf, Das Recht der Investmentfonds)

*Frenz, Walter*, Unternehmensteuerkonzeptionen im Lichte des Eigentumsgrundrechts und des Leistungsfähigkeitsprinzips, StuW 1997, 116

*Friauf, Karl Heinrich*, Die Teilhabersteuer als Ausweg aus dem Dilemma der Doppelbelastung der Körperschaftsgewinne, FR 1969, 27

*ders.*, Zur Frage der Nichtabzugsfähigkeit von Aufsichtsratsvergütungen im Körperschaftssteuerrecht, StuW 1973, 97

*Frisch, Markus*, Die richtlinienkonforme Auslegung nationalen Rechts, Münster, Univ., Diss. 2000, Münster 2000 (zitiert: Frisch, Die richtlinienkonforme Auslegung nationalen Rechts)

*Fromm, Andreas*, Die société d'investissement à capital variable (SICAV) als Steuersubjekt der Mehrwertsteuer – gleichzeitig Anmerkungen zum Urteil des EuGH vom 21.10.2004, C-8/03, IStR 2005, 227

*Frotscher, Gerrit*, Körperschaftsteuer, München 2004, (zitiert: Frotscher, Körperschaftsteuer)

*ders.*, Internationales Steuerrecht, 2. Auflage, München 2005, (zitiert: Frotscher, Internationales Steuerrecht)

*Geißelmeier, Werner/ Gemmel, Heiko*, Neuerungen des Investmentsteuergesetzes im Rahmen des Richtlinien-Umsetzungsgesetzes, DStR 2005, 45

*Glanegger, Peter/ Güroff, Georg*, Gewerbesteuergesetz: Kommentar, 6. Auflage, München 2006, (zitiert: Bearbeiter, in: Glanegger/Güroff, GewStG)

*Gosch, Dietmar*, Körperschaftsteuergesetz, Kommentar, München 2005, (zitiert: Bearbeiter, in: Gosch, Körperschaftsteuergesetz)

*Grabbe, Jan H./ Lübbehausen, Dieter*, Halbeinkünfteverfahren im Investmentsteuerrecht – Korrektur tut not!, DStR 2004, 981

*Grabitz, Eberhard/ Hilf, Meinhard*, Das Recht der Europäischen Union, Kommentar, Losebl. (Stand: September 2004), München, (zitiert: Bearbeiter, in: Grabitz/Hilf, EGV)

*Graß, Arno*, Unternehmensformneutrale Besteuerung, Köln, Univ., Diss. 1991, Berlin 1992, (zitiert: Graß, Unternehmensformneutrale Besteuerung)

*Grunewald, Barbara*, Gesellschaftsrecht, 6. Auflage, Tübingen 2005 (zitiert: Grunewald, Gesellschaftsrecht)

*Häuselmann, Holger*, Zur Bilanzierung von Investmentanteilen, insbesondere von Anteilen an Spezialfonds, BB 1992, 312

*Häuselmann, Holger / Ludemann, Matthias*, Die Besteuerung des Zwischengewinns bei im Betriebsvermögen gehaltenen Investmentanteilen, FR 2005, 415

*Hahne, Klaus/ Winkler, Jörg*, Die umsatzsteuerliche Behandlung des Outsourcings von Portfolio-Management-Leistungen in der Fonds-Verwaltung – Zugleich Anmerkungen zur geplanten Änderung des § 4 Nr. 8 Buchst. h UStG, DStR 2003, 2005

*Hahne, Klaus*, Die umsatzsteuerliche Behandlung grenzüberschreitender Portfolio-Management-Leistungen – Zusammenfassung und Systematisierung der aktuellen Finanzrechtsprechung –, IStR 2006, 184

*Hamacher, Rolfjosef/ Frenzel, Mathias*, Outsourcing bei Banken, Versicherungen und Kapitalanlagegesellschaften – Eine neue Standortbestimmung –, UR 2002, 297

*Hammer, Markus*, Funktion und Bedeutung des § 40a KAGG oder: Was ist der Aktiengewinn?, DStZ 2002, 519

*ders.*, Der Ertragsausgleich als Ausdruck unsystematischer Gesetzestechnik, DStZ 2005, 672

*Harenberg, Friedrich E./ Intemann, Jens*, Zweifels- und Auslegungsfragen zur Besteuerung von Investmenterträgen, Zwischengewinne sind wieder steuerpflichtig, NWB 2005, Fach 3, S. 13529

*Heidner, Hans-Hermann*, Richtlinienkonforme Auslegung von Befreiungsvorschriften im Umsatzsteuerrecht, UR 2006, 74

*Heigl, Anton*, Unternehmensbesteuerung: Grundriß, 2. Auflage, München/Wien/Oldenbourg 1996, (zitiert: Heigl, Unternehmensbesteuerung)

*Heller, Birgit*, Investmentrechtliches Ziel und steuerrechtliche Wirkung des Ertragsausgleichs bei inländischen Publikums-Sondervermögen, DStZ 2003, 261

*Hennig, Hans Jürgen/ Bengard, Bodo*, Steuerliche Änderungen des Investmentrechts durch das "Steuerentlastungsgesetz 1999/2000/2002", BB 1999, 1901

*Hennrichs, Joachim*, Wahlrechte im Bilanzrecht der Kapitalgesellschaften unter besonderer Berücksichtigung der EG-Bilanz-Richtlinie, Mainz, Univ., Habil.-Schr., 1998, Köln 1999 (zitiert: Hennrichs, Wahlrechte im Bilanzrecht der Kapitalgesellschaften)

*ders.*, Dualismus der Unternehmensbesteuerung aus gesellschaftsrechtlicher und steuersystematischer Sicht, Oder: Die nach wie vor unvollendete Unternehmenssteuerreform, StuW 2002, 201

*Herrmann, Carl/ Heuer, Gerhard/ Raupach, Arndt*, Einkommensteuer- und Körperschaftsteuergesetz, Kommentar, 21. Auflage, Losebl. (Stand: Juni 2006), Köln, (zitiert: Bearbeiter, in: Herrmann/Heuer/Raupach, EStG/KStG)

*Hermanns, Marc*, Die Investmentaktiengesellschaft nach dem Investmentmodernisierungsgesetz – eine neue Gesellschaftsform, ZIP 2004, 1297

*Hey, Johanna*, Harmonisierung der Unternehmensbesteuerung in Europa, Köln, Univ., Diss. 1996, Köln 1997, (zitiert: Hey, Harmonisierung der Unternehmensbesteuerung)

*dies.*, Besteuerung von Unternehmensgewinnen und Rechtsformneutralität, DStJG 24 (2001), 155

*Hilbertz, Martin*, Wegfall der Zwischengewinnbesteuerung: Renditeoptimierung mit Investmentfonds, NWB 2004, Fach 3, S. 12935

*Hopt, Klaus J./ Wiedemann, Herbert (Hrsg.)*, Großkommentar Aktiengesetz, 4. Auflage, Berlin 1992 ff., (zitiert: Bearbeiter, in: Großkomm. AktG)

*Hueck, Alfred/Canaris, Claus-Wilhelm*, Recht der Wertpapiere, 12. Auflage, München 1986, (zitiert: Hueck/Canaris, Recht der Wertpapiere)

*Hüffer, Uwe*, Kommentar zum Aktiengesetz, 7. Auflage, München 2006, (zitiert: Hüffer, Aktiengesetz)

*Hundertmark, Dedo*, Zur Ertragsbesteuerung ausländischer Investment-Zertifikate nach dem neuen Investmentgesetz, BB 1969, 1262

*IDW*, Stellungnahme: Investmentmodernisierungsgesetz-Diskussionsentwurf mit Begründung, WPg 2003, 946

*Jachmann, Monika*, Besteuerung von Unternehmen als Gleichheitsproblem, DStJG 23 (2000), 9

*Jacob, Michael*, Investmentfonds: Möglichkeiten ihrer Ausgestaltung unter besonderer Berücksichtigung einer neuen Anlegerschutzkonzeption, Saarbrücken, Univ., Diss. 1995, Frankfurt am Main 1996, (zitiert: Jacob, Investmentfonds)

*Jacobs, Otto H.*, Internationale Unternehmensbesteuerung, 5. Auflage, München 2002 (zitiert: Jacobs, Internationale Unternehmensbesteuerung)

*ders.*, Unternehmensbesteuerung und Rechtsform: Handbuch zur Besteuerung deutscher Unternehmen, 3. Auflage, München 2002, (zitiert: Jacobs, Unternehmensbesteuerung und Rechtsform)

*Jakob, Wolfgang*, Einkommensteuer, 3. Auflage, München 2003, (vgl. Jakob, Einkommensteuer)

*Jarass, Hans D./ Pieroth, Bodo*, Grundgesetz für die Bundesrepublik Deutschland, Kommentar, 8. Auflage, München 2006, (zitiert: Jarass/Pieroth, GG)

*Jung, Franz*, Die Besteuerung des Sondervermögens und der Anteilinhaber nach dem Gesetz über Kapitalanlagegesellschaften, WM 1957, Beilage Nr. 4, S. 29

*Kaune, Clemens R./ Oulds, Mark K.*, Das neue Investmentgesetz, ZBB 2004, 114

*Kayser, Joachim/ Steinmüller, Jens*, Die Besteuerung von Investmentfonds ab 2004, FR 2004, 137

*dies.*, Durchbruch für eine neue Anlageklasse?, BBV 2004, 11

*Kempf, Tillmann/ Lauterfeld, Marc*, Die Wiedereinführung des Zwischengewinns, BB 2005, 631

*Kirchhof, Paul*, Kompaktkommentar Einkommensteuergesetz, 6. Auflage, Heidelberg 2006, (zitiert: Bearbeiter, in: Kirchhof, EStG)

*Kirchhof, Paul/ Söhn, Hartmut/ Mellinghoff, Rudolf*, Einkommensteuergesetz, Kommentar, Losebl. (Stand: Juli 2006), Heidelberg, (zitiert: Bearbeiter, in: Kirchhof/Söhn/Mellinghoff, EStG)

*Kluge, Volker*, Das Internationale Steuerrecht, 4. Auflage, München 2000, (zitiert: Kluge, Das Internationale Steuerrecht)

*Knobbe-Keuk, Brigitte*, Bilanz- und Unternehmenssteuerrecht, 9. Auflage, Köln 1993, (zitiert: Knobbe-Keuk, Bilanz- und Unternehmenssteuerrecht)

*Köndgen, Johannes/ Schmies, Christian*, Die Neuordnung des deutschen Investmentrechts, WM 2004, Sonderbeilage Nr. 1, S. 1 ff

*Korn, Klaus/ Strahl, Martin*, Aktuelle Hinweise zum Richtlinien-Umsetzungsgesetz und EG-Amtshilfeanpassungsgesetz, KÖSDL 2005, 14510

*Kronat, Oliver*, Die Internationale Besteuerung von Wertpapier-Investmentfonds, Osnabrück, Univ., Diss. 2001, Frankfurt 2002, (zitiert: Kronat, Internationale Besteuerung von Wertpapier-Investmentfonds)

*Kruse, Heinrich Wilhelm*, Über Feststellungs- und Steuerbescheide an Gesamthandsgemeinschaften, DStR 1974, 395

*Kümpel, Siegfried*, Bank- und Kapitalmarktrecht, 3. Auflage, Köln 2004, (zitiert: Kümpel, Bank-und Kapitalmarktrecht)

*Küting, Karlheinz/ Weber, Claus-Peter*, Handbuch der Rechnungslegung, Einzelabschluss – Kommentar zur Bilanzierung und Prüfung, 5. Auflage, Losebl. (Stand: November 2003), (zitiert: Bearbeiter, in: Handbuch der Rechnungslegung)

*Lang, Joachim*, Prinzipien und Systeme der Besteuerung von Einkommen, DStJG 24 (2001), 49

*ders.*, Zur Subjektfähigkeit von Personengesellschaften im Einkommensteuerrecht, in: Festschrift für Ludwig Schmidt, München 1993, S. 291

*Lang, Norbert*, Das Investmentgesetz – Kein großer Wurf, aber ein Schritt in die richtige Richtung, WM 2004, 53

*Larenz, Karl*, Methodenlehre der Rechtswissenschaft, 5. Auflage, Berlin/Heidelberg/New York/Tokyo 1983, (zitiert: Larenz, Methodenlehre der Rechtswissenschaft)

*Lechner, Humbert*, Steuerliche Gestaltung mit offenen Investmentfonds, BB 2005, 1771

*Lenenbach, Markus*, Kapitalmarkt- und Börsenrecht, Köln 2002, (zitiert: Lenenbach, Kapitalmarkt- und Börsenrecht)

*Lenski, Edgar/ Steinberg, Wilhelm*, Kommentar zum Gewerbesteuergesetz, 9. Auflage, Losebl. (Stand: November 2005), Köln 1995, (zitiert: Lenski/Steinberg, GewStG)

*Liefmann, Robert*, Beteiligungs- und Finanzierungsgesellschaften: Eine Studie über den Effektenkapitalismus, 5. Auflage, Jena 1931, (zitiert: Liefmann, Beteiligungs- und Finanzierungsgesellschaften)

*Lindemann, Alexander*, Besteuerung von Aktienfonds nach der Unternehmenssteuerreform, Bayreuth, Univ., Diss., Berlin 2004, (zitiert: Lindemann, Aktienfonds)

*ders.*, Anmerkungen zum Diskussionsentwurf eines modernen Investmentsteuergesetzes, FR 2003, 890 *ders.*, Investmentfonds – gewerbesteuerliche Besonderheiten beim Anleger nach dem InvStG, BBV 2004, 25

*ders.*, Gewerbesteuerliche Fragen bei inländischen Investmentfonds einschließlich Hedgefonds, DStZ 2003, 559

*Linklaters Oppenhoff & Rädler*, Steueränderungen zum 1.1.2002 im Unternehmensbereich – Unternehmenssteuerfortentwicklungsgesetz, Steueränderungsgesetz 2001, Steuerverkürzungsbekämpfungsgesetz und Gesetz zur Eindämmung illegaler Betätigung im Baugewerbe - DB 2002, Beilage Nr. 1

*Littmann, Eberhard/ Bitz, Horst/ Pust, Hartmut*, Das Einkommensteuerrecht: Kommentar zum Einkommensteuergesetz, Losebl. (Stand: August 2006), Stuttgart, (zitiert: Bearbeiter, in: Littmann/Bitz/Pust, EStG)

*Lohr, Jörg-Andreas/ Graetz, Jörg*, Die Besteuerung von Erträgen aus ausländischen Investmentanteilen bei privaten Kapitalanlegern nach dem Steuerentlastungsgesetz 1999/2000/2002, DB 1999, 1341

*Lübbehausen, Dieter/ Schmitt, Rainer*, Vermögensanlage in inländischen und ausländischen Dachfonds – Kernpunkte der Ertragsbesteuerung in Deutschland – (Teil I), IStR 2003, 397

*dies.*, Geplante Änderungen bei der Besteuerung der Investmentanlage nach dem Referentenentwurf zum neuen Investmentsteuergesetz, DB 2003, 1696

*dies.*, Investmentsteuergesetz – Änderungen gegenüber dem Regierungsentwurf, DB 2004, 268

*Maier, Peter/ Wengenroth, Thomas*, Das Investmentsteuergesetz, Eine systematische Einführung, ErbStB 2004, 56

*dies.*, Besteuerung von Anteilen an Investmentvermögen, Die Änderungen durch das Richtlinien-Umsetzungsgesetz (EURLUmsG), ErbStB 2005, 79

*Maiterth, Ralf/ Semmler, Birk*, Kritische Anmerkungen zur geplanten Substitution des körperschaft-steuerlichen Anrechnungssystems durch das so genannte "Halbeinkünfteverfahren" im Zuge des Steuersenkungsgesetzes, BB 2000, 1377

*Meinhardt, Sebastian*, Steuerliche Gestaltungsmöglichkeiten bei Investmentfonds, DStR 2003, 1234

*Menhorn, Matthias*, Ausländische Quellensteuer auf im Inland steuerfreie Dividenden als Betriebsausgabe nach § 26 Abs. 6 KStG abziehbar, DStR 2005, 1885

*Mensching, Oliver/ Strobl, Stefan*, Zur Wiedereinführung des Zwischengewinns unter besonderer Berücksichtigung von Dach-/Zielfondskonstellationen, BB 2005, 635

*Merker, Christian*, Überblick über die sonstigen Regelungen des Richtlinien-Umsetzungsgesetzes, StuB 2005, 53

*ders.*, Überblick über das Richtlinien-Umsetzungsgesetz, SteuerStud 2005, 128

*Mössner, Jörg Manfred*, Steuerrecht international tätiger Unternehmen, 3. Auflage, Köln 2005, (zitiert: Bearbeiter, in: Mössner, Steuerrecht international tätiger Unternehmen)

*Münchener Kommentar*, Aktiengesetz, 2. Auflage, München 2003, (zitiert: Bearbeiter, in: MünchKomm, AktG)

*Münchener Kommentar*, Handelsgesetzbuch, München 2001, (zitiert: Bearbeiter, in: MünchKomm, HGB)

*Neumark, Fritz (Hrsg.)*, Handbuch der Finanzwissenschaft, Bd. II, 3. Aufl., Tübingen 1980 (zitiert: Bearbeiter, in: Neumark, Handbuch der Finanzwissenschaft)

*Ohl, Karl*, Die Rechtsbeziehungen innerhalb des Investment-Dreiecks, Mainz, Univ., Diss. 1987, Berlin 1989, (zitiert: Ohl, Die Rechtsbeziehungen innerhalb des Investment-Dreiecks)

*Oho, Wolfgang/ Remmel, Matthias*, Die Besteuerung von Hedge-Fonds-Zertifikaten im Privatvermögen, BB 2002, 1449

*Oppermann, Thomas*, Europarecht, 3. Auflage, München 2005 (zitiert: Oppermann, Europarecht)

*Paul, Thomas/ Päsler, Rüdiger H.*, Das deutsche Investmentrecht: Eine Einführung in das Gesetz über Kapitalanlagegesellschaften und das Auslandinvestment-Gesetz nebst Gesetzestexten und Materialien in deutscher und englischer Sprache, Frankfurt am Main 1999, (zitiert: Paul/Päsler, Investmentrecht)

*Petersen, Sven A.*, Steuerbilanzielle Erfassung der Erträge aus Investmentfonds, DStR 2006, 1674

*Pezzer, Heinz-Jürgen*, Die Besteuerung des Anteilseigners, DStJG 25 (2002), 37

*ders.*, Rechtfertigung der Körperschaftsteuer und ihre Entwicklung zu einer allgemeinen Unternehmensteuer, in: Festschrift für Klaus Tipke, Köln 1995, S. 419

*ders.*, Rechtfertigung und Rechtsnatur der Körperschaftsteuer, DStJG 20 (1997), 5

*ders.*, Die Besteuerung der Einkommen von Unternehmen in Deutschland, in: Tipke/Bozza (Hrsg.), Besteuerung von Einkommen, S. 235

*Philipowski, Rüdiger*, Anmerkung zum Urteil des EuGH v. 21.10.2004 - Rs.C-8/03 (BBL), UR 2004, 647

*ders.*, Verwaltung von Investmentfonds durch externe Dienstleister umsatzsteuerfrei, UR 2004, 501

*ders.*, Verausgabte Stückzinsen und gezahlte Zwischengewinne – Rechtsfolgen und Gestaltungsmöglichkeiten bei ESt und ZASt, DStR 1994, 1593

*Pick, Dirk*, Anmerkung zum EuGH-Urteil vom 21.10.2004 Rs. C-8/03, WuB X. Art. 4 der 6 RL 77/388/EWG 1.05

*Pieroth, Bodo/ Schlink, Bernhard,* Grundrechte, 21. Auflage, Heidelberg 2005, (zitiert; Pieroth/Schlink, Grundrechte)

*Plewka, Harald/ Watrin, Christoph,* Besteuerung von Auslandsinvestmentfonds auf dem Prüfstand von Verfassungs- und Europarecht, DB 2001, 2264

*Pluskat, Sorika,* Die Investmentaktiengesellschaft mit veränderlichem Kapital - Tod- oder Lebendgeburt?, WM 2005, 772

*Podewils, Max,* Investmentgesellschaften in der Bundesrepublik, Köln, Univ., Diss. 1961, (zitiert: Podewils, Investmentgesellschaften in der Bundesrepublik)

*Pötzsch, Thorsten,* Das Dritte Finanzmarktförderungsgesetz, WM 1998, 949

*Posegga, Volker,* Neue Entwicklungen bei der umsatzsteuerlichen Behandlung der Anlageberatung für Kapitalanlagegesellschaften: Zugleich Anmerkungen zum Urteil des FG Hamburg vom 2.3.2005, DStR 2005, 1799

*PriceWaterhouseCoopers,* Die Novellierung des Investmentrechts 2004 nach dem Investmentmodernisierungsgesetz, Frankfurt am Main 2004, (zitiert: PriceWaterhouse-Coopers, Die Novellierung des Investmentrechts)

*Raiser, Thomas/ Veil, Rüdiger,* Recht der Kapitalgesellschaften, 4. Auflage, München 2006, (zitiert: Raiser/Veil, Recht der Kapitalgesellschaften)

*Rasenack, Christian A. L.,* Die Theorie der Körperschaftsteuer, Berlin 1974, (zitiert: Rasenack, Theorie der Körperschaftsteuer)

*Rau, Günter/ Dürrwächter/ Flick, Hans/ Geist, Reinhold,* Kommentar zum Umsatzsteuergesetz, 8. Auflage, Losebl. (Stand: Juli 2006), Köln, (zitiert: Bearbeiter, in: Rau/Dürrwächter/Flick/Geist, UStG)

*Reiß, Wolfram,* Rechtsformabhängigkeit der Unternehmensbesteuerung, DStJG 17 (1994), 3

*Reiß, Wolfram/ Krausel, Jörg/ Langer, Michael,* Umsatzsteuergesetz: UStG mit Nebenbestimmungen, Gemeinschaftsrecht, Kommentar, Losebl. (Stand: Juni 2006), Bonn/Berlin, (zitiert: Bearbeiter, in: Reiß/Krausel/Langer, UStG)

*Reuter, Gerhard,* Investmentfonds und die Rechtsstellung der Anteilinhaber, Frankfurt, Univ., Diss. 1965, (zitiert: Reuter, Investmentfonds)

*Reuter, Hans-Georg/ Klein, Martin,* Erschüttert Gerritses Trommeln die deutsche Dividendenbesteueung?, IStR 2003, 634

*Roggatz, Claus C.,* Informationspflichten von Investmentgesellschaften: Analyse der gesetzlichen Publizitätsvorschriften zur Verbesserung der investmentrechtlichen Transparenz und des Anlegerschutzes, Hamburg, Univ., Diss. 2003, Frankfurt am Main 2003, (zitiert: Roggatz, Informationspflichten)

*Ruppe, Hans Georg,* Die steuerliche Doppelbelastung der Körperschaftsgewinne, Wien 1967, (zitiert: Ruppe, Die steuerliche Doppelbelastung der Körperschaftsgewinne)

*Rutkowsky, Stefan*, Probleme der Besteuerung von Investmentanteilen, NJW 1971, 1348

*Sachs, Michael*, Grundgesetz, Kommentar, 3. Auflage, München 2003, (zitiert: Bearbeiter, in: Sachs, GG)

*Schaber, Mathias,* Spezialfonds: Trotz Publizitäts- und Prüfungspflichten Vorteile gegenüber der direkten Kapitalanlage, BB 1996, 313

*Schäcker, Hanns-Erhard*, Die obligatorischen und dinglichen Rechtsverhältnisse der deutschen Investment-Gesellschaften auf der Grundlage des Kapitalanlagegesetzes vom 16. April 1957, Mainz, Univ., Diss. 1961, (zitiert: Schäcker, Die obligatorischen und dinglichen Rechtsverhältnisse)

*Schanz, Georg*, Die direkten Steuern Hessens und deren neueste Reform, Finanzarchiv (FinArch), 2 Erster Band (1885), 235

*Schaumburg, Harald*, Internationales Steuerrecht, Außensteuerrecht, Doppelbesteuerungsrecht, 2. Auflage, Köln 1998, (zitiert: Schaumburg, Internationales Steuerrecht)

*Scheffler, Wolfram*, Besteuerung von Unternehmen Band I: Ertrag-, Substanz- und Verkehrsteuern, 8. Auflage. Heidelberg 2005, (zitiert: Scheffler, Besteuerung von Unternehmen I)

*Scheurle, Florian*, Unstimmigkeiten im Besteuerungssystem des Investmentrechts – illustriert an der Besteuerung des Zwischengewinns – DStZ 1995, 646

*ders.*, Investmentfonds: Änderungen durch das Dritte Finanzmarktförderungsgesetz, DB 1998, 1099

*Schimrock, Hans*, Arbeitsweise, Zielsetzung und Möglichkeiten der deutschen Investmentgesellschaften, Berlin, Univ., Diss. 1960, (zitiert: Schimrock, Deutsche Investmentgesellschaften)

*Schipporeit, Erhard*, Ziele und Möglichkeiten einer Unternehmungsteuer –Grundzüge eines Reformvorschlags, StuW 1980, 190

*Schlüter, Wulff/ Höhfeld, Hendrik*, Möglichkeiten der Umsatzsteuerbefreiung ausgelagerter Dienstleistungen bei Kapitalanlagegesellschaften, DStR 2000, 1587

*Schmalz, Dieter*, Methodenlehre für das juristische Studium, 3. Auflage, Baden-Baden, 1992, (zitiert: Schmalz, Methodenlehre)

*Schmidt, Karsten*, Gesellschaftsrecht, 4. Auflage, Köln/Berlin/Bonn/München 2002, (zitiert: K. Schmidt, Gesellschaftsrecht)

*Schmidt, Ludwig (Hrsg.)*, Einkommensteuergesetz, Kommentar, 25. Auflage, München 2006, (zitiert: Bearbeiter, in: Schmidt, EStG)

*Schmidt-Bleibtreu, Bruno/ Klein, Franz*, Kommentar zum Grundgesetz, 10. Auflage, München 2004, (zitiert: Bearbeiter, in: Schmidt-Bleibtreu/Klein, GG)

*Schmimansky, Herbert/ Bunte, Hermann-Josef, / Lwowski, Hans-Jürgen*, Bankrechts-Handbuch, Band III, 2. Auflage, München 2001, (zitiert: Bearbeiter, in: Schimansky/Bunte/Lwowski, Bankrechts-Handbuch)

*Schmitt, Bernd*, Strafbesteuerung "schwarzer" Fonds gemäß § 18 Abs. 3 AIG verfassungs- und europarechtswidrig?, DStR 2002, 2193

*Schmitt, Bernd/ Hagen, Alexander*, Steuerliche Aspekte von Hedgefonds, DStR 2004, 837

*Schneider, Dieter*, Körperschaftsteuerreform und Gleichmäßigkeit der Besteuerung, StuW 1975, 97

*Schnitger, Arne*, Anrechnung ausländischer Quellensteuern bei steuerfreien ausländischen Einkünften unter besonderer Beachtung von § 8b Abs. 5 KStG, IStR 2003, 298

*Schön, Wolfgang*, Die Auslegung europäischen Steuerrechts, Das harmonisierte Steuerrecht zwischen nationalem Zivilrecht und europäischem Gemeinschaftsrecht, Köln 1993, (zitiert: Schön, Die Auslegung europäischen Steuerrechts)

*Scholtz, Rolf-Detlev*, Beteiligungs-Sondervermögen, in: Festschrift für Georg Döllerer, Düsseldorf 1988, S. 553

*ders.*, Kapitalanlagegesellschaft und Sondervermögen, FR 1991, 198

*Schredelseker, Klaus*, Kritik der Körperschaftsteuerreform, FinArch 1972/73, S. 34

*Schulz, Andreas/ Petersen, Sven/ Keller, Claudia*, Offene Fragen bei der Besteuerung von Immobiliensondervermögen und deren Anlegern, DStR 2004, 1853

*Schultze, Oliver*, Steuerfreiheit von Veräußerungsgewinnen bei Investmentfonds? – Replik zu Meinhardt, DStR 2003, 1234

*Schwochert, Klaus*, Überlegungen zur gesetzgeberischen Berücksichtigung der Personenbezogenheit von Kapitalgesellschaften bei der Körperschaftsbesteuerung unter den Bedingungen des Anrechnungssystems, GmbHR 1987, 311

*Seischab, Hans*, Investment Trusts: Versuch einer Theorie und Systematik der Kapitalwertsicherungsbetriebe, Stuttgart 1931, (zitiert: Seischab, Investment Trusts)

*Sieker, Susanne*, Möglichkeiten einer rechtsformneutralen Besteuerung von Einkommen, DStJG 25 (2002), 145

*Sorgenfrei, Ulrich*, Steuerlicher Transparenzgrundsatz und DBA-Berechtigung deutscher offener Investmentfonds, IStR 1994, 465

*Sradj, Martina/Mertes Horst*, Steuerliche Aspekte des Investmentmodernisierungsgesetzes, DStR 2003, 1681

*dies.*, Neuregelungen bei der Besteuerung von Investmentvermögen, DStR 2004, 201

*Spetzler, Eugen*, Die richtlinienkonforme Auslegung als vorrangige Methode steuerjuristischer Hermeneutik, RIW 1991, 579

*Starke, Peter*, Gewerbesteuerliche Behandlung von Dividenden, FR 2005, 681

*Steck, Kai-Uwe/ Schmitz, Rainer*, Die Investmentaktiengesellschaft mit veränderlichem und fixem Grundkapital: Eine (neue) Rechtsform für Kapitalanlagen, AG 2004, 658

*Steinberg, Wilhelm*, Die steuerrechtlichen Vorschriften des Gesetzes über Kapitalanlagegesellschaften, DB 1957, 196

*Storg, Alexander*, Die Besteuerung von Investmentvermögen, Steuerliche Behandlung von Investmenterträgen im Privat- und Betriebsvermögen von Einzelunternehmern, Personen- und Kapitalgesellschaften, NWB 2004, Fach 3, S. 12999

*Stoschek, Uwe/ Peter, Alexander F./ Bittner, Ben*, Teilwertabschreibung auf Anteilscheine am Sondervermögen von Kapitalgesellschaften, FR 2003, 941

*Stotz, Jörg W.*, Besteuerung von Wertpapier-Investmentfonds, Göttingen, Univ., Diss. 1997, Bielefeld 1998, (zitiert: Stotz, Besteuerung von Wertpapier-Investmentfonds)

*Streinz, Rudolf*, Europarecht, 7. Auflage, Heidelberg 2005, (zitiert: Streinz, Europarecht)

*Strobl, Jakob*, Zur Auslegung von Doppelbesteuerungsabkommen unter besonderer Berücksichtigung ausländischer Rechtsordnungen, in: Festschrift für Georg Döllerer, Düsseldorf 1988, S. 635

*Strunk, Günther*, Mittelbare Beteiligung an der Kapitalgesellschaft über eine Personengesellschaft?, BB 2001, 857

*Sykora, Gustav*, Investmentsparen und Investmentgesellschaften, Eisenstadt 1976, (zitiert: Sykora, Investmentsparen)

*Täske, Jürgen*, Zu einigen Steuerfragen im Umfeld der Investmentfonds, in: Festschrift für Hans Flick zum 70. Geburtstag, Köln 1997

*Theile, Carsten*, Wettbewerbsneutralität der harmonisierten Umsatzsteuer, Dortmund, Univ., Diss. 1995, (zitiert: Theile, Wettbewerbsneutralität der harmonisierten Umsatzsteuer)

*Tibo, Frank*, Steuersenkungsgesetz – Besteuerung von Erträgen aus Wertpapier-Investmentfonds, DB 2000, 2291

*Tipke, Klaus*, Die Steuerrechtsordnung, Band I (Wissenschaftsorganisatorische, systematische und grundrechtlich-rechtstaatliche Grundlagen), Band II (Steuerrechtfertigungstheorie, Anwendung auf alle Steuerarten, sachgerechtes Steuersystem), 2. Auflage, Köln 2000, (zitiert: Tipke, Die Steuerrechtsordnung, Bd.)

*ders.*, Zur Problematik einer rechtsformunabhängigen Besteuerung der Unternehmen, NJW 1980, 1079

*Tipke, Klaus/ Lang, Joachim*, Steuerrecht, 18. Auflage, Köln 2005, (zitiert: Bearbeiter, in: Tipke/Lang, Steuerrecht)

*Tipke, Klaus/ Kruse, Heinrich Wilhelm*, Abgabenordnung, Finanzgerichtsordnung, Kommentar, Losebl. (Stand: Mai 2006), (zitiert: Bearbeiter, in: Tipke/Kruse, AO)

*Thorn, Arnd/ Geese, Thomas/ Otto, Lieselotte*, Handbuch für die Besteuerung von Fondsvermögen, 2. Auflage, Neuwied/Kriftel 2002, (zitiert: Thorn/Otto/Geese, Handbuch für die Besteuerung von Fondsvermögen)

*Thoma, Georg F./ Steck, Kai-Uwe*, Die Investmentaktiengesellschaft (closed-end fund), AG 2001, 330

*Tormann, Wolfgang*, Die Investmentgesellschaften, 5. Auflage, Frankfurt am Main 1978, (zitiert: Tormann, Investmentgesellschaften)

*Vogel, Klaus/ Lehner, Moris*, Doppelbesteuerungsabkommen der Bundesrepublik Deutschland auf dem Gebiet der Steuern vom Einkommen und Vermögen, Kommentar, 4. Auflage, München 2003, (zitiert: Bearbeiter, in: Vogel/Lehner, DBA)

*Vogel, Horst*, Aktuelle Fragen bei der Auslegung von Doppelbesteuerungsabkommen, BB 1978, 1021

*Volhard, Patricia*, Erweiterte Nutzungsmöglichkeiten der Investmentaktiengesellschaft, BBV 2006, 61

*Von Beckerath, Hans-Jochen*, Die einheitliche Feststellung von Einkünften im Veranlagungs-und Einspruchsverfahren, DStR 1983, 475

*Von Caemmerer, Ernst*, Kapitalanlage- oder Investmentgesellschaften, JZ 1958, 41

*von Münch, Ingo/ Kunig, Philipp*, Grundgesetz-Kommentar, Band 1 (Präambel. Art. 1 – 19), 5. Auflage, München 2001, (zitiert: Bearbeiter, in: von Münch/Kunig, GG)

*Wagner, Siegfried*, Die Teilnahme von Investmenterträgen am Halbeinkünfteverfahren, DStZ 2006, 257

*Walz, W. Rainer*, Empfiehlt sich eine rechtsformunabhängige Besteuerung der Unternehmen?, Gutachten F zum 53. Deutschen Juristentag in Berlin 1980, München 1980, (zitiert: Walz, Empfiehlt sich eine rechtsformunabhängige Besteuerung der Unternehmen?)

*Wamsler, Christa*, Körperschaftsteuerliche Integration statt Anrechnung?, Hohenheim, Univ., Diss. 1997, Lohmar/Köln 1998, (zitiert: Wamsler, Körperschaftsteuerliche Integration statt Anrechnung?)

*Wassermeyer, Wolf*, Der zweite Entwurf des Investmentsteuergesetzes vom 20.8.2003, DB 2003, 2085

*Wendt, Rudolf*, Spreizung von Körperschaftsteuersatz und Einkommensteuerspitzensatz als Verfassungsproblem, in: Festschrift für Karl Heinrich Friauf, Heidelberg 1996, S. 859

*Wengenroth, Thomas*, Besteuerung von Investmentanteilen im Betriebsvermögen, Bilanzielle Probleme bei Anschaffung, laufenden Erträgen und Veräußerung, ErbStB 2004, 319

*Wengenroth, Thomas/ Maier, Peter*, Die Wiedereinführung des Zwischengewinns bei Investmentanteilen, EStB 2005, 110

*Witt, Sven-Christian/ Tiede, Kai*, Veräußerung von Investmentanteilen durch Privatanleger: Keine umfassende Sperrwirkung des Investmentsteuergesetzes, DStR 2004, 1021

*Wöhe, Günter*, Zur Reform der Unternehmensbesteuerung, DStR 1971, 263

*Zeller, Florian*, Die steuerliche Behandlung von Stillhalterprämien bei Investmentfonds nach dem InvStG, DB 2004, 1522

*ders.*, Einkünfteermittlung bei Investmentfonds, DStR 2005, 899

*ders.*, Investmentfonds, Portfoliomanagement und Besteuerung, München, Univ., Diss. 2005, Köln 2005, (zitiert: Zeller, Investmentfonds)

# Abkürzungsverzeichnis

| | |
|---|---|
| a.A. | andere Ansicht |
| Abl. | Amtsblatt |
| Abs. | Absatz |
| a.E. | am Ende |
| AfA | Absetzung für Abnutzung |
| AG | Aktiengesellschaft(en) |
| AG | Die Aktiengesellschaft (Zeitschrift) |
| AktG | Aktiengesetz |
| Anm. | Anmerkung |
| AO | Abgabenordnung |
| Art. | Artikel |
| AStG | Außensteuergesetz |
| Aufl. | Auflage |
| AuslInvestmG/AIG | Auslandinvestmentgesetz |
| Az. | Aktenzeichen |
| BB | Betriebs-Berater (Zeitschrift) |
| BBV | Berater Brief Vermögen (Zeitschrift) |
| Bd. | Band |
| BFH | Bundesfinanzhof |
| BFH/NV | Sammlung amtlich nicht veröffentlichter Entscheidungen des Bundesfinanzhofs |
| BGB | Bürgerliches Gesetzbuch |
| BGBl. | Bundesgesetzblatt |
| BGH | Bundesgerichtshof |
| BGHZ | Entscheidungen des Bundesgerichtshofs in Zivilsachen |
| BMF | Bundesministerium für Finanzen |
| BR | Bundesrat |
| BStBl. | Bundessteuerblatt |
| BT | Bundestag |
| BVerfG | Bundesverfassungsgericht |
| BVerfGE | Entscheidungen des Bundesverfassungsgerichts |
| BVI | Bundesverband Investment und Asset Management |
| bzw. | beziehungsweise |
| ca. | circa |
| DAI | Deutsches Aktieninstitut |
| DB | Der Betrieb (Zeitschrift) |
| DBA | Doppelbesteuerungsabkommen |
| ders. | derselbe |
| dies. | dieselbe(n) |
| d.h. | das heißt |

| | |
|---|---|
| Diss. | Dissertation |
| Drucks. | Drucksache |
| DStJG | Deutsche Steuerjuristische Gesellschaft |
| DStR | Deutsches Steuerrecht (Zeitschrift) |
| DStRE | Deutsches Steuerrecht Entscheidungsdienst (Zeitschrift) |
| DStZ | Deutsche Steuer-Zeitung (Zeitschrift) |
| | |
| EFG | Entscheidungen der Finanzgerichte |
| EG | Europäische Gemeinschaft(en) |
| EGV | Vertrag zur Gründung der Europäischen Gemeinschaft |
| Einf. | Einführung |
| Einl | Einleitung |
| ErbStB | Der Erbschaft-Steuer-Berater (Zeitschrift) |
| ESt | Einkommensteuer |
| EStB | Der Ertrag-Steuer-Berater (Zeitschrift) |
| EStG | Einkommensteuergesetz |
| EU | Europäische Union, Vertrag über die Europäische Union |
| EuGH | Europäischer Gerichtshof |
| EURUmsG | Richtlinien-Umsetzungsgesetz |
| | |
| f., ff. | folgende |
| FAZ | Frankfurter Allgemeine Zeitung |
| FG | Finanzgericht |
| FinArch | Finanzarchiv (Zeitschrift) |
| Fn. | Fußnote |
| FR | Finanz-Rundschau (Zeitschrift) |
| | |
| GewStG | Gewerbesteuergesetz |
| GG | Grundgesetz |
| ggf. | gegebenenfalls |
| GmbH | Gesellschaft mit beschränkter Haftung |
| GmbHG | Gesetz betreffend die GmbH |
| GmbHR | GmbH-Rundschau (Zeitschrift) |
| grds. | grundsätzlich |
| | |
| Habil.-Schr. | Habilitationsschrift |
| HGB | Handelsgesetzbuch |
| h. M. | herrschende Meinung |
| Hrsg. | Herausgeber |
| Hs. | Halbsatz |
| | |
| IAS/IFRS | International Accounting Standards/International Financial Reporting Standards |
| i. d. R. | in der Regel |

| | |
|---|---|
| i. E. | im Einzelnen |
| i. H. v. | in Höhe von |
| InvG | Investmentgesetz |
| InvestmG | Investmentmodernisierungsgesetz |
| InvStG | Investmentsteuergesetz |
| i. S. d. | im Sinne des(/r) |
| IStR | Internationales Steuerrecht (Zeitschrift) |
| i. V. m. | in Verbindung mit |
| i. w. S. | im weiteren Sinne |
| JZ | Juristenzeitung (Zeitschrift) |
| KAG | Kapitalanlagegesellschaft(en) |
| KAGG | Gesetz über Kapitalanlagegesellschaften |
| Kap. | Kapitel |
| KGaA | Kommanditgesellschaft auf Aktien |
| KÖSDI | Kölner Steuerdialog (Zeitschrift) |
| krit. | kritisch |
| KSt | Körperschaftsteuer |
| KStG | Körperschaftsteuergesetz |
| lit. | Buchstabe |
| Losebl. | Loseblatt |
| MA | Musterabkommen |
| m. E. | meines Erachtens |
| mwN | mit weiteren Nachweisen |
| NJW | Neue Juristische Wochenschrift (Zeitschrift) |
| Nr. | Nummer |
| NWB | Neue Wirtschaftsbriefe (NWB) |
| OECD | Organization for Economic Cooperation and Development |
| OGAW | Organismen für gemeinsame Anlagen in Wertpapieren |
| REITs | Real Estate Investment Trusts |
| RIW | Recht der Internationalen Wirtschaft (Zeitschrift) |
| rkr | rechtskräftig |
| RL | (EG) Richtlinie |
| Rn. | Randnummer |
| Rs. | Rechtssache |
| Rz. | Randzeichen |
| S. | Satz, Seite |
| SICAF | Société d'investissement à capital fixe |

| | |
|---|---|
| SICAV | Société d'investissement à capital variable |
| Slg. | Amtliche Entscheidungen des Europäischen Gerichtshofs |
| sog. | so genannte(/r, /s) |
| SteuerStud | Steuer und Studium (Zeitschrift) |
| str. | umstritten |
| StuB | Steuern und Bilanzen (Zeitschrift) |
| StuW | Steuern und Wirtschaft (Zeitschrift) |
| StSenkG | Steuersenkungsgesetz |
| StVj | Steuerliche Vierteljahresschrift |
| Tz. | Textziffer |
| u.a. | unter anderem |
| USt | Umsatzsteuer |
| Univ. | Universität |
| UR | Umsatzsteuerrundschau |
| Urt. | Urteil |
| UStG | Umsatzsteuergesetz |
| UStR | Umsatzsteuerrichtlinie |
| v. | von(/m) |
| vgl. | vergleiche |
| VZ | Veranlagungszeitraum |
| WM | Zeitschrift für Wirtschafts- und Bankrecht/Wertpapier-Mitteilungen (Zeitschrift) |
| WPg | Die Wirtschaftsprüfung (Zeitschrift) |
| WuB | Entscheidungssammlung zum Wirtschafts- und Bankrecht |
| z. B. | zum Beispiel |
| ZBB | Zeitschrift für Bankrecht und Bankwirtschaft (Zeitschrift) |
| ZGR | Zeitschrift für Unternehmens- und Gesellschaftsrecht (Zeitschrift) |
| ZIP | Zeitschrift für Wirtschaftsrecht |
| zzgl. | zuzüglich |

# Einleitung

Die deutsche Investmentbranche boomt. Von 1995 bis 2005 hat sich das Vermögen, das die Investmentfonds besitzen, um fast 300% auf 1,16 Billionen € gesteigert.[1] Neben der Anlage in herkömmlichen Fonds in Gestalt von Sondervermögen kann seit dem Jahre 1998 Vermögen von Anlegern auch in der Fondsstruktur einer sog. Investment-Aktiengesellschaft gebündelt werden. Mit dem Investmentmodernisierungsgesetz vom 15.12.2003[2], mit welchem zum 1.1.2004 das Gesetz über Kapitalanlagegesellschaften (KAGG) sowie das Auslandsinvestmentgesetz (AuslInvestmG) durch das Investmentgesetz (InvG) und das Investmentsteuergesetz (InvStG) ersetzt wurden, hat der deutsche Gesetzgeber dem Investmentgeschäft einen erneuerten rechtlichen Rahmen gegeben. Dazu gehört die grundlegende Erneuerung der gesellschaftsrechtlichen Organisation der Investment-Aktiengesellschaft und ihrer staatlichen Aufsicht im InvG. Daneben wird der steuerrechtliche Rahmen der Investment-Aktiengesellschaft und ihrer Anleger im InvStG neu bestimmt. Wesentliches Merkmal der Besteuerung ist danach, dass die Ebene der Investment-Aktiengesellschaft anders als herkömmliche Aktiengesellschaften steuerrechtlich ausgeblendet wird, so dass nur die Ebene der Anteilseigner besteuert wird. Dieses steuerrechtliche Novum rechtfertigt die nähere Beschäftigung mit der Besteuerung der Investment-Aktiengesellschaft und ihrer Anteilseigner.

Der Gang der Untersuchung gliedert sich in sieben Kapitel. Im ersten Kapitel wird das Wesen der Investment-Aktiengesellschaft aufgezeigt, wobei neben einer Abgrenzung von anderen Investmentgesellschaften die historische Entwicklung der Investment-Aktiengesellschaft bis hin zu ihrer heutigen Gestalt nach dem InvG skizziert wird. Hierauf aufbauend werden im zweiten Kapitel die steuerrechtlichen Grundlagen der Besteuerung der Investment-Aktiengesellschaft sowie ihrer Anteilseigner beleuchtet. Das dritte Kapitel beschäftigt sich mit der aktuellen Besteuerung der Ebene der Investment-Aktiengesellschaft nach dem InvStG, wobei insbesondere das Grundprinzip der Investmentbesteuerung, d.h. das Transparenzprinzip, und die sich daraus ergebende Freistellung der Ebene der Investment-Aktiengesellschaft von Ertragsteuern herausgestellt werden. Daneben werden einige umsatzsteuerrechtliche Fragen im Zusammenhang mit der Verwaltung des Investmentvermögens analysiert. Im Anschluss hieran wird die konkrete Ausgestaltung der Besteuerung der Gesellschafter der Investment-Aktiengesellschaft betrachtet, wobei ein Schwerpunkt der Untersuchung darin liegt, inwieweit das dem InvStG zugrundeliegende Transparenzprinzip systemgerecht etabliert worden ist. Im fünften Kapitel werden die steuerrechtlichen Auswirkungen von Auslandssachverhalten im Kontext der Investment-Aktiengesellschaft abgehandelt. Daran anschließend wird im sechsten Kapitel der Frage nachgegangen, inwieweit das bei der Investment-Aktiengesellschaft anzuwendende Transparenzprinzip gerechtfertigt und praktiziert werden kann. Das letzte Kapitel enthält eine Zusam-

---

[1] Vgl. http://www.bvi.de/export/sites/internet/de/statistikwelt/fondsstatistiken/zeitreihen/fv_ma_dt_-invbr/zr_fvma_dt_invbr_300906.pdf (Stand: Januar 2007).

[2] BGBl. I 2003, 2676 ff.

menfassung der Ergebnisse. Im Rahmen der Untersuchung nicht besonders betrachtet wird die steuerliche Behandlung einer „Hedge-Investment-Aktiengesellschaft“[3] sowie einer „Spezial-Investment-Aktiengesellschaft“[4]. Diese Eingrenzung rechtfertigt sich vor dem Hintergrund, dass letztere als besondere Ausformungen einer Investment-Aktiengesellschaft in steuerlicher Hinsicht grundsätzlich – abgesehen von den Ausnahmebestimmungen in § 15 InvStG für Spezial-Investment-Aktiengesellschaften – genauso behandelt werden wie der hier untersuchte Standardfall einer Publikums-Investment-Aktiengesellschaft.[5] Nicht näher eingegangen wird auch auf die in § 10 InvStG normierte steuerliche Behandlung einer Investment-Aktiengesellschaft, welche Erträge mit Anteilen an anderen Investmentvermögen erzielt (sog. Dach-Investmentvermögen).[6]

---

3 Vgl. § 99 Abs. 3 i.V.m. §§ 112 ff. InvG.

4 Vgl. § 99 Abs. 3 i.V.m. §§ 91 ff. InvG.

5 Vgl. für Hedgefonds *Schmitt/Hagen*, DStR 2004, 837, 837 f.; *Kayser/Steinmüller*, BBV 2004, 11, 13.

6 Dazu u.a. *Mensching/Strobl*, BB 2005, 635 ff.; *Ebner*, BB 2005, 295 ff.; *Ammelung/Lindauer*, NWB 2006, NWB 2006, Fach 3, S. 14025 ff.

# Erstes Kapitel: Wesen der Investmentaktiengesellschaft

## § 1 Begriffsbestimmung der Investment-Aktiengesellschaft

Die Herkunft des Wortteils *"Investment"* des Begriffes "Investment-Aktiengesellschaft" leitet sich ab aus dem lateinischen Wort "investis", welches wörtlich übersetzt "einkleiden" oder allgemein "mit einem Gewand bedecken" bedeutet.[7] Wird dieses Wort im Zusammenhang mit Kapital gebraucht, wird es mit "das Kapital nicht ungeschützt oder ungesichert liegen lassen" übersetzt.[8] In den angelsächsischen Ländern wird der Begriff "Investment" in ähnlich weiter Weise verwendet, er bezeichnet allgemein die "Anlage von Geldkapital".[9]

Im Kontext von Investmentgesellschaften, wovon die Investment-Aktiengesellschaft (im Folgenden kurz Investment-AG genannt) eine rechtlich mögliche Unterform darstellt,[10] wird der Begriff des Investments enger verstanden. Investment in diesem Sinne ist dadurch gekennzeichnet, dass ein Unternehmen von einem größeren Kreis von Anlegern Kapital einsammelt, welches sodann durch ein erfahrenes Management nach dem Grundsatz der Risikostreuung in verschiedene Vermögenswerte angelegt wird, um den Kapitalgebern einen möglichst hohen Ertrag zu sichern.[11] Diese Umschreibung von Investmentgesellschaften findet sich auch in den Rechtsquellen zum Investmentrecht wieder. So ist der Anwendungsbereich des neu geschaffenen Investmentgesetzes (InvG)[12] nach § 1 S. 2 auf "Vermögen zur gemeinschaftlichen Kapitalanlage, die nach dem Grundsatz der Risikomischung in Vermögensgegenständen im Sinne des § 2 Abs. 4 angelegt sind" begrenzt. Des Weiteren wird in § 2 Abs. 5 InvG die Investment-Aktiengesellschaft als eine solche Aktiengesellschaft definiert, deren "Unternehmensgegenstand nach der Satzung auf die Anlage und Verwaltung ihrer Mittel nach dem Grundsatz der Risikomischung zur gemeinschaftlichen Kapitalanlage in Vermögensgegenständen nach § 2 Abs. 4 Nr. 1 bis 4 und 7 bis 9 beschränkt ist". Zuletzt liegt auch Art. 1 Abs. 2 der sog. Investment-Richtlinie bzw. OGAW-Richtlinie (Richtlinie 85/611/EWG des Rates der Europäischen Gemeinschaften vom 20.12.1985 zur Koordinierung der Rechts- und Verwaltungsvorschriften betreffend bestimmte Organismen für gemeinsame Anlagen in Wertpapieren)[13], welche die Entwicklung des

---

7 *Podewils*, Investmentgesellschaften, S. 8; *Seischab*, Investment Trusts, S. 5; *Kluge*, Wörterbuch der deutschen Sprache, S. 446; *Stotz*, Besteuerung von Wertpapier-Investmentfonds, S. 9.

8 *Seischab*, Investment-Trusts, S. 5; *Jacob*, Investmentfonds, S. 7.

9 *Büschgen*, Das kleine Börsen-Lexikon, S. 386; *Baur*, Investmentgesetze, Einl I Rn. 1.

10 Zu der Abgrenzung der Investment-AG von einem anderen Typus einer Investmentgesellschaft, siehe näher unten unter Kapitel 1 § 2.

11 Vgl. *Köndgen*, in: Schimansky/Bunte/Lwowski, Bankrechts-Handbuch, § 113 Rn. 1; *Stotz*, Besteuerung von Wertpapier-Investmentfonds, S. 11; *Baur*, in: Assman/Schütze, Handbuch des Kapitalanlagerechts, § 18 Rn. 1; ähnlich auch *Förster/Hertrampf*, Das Recht der Investmentfonds, S. 1 f.; *Schimrock*, Deutsche Investmentgesellschaften, S. 9.

12 Eingeführt durch Art. 1 des Investmentmodernisierungsgesetzes vom 15.12.2003, BGBl. I 2003, 2676.

13 ABl. EG Nr. L 375 vom 31.12.1985, S. 3. Die OGAW-Richtlinie ist durch zwei weitere Richtlinien vom 21.1.2002 (2001/107/EG und 2001/108/EG, ABl. EG Nr. L 41 vom 13.2.2002, S. 20 u. 35) geändert worden, wobei letztere im InvG umgesetzt worden sind.

nationalen Investmentrechts maßgebend beeinflusst hat,[14] diese engere Bedeutung des Investmentbegriffes zugrunde.

Erstes wesentliches Kennzeichen von Investmentgesellschaften nach der obigen Definition ist also, dass eine *Vielzahl von Anlegern Kapital aufbringt (sog. kollektive Kapitalanlage)*. Dabei handelt es sich in der Regel um Kleinanleger mit unterschiedlich hohen Kapitaleinlagen, da das Investmentgeschäft für die Zusammenlegung der Gelder von Kleinanlegern konzipiert worden ist.[15] Bei der Investment-AG werden den einzelnen Anlegern im Verhältnis ihres Kapitaleinsatzes zum Gesamtkapital der Gesellschaft durch Ausgabe von Aktien Mitgliedschaftsrechte gewährt. Dadurch werden die Anleger als Gesellschafter an der Investment-AG beteiligt und haben auf diese Weise die gesellschaftsrechtlichen Kontrollrechte.[16] Insoweit ist die Investment-AG mit einer "normalen" AG vergleichbar.[17] Aufgrund der gesellschaftsrechtlichen Beziehung der Investment-AG zu ihren Anlegern stellt die Investment-AG eine Investmentgesellschaft in Form des *sog. Gesellschaftstypus* dar.[18]

Als weiteres Prinzip des Investmentgeschäfts ist grundsätzlich die *Verwaltung von Vermögen* einzuordnen. Darunter wird die professionelle Vermögensverwaltung seitens der Investmentgesellschaften verstanden, die darin besteht, dass sie das technische und personelle Know-how besitzen, um ständig auf Veränderungen auf dem Kapitalmarkt reagieren und dementsprechend Änderungen im Investmentvermögen[19] vornehmen zu können.[20] Für den Anleger mit geringem Kapitaleinsatz hat dies den Vorteil, dass er von dem Wissen und der Erfahrung professioneller Vermögensverwalter profitiert, welches er selbst, wenn er seine Ersparnisse im Wege einer Direktanlage auf dem Kapitalmarkt angelegt hätte, angesichts zu hoher Kosten wahrscheinlich nicht in Anspruch genommen hätte.[21] Allerdings ist die Vermögensverwaltung der Investmentgesellschaft auch nicht umsonst; für diese Tätigkeit wird eine sog. „management fee“ fällig, die insbesondere Analyse-, Rechnungslegungs- und allgemeine Verwaltungsaufwendungen abdeckt.[22] In Bezug auf die Investment-AG gilt, da diese nach dem Gesellschaftstypus konstruiert ist, dass das Gesellschaftsvermögen und das von

---

14 *Kümpel*, Bank- und Kapitalmarktrecht, S. 1736 f.

15 *Kümpel*, Bank-und Kapitalmarktrecht, S. 1731; *Abdala*, Das Recht der Investmentfonds, S. 45 Fußnote 10 mit dem Hinweis darauf, dass das Investmentgeschäft auch für institutionelle Anleger offen ist.

16 *Stotz*, Besteuerung von Wertpapier-Investmentfonds, S. 13; *Köndgen*, in: Schimansky/Bunte/Lwowski, Bankrechts-Handbuch, § 113 Rn. 146; *Baur*, Investmentgesetze, Einl I Rn. 8; *Tormann*, Investmentgesellschaften, S. 15; *Förster/Hertrampf*, Das Recht der Investmentfonds, S. 7; *Fock*, BB 2006, 2371, 2371.

17 *Podewils*, Investmentgesellschaften in der Bundesrepublik, S. 12.

18 *Kümpel*, Bank- und Kapitalmarktrecht, S. 1747; *Lenenbach*, Kapitalmarkt- und Börsenrecht, S. 537.

19 Für das von der Investmentgesellschaft verwaltete Vermögen wird auch die Bezeichnung "Investmentfonds" gebraucht, vgl. *Förster/Hertrampf*, Das Recht der Investmentfonds, S. 2.

20 *Kümpel*, Bank- und Kapitalmarktrecht, S. 1731; *Lenenbach*, Kapitalmarkt- und Börsenrecht, S. 533.

21 Vgl. *Abdala*, Das Recht der Investmentfonds, S. 44.

22 *Köndgen*, in: Schimansky/Bunte/Lwoswski, Bankrechts-Handbuch, § 113 Rn. 4.

den Anlegern aufgebrachte Kapitalvermögen nicht getrennt sind, sondern eine Einheit bilden, welche im Eigentum der Investment-AG steht.[23] Des Weiteren ist kennzeichnend für diese Konstruktion, dass das Investmentvermögen und -verwaltung in ein- und derselben Aktiengesellschaft vereinigt ist. Die Vermögensverwaltung wird dabei durch die Organe der Gesellschaft ausgeführt.[24]

Drittes und letztes prägendes Merkmal von Investmentgesellschaften ist der *Grundsatz der Risikodiversifizierung bzw. der Risikomischung*. Dieser besagt, dass das zur Verfügung stehende Investitionskapital in mehrere Vermögenstitel angelegt werden soll mit dem Ziel, den Wertverlust einiger Anlagen mit dem Wertgewinn anderer auszugleichen und damit das Anlagerisiko insgesamt zu verringern.[25] Da eine solche ausgewogene und kapitalwertsichernde Anlagestrategie für den Anleger im Rahmen einer Direktanlage mangels hinreichender Größe an eigenem anlagebereiten Kapital in der Regel nicht möglich ist, ist ein weiterer Grund dafür, sich anstelle einer individuellen Vermögenslage für eine kollektive Kapitalanlage einer Investmentgesellschaft zu entscheiden.[26] Der Grundsatz der Risikodiversifizierung hat in Bezug auf die Investment-AG zudem folgende gesetzliche Konkretisierungen erhalten. Unter Geltung des Gesetzes über Kapitalanlagegesellschaften (KAGG) war nach § 51 Abs. 3 KAGG die risikodiversifizierte Anlage des Kapitals der Investment-AG auf Wertpapiere oder auf eine Mischung aus Wertpapieren und stillen Beteiligungen i.S.d. § 230 HGB begrenzt. Mit der Einführung des Investmentmodernisierungsgesetzes (InvG) zum 01.01.2004, welches das KAGG und das Auslandinvestmentgesetz (AuslInvestmG) ablöst, wurden die möglichen Investitionsgegenstände für die Investment-AG erweitert. So ist es ihr nun u.a. nach § 2 Abs. 5 i.V.m. § 2 Abs. 4 Nr. 1-4, 7-9 InvG erlaubt, ihr Gesellschaftsvermögen in Wertpapiere, Geldmarktinstrumente, Derivate, Bankguthaben und anderen Investmentfonds anzulegen. Investment-AGs, die in Immobilien oder Immobilien-Gesellschaften ihr Geld investieren, sind aufgrund des fehlenden Verweises auf § 2 Abs. 4 Nr. 5 und 6 InvG ausgeschlossen.[27]

## § 2 Abgrenzung zur Kapitalanlagegesellschaft

Es wurde schon darauf hingewiesen, dass die Investment-AG lediglich *eine* mögliche Rechtsform einer Investmentgesellschaft darstellt, und zwar eine solche des Gesellschaftstypus. Bevor auf die Investment-AG näher eingegangen werden soll, ist eine Abgrenzung zu dem anderen in Deutschland üblichen Typus einer Investmentgesell-

---

23 *Stotz*, Besteuerung von Wertpapier-Investmentfonds, S. 13; *Baur*, Investmentgesetze, Einl I Rn. 8.

24 *Förster/Hertrampf*, Das Recht der Investmentfonds, S. 7.

25 *Lenenbach*, Kapitalmarkt- und Börsenrecht, S. 533; *Köndgen*, in: Schimansky/Bunte/Lwowski, Bankrechts-Handbuch, § 113 Rn. 2 mit Erläuterung darüber, nach welchen Maßstäben die Risikodiversifizierung vorgenommen werden soll. So sollen bei der Auswahl der Anlagegegenstände neben den anlagespezifischen Risiken auch Risiken wie Markt-, Zins-, Währungs- und politische Risiken berücksichtigt werden.

26 Vgl. *Lenenbach*, Kapitalmarkt- und Börsenrecht, S. 533; *Abdala*, Das Recht der Investmentfonds, S. 43; *Canaris*, Bankvertragsrecht, S. 1180 Rn. 2326; *v. Caemmerer*, JZ 1958, 41, 41; *Schäcker*, Die obligatorischen und dinglichen Rechtsverhältnisse, S. 12 f.

27 Vgl. BT-Drucks.15/1553 S. 75.

schaft erforderlich, welche im Rahmen dieser Arbeit jedoch nicht weiter bearbeitet wird.

## A. Investmentgesellschaft des Vertragstypus

Dieser andere Typus ist die sog. Kapitalanlagegesellschaft (KAG), die ebenfalls wie die Investment-AG die drei prägenden Merkmale einer Investmentgesellschaft aufweist, aber nach dem *sog. Vertragstypus* konzipiert ist.[28] Die Anleger werden hier nicht Gesellschafter der KAG, so dass ihnen nicht die typischen Mitwirkungsrechte eines Gesellschafters, wie z.B. das Stimmrecht, zustehen. Die Rechtsbeziehungen zwischen der KAG und den Anlegern basieren vielmehr auf einem schuldrechtlichen Vertrag in Form eines entgeltlichen Geschäftsbesorgungsvertrages i.S.d. § 675 BGB.[29] Dieser Vertrag hat zum Inhalt, dass die Gesellschaft das Geld, welches sie von den Anlegern erhält, im eigenen Namen für Rechnung der Anleger nach allgemeinen Grundsätzen der Wirtschaftlichkeit verwaltet (vgl. § 9 Abs. 1 Satz 1 InvG). Aufgrund dieser fremdnützigen Tätigkeit hat das Rechtsverhältnis zwischen der KAG und den Anlegern einen treuhänderischen Charakter.[30]

Die KAG selbst darf nach § 6 Abs. 1 S. 2 InvG nur die Rechtsform einer Aktiengesellschaft oder einer Gesellschaft mit beschränkter Haftung annehmen. Grund hierfür ist, dass sich diese beiden Rechtsformen wegen der erhöhten Publizitäts- und Prüfungsvorschriften für die Jahresabschlüsse dieser Gesellschaftsformen bewährt haben.[31]

## B. Bildung eines Sondervermögens und die daran bestehenden Eigentumsverhältnisse

Weiteres wesentliches Kennzeichen des Vertragstypus – in Abgrenzung zum Gesellschaftstypus – ist, dass das eigene Vermögen der KAG und das von den Anlegern aufgebrachte Investmentvermögen voneinander getrennt sind und zwei selbständige Vermögensmassen darstellen.[32] Die von den Anlegern zusammengetragenen Mittel und die damit angeschafften Vermögensgegenstände bilden das *sog. Sondervermögen*,[33] das nach § 30 Abs. 1 S. 2 InvG von dem eigenen Vermögen der Kapitalanlagegesellschaft getrennt zu halten ist. Die Anleger werden zudem durch einige

---

[28] Vgl. *Kümpel*, Bank- und Kapitalmarktrecht, S. 1746; *Lenenbach*, Kapitalmarkt- und Börsenrecht, S. 537.

[29] *Kümpel*, Bank- und Kapitalmarktrecht, S. 1746 u. S. 1770; *Lenenbach*, Kapitalmarkt- und Börsenrecht, S. 537; *Canaris*, Bankvertragsrecht, S. 1188 f. Rn. 2352; *Baur*, in: Assmann/Schütze, Handbuch des Kapitalanlagerechts, § 18 Rn. 78; *Reuter*, Investmentfonds, S. 109.

[30] Vgl. *Lenenbach*, Kapitalmarkt- und Börsenrecht, S. 537 u. 543. Zur näheren Ausgestaltung der Rechtsbeziehung zwischen der KAG und ihren Anlegern *Kümpel*, Bank- und Kapitalmarktrecht, S. 1769 ff.; *Canaris*, Bankvertragsrecht, S. 1232 ff. Rn. 2417 ff.; *Köndgen*, in: Bankrechts-Handbuch, § 113 Rn. 123 ff.

[31] BT- Drucks. 15/1553, S. 77.

[32] *Kümpel*, Bank- und Kapitalmarktrecht, S. 1751; *Förster/Hertrampf*, Das Recht der Investmentfonds, S. 6.

[33] Für dieses wird häufig auch die allgemeine Bezeichnung "Investmentfonds" verwendet.

Regelungen des InvG davor geschützt, dass das Sondervermögen nicht zu Lasten der Anleger mit dem Vermögen der KAG vermischt wird.[34] Demnach sieht § 31 Abs. 2 InvG (vorher: § 10 Abs. 2 KAGG) vor, dass das Sondervermögen nicht für Verbindlichkeiten der KAG haftet. Dies soll sogar auch dann gelten, wenn die Verbindlichkeiten der KAG aus Rechtsgeschäften resultieren, die sie für gemeinschaftliche Rechnung der Anleger abgeschlossen hat. Weiterhin ist das Sondervermögen vor Belastungen und Aufrechnungen geschützt (§ 31 Abs. 3-5 InvG, vorher: § 9 Abs. 2-6 KAGG).

Da das Sondervermögen weder eine eigene Rechtspersönlichkeit hat noch über eigene Organe verfügt[35] und es daher Schwierigkeiten bereitet, das Eigentum an den zu dem Sondervermögen gehörenden Vermögensgegenständen dem Sondervermögen selbst zuzuordnen, stellt sich die Frage, wer Eigentümer dieser Vermögensmasse ist. Insofern gibt es zwei mögliche Ansätze, die *sog. Miteigentums- oder die Treuhandlösung*. Der Gesetzgeber hat es in § 30 Abs. 1 S. 1 InvG in das Ermessen der KAG gestellt, welcher der beiden Lösungswege gewählt wird, wobei diese Ermessensentscheidung für die KAG in der Regel keine große Rolle spielt, da beide rechtliche Konstruktionen vom Gesetz gleich behandelt werden.[36]

Bei der Treuhandlösung stehen die zum Sondervermögen gehörenden Vermögensgegenstände im formalen Eigentum der KAG, sind aber nicht dessen Gesellschaftsvermögen hinzuzurechnen.[37] Wirtschaftliche Eigentümer bleiben jedoch die Anleger, für welche die Gesellschaft das Eigentum verwaltet.[38]

Im Fall der Miteigentumslösung erhalten die Anleger mit Erwerb des Anteilscheines Miteigentum nach Bruchteilen am Sondervermögen.[39] Obwohl das Sondervermögen nach dieser Konstruktion nicht im Eigentum der KAG steht und diese daher an sich nach außen nur im Namen der Eigentümer als Vertreterin handeln könnte, erlaubt § 31 Abs. 1 InvG (vorher: § 9 Abs. 1 S. 1 KAGG) der Gesellschaft, dass sie im eigenen Namen über die zum Sondervermögen gehörenden Gegenstände verfügen darf.[40] Dies erklärt sich daraus, dass die KAG, auch wenn das Sondervermögen im Miteigentum der Anteilsinhaber steht, insgesamt ein treuhänderisches Modell ist, bei dem die

---

34 Vgl. *Lenenbach*, Kapitalmarkt- und Börsenrecht, S. 544 f.

35 *Baur*, in: Assmann/Schütze, Handbuch des Kapitalanlagerechts, § 18 Rn. 159; *Canaris*, Bankvertragsrecht, S. 1221 f. Rn. 2394; *Zeller*, in: Brinkhaus/Scherer, KAGG/AuslInvestmG, § 6 KAGG, Rn. 1; *Roggatz*, Informationspflichten, S. 45; *Reuter*, Investmentfonds, S. 98; *Ohl*, Die Rechtsbeziehungen innerhalb des Investment-Dreiecks, S. 27.

36 Vgl. *Baur*, in: Assmann/Schütze, Handbuch des Kapitalanlagerechts, § 18 Rn. 161. Allerdings wird in der Praxis vorwiegend die Miteigentumslösung praktiziert, vgl. *Kümpel*, Bank- und Kapitalmarktrecht, S. 1751.

37 *Förster/Hertrampf*, Das Recht der Investmentfonds, S. 6; *Zeller*, in: Brinkhaus/Scherer, KAGG/AuslInvestmG, § 6 KAGG, Rn. 7; *Stotz*, Besteuerung von Wertpapier-Investmentfonds, S. 14; *Roggatz*, Informationspflichten, S. 45.

38 *Zeller*, in: Brinkhaus/Scherer, KAGG/AuslInvestmG, § 6 KAGG, Rn. 7.

39 *Förster/Hertrampf*, Das Recht der Investmentfonds, S. 6; *Stotz*, Besteuerung von Wertpapier-Investmentfonds, S. 14; *Roggatz*, Informationspflichten, S. 45.

40 Vgl. *Lenenbach*, Kapitalmarkt- und Börsenrecht, S. 544; *Abdala*, Das Recht der Investmentfonds, S. 63; *Scherer*, in: Brinkhaus/Scherer, KAGG/AuslInvestmG, § 9 KAGG Rn. 6; *Kümpel*, Bank- und Kapitalmarktrecht, S. 1752.

KAG als Treuhänder im Interesse der Anteilsinhaber als Treugeber, nach außen hin aber im eigenen Namen handelt.[41]

Die Rechtsstellung des Anlegers wird in einem Anteilsschein verbrieft (§ 33 Abs. 1 Satz 1 InvG; vorher: §§ 1 Abs. 1, 18 Abs. 1 KAGG), welches ein Wertpapier ist.[42]

Der Wortlaut der früheren Regelung unterscheidet sich von der jetzigen Regelung dadurch, dass in § 33 Abs. 1 InvG nur davon die Rede ist, dass die Anteile an dem Sondervermögen verbrieft werden, nicht aber erwähnt wird, dass auch die Ansprüche des Anteilsinhabers gegenüber der KAG verbrieft werden. Nach der Gesetzesbegründung[43], die an dieser Stelle zu Grunde zu legen ist, soll jedoch die jetzige Regelung den gleichen Regelungsinhalt wie die frühere Regelung besitzen. Folglich ist die neue Regelung entsprechend der alten auszulegen.

Nach § 33 Abs. 1 Satz 2 InvG kann der Anteilsschein als Inhaber- oder als Orderpapier ausgegeben werden. Er enthält eine Verbriefung sowohl der Ansprüche der Anleger gegenüber der KAG auf Anlage ihres Kapitals und Verwaltung des Sondervermögens als auch, jedenfalls nach h.M. ihrer Teilhaberschaft am Sondervermögen (Miteigentum bzw. Treugeber).[44]

## C. Open-End-Prinzip

Die nach dem Vertragstyp konstruierte KAG zeichnet sich des Weiteren dadurch aus, dass das Sondervermögen bzw. der Investmentfonds als sog. offener Investmentfonds (open-end-Prinzip) ausgestaltet sind.[45] Offene Investmentfonds sind dadurch charakterisiert, dass sie offen für neue Einlagen von Anlegern sind. Daher können ständig neue Anteile ausgegeben werden, mit der Folge, dass die Zahl der Anleger und die Summe des Investmentkapitals nicht begrenzt ist.

Dies gilt jedenfalls bei sog. Publikumsfonds. Bei sog. Spezialfonds hingegen, die im Rahmen dieser Arbeit nicht näher betrachtet werden sollen, handelt es sich um Sondervermögen, an denen sich nur eine beschränkte Anzahl von Anlegern (nicht mehr als 30) beteiligen darf, wobei diese Anleger nur nicht natürliche Personen sein dürfen (§ 2 Abs. 3 S. 1 InvG).

Gleichzeitig besteht allerdings eine Verpflichtung seitens der Investmentgesellschaft, hier der KAG, gegenüber den Anlegern, die Anteile der Anleger jederzeit zurückzunehmen und ihnen ihre Anteile am Sondervermögen zu Lasten desselben auszuzahlen

---

[41] Siehe dazu schon oben Kapitel 1 § 2 A.

[42] *Lenenbach*, Kapitalmarkt- und Börsenrecht, S. 538; *Kümpel*, Bank- und Kapitalmarktrecht, S. 1754; *Köndgen* in Schimansky/Bunte/Lwowski, Bankrechts-Handbuch, § 113 Rn. 135 f., der dazu tendiert, die Begebung von Anteilsscheinen als nicht zwingend anzusehen.

[43] BT-Drucks. 15/1553 S. 86.

[44] *Lenenbach*, Kapitalmarkt- und Börsenrecht, S. 545; *Kümpel*, Bank- und Kapitalmarktrecht, S. 1754; *v. Caemmerer*, JZ 1958, 41, 48; *Canaris*, Bankvertragsrecht, S. 1213 Rn. 2372; *Schödermeier/Baltzer*, in: Brinkhaus/Scherer, KAGG/AuslInvestmG, § 18 KAGG, Rn. 8 mit Hinweisen auf die Mindermeinung, die eine Verbriefung der dinglichen Rechte ablehnt.

[45] *Kümpel*, Bank- und Kapitalmarktrecht, S. 1752; *Lenenbach*, Kapitalmarkt- und Börsenrecht, S. 538.

(§ 37 Abs. 1 InvG; früher: § 11 Abs. 2 KAGG).[46] Bei offenen Fonds unterliegt damit die Anlegerzahl einer ständigen Veränderung; korrespondierend dazu vergrößert bzw. vermindert sich das Fondsvermögen mit dem Eintritt bzw. Weggang eines Anlegers.

### D. Depotbank

Schließlich wird der KAG noch eine Depotbank zur Seite gestellt, durch deren Existenz das sog. Investmentdreieck zwischen KAG, Depotbank und Anlegern begründet wird.[47] Die Depotbank ist nach § 22 Abs. 1 Satz 1 InvG (vorher: § 12 Abs. 2 Satz 1 KAGG) zum Schutze der Anleger dazu verpflichtet, bei Ausführung ihrer Aufgaben unabhängig von der KAG und ausschließlich im Interesse der Anleger zu handeln. Ihre Hauptaufgabe liegt darin, die technische Abwicklung der laufenden Geschäftsvorfälle der KAGG vorzunehmen sowie deren Rechtmäßigkeit zu überprüfen, um eine Überwachung der KAG sicherzustellen.[48] Demnach übernimmt die Depotbank u. a. nach § 23 Abs. 1 Satz 1 InvG die Ausgabe und Rücknahme von Anteilsscheinen sowie nach § 24 InvG die Verwahrung des Sondervermögens.

## § 3 Historische Entwicklung der Investmentgesellschaften und speziell der Investment-Aktiengesellschaft

Die Investmentgesellschaften und speziell die Investment-AG lassen sich besser verstehen, wenn man deren historische Entwicklung untersucht hat. Daher soll an dieser Stelle eine Darstellung der historischen Entstehung vorgenommen werden, die sich mit Blick auf den Schwerpunkt der Arbeit allerdings auf einige wesentliche Punkte beschränken muss.

### A. Entstehung der ersten Investmentgesellschaften

Ausgangspunkt für die Entstehung der ersten Investmentgesellschaften waren nicht die USA, wo das Investmentgeschäft im Laufe des 20. Jahrhunderts eine große Verbreitung gefunden hat, sondern Europa. Als erste Investmentgesellschaften werden heute die 1822 in *Brüssel* gegründete "Société Générale de Pays-Bas", die 1849 in *Genf* gegründete "Sociéte civile Genévoise d'Emploi de Fonds" und die 1852 in *Paris* gegründete "Sociéte générale de Crédit Mobilier" angesehen.[49] Diese Gesellschaften

[46] *Kümpel*, Bank- und Kapitalmarktrecht, S. 1752; *Abdala*, Das Recht der Investmentfonds, S. 63; *Lenenbach*, Kapitalmarkt- und Börsenrecht, S. 538; *Roggatz*, Informationspflichten, S. 47; *Reuter*, Investmentfonds, S. 36; *Tormann*, Investmentgesellschaften, S. 16; *Baur*, Investmentgesetze, Einl I Rn. 80.

[47] Die Existenz der Depotbank ist allerdings nicht nur kennzeichnendes Merkmal der KAG, auch die Investment-AG muss mit einer Depotbank zusammen arbeiten, vgl. Kapitel 1 § 3 C IV 1 a).

[48] *Lenenbach*, Kapitalmarkt- und Börsenrecht, S. 547 f.; *Kümpel*, Bank- und Kapitalmarktrecht, S. 1751 u. S. 1774 f.; *Ohl*, Die Rechtsbeziehungen innerhalb des Investment-Dreiecks, S. 58; *Canaris*, Bankvertragsrecht, S. 1249 Rn. 2474.

[49] Vgl. *Baehring*, Investment in Deutschland, S. 53 ff.; *Liefmann*, Beteiligungs- und Finanzierungsgesellschaften, S. 148 ff.; *Podewils*, Investmentgesellschaften in der Bundesrepublik, S. 23; *Baur*, Investmentgesetze, Einl III Rn. 56; *Abdala*, Das Recht der Investmentfonds, S. 45 f.; *Sykora*, Investmentsparen, S. 43; *Reuter*, Investmentfonds, S. 15.

betrieben aber neben den typischen Investmentgeschäften auch noch Geschäfte des Bank- und Versicherungswesens und sind daher mit den heutigen Investmentgesellschaften nur bedingt zu vergleichen.[50]

Die ersten Investmentgesellschaften im engeren Sinne entstanden um 1860 in *Schottland* und wenig später in *England*. Deren Entstehung war dadurch begünstigt, dass in England ein beträchtlicher Kapitalüberfluss vorherrschte, der dazu führte, dass das Zinsniveau bei lediglich ca. 2-3% p.a. lag, wohingegen im Ausland Papiere bis zu 10% p.a. verzinst wurden. Die hohe Verzinsung im Ausland war natürlich verlockend, für den einzelnen Anleger mangels ausreichender Sachkenntnis über die ausländischen Kapitalmärkte und ausreichendem Kapital aber zu risikoreich. Um dennoch als Anleger den Zugang zu den höher verzinslichen ausländischen Papieren zu erhalten, vereinigten sich mehrere Anleger zu einem gemeinschaftlichen Vorgehen in Form einer gemeinsamen Kapitalanlage in ausländischen Papieren. Auf diese Weise bestand die Möglichkeit, die Anlage des gesammelten Kapitals einer sachkundigen Leitung anzuvertrauen und gleichzeitig das Risiko der ausländischen Anlage durch Streuung des Geldes zu mildern. Die ersten Investmentgesellschaften, welche in der Form eines "Trust" geführt wurden, waren damit geboren.[51]

Nach der Kodifikation des englischen Aktienrechts in 1862 ging man dazu über, Investmentgesellschaften in Form einer Aktiengesellschaft ("public limited companies") zu gründen und somit sich auf die Investmentgesellschaft des Gesellschaftstypus festzulegen.[52] Einen Rückschlag erlitt das Investmentgeschäft durch die sog. "Baring-Krise" in 1890, die auf das bis dato sehr stark spekulative Verhalten der Investmentgesellschaften zurückzuführen war. Daraus wurde seitens der Gesellschaften die Lehre gezogen, dass eine vorsichtigere Gestaltung der Satzung als auch der Geschäftspolitik notwendig war, was für die positive Weiterentwicklung des englischen Investmentgeschäfts eine wichtige Rolle spielte.[53]

---

50 *Podewils*, Investmentgesellschaften in der Bundesrepublik, S. 23; *Stotz*, Besteuerung von Wertpapier-Investmentfonds, S. 37 f.; *Zeller*, in: Brinkhaus/Scherer, KAGG/AuslInvestmG, Einl KAGG, Rn. 3; *Reuter*, Investmentfonds, S. 15 f.

51 *v. Caemmerer*, JZ 1958, 41, 41 f.; *Stotz*, Besteuerung von Wertpapier-Investmentfonds, S. 38; *Podewils*, Investmentgesellschaften in der Bundesrepublik, S. 24 f.; *Reuter*, Investmentfonds, S. 16; *Liefmann*, Beteiligungs- und Finanzierungsgesellschaften, S. 167. Unter "trust" versteht man eine im gewissen Umfang mit besonderer Rechtspersönlichkeit ausgestattete Vermögensmasse, die von einer bzw. einigen natürlichen Personen treuhänderisch verwaltet wird, wirtschaftlich aber einer Reihe von Kapital- bzw. Treugebern gehört, vgl. *Schäcker*, Die obligatorischen und dinglichen Rechtsverhältnisse, S. 16.

52 *Podewils*, Investmentgesellschaften in der Bundesrepublik, S. 25 f.; *Ohl*, Die Rechtsbeziehungen innerhalb des Investment-Dreiecks, S. 17; *Schäcker*, Die obligatorischen und dinglichen Rechtsverhältnisse, S. 17 f. Diese Rechtsform der Investmentgesellschaft wurde schon oben Kapitel 1 § 1 näher erläutert. Kennzeichnend ist hauptsächlich, dass das Kapital der Gesellschaft mit dem Anlagekapital identisch ist und dass die Anleger Aktien an der Gesellschaft halten.

53 *v. Caemmerer*, JZ 1958, 41, 42; *Reuter*, Investmentfonds, S. 19; *Tormann*, Investmentgesellschaften, S. 12; zu den Einzelheiten der Baringkrise *Podewils*, Investmentgesellschaften in der Bundesrepublik Deutschland, S. 26.

## B. Aufschwung der Investmentidee in den USA

In den USA erlebte das Investmentgeschäft nach dem ersten Weltkrieg seinen ersten richtigen Aufschwung.[54] Dabei waren die ersten amerikanischen Investmentgesellschaften den englischen häufig in der Weise nachgebildet, dass es sich bei ihnen um Gesellschaften des Gesellschaftstypus handelte, sog. "corporations". Typisch für die ersten amerikanischen Investmentgesellschaften war zudem, dass sie als sog. "closed-end"-Gesellschaften geführt wurden, d.h. dass die Teilnehmerzahl der Anleger auf eine bestimmte Zahl begrenzt war und dass seitens der Gesellschaft keine Verpflichtung zur Rücknahme ausgegebener Anteile bestand.[55]

Die Geschäftspraktiken der Gesellschaften waren zunächst ziemlich risikoreich, auch wurde der größte Teil der Anlagen auf Kredit gekauft. Dies führte dazu, dass die Investmentgesellschaften durch den Börsenkrach im Jahre 1929 besonders schwer getroffen wurden, mit der Folge, dass die Hälfte der Gesellschaften aufgelöst werden mussten.[56] Um die durch den Börsenzusammenbruch aufgedeckten Missstände zu bekämpfen und zugleich auch das Vertrauen in das Investmentgeschäft wiederherzustellen, wurden in der Folgezeit einige Veränderungsmaßnahmen durchgeführt. So wurden zunächst die sog. "open-end"- Gesellschaften eingeführt,[57] welche dem Anleger jederzeit die Möglichkeit bereit hielten, gegen Auszahlung seines Anteils entsprechend seinem jeweiligen Marktpreis aus der Gesellschaft auszusteigen, wenn er befürchten musste, dass die Gesellschaft ein zu risikoreiches oder verlustbringendes Geschäft führen sollte.[58] Zugleich wurde im Jahre 1940 der sog. "Investment-Company-Act" erlassen, der ein umfassendes Regelwerk sowohl für Gesellschaften des Gesellschaftstyps als auch des "Trust"-Typs bezweckte. Das Gesetz stellte u.a. die Gesellschaften unter staatliche Aufsicht, zielte auf den Abbau von Fremdkapital und machte auch andere missbräuchliche Praktiken unmöglich. Aufgrund dieser umfangreichen Bemühungen erlebte das Investmentgeschäft in den USA schon bald wieder einen immensen Aufwind und hatte zugleich Vorbildwirkung auf die Vertragsgestaltung und Gesetzgebung des Investmentgeschäfts in anderen Ländern.[59]

---

54 *Roggatz*, Informationspflichten, S. 29; *Schäcker*, Die obligatorischen und dinglichen Rechtsverhältnisse, S. 20 f.

55 *Podewils*, Investmentgesellschaften in der Bundesrepublik Deutschland, S. 28.

56 *Schäcker*, Die obligatorischen und dinglichen Rechtsverhältnisse, S. 20 f.; *Baur*, Investmentgesetze, Einl III Rn. 25; *Roggatz*, Informationspflichten, S. 30; *Podewils*, Investmentgesellschaften in der Bundesrepublik Deutschland, S. 29; *Abdala*, Das Recht der Investmentfonds, S. 46; *v. Caemmerer*, JZ 1958, 41, 42.

57 Zu dem "open-end-Prinzip" siehe oben Kapitel 1 § 2 C.

58 *Podewils*, Investmentgesellschaften in der Bundesrepublik Deutschland, S. 29; *Schäcker*, Die obligatorischen und dinglichen Rechtsverhältnisse, S. 21 f.

59 *v. Caemmerer*, JZ 1958, 41, 42; *Schäcker*, Die obligatorischen und dinglichen Rechtsverhältnisse, S. 22 f.; *Reuter*, Investmentfonds, S. 24.

## C. Entwicklung in Deutschland

### I. Lage vor dem Erlass des Gesetzes über Kapitalanlagegesellschaften (KAGG)

Die Entwicklung des Investmentgeschäfts in Deutschland begann erst im 20. Jahrhundert, genauer gesagt im Jahre 1923, als der "Zickert`sche Kapitalverein", der später in den "Deutschen Kapitalverein" umbenannt wurde, als nichtrechtsfähiger Verein gegründet wurde. Die Rechtsform des nichtrechtsfähigen Vereins war dabei hauptsächlich aus steuerlichen Gründen gewählt worden, da ein solcher als Gesellschaft bürgerlichen Rechts beurteilt und damit von der relativ hohen, für das Investmentgeschäft nachteiligen Körperschaftsteuer befreit wurde. Jedoch schützte dieser steuerliche Vorteil den Kapitalverein nicht davor, im Rahmen der späteren Weltwirtschaftskrise immense Verluste zu erleiden, die in eine Liquidation mündeten.[60] [61]

Als zweite Investmentgesellschaft gilt die etwas später[62] gegründete "Bayerische Investment-Aktiengesellschaft", welche – im Gegensatz zu der heutigen "Investment-AG" – aus Steuerersparnisgründen nicht nach dem Gesellschaftstypus konzipiert war und daher die Anlageeffekte nicht für ihr Gesellschaftsvermögen erwarb. Die Anleger erhielten vielmehr Miteigentum an den Effekten, weswegen die ihnen ausgehändigten Anteilscheine auch nicht als Aktien, sondern als Anteile am gemeinsamen Vermögen zu klassifizieren waren. Infolge hoher Verluste und fehlenden Sicherungs- und Kontrollmöglichkeiten seitens der Anleger konnte diese Gesellschaft im Jahre 1931 aber auch nicht weitergeführt werden.[63]

Von Interesse ist, dass der deutsche Gesetzgeber 1931 dem Investmentgeschäft einen Aufwärtsschub verschaffen wollte, indem er die Schaffung von steuerbegünstigten Investmentgesellschaften mit aktienrechtlicher Ausprägung ermöglichen wollte.[64] Dies war in Deutschland der erste Versuch, einer Investment-Aktiengesellschaft einen gesetzlichen Rahmen zu geben. Das gesetzgeberische Bemühen fand allerdings keinen großen Anklang in der Praxis, bedingt dadurch, dass die steuerliche Belastung gegenüber einer Direktanlage aufgrund der zwar ermäßigten, aber dennoch zu zahlenden Körperschaft- und Vermögensteuer immer noch recht groß war und weil das im Akti-

---

60 *Podewils*, Investmentgesellschaften in der Bundesrepublik, S.35; *Stotz*, Besteuerung von Wertpapier-Investmentfonds, S. 39 f.; *Baur*, Investmentgesetze, Vor § 1 KAGG, Rn. 2 f.

61 Der Restbestand der Vermögensgegenstände des Deutschen Kapitalvereins wurden in den "Deutschen Investment Verein e. Gen. mbH" eingebracht, welche man nicht als "echte" Investmentgesellschaft bezeichnen kann, da sie das Kapital hauptsächlich in Hypotheken anlegte, vgl. *Podewils*, Investmentgesellschaften in der Bundesrepublik, S. 35.

62 Als Entstehungsjahr wird teilweise 1926 (*Podewils*, Investmentgesellschaften in der Bundesrepublik, S. 35; *Schäcker*, Die obligatorischen und dinglichen Rechtsverhältnisse, S. 26; *Baur*, Investmentgesetze, Vor § 1 KAGG, Rn. 4), teilweise aber auch 1928 angegeben (*v. Caemmerer*, JZ 1958, 41, 44; *Stotz*, Besteuerung von Wertpapier-Investmentfonds, S. 40).

63 *Schäcker*, Die obligatorischen und dinglichen Rechtsverhältnisse, S. 26; *Stotz*, Besteuerung von Wertpapier-Investmentfonds, S. 40; *Reuter*, Investmentfonds, S. 28 f.; *Baur*, Investmentgesetze, Vor § 1 KAGG, Rn. 5 f.

64 ErmächtigungsG vom 09.06.1930 (RGBl. I S. 187); NotVO vom 05.06.1931, 7. Teil Kap. IV (RGBl. I S. 312).

enrecht fundierte Prinzip des festen Grundkapitals, welches u.a. eine laufende Ausgabe von Aktien nach dem open-end Prinzip ausschloss, für das Investmentgeschäft nicht adäquat war.[65]

Das Investmentsparen erfuhr erst nach der Währungsreform neuen Aufwind mit der Gründung der "ADIG - Allgemeine Deutsche Investment-Gesellschaft mit beschränkter Haftung" in 1949, deren wirtschaftlicher Geschäftserfolg dazu führte, dass 1956 vier weitere Gesellschaften gegründet wurden.[66] Charakteristisch für diese Gesellschaften war, dass sie als Vorläufer der heutigen KAG dieser insoweit ähnelten, als dass das Anlagekapital Sondervermögen bildete, an welchem die Anleger nach der Miteigentumslösung Miteigentum nach Bruchteilen hielten, und dass die Anteilscheine nach dem open-end Prinzip je nach Nachfrage ausgegeben wurden.[67] Die von den Gesellschaften gebildeten Sondervermögen bzw. Fonds enthielten überwiegend inländische und teilweise ausländische Standardaktien.[68]

## II. Erlass des KAGG im Jahre 1957 und die Zeit danach

Mit dem Inkrafttreten des *"Gesetzes über Kapitalanlagegesellschaften" (KAGG)* am 18.4.1957[69] wurde dem Investmentgeschäft in Deutschland erstmals ein gesetzlicher Rahmen gegeben. Ziel dieses Gesetzes war, breitere Bevölkerungskreise am Investitionskapital der einheimischen Wirtschaft zu beteiligen sowie die Bildung von privatem Eigentum zu fördern.[70] Um das Vertrauen der damit angesprochenen „kleinen Sparer" für das Investmentsparen zu erwerben, enthielt das KAGG Regelungen, die sicherstellen sollten, dass unsolides Geschäftsgebaren und Missbäuche ausgeschaltet wurden.[71] Von der Konzeption her war das KAGG insgesamt als ein Aufsichts- und Organisationsgesetz aufgebaut, welches nur für deutsche Investmentgesellschaften und zunächst auch nur für die Anlage in Wertpapiere galt.[72] Zudem sollten durch das KAGG die

---

65 *v. Caemmerer*, JZ 1958, 41, 43; *Reuter*, Investmentfonds, S. 29 f.

66 *Reuter*, Investmentfonds, S. 30; *Baur*, Investmentgesetze, Vor § 1 KAGG, Rn. 10; *Zeller*, in: Brinkhaus/Scherer, KAGG/AuslInvestmG, Einl KAGG, Rn. 5.

67 *v. Caemmerer*, JZ 1958, 41, 44; *Reuter*, Investmentfonds, S.31; *Schäcker*, Die obligatorischen und dinglichen Rechtsverhältnisse, S. 27 ff., der darlegt, warum bei diesen ersten Gesellschaften praktisch nur die Miteigentumslösung angewandt wurde.

68 *Reuter*, Investmentfonds, S. 30; *Schäcker*, Die obligatorischen und dinglichen Rechtsverhältnisse, S. 27 ff.

69 BGBl. I 1957, S. 378 ff.

70 *Bericht des Abgeordneten Neuburger*, BT-Drucks. 2/2973, S. 1; *Schäcker*, Die obligatorischen und dinglichen Rechtsverhältnisse, S. 32 ff.; *Zeller*, in: Brinkhaus/Scherer, KAGG/AuslInvestmG, Einl KAGG, Rn. 7; *Baur*, Investmentgesetze, Vor § 1 KAGG, Rn. 64 f.; *Jung*, WM 1957, Beilage Nr. 4, S. 29.

71 *Zeller*, in: Brinkhaus/Scherer, KAGG/AuslInvestmG, Einl KAGG, Rn. 7; *v. Caemmerer*, JZ 1958, 41, 44; *Schäcker*, Die obligatorischen und dinglichen Rechtsverhältnisse, S. 35.

72 *Zeller*, in: Brinkhaus/Scherer, KAGG/AuslInvestmG, Einl KAGG, Rn. 8 f.; *Baur*, Investmentgesetze, Vor § 1 KAGG, Rn. 63. Zwar konnten Unternehmen grundsätzlich auch in andere Anlagewerte als Wertpapiere investieren, wie z.B. Immobilien, GmbH-Anteile und stille Beteiligungen. Konsequenz war aber dann, dass diese Unternehmen mangels Erfüllung der gesetzlichen Anforde-

steuerlichen Nachteile in Form von Kumulierungen der Steuerbelastungen beim Anleger und bei der Gesellschaft, die sich aus der Zwischenschaltung der Gesellschaft ergaben, beseitigt werden. So wurde dafür gesorgt, dass die Erträge des Investitionskapitals ohne steuerliche Vorwegbelastung erst in der Hand des Anlegers besteuert wurden.[73]

Als rechtlicher Rahmen für die Investmentgesellschaften, welche nach § 1 Abs. 1 KAGG als Kapitalanlagegesellschaften zu bezeichnen waren, wurde in Anknüpfung an die Erfahrungen der bereits in Deutschland bestehenden Investmentgesellschaften die *Vertragslösung* gewählt,[74] wobei das Gesetz den Gesellschaften die Wahl zwischen der Miteigentums- oder Treuhandlösung bezüglich des von dem Gesellschaftsvermögen zu trennenden Sondervermögen einräumte (vgl. § 6 Abs. 1 S. 2 KAGG). Eine Investmentgesellschaft des Gesellschaftstypus wurde demgegenüber zunächst nicht ins KAGG aufgenommen, da die bestehenden Barrieren im Aktienrecht[75] ein zu großes Hindernis für das Investmentgeschäft darstellten.[76]

Nachdem Mitte der 60er Jahre immer mehr ausländische Investmentgesellschaften auf den deutschen Markt drängten, diese aber nicht von dem KAGG erfasst wurden und damit keiner gesetzlichen Regelung unterlagen, wurde 1969 zum Schutze der Anleger das *"Gesetz über den Vertrieb ausländischer Investmentanteile und über die Besteuerung der Erträge aus ausländischen Investmentanteilen" (AuslInvestmG)*[77] erlassen. Im Gegensatz zum KAGG musste als Ansatzpunkt der gesetzlichen Regelungen der öffentliche Vertrieb ausländischer Investmentanteile in Deutschland gewählt werden, da der deutsche Gesetzgeber bezüglich der Organisation und der Geschäftstätigkeit der Gesellschaften mit Sitz im Ausland keine Einflussmöglichkeiten hat.[78]

Mit dem Erlass der "EG-Richtlinie zur Koordinierung der Rechts- und Verwaltungsvorschriften betreffend bestimmte Organismen für gemeinsame Anlagen in Wertpapieren (sog. OGAW-Richtlinie)"[79] wurde das Ziel verfolgt, innerhalb der EU die Wettbewerbsbedingungen der Investment-Unternehmen anzugleichen, einen ein-

---

rungen nicht unter das KAGG fielen und damit sich nicht als "Investment"- oder "Kapitalanlagegesellschaften" bezeichnen durften und auch nicht von den im KAGG vorgesehenen Steuererleichterungen profitieren konnten, vgl. *v. Caemmerer*, JZ 1958, 41, 45; *Schimrock*, Deutsche Investmentgesellschaften, S. 16. Durch die KAGG-Novelle 1969 wurden die Anlagemöglichkeiten des KAGG von Wertpapieren auf die Anlage in Grundstücken erweitert, vgl. *Baur*, Investmentgesetze, Vor § 1, Rn. 63; *ders.*, in: Assmann/Schütze, Handbuch des Kapitalanlagerechts, § 18 Rn. 1c. Eine weitere Änderung der Anlagemöglichkeiten erfolgte vor allem durch das 2. Finanzmarktförderungsgesetz, siehe dazu sogleich.

73 *Schäcker*, Die obligatorischen und dinglichen Rechtsverhältnisse, S. 36; *Tormann*, Investmentgesellschaften, S. 39.

74 *Podewils*, Investmentgesellschaften in der Bundesrepublik Deutschland, S. 49.

75 Siehe schon oben unter Kapitel 1 § 3 C I.

76 *Bericht des Abgeordneten Neuburger*, BT-Drucks. 2/2973, S. 2; *Schäcker*, Die obligatorischen und dinglichen Rechtsverhältnisse, S. 35 f.; *v. Caemmerer*, JZ 1958, 41, 44; *Schimrock*, Deutsche Investmentgesellschaften, S. 18.

77 BGBl. I 1969, S. 986.

78 *Stotz*, Besteuerung von Wertpapier-Investmentfonds, S. 47.

79 ABl. EG Nr. L 375 vom 31.12.1985.

heitlichen Mindeststandard für den Anlegerschutz einzuführen und die grenzüberschreitenden Dienstleistungen von Wertpapierfonds zu erleichtern.[80] Die Umsetzung dieser Richtlinie erfolgte in Deutschland durch das "Erste Finanzmarktförderungsgesetz" vom 22.02.1990[81], durch welches im KAGG u.a. die zulässigen Anlagemöglichkeiten derart erweitert wurden, dass nunmehr der Zugang zu allen wesentlichen in- und ausländischen Wertpapiermärkten eröffnet wurde.[82]

Das *"Zweite Finanzmarktförderungsgesetz"* vom 26.7.1994[83], welches den Investmentstandort Deutschland für die Anleger attraktiver machen sollte, eröffnete die Auflage von Geldmarktfonds wie auch den Zugang zu Wertpapier-Darlehen. Zudem wurden den Investmentgesellschaften breite Anlagemöglichkeiten im Bereich der derivativen Finanzanlagen bzw. der Terminmärkte eingeräumt.[84]

### III. Einführung der Investment-Aktiengesellschaft durch das Dritte Finanzmarktförderungsgesetz

Das KAGG wurde durch das *"Dritte Finanzmarktförderungsgesetz"* vom 1.4.1998[85] weitergehend umfangreich liberalisiert und dereguliert. So wurden neue Fonds in Form von Altersvorsorge-Sondervermögen, Gemischten Wertpapier- und Grundstücks-Sondervermögen sowie Dachfonds, welche das Fondsvermögen ausschließlich in anderen Investmentfonds anlegen, zugelassen. Daneben wurden die Geschäftsmöglichkeiten der schon bestehenden Fondsarten dadurch erweitert, dass u.a. Aktienfonds mit begrenzter Laufzeit, Aktienindex-Fonds und Wertpapier-Pensionsgeschäfte zugelassen wurden.[86]

#### 1. Rechtliche Ausgestaltung der "ersten" deutschen Investment-Aktiengesellschaft

Schließlich wurde auch die *Investment-AG*, die gegenüber der bis dato bestehenden Investmentgesellschaft des Vertragstyps, der KAG, nach dem Gesellschaftstyp konzipiert war, durch die *§§ 51 ff. KAGG* erstmalig ins deutsche Investmentrecht eingeführt. Vorbild für diese in Deutschland zu diesem Zeitpunkt neue Rechtsform waren die lu-

---

80 *Kümpel*, Bank- und Kapitalmarktrecht, S. 1736; *Zeller*, in: Brinkhaus/Scherer, KAGG/AuslInvestmG, Einl KAGG, Rn. 15.

81 BGBl. I 1990, S. 266.

82 *Kümpel*, Bank- und Kapitalmarktrecht, S. 1737; *Zeller*, in: Brinkhaus/Scherer, KAGG/AuslInvestmG, Einl KAGG, Rn. 28.

83 BGBl. I 1994, S. 1749 ff.

84 *Kümpel*, Bank- und Kapitalmarktrecht, S. 1738; *Zeller*, in: Brinkhaus/Scherer, KAGG/AuslInvestmG, Einl KAGG, Rn. 31.

85 BGBl. I 1998, S. 529.

86 *Kümpel*, Bank- und Kapitalmarktrecht, S. 1738; *Zeller*, in: Brinkhaus/Scherer, KAGG/AuslInvestmG, Einl KAGG, Rn. 34 ff.; *Pötzsch*, WM 1998, 949, 958 ff.

xemburgische "societé d'investissement à capital fixe" (SICAF) und die US-amerikanische "Investment-Company".[87]

Neben ihrer gesellschaftsrechtlichen Struktur, als deren Kennzeichen insbesondere die Gesellschafterstellung der Anleger als auch die Einheit von Gesellschafts- und Investmentvermögen auszumachen ist,[88] unterschied sich die "neue" Investment-AG von einer KAG vor allem dadurch, dass sie nicht wie diese als offener, sondern als ein *geschlossener Fonds* (sog. closed-end-fund) konzipiert war.[89] Eine geschlossene Investment-AG hat ein von Anfang an feststehendes Grundkapital und kann daher nur eine begrenzte Anzahl von Aktien ausgeben. Eine Erhöhung der Aktienanzahl, und damit der Anlegerzahl, kann nur durch das aufwendige Verfahren der formellen Kapitalerhöhung nach den §§ 179 Abs. 1, 182 Abs. 1 Aktiengesetz (AktG) erreicht werden. Die Anleger, d.h. die Aktionäre, haben – anders als bei offenen Fonds – nicht die Möglichkeit, ihre Investmentanteile an die Investment-AG zum anteiligen Inventarwert zurückzugeben, sondern müssen sie an der Börse verkaufen.

Die fehlende Rücknahmepflicht auf Seiten der geschlossenen Investment-AG hat den Vorteil, dass die Investment-AG – im Gegensatz zu offenen Fonds – nicht stets genügend Liquidität aufweisen muss, um eventuelle Rücknahmeforderungen seitens der Anleger kurzfristig zu erfüllen.[90] Daher kann sie das Investmentvermögen auch in Werte anlegen, die nur unter vergleichsweise großen Anstrengungen und mit hohen Transaktionskosten wieder veräußert werden können.[91] Vor diesem Hintergrund versprach sich der Gesetzgeber, dass eine geschlossene Investment-AG besonders dazu geeignet sei, in deutsche kleine und mittlere Unternehmen, welche Bedarf an Risikokapital haben, aber wegen regelmäßig fehlender Börsennotierung ein schwierig handelbares Anlagegut darstellen,[92] zu investieren.[93]

## 2. Ursachen des Misserfolgs der Investment-Aktiengesellschaft

Obwohl man meinen sollte, dass der Gesetzgeber demnach entsprechend seiner Zielvorstellung adäquate Bestimmungen für eine Beteiligung der Investment-AG an sol-

---

87 Begründung zum 3. Finanzmarktförderungsgesetz, BT-Drucks. 13/8933, S. 62; *Schmitt*, in: Brinkhaus/Scherer, KAGG/AuslInvestmG, Vor §§ 51-67 KAGG, Rn. 3; *Baums/Kiem*, in: Festschrift Hadding, S. 741, 741.

88 Siehe schon oben Kapitel 1 § 1.

89 Begründung zum 3. Finanzmarktförderungsgesetz, BT-Drucks. 13/8933, S. 62; *Schmitt*, in: Brinkhaus/Scherer, KAGG/AuslInvestmG, Vor §§ 51-67 KAGG, Rn. 2; *Baums/Kiem*, in: Festschrift Hadding, S. 741, 742; *Thoma/Steck*, AG 2001, 330, 331; *Abdala*, Das Recht der Investmentfonds, S. 53 f.; *Lenenbach*, Kapitalmarkt- und Börsenrecht, S. 538; *Kümpel*, Bank- und Kapitalmarktrecht, S. 1753.

90 Bei offenen Fonds ist aufgrund der bestehenden Rücknahmeverpflichtung gegenüber den Anlegern hingegen immer eine gewisse Mindestliquidität erforderlich, die z.B. durch eine verhältnismäßig hohe Barreserve oder kurzfristige Veräußerungen von liquiden Anlagewerten erreicht wird, vgl. *Thoma/Steck*, AG 2001, 330, 331.

91 *Baums/Kiem*, in: Festschrift Hadding, S. 741, 742.

92 *Thoma/Steck*, AG 2001, 330, 331.

93 Begründung zum 3. Finanzmarktförderungsgesetz, BT-Drucks. 13/8933, S. 62 u. 128 f.; *Thoma/Steck*, AG 2001, 330, 331.

chen mittelständischen Unternehmen geschaffen hätte, sah die Wirklichkeit anders aus. Dies lag insbesondere an § 58 Abs. 1 KAGG, wonach die Investment-AG, deren Investmentkapital gem. § 51 Abs. 3 KAGG auf eine Anlage in Wertpapieren oder eine Mischung aus Wertpapieren und stillen Beteiligungen i.S.d. § 230 HGB begrenzt war, bis zu 20% ihres Eigenkapitals in *Aktien* anlegen durfte, die nicht zum amtlichen Markt an einer Börse zugelassen oder in einen anderen organisierten Markt einbezogen sind.[94] Diese Anlagebestimmung war allerdings zu eng gezogen, um mit Hilfe der Investment-AG effektiv Risikokapital für die typischen kleinen und mittelgroßen Unternehmen bereitstellen zu können. Dies ergab sich einmal daraus, dass die meisten dieser Unternehmen von ihrer Rechtsform her Gesellschaften mit beschränkter Haftung oder Personengesellschaften waren, welche im Umkehrschluss zu § 58 Abs. 1 KAGG ("...Aktien...") sowie § 51 Abs. 3 KAGG aber als Anlageobjekt in Gestalt einer konventionellen Gesellschaftsbeteiligung für die Investment-AG gar nicht in Betracht kamen.[95] Zum anderen war die Begrenzung auf eine Anlage von 20% des Eigenkapitals in nicht börsennotierte Unternehmen im Hinblick auf die Tatsache, dass die meisten mittelständischen Unternehmen nicht börsennotiert sind, sehr niedrig konzipiert.[96] Diese im Vergleich zum Vorhaben des Gesetzgebers nahezu kontraproduktive Regelung ist ein Grund dafür, dass die Investment-AG in der Praxis bisher keine große Akzeptanz gefunden hat.

Ein weiterer Nachteil der Investment-AG zumindest aus Sicht der Anleger bestand darin, dass die Anleger, wie oben bereits dargestellt worden ist, keinen Anspruch gegenüber der Investment-AG auf Rücknahme ihrer Anteile hatten, wenn sie aus der Investment-AG aussteigen wollten.[97] Ihnen blieb in solchen Fällen nur die Möglichkeit, ihre Anteile über einen Sekundärmarkt zu veräußern. Deshalb sahen die §§ 61 ff. KAGG eine zwingende öffentliche Platzierung der Aktien an einer neu gegründeten Investment-AG an der Börse vor, so dass die Aktionäre ihre Anteile hierüber jederzeit wieder frei zu einem marktgerechten Preis verkaufen konnten. Dabei war der Anleger allerdings dem Risiko ausgesetzt, dass sein Veräußerungserlös, der sich nach Angebot und Nachfrage an der Börse richtete, erheblich geringer als der von ihm an die Investment-AG bezahlte Ausgabepreis i.S.d. § 63 Abs. 2 KAGG war.[98] Da bei einer Beteili-

---

[94] Die Anlagegrenze von 20% war dennoch immerhin eine Erweiterung gegenüber den für die KAG geltenden Bestimmungen (vgl. § 8 Abs. 2 Nr. 1 KAGG).

[95] *Baums/Kiem*, in: Festschrift Hadding, S. 741, 742; *Thoma/Steck*, AG 2001, 330, 336; *Schmitt*, in: Brinkhaus/Scherer, KAGG/AuslInvestmG, Vor §§ 51-67 KAGG, Rn. 4. Möglich war allerdings eine stille Beteiligung i.S.d. § 230 HGB der Investment-AG an einer GmbH oder Personengesellschaft, vgl. *Thoma/Steck*, AG 2001, 330, 336.

[96] *Baums/Kiem*, in: Festschrift Hadding, S. 741, 742; *Schmitt*, in: Brinkhaus/Scherer, KAGG/AuslInvestmG, § 58 KAGG, Rn. 2.

[97] *Fock*, UR 2006, 558, 558; *ders.*, BB 2006, 2371, 2371.

[98] Nach § 63 Abs. 2 S. 1 KAGG musste der Ausgabepreis der Aktien beim öffentlichen Angebot mit dem anteiligen Inventarwert am Tag der Annahme der verbindlichen Zeichnungsangebote zuzüglich eines satzungskonformen Kostenaufschlags übereinstimmen. Unter Inventarwert wird dabei der Wert des Gesellschaftsvermögens verstanden. Nach *Thoma/Steck*, AG 2001, 330, 331 ff. war ein für den Anleger von geschlossenen Fonds nachteilhafter Börsenkurs aufgrund des sog. "market discount phenomenon" zu befürchten. Nach diesem würden Anteile an geschlossenen Fonds un-

gung an einem Sondervermögen einer KAG der Anleger einen gesicherten Anspruch auf Rücknahme der Anteilsscheine zum anteiligen Inventarwert (vgl. § 11 Abs. 2 S. 1 KAGG) hatte, war der Anteilseigner der Investment-AG in diesem Punkte einem geringeren Anlegerschutz als bei der KAG ausgesetzt.[99]

Auf den ersten Blick ein Anreiz, sich für die Rechtsform der Investment-AG zu entscheiden, hätte zumindest der in § 51 KAGG normierte qualifizierte Bezeichnungsschutz sein können.[100] Dieser bestand darin, dass eine Aktiengesellschaft, welche die Bezeichnung "Investmentaktiengesellschaft" führen wollte, nach § 51 Abs. 1 KAGG der Erlaubnis der Bundesanstalt für Finanzdienstleistungsaufsicht bedurfte.

> Eine solche Erlaubnis war nach § 51 Abs. 5 KAGG zu erteilen, wenn u.a. das eingezahlte Mindestkapital mindestens eine Million Euro betrug, die Geschäftsleiter der Investment-AG zuverlässig sind und die zur Leitung der Investment-AG erforderliche fachliche Eignung haben und die Investment-AG eine Depotbank nach § 12 Abs. 1 KAGG beauftragt hatte.

Darin gründete sich an sich eine Anreizwirkung für potentielle Anleger, da man darauf aufmerksam hätte machen können, dass im Interesse der Anleger die Geschäftstätigkeit der Gesellschaft der Bankenaufsicht unterlag.[101] Andererseits brächte die aufsichtsrechtliche Überwachung den Nachteil mit sich, dass sie mit einigen Kosten und einigem Aufwand verbunden ist.[102]

Zusätzlich zu den bereits aufgezeigten Schwächen waren auch die steuerliche Behandlung der Investment-AG, auf die weiter unten im Detail noch einzugehen sein wird,[103] und die Tatsache, dass die Anlagevorschriften der Investment-AG sich nicht deutlich genug von denen der KAG unterschieden, um die AG als neue eigene Anlageform interessant zu machen, schuld daran, dass die Investment-AG nach dem KAGG „totes Recht" geblieben ist. Im Ergebnis erschienen alternative Investmentsformen, wie z.B. die herkömmliche Anlage über die KAG oder auch die indirekte Anlage über eine klassische Aktiengesellschaft, die wie eine Investmentgesellschaft ausgestaltet werden konnte, ohne aber den aufsichtsrechtlichen Beschränkungen des KAGG zu unterliegen, vorteilhafter.[104]

---

mittelbar nach der Erstausgabe dazu tendieren, auf dem Markt unter Berücksichtigung eines Wertabschlags in Bezug auf den Inventarwert des Fondsvermögens gehandelt zu werden.

[99] Vgl. *Schmitt*, in: Brinkhaus/Scherer, KAGG/AuslInvestmG, Vor §§ 51-67 KAGG, Rn. 10; zu den Risiken bei Verkauf eines Investmentanteils über die Börse auch *Canaris*, Bankvertragsrecht, S. 1183, Rn. 2388.

[100] Vgl. *Fock*, BB 2006, 2371, 2371.

[101] *Paul/Päsler*, Investmentrecht, S. 76.

[102] *Schmitt*, in: Brinkhaus/Scherer, KAGG/AuslInvestmG, Vor §§ 51-67 KAGG, Rn. 4.

[103] Siehe Kapitel 2 § 1.

[104] *Schmitt*, in: Brinkhaus/Scherer, KAGG/AuslInvestmG, Vor §§ 51-67 KAGG, Rn. 4; *Paul/Päsler*, Investmentrecht, S. 76; *Köndgen*, in: Schimansky/Bunte/Lwowski, Bankrechts-Handbuch § 113 Rn. 146.

## IV. Neugestaltung der Rahmenbedingungen der Investment-Aktiengesellschaft durch das Investmentmodernisierungsgesetz

Angesichts der schlechten bzw. fehlenden Resonanz auf die Rechtsform der Investment-AG hat der Gesetzgeber im neuen Investmentmodernisierungsgesetz (InvestmG)[105], welches zum 1. Januar 2004 in Kraft getreten ist, einen weiteren Versuch gestartet, die Investment-AG zu regeln und insgesamt praktikabler zu gestalten. Das Investmentmodernisierungsgesetz, das aus dem Investmentgesetz (InvG) und dem Investmentsteuergesetz (InvStG) besteht, fasst die bisher bestehenden Regelungsbereiche des KAGG und des AuslInvG zusammen und setzt gleichzeitig die durch zwei Änderungsrichtlinien[106] überarbeitete OGAW-Richtlinie in nationales Recht um.

Ziel des Gesetzes ist die Schaffung eines modernen und einheitlichen Gesetzes, welches der Investmentbranche attraktive Rahmenbedingungen für die Ausübung der Geschäftstätigkeit bietet, damit der Investmentstandort Deutschland im Wettbewerb mit anderen europäischen Finanzplätzen - wie insbesondere Luxemburg, Irland und Großbritannien - eine gute Ausgangsposition erhält.[107] Erster Schritt zu diesem Ziel ist die übersichtliche und verständliche Struktur im InvG und die Delegation von technischen und besonders kurzlebigen Regelungsmaterien an den Verordnungsgeber, der in der Regel aufgrund seiner Sachkunde schneller auf neue Entwicklungen reagieren kann. Das InvG besteht aus sechs Kapiteln und beginnt in Kapitel eins mit allgemeinen Bestimmungen (§§ 1-29 InvG), welche sich vorwiegend auf die KAGen und die Depotbank beziehen. Im zweiten Kapitel (§§ 30-95 InvG) regelt das Gesetz sowohl gem. der OGAW II-Richtlinie konforme als auch nicht-richtlinienkonforme Sondervermögen (§§ 66-95 InvG) wie Immobilien-Sondervermögen, Gemischte-Sondervermögen, Altervorsorge-Sondervermögen und Spezial-Sondervermögen.[108] Während das dritte Kapitel (§§ 96-111 InvG) sich mit der Investment-AG beschäftigt ist, enthält das vierte Kapitel (§§ 112-120 InvG) Vorschriften über die "Sondervermögen mit zusätzlichen Risiken", mit denen der Gesetzgeber in Deutschland die sog. Hedgefonds einführen will. Letztere sind nach § 112 Abs. 1 InvG Investmentvermögen, die den Grundsatz der Risikomischung beachten, im Rahmen ihrer Anlagestrategie mit Ausnahme der Anlage in Immobilien und Immobilien-Gesellschaften keinen Beschränkungen bei der Auswahl der Vermögensgegenstände unterworfen sind und deren Vertragsbedingungen entweder Leverage-Strategien[109] oder Leerverkäufe vorsehen müssen. Im fünften Kapitel (§§ 121-142 InvG) wird

---

105 Gesetz zur Modernisierung des Investmentwesens und zur Besteuerung von Investmentvermögen vom 15.12.2003, BGBl. I, S. 2676. Das Investmentmodernisierungsgesetz geht auf einen Diskussionsentwurf des Bundesministeriums der Finanzen vom 20.07.2003 zurück, welcher am 20.8.2003 mit kleineren Änderungen vom Kabinett beschlossen wurde und als Regierungsentwurf in das Gesetzgebungsverfahren ging. Nach Durchführung einer öffentlichen Anhörung am 15.10.2003 beschloss der Deutsche Bundestag das Gesetz am 7.11.2003. Am 28.11.2003 erfolgte die abschließende Beratung im Bundesrat. Kritisch zum "zu schnellen" Gang des Gesetzes *Köndgen/Schmies*, WM 2004, Sonderbeil. 1, 4 f.

106 Richtlinien 2001/107/EG, ABl. 2002 L 41, S. 20 und 2001/108/EG, ABl. 2002 L 41, S. 35 vom 21.1.2002.

107 Begründung zum InvestmG, BT-Drucks. 15/1553, S. 65

108 Diese Sondervermögen entsprechen zwar nicht den Vorgaben der OGAW II-Richtlinie, haben sich aber als sinnvolle Ergänzung zu den nach der Richtlinie bestehenden Anlagemöglichkeiten etabliert, vgl. Begründung zum InvestmG, BT-Drucks. 15/1553, S. 97.

109 Unter "Leverage" versteht man eine Hebelwirkung, durch die ein eingesetztes Kapital von der eintretenden Entwicklung überproportional betroffen wird. Liegt z.B. ein der effektive Zinssatz für Kredite unterhalb der Verzinsung am Kapitalmarkt, kann der Anleger mit aufgenommenen und

der Vertrieb von in- und ausländischen Fondsanteilen geregelt und das abschließende sechste Kapitel (§§ 143-145 InvG) enthält Bußgeld- und Übergangsvorschriften.[110]

## 1. Allgemeiner Rechtsrahmen

Regelungsort der Investment-AG im InvG ist das dritte Kapitel (§§ 96 ff. InvG), welches in § 96 Abs. 2 S. 1 – im Gegensatz zum KAGG – zwei Typen von Investment-AGs normiert. Neben der schon aus dem KAGG bekannten Investment-AG mit fixem Grundkapital ist neuerdings auch eine Investment-AG mit veränderlichem Grundkapital vorgesehen.

### *a) Gründung*

Die Gründung beider Investment-AG-Typen vollzieht sich im Wesentlichen wie die einer "normalen" Aktiengesellschaft, da gem. § 99 Abs. 1 InvG grundsätzlich das AktG maßgebend ist. Einer tieferen Erörterung bedarf es daher nur hinsichtlich der Punkte, wo das InvG abweichende Sonderregelungen trifft.[111] Eine erste Abweichung besteht darin, dass die Investment-AG entgegen § 7 AktG, der ein Mindestgrundkapital in Höhe von 50.000 Euro normiert, ein *Mindestanfangskapital von 300.000 Euro* aufweisen muss, § 97 Abs. 1 S. 2 Nr. 1 InvG. Im Vergleich zur Vorgängerregelung des § 51 Abs. 1 KAGG, nach dem noch eine Aufbringung von einer Million Euro Anfangskapital erforderlich war, wurde also das Anfangskapital einer Investment-AG herabgesenkt. Grund für diese Herabsenkung ist, dass man die Investment-AG als Rechtsform für kleinere Investmentvermögen, insbesondere auch für innovative Hedgefonds (§ 99 Abs. 3 i.V.m. §§ 112 ff. InvG), öffnen will.[112] Gleichzeitig soll dadurch die Attraktivität einer Investment-AG gesteigert werden, da sie u.a. im Hinblick auf das Anfangskapital von 300.000 Euro einen gegenüber der Gründung einer KAG vereinfachten Markteintritt ermöglicht.[113] Denn letztere muss mit einem Anfangskapital von 730.000 Euro nach § 11 Abs. 1 Nr. 1 InvG ausgestattet sein, welches unter bestimmten Voraussetzungen des § 11 Abs. 1 InvG sogar noch erhöht werden muss.

Das Grundkapital der Investment-AG wird ausschließlich in *Stückaktien* zerlegt, welche typischerweise, wie es § 96 Abs. 1 S. 3 InvG verlangt, dadurch gekennzeichnet sind, dass sie einen gleich großen Anteil am Grundkapital verkörpern (vgl. § 8 Abs. 3

---

wieder am Kapitalmarkt investierten Geldern die Rentabilität seiner Anlagen mitunter erheblich erhöhen, vgl. http://boersenlexikon.faz.net/leverage.htm (Stand: Januar 2007).

110 Ein Überblick über die gesamten Neuregelungen des InvG ist zu finden bei *Lang*, WM 2004, 53 ff.; *Köndgen/Schmies*, WM 2004, Sonderbeil. 1, 2 ff.; *Kaune/Oulds*, ZBB 2004, 114 ff.

111 Zur Gründung einer Aktiengesellschaft nach dem AktG, u.a. *Grunewald*, Gesellschaftsrecht, 2.C. Rn. 8 ff.; *K. Schmidt*, Gesellschaftsrecht, § 27 II 1; *Raiser/Veil*, Recht der Kapitalgesellschaften, § 11.

112 *Köndgen/Schmies*, WM 2004, Sonderbeil. Nr. 1, S. 17; Begründung zum InvestmG, BT- Drucks. 15/1553, S. 104; *Volhard*, BBV 2006, 61, 62.

113 Begründung zum InvestmG, BT-Drucks. 15/1553, S. 104; *Steck/Schmitz*, AG 2004, 658, 659.

S. 2 AktG).[114] Die Aktien können mangels Einschränkung im InvG in Anwendung der allgemeinen Vorschriften des AktG (§ 10 Abs. 1 AktG) sowohl auf den *Inhaber* als auch auf den *Namen* ausgestellt werden.[115] Werden die Aktien bei der Feststellung der Satzung von den Gründungsgesellschaftern übernommen (§ 2 AktG), sind sie zur Leistung einer Einlage verpflichtet. Dabei muss die Einlage nach § 103 Abs. 1 InvG *bar in voller Höhe des Ausgabepreises* erbracht werden. In Abkehr von §§ 36, 36a AktG sind damit Sacheinlagen unzulässig; ebensowenig ist eine Zahlung von nur einem Viertel des geringsten Ausgabebetrages ausreichend.[116] Der Ausgabepreis entspricht dem anteiligen Inventarwert[117] zuzüglich eines in der Satzung festzusetzenden Aufschlags für die Transaktionskosten, § 103 Abs. 2 Satz 1 InvG (früher: § 63 Abs. 1 KAGG). Der anteilige Inventarwert berechnet sich gem. § 103 Abs. 2 Satz 2 InvG durch eine Teilung des Wertes des Gesellschaftsvermögens durch die Zahl der in Verkehr gelangten Aktien.

Zusätzlich zur Eintragung ins Handelsregister (§ 36 Abs. 1 AktG) verlangt das InvG für die Aufnahme eines Geschäftsbetriebs einer Investment-AG eine *schriftliche Erlaubnis der Bundesanstalt für Finanzdienstleistungsaufsicht (BaFin)*, § 97 Abs. 1 S. 1 InvG (früher: § 51 Abs. 1 KAGG). Diese Erlaubnis darf gem. § 97 Abs. 1 S. 2 Nr. 1-5 InvG nur dann erteilt werden, wenn die Investment-AG ein Mindestanfangskapital von 300.000 Euro hat, die Gesellschaft ihren Sitz und ihre Geschäftsleitung in Deutschland hat, die Geschäftsleiter zuverlässig und fachlich zur Führung der AG geeignet sind, die Satzung den gesetzlichen Vorgaben entspricht und eine Depotbank mit der Verwahrung des Investmentvermögens beauftragt worden ist. Ist die Erlaubnis gewährt worden, ist jedoch zumindest bei der Investment-AG mit fixem Kapital der Sonderstatus einer Investment-AG, welcher über § 3 Abs. 2 InvG Bezeichnungsschutz genießt, nur dann sichergestellt, wenn diese innerhalb von 12 Monaten mindestens 75% ihrer Anteile im Publikum gestreut hat. Anderenfalls droht eine Aufhebung der Erlaubnis durch die BaFin, § 97 Abs. 3 InvG. Diese Norm ist im Kontext mit § 101 Abs. 1 InvG zu sehen, wonach jede Investment-AG, also sowohl diejenige mit fixem Kapital als auch diejenige mit veränderlichem Kapital, verpflichtet ist, innerhalb von 6 Monaten nach Erteilung der Erlaubnis zum Geschäftsbetrieb mindestens neunzig Prozent der Aktien zum öffentlichen Erwerb anzubieten oder an Anleger nach § 101 Abs. 6 InvG zu veräußern.[118] Hintergrund beider Vorschriften ist, dass einem möglichst breiten Publikum

---

[114] Bei einer "normalen" Aktiengesellschaft ist hingegen ebenfalls eine Zerlegung in sog. Nennbetragsaktien denkbar, welche auf einen ziffernmäßig in der Satzung festgelegten Nennbetrag lauten, welcher mindestens 1 Euro pro Aktie (§ 8 Abs. 2 S. 4 AktG) betragen muss.

[115] Vgl. *Pluskat*, WM 2005, 772, 773. In § 51 Abs. 2 S. 2 KAGG war hingegen nur die Ausgabe von Inhaberaktien vorgesehen.

[116] Vgl. *Hermanns*, ZIP 2004, 1297, 1298; *Pluskat*, WM 2005, 772, 773.

[117] Unter Inventarwert wird der Wert des Gesellschaftsvermögens verstanden, vgl. § 103 Abs. 2 Satz 2 InvG Nach § 103 Abs. 3 InvG hat die Investment-AG den Inventarwert regelmäßig, mindestens wöchentlich zu ermitteln und unverzüglich im elektronischen Bundesanzeiger sowie darüber hinaus in den im Verkaufsprospekt benannten elektronischen Informationsmedien oder einer hinreichend verbreiteten Wirtschafts- oder Tageszeitung zu veröffentlichen.

[118] An dieser Vorschrift, die schon im alten KAGG bestand, wird kritisiert, dass sie eher hemmend in Bezug auf eine mögliche Gründung einer Investment-AG wirkt, da die Initiatoren einer Invest-

die Möglichkeit geboten werden soll, die Investment-AG als Anlagevehikel zu nutzen.[119]

*b) Unternehmensgegenstand*

Bei beiden Investment-Aktiengesellschaften muss nach § 96 Abs. 2 Satz 2 InvG der satzungsmäßig festgelegte Unternehmensgegenstand die Anlage und Verwaltung ihrer Mittel nach dem Grundsatz der Risikomischung mit dem Ziel der Gewinnbeteiligung der Anteilsinhaber sein. Die möglichen Anlagegegenstände, in die investiert werden kann, sind nach § 96 Abs. 2 Satz 2 i.V.m. § 2 Abs. 4 Nr. 1-4, 7-9 InvG *Wertpapiere, Geldmarktinstrumente, Derivate*[120], *Bankguthaben, andere Investmentfonds einschließlich Hedge-Fonds, stille Beteiligungen i.S.d. § 230 HGB* und, soweit die Investment-AG unter die Vorschriften des § 112 InvG fällt, d.h. eine "Hedge-Investment-AG" ist, weitere Vermögensgegenstände, wie u.a. *Unternehmensbeteiligungen, deren Verkehrswert ermittelt werden kann.* Gegenüber dem KAGG sind damit zwar die Anlagemöglichkeiten erweitert worden.[121] Allerdings scheiden aufgrund des fehlenden Verweises auf § 2 Abs. 4 Nr. 5 und 6 InvG Immobilien und Immobilien-Gesellschaften als mögliche Anlageobjekte von Investment-AG – im Gegensatz zu Sondervermögen – weiterhin aus. Sog. Real Estate Investment Trusts (REITs), die in den USA und anderen europäischen Staaten, vor allem in Frankreich, verbreitet sind, sind daher nach wie vor in Deutschland nicht möglich.[122] Ein sachlicher Grund für die Ausnahme von Immobilien bei der Investment-AG im Vergleich zu der KAG ist nicht erkennbar und ergibt sich erst recht nicht aus dem Anliegen des Gesetzgebers, Investment-AG und herkömmliche Sondervermögen gleichzustellen, was im Gegenteil eher für eine Einbeziehung von Immobilien auch bei der Investment-AG sprechen würde.[123] Zudem sind weiterhin – wie schon unter Geltung des KAGG – Beteiligungen an Personengesellschaften oder Gesellschaften mit beschränkter Haftung als Investitions-

---

ment-AG sich bereits, bevor die AG die Gewinnschwelle erreicht hat, zum großen Teil von ihrer Beteiligung wieder trennen müssen, vgl. *Köndgen*, in: Schimansky/Bunte/Lwowski, Bankrechts-Handbuch § 113 Rn.146; *Lang*, WM 2004, 53, 55; *Pluskat*, WM 2005, 772, 774.

119 Vgl. Gesetzesbegründung zu § 51 Abs. 6 und § 61 Abs. 1 KAGG, denen § 97 Abs. 3 und § 101 Abs. 1 InvG entsprechen, BT-Drucks. 13/8933, S. 127 u. S. 129.

120 Derivate sind Finanzinstrumente, deren Preise sich nach den Kursschwankungen oder den Preiserwartungen von anderen Investments richten, vgl. ähnliche Legaldefinition von Derivaten in § 2 Abs. 2 Wertpapierhandelsgesetz (§ 2 Abs. 2 WpHG).

121 Unter dem KAGG waren die Anlagemöglichkeiten auf Wertpapiere und stille Beteiligungen begrenzt, vgl. oben Kapitel 1 § 3 C III 2.

122 Allerdings bestehen neuerdings Tendenzen, sog. Real Estate Investment Trusts (REITs) auch in Deutschland einzuführen. Am 2.11.2006 hat das Bundeskabinett einen Regierungsentwurf zur Schaffung von REITs in Deutschland (REITG) vorgelegt (abrufbar unter www.bundesfinanzministerium.de). Die REITs als börsennotierte Immobilien-Aktiengesellschaften sollen demnach nicht dem InvestmG unterfallen, sondern in einem eigenen Gesetz geregelt werden.

123 Stellungnahme des DAI zu dem Diskussionsentwurf des Investmentmodernisierungsgesetzes vom 31. Juli 2003, S. 2 (die Stellungnahme ist im Internet auf der Seite des DAI (http://www.dai.de) bei Publikationen und dort unter Stellungnahmen zu finden (Stand: November 2004)); *Lang* WM 2004, 53, 55.

objekt grundsätzlich nicht zulässig.[124] Eine Ausnahme davon wird gem. § 96 Abs. 2 S. 2 i.V.m. § 2 Abs. 4 Nr. 9 InvG nur bei Hedge-Investment-AG i.S.d. § 112 InvG gemacht.[125]

Die Investment-AG kann die nach § 2 Abs. 4 Nr. 1-4, 7-9 InvG zulässigen Anlagegegenstände grundsätzlich miteinander kombinieren, d.h. sie kann z.B. in Aktien, Bankguthaben, Derivaten und Investmentanteilen gleichzeitig anlegen.[126] Dabei hat sie allerdings die Anlagegrenzen nach § 99 Abs. 3 i.V.m. §§ 46-65, §§ 83-86 InvG zu beachten.

#### *c) Praktische Rechtfertigung für die Existenz einer Investment-Aktiengesellschaft in Deutschland?*

Bevor im Folgenden im Detail auf die beiden verschiedenen Typen der Investment-Aktiengesellschaften eingegangen werden soll, soll bereits an dieser Stelle eine kritische Bemerkung zum grundsätzlichen Problem der Akzeptanz der Rechtsform der Investment-AG in Deutschland abgegeben werden. Dies besteht darin, dass fraglich ist, ob auf dem deutschen Investmentmarkt überhaupt die Notwendigkeit für eine körperschaftliche Organisation einer Investmentgesellschaft besteht. Dies könnte zu verneinen sein, da man bereits über ein gut funktionierendes Investmentmodell, nämlich das Vertragsmodell der KAG mit Sondervermögen, verfügt und damit gar kein Bedarf für eine zweite Form einer Investmentgesellschaft besteht. Bedarf wäre nur dann vorhanden, wenn die Investment-AG ein wirkliches Kontrastprogramm zu der herkömmlichen KAG bieten würde. Allerdings besteht hinsichtlich der investmentrechtlichen Anlagemöglichkeiten im InvG eine weitestgehende Gleichstellung von Investment-AG und von Sondervermögen, so dass man in dieser Hinsicht nicht von einem wirklichen Kontrast zwischen den beiden Modellen reden kann.[127]

Ein Punkt, durch den sich jedoch die Investment-AG abheben könnte, wäre die Möglichkeit zur Einflussnahme der Investoren auf die Geschicke der Investment-AG, da sie Aktionäre sind. Im Gegensatz zu dem Vertragsmodell, bei dem die Anleger keine Kontrollrechte gegenüber der KAG haben, hieße dies, dass die Anleger einer Investment-AG durch ihre mitgliedschaftlichen Kontrollrechte Einfluß auf die Unternehmensführung ausüben könnten. In der Realität des InvG wird diesem Gedan-

---

[124] *Baums/Kiem*, in: Festschrift Hadding, S. 741, 743; *Pluskat*, WM 2005,772, 773. Zu der daraus folgenden Ungeeignetheit der Investment-AG als Kapitalquelle für Wagnisunternehmen, s.o. unter Kapitel 1 § 3 C III 2.

[125] Diese Ausnahme wohl nicht erkennend, *Baums/Kiem*, in: Festschrift Hadding, S. 741, 743; *Pluskat*, WM 2005, 772, 773.

[126] Im alten KAGG herrschte noch eine klare Typentrennung von Investmentfonds vor (z.B. Geldmarkt-, Wertpapier-, Beteiligung-, Grundstücks-, und gemischte Wertpapier- und Grundstücks-Sondervermögen). Demgegenüber ist man im InvG dazu übergegangen, den Typenzwang weitestgehend abzuschaffen (für nicht-richtlinienkonforme Sondervermögen wie z.B. Immobilien-Sondervermögen besteht er weiterhin) und stattdessen die Bildung von Fonds, die aus allen zulässigen Anlagegegenständen zusammengestellt sind, zu erlauben. Dazu *Kaune/Oulds*, ZIP 2004, 114, 116 u. 118; *Köndgen/Schmies*, WM 2004, Sonderbeil. Nr. 1, S. 9 f.

[127] Kritisch zur mangelnden Abgrenzung der Investment-AG von Sondervermögen auch *Fock*, BB 2006, 23712372.

ken nicht Rechnung getragen, da sich in den §§ 96 ff. InvG keine Regelungen über die Gesellschafterrechte in der Investment-AG finden.[128] Dieses Fehlen von Regelungen könnte sich damit erklären lassen, dass die Aktionäre einer Investment-AG sich ausschließlich als Anleger, nicht aber als Gesellschafter verstehen und daher eine Normierung überflüssig sei.[129] Diese Annahme läßt allerdings zwei Aspekte außer Acht. Zunächst gilt zu erwähnen, dass, auch wenn das InvG selbst keine Rechte der Aktionäre der Investment-AG geregelt hat, über § 99 Abs. 1 InvG ein Verweis auf das allgemeine Recht für Aktiengesellschaften stattfindet und damit die Regelungen über die Mitgliedschaftsrechte der Aktionäre aus dem Aktiengesetz vom Grundsatz her sehr wohl auch Anwendung auf die Aktionäre der Investment-AG finden. Möglich ist zwar, dass private Anleger einer Investment-AG mit Streubesitzanteilen keinen Gebrauch von diesen Rechten machen. Anders könnte es aber bei Anlegern mit größerem Anteilsbesitz sowie institutionellen Anlegern aussehen, die z.B. große Anteile an einem Hedgefonds in der Organisationsform der Investment-AG haben. Letztere können durchaus ein Interesse daran haben, ihre Mitgliedschaftsrechte zu benutzen, um bei wesentlichen Fragen, die der Hauptversammlung obliegen, ihre Interessen durchzusetzen und auf diese Weise einen Einfluss auf das Investmentgeschäft der AG zu bewirken. Demzufolge können die mit der Investment-AG einhergehenden Mitgliedschaftsrechte der Aktionäre durchaus einen Anreiz dafür bieten, sich in bestimmten Fällen anstatt für eine Anlage in einer KAG für eine solche in einer Investment-AG zu entscheiden.

In diesem Zusammenhang muss man zudem die bereits erwähnten, im Vergleich zur KAG niedrigeren, Anforderungen an das Grundkapital einer Investment-AG berücksichtigen. Das relativ niedrige Anfangskapital von 300.000 Euro bei der Investment-AG und der daraus folgende einfachere Marktzutritt zum Investmentgeschäft könnte für einige Gesellschaften ein ausschlaggebendes Kriterium bei der Rechtsformwahl bilden. Letztlich könnte ein weiterer Vorteil der Investment-AG gegenüber der herkömmlichen KAG sein, dass die Organisationsform der Investment-AG in anderen Ländern bereits marktgängig ist, während die Vertragsform nach dem Leitbild des von einer KAG verwalteten Sondervermögen zum Teil eher unüblich ist. Somit könnten internationale Investoren, die vor der Wahl einer Rechtsform für ihren in Deutschland aufzulegenden Fonds stehen, eher gewillt sein, auf das ihnen bekannte Modell einer Investment-AG zurückzugreifen.[130]

Im Ergebnis bleibt festzuhalten, dass es zumindest vereinzelte Aspekte gibt, die das Bestehen einer Investment-AG neben der KAG rechtfertigen. Dies wird durch die momentane tatsächliche Entwicklung auf dem Investmentmarkt, wo sich nach dem Inkrafttreten des InvG immerhin bereits drei Investmentaktiengesellschaften mit veränderlichem Kapital konstituiert sowie eine Erlaubnis der BaFin erhalten haben,[131] bestätigt.

---

[128] *Köndgen/Schmies*, WM 2004 Sonderbeil. Nr. 1, S. 17.

[129] *Baums/Kiem*, in: Festschrift Hadding, S. 741, 746.

[130] *Berger/Steck*, ZBB 2003, 192, 201.

[131] Vgl. www.bafin.de/datenbanken/inland_sondervermoegen.pdf (Stand: Januar 2007).

## 2. Besonderheiten der Investment-Aktiengesellschaft mit veränderlichem Kapital

Die §§ 104-106 InvG regeln spezielle Vorschriften für die Investment-AG mit veränderlichem Kapital. Anleihe für diese Rechtsfigur, durch die in Deutschland gesellschaftsrechtliches Neuland betreten wird, war die insbesondere in Luxemburg verbreitete "SICAV - Société d'Investissement à capital variable".[132] Kennzeichnend für die Investment-AG mit veränderlichem Kapital ist insbesondere, dass sie als *offener Investmentfonds* strukturiert ist, d.h., dass das Kapital der Gesellschaft ständigen Veränderungen unterliegen kann und dass die Gesellschafter gegenüber der Gesellschaft Rückerwerb ihrer Aktien verlangen[133] und damit jederzeit aus der Gesellschaft wieder aussteigen können.[134] Mit dieser Konstruktion der Investment-AG soll bezweckt werden, dass für den interessierten Anleger die Schwelle zum Eintritt in eine Investment-AG gesenkt wird.[135]

### a) Statutarisch genehmigtes Kapital

In Bezug auf das veränderliche Kapital sieht § 104 Satz 1 InvG vor, dass der *Vorstand* einer Investment-AG mit veränderlichem Kapital ermächtigt ist, das Grundkapital bis zu einem in der Satzung bestimmten Höchstbetrag wiederholt durch Ausgabe neuer Aktien gegen Einlagen zu erhöhen (*sog. statutarisch genehmigtes Kapital*). Diese Regelung ist zwar an die schon im geltenden Aktienrecht zulässige Kapitalerhöhung in Form des genehmigten Kapitals (§§ 202 ff. AktG) angelehnt, geht aber in einigen Punkten darüber hinaus, um ein möglichst flexibles Handeln der Investment-AG bei der Beschaffung neuen Kapitals zu gewährleisten.[136] Ein wesentlicher Unterschied zum genehmigten Kapital nach §§ 202 ff. AktG ergibt sich daraus, dass die Kapitalerhöhung gänzlich in den Kompetenzbereich des Vorstands der Investment-AG verlagert wird, ohne dass es einer zeitintensiven Einschaltung der Hauptversammlung bedarf, § 104 S. 2 InvG (anders § 202 Abs. 2 AktG, wenn das genehmigte Kapital durch Satzungsänderung geschaffen wird). Des Weiteren besteht im InvG für den Vorstand im Gegensatz zu § 202 Abs. 1, 2 AktG, wonach die Ermächtigung an den Vorstand in Bezug auf das genehmigte Kapital nur für einen Zeitraum von fünf Jahren erfolgen darf, keine zeitliche Befristung.[137] Neben der zeitlichen Einschränkung normieren die aktienrechtlichen Vorschriften betreffend das genehmigte Kapital zudem eine Begrenzung der Höhe nach, die darin besteht, dass das genehmigte Kapital die Hälfte des zur Zeit der Ermächtigung vorhandenen Grundkapitals nicht übersteigen darf, § 202 Abs. 3 Nr.

---

132 Begründung zum InvestmG, BT-Drucks. 15/1553, S. 106; *Lang*, WM 2004, 53, 54; *Köndgen/Schmies*, WM 2004, Sonderbeil. Nr. 1, S. 17, der allerdings in Fußnote 82 kritisiert, dass vor der Anleihe keine seriöse Rechtsvergleichung stattgefunden hat.

133 Vgl. § 105 Abs. 2 InvG.

134 *Steck/Schmitz*, AG 2004, 658, 659 f.

135 Vgl. *Hermanns*, ZIP 2004, 1297, 1300.

136 Vgl. Begründung zum InvestmG, BT-Drucks. 15/1553, S. 106.

137 *Hermanns*, ZIP 2004, 1297, 1298; *Pluskat*, WM 2005, 772, 774; *Baums/Kiem*, in: Festschrift Hadding, S. 741, 745 f.

1 AktG. Auch diese Einschränkung wurde nicht ins InvG übernommen; stattdessen erlaubt § 104 S. 1 InvG der Investment-AG mit veränderlichem Kapital, dass in der Satzung ein Höchstbetrag festgelegt wird, welcher das Grundkapital um ein Vielfaches übersteigen kann.[138]

Letztlich wird den Altaktionären der Investment-AG bei Ausgabe von neuen Aktien im Gegensatz zu § 203 Abs. 1 i.V.m. § 186 Abs. 1 AktG kein Bezugsrecht auf Zuteilung neuer Aktien gewährt, § 104 S. 2 InvG.[139] Aufgrund des Bezugsrechtausschlusses steht die Investment-AG mit veränderlichem Kapital jedem neuen interessierten Anleger offen und ist nicht auf den schon bestehenden Aktionärskreis begrenzt.[140] Gleichfalls wird dadurch gewährleistet, dass die Ausgabe neuer Aktien in ebenso unkomplizierter Weise verläuft wie die Veräußerung weiterer Anteile bei einem Sondervermögen.[141] Um die Altaktionäre vor einer Vermögensverwässerung zu schützen, dürfen die neuen Aktien gem. § 103 Abs. 2 Satz 1 InvG nur zum besten Preis, d.h. dem Inventarwert zuzüglich eines Transaktionskostenaufschlags, veräußert werden.[142] Eine weitere wesentliche Abweichung vom aktienrechtlichen genehmigten Kapital ist darin zu sehen, dass die Erhöhung des Grundkapitals nicht erst mit ihrer Eintragung im Handelsregister wirksam wird (§ 203 Abs. 1 i.V.m. § 189 AktG), sondern nach § 104 Satz 3 InvG bereits mit der Ausgabe der Aktien, auch dies vor dem Hintergrund, dass unnötige Zeitverzögerungen aufgrund des Eintragungsprozesses vermieden werden und die Aktien an interessierte Anleger schnell ausgegeben werden können.[143]

### *b) Rücknahmeanspruch der Aktionäre*

Wie bereits erwähnt wurde, zeichnet sich die Investment-AG mit veränderlichem Kapital dadurch aus, dass sie als offener Investmentfonds konstruiert ist und die Aktionäre daher – anders als bei der herkömmlichen Aktiengesellschaft – nach § 105 Abs. 2 S. 1, Abs. 3 S. 1 InvG das Recht haben, von der Gesellschaft jederzeit den Rückerwerb der Aktien gegen Zahlung eines Geldbetrages, der dem anteiligen Inventarwert abzüglich eines in der Satzung festzusetzenden Abschlags für die Transaktionskosten entspricht, verlangen zu können. Daraus resultiert für den Anleger der Investment-AG mit veränderlichem Kapital der Vorteil, dass er nicht, wie es bei der Investment-AG mit

---

138 Zu der Frage, ob nach Erschöpfung des in der Satzung vorgesehenen Höchstbetrags das Kapital weiterhin erhöht werden kann, *Hermanns*, ZIP 2004, 1297, 1299.

139 Ein Bezugsrecht soll sicherstellen, dass Aktionäre ihre mitgliedschaftliche Stellung einschließlich ihrer vermögensmäßigen Bezüge pro rata halten können. Ohne gesetzliches Bezugsrecht sinkt der Anteil des einzelnen Aktionärs am Grundkapital prozentual und seine Stimmkraft wird entsprechend reduziert, vgl. *Hüffer*, Aktiengesetz, § 186 Rn. 2.

140 *Hermanns*, ZIP 2004, 1297, 1298; *Baums/Kiem*, in: Festschrift Hadding, S. 741, 747 ff., die sich allerdings ausführlich mit der Frage beschäftigen, ob der Ausschluss des Bezugsrechts nicht europarechts - bzw. verfassungswidrig ist.

141 Begründung zum InvestmG, BT-Drucks. 15/1553, S. 106; *Köndgen/Schmies*, WM 2004, Sonderbeil. Nr. 1, S. 18.

142 Begründung zum InvestmG, BT-Drucks. 15/1553, S. 106; *Köndgen/Schmies*, WM 2004, Sonderbeil. Nr. 1, S. 18; *Hermanns*, ZIP 2004, 1297, 1298.

143 Begründung zum InvestmG, BT-Drucks. 15/1553, S. 106.

fixem Kapital der Fall wäre, auf einen riskanten Verkauf seines Anteils auf dem Sekundärmarkt angewiesen ist. Zu beachten ist jedoch, dass der Rücknahmeanspruch des Aktionärs den Beschränkungen nach § 105 Abs. 2 S. 2 InvG und § 105 Abs. 3 S. 2 InvG unterliegen kann, wonach die Gesellschaft den Rückerwerb der Aktien u.a. aussetzen kann, wenn außergewöhnliche Umstände eine solche Aussetzung erforderlich machen oder wenn der Nennbetrag der eigenen Aktien der AG vom Grundkapital der Gesellschaft abgezogen wird und die dabei errechnete Differenz das Mindestkapital der Gesellschaft unterschreitet.

Die Einführung eines Rücknahmeanspruchs des Anlegers hat insofern Auswirkung auf die Anforderungen des öffentlichen Angebots der Aktien der Investment-AG mit veränderlichem Kapital i.S.d. § 101 Abs. 1 InvG,[144] als dass im Gegensatz zur Investment-AG mit fixem Kapital, bei der die Anleger ihre Aktien ausschließlich am Sekundärmarkt veräußern können, nach § 101 Abs. 3 InvG die Aktien der Investment-AG mit veränderlichem Kapital nicht zwingend an der Börse notiert sein müssen, da der Aktionär seine Anteile neben einer Veräußerung über die Börse auch durch einen Rückerwerb seitens der Gesellschaft weggeben kann.[145]

### *c) Gebot der jederzeitigen Deckung des Grundkapitals*

Zum Schutze des Anlegers hat die Satzung der Investment-AG mit veränderlichem Kapital gem. § 105 Abs. 1 S. 2 InvG vorzusehen, dass das Grundkapital jederzeit vom Wert des Gesellschaftsvermögens gedeckt ist. Da gem. § 103 Abs. 2 InvG mindestens einmal wöchentlich der dem Wert des Gesellschaftsvermögens entsprechende Inventarwert zu ermitteln und im elektronischen Bundesanzeiger zu veröffentlichen ist, lässt sich leicht überprüfen, ob die Vorschrift eingehalten wird und die Deckung des Grundkapitals[146] noch gegeben ist. Das Grundkapital wird in aller Regel erst dann davon bedroht sein, vom Gesellschaftsvermögen nicht mehr gedeckt zu sein, wenn das Gesellschaftsvermögen durch Verluste an Wert verliert. Auf welche Weise in einem solchen Fall in der Satzung sichergestellt werden soll, dass dennoch weiterhin dem Gebot des § 105 Abs. 1 S. 2 InvG Rechnung getragen wird, ist aus dem Gesetz nicht ersichtlich. Erörtert werden in diesem Zusammenhang eine Zwangseinziehung von Aktien gem. § 237 Abs. 6 AktG, die ohne Einberufung einer Hauptversammlung gem. § 238 Abs. 1 S. 2 InvG zu einer Herabsetzung des Grundkapitals führt und bei der jeder Aktionär unter Berücksichtigung des Gebots der Gleichbehandlung einen Verlust

---

[144] Dazu schon oben Kapitel 1 § 3 IV 1 a).

[145] *Lang*, WM 2004, 53, 55. In dem Diskussionsentwurf des InvestmG war auch die Investment-AG mit veränderlichem Kapital noch in die Regelung des § 101 Abs. 3 InvG einbezogen, d.h. für sie war ursprünglich die Pflicht zur amtlichen Notierung an der Börse vorgesehen. Auf Anregung einer Stellungnahme des DAI zum Diskussionsentwurf des Investmentgesetzes (s.o.), S. 4 wurde die Investment-AG mit veränderlichem Kapital in der endgültigen Fassung des InvG aufgrund des bestehenden Rückgabeanspruchs gegenüber der Gesellschaft aus dem Regelungsbereich des § 101 Abs. 3 InvG herausgenommen.

[146] Wenn das Grundkapital durch Ausgabe neuer Aktien aus dem statutarisch genehmigten Kapital erhöht ist, ist nach § 105 Abs. 1 S. 2 InvG entscheidend, ob das erhöhte Grundkapital vom Wert des Gesellschaftsvermögens gedeckt ist, vgl. *Hermanns*, ZIP 2004, 1297, 1301.

seiner Aktien hinnehmen muss,[147] und eine Herabsetzung der Grundkapitalziffer ohne eine Einziehung von Aktien, zu der der Vorstand nach § 105 Abs. 1 S. 1 InvG aufgrund seiner Entscheidungskompetenz bei Kapitalmaßnahmen befugt ist und die bei einer unterstellten Ausgabe von Stückaktien zu einer Verringerung des auf jede Stückaktie entfallenden Grundkapitals führt.[148]

### 3. Besonderheiten der Investment-Aktiengesellschaft mit fixem Kapital

Die Investment-AG mit fixem Kapital, die bereits in den §§ 51-54 KAGG vorgesehen war, ist trotz der Nichtannahme durch die Praxis, dessen sich der Gesetzgeber bei der Schaffung des InvG bewusst gewesen ist,[149] mit in das InvG aufgenommen worden. Dabei sind die Vorschriften des KAGG ohne große Veränderungen ins InvG transferiert worden.[150] Die wenigen Reformansätze sind neben den neuen steuerlichen Rahmenbedingungen[151] hauptsächlich bei den erweiterten Anlagemöglichkeiten und bei den herabgesenkten Anforderungen an das Anfangskapital zu finden, die bereits dargestellt wurden und im gleichen Maße auf die Investment-AG mit veränderlichem Kapital Anwendung finden.

Wesentliches Merkmal der Investment-AG mit fixem Kapital ist nach wie vor, dass diese als geschlossener Fonds ausgestaltet ist und damit einhergehend der Aktionär keinen Anspruch auf Rückgabe seiner Aktien gegenüber der Gesellschaft hat. Aufgrund der fehlenden Rücknahmepflicht auf Seiten der Gesellschaft, die für diese den Vorteil hat, dass sie nicht immer liquide Mittel zur Erfüllung der Ansprüche der Anteilseigner aufweisen muss,[152] und des geringen Anfangskapitals könnte die Investment-AG mit fixem Kapital als Rechtsform für solche Hedgefonds geeignet sein, deren Anlagestrategie sich auf Investitionen in besonders illiquide Werte konzentriert.[153] Hier könnte das Gebiet liegen, auf dem die bislang "tot" gesagte Investment-AG mit fixem Kapital Chancen zur Verbreitung hat.

---

[147] Diesen Vorschlag macht *Hermanns*, ZIP 2004, 1297, 1302. Gegen dieses Verfahren spricht sich *Baums/Kiem*, in: Festschrift Hadding, S. 741, 754, aus, die auf der einen Seite das Problem des Entstehens von durch die Zwangseinziehung entstehenden Bruchteilen sehen und auf der anderen Seite, dass sich eine Zwangseinziehung negativ auf die Performance einer Investment-AG auswirke, da jeder Aktionär die Wertminderung nicht nur zur Kenntnis nimmt, sondern unmittelbar durch eine tatsächliche Verringerung seiner Anteile davon erfährt.

[148] So *Baums/Kiem*, in: Festschrift Hadding, S. 741, 754. Kritisch dazu *Hermanns*, ZIP 2004, 1297, 1302, der das Verfahren von *Baums/Kiem* zumindest bei der Ausgabe von Nennbetragsaktien für nicht durchführbar ansieht.

[149] Begründung zum InvestmG, BT-Drucks. 15/1553, S. 104.

[150] Daher soll eine nochmalige Darstellung an dieser Stelle unterbleiben und nach oben zu Kapitel 1 § 3 III 1 u. 2 verwiesen werden.

[151] Auf diese wird im Anschluss an das Kapitel 1 näher eingegangen.

[152] Vgl. Kapitel 1 § 3 III 1.

[153] *Köndgen/Schmies*, WM 2004, Sonderbeil. Nr. 1, 18.

## V. Zusammenfassung

Der Investmentmarkt Deutschland hat erst Mitte des letzten Jahrhunderts mit dem Inkrafttreten des KAGG eine erste richtige Belebung erfahren. Vom Gesetz vorgesehen war zunächst nur die Investmentgesellschaft in Form des Vertragstypus, nämlich die KAG. Bei dieser Vertragsform sind die Beziehungen zwischen der Investmentgesellschaft und den Anlegern durch einen Geschäftsbesorgungsvertrag (§ 675 BGB) geregelt, durch den die Investmentgesellschaft verpflichtet wird, die entgeltliche Verwaltung des aus den aufgebrachten Kapitalien gebildeten Sondervermögens zu übernehmen. Das Sondervermögen ist als selbständiges Vermögen gesondert vom Vermögen der KAG zu halten. Zugleich ist die in Deutschland übliche Vertragsform dadurch gekennzeichnet, dass die KAG verpflichtet ist, die Anteile von den Anlegern jederzeit zu einem Preis zurückzukaufen, der dem anteiligen Inventarwert des Investmentfonds entspricht (open-end-Prinzip).

Eine Investmentgesellschaft des Gesellschaftstyps wurde erst durch das 3. Finanzmarktförderungsgesetz und zwar in Gestalt der Investment-AG in das KAGG (§§ 51-67 KAGG) aufgenommen. Seiner Gesellschaftsform entsprechend verschafft eine Investment-AG durch Ausgabe von Aktien den Investmentsparern gesellschaftsrechtliche Mitgliedschaftsrechte an dem Unternehmen. Auf diese Weise wird eine direkte Verbindung zwischen der Investmentgesellschaft und dem Anlegerpublikum hergestellt. Das Gesellschafts- und das Anlagevermögen sind zudem – im Gegensatz zur KAG – nicht getrennt, sondern bilden eine Einheit. Im Gegensatz zur KAG war die Investment-AG zunächst nur als geschlossener Fonds konstruierbar (sog. Investment-AG mit fixem Kapital), so dass Anleger, die ihre Anteile verkaufen wollten, diese nur auf dem Sekundärmarkt anbieten konnten. Zudem war das Anlagespektrum der Investment-AG sehr begrenzt. Diese und noch andere Eigenschaften bewirkten, dass die Investment-AG in der Praxis anfangs überhaupt keine Akzeptanz fand, vielmehr als "Totgeburt" bezeichnet wurde.

Durch das Investmentmodernisierungsgesetz, welches mit Wirkung zum 1.1.2004 das deutsche Kapitalanlagerecht grundlegend geändert hat, wurde zusätzlich zu der schon aus dem KAGG bekannten Investment-AG mit fixem Kapital eine neue korporative Anlageform geschaffen, und zwar die Investment-AG mit veränderlichem Kapital. In Übereinstimmung mit der Investment-AG mit fixem Kapital sind die Anleger bei der neuen Organisationsform Mitglieder der AG. Eine gravierende Abweichung besteht jedoch darin, dass die Investment-AG mit veränderlichem Kapital als offener Fonds konzipiert ist. Dies bedeutet, dass der Vorstand - anders als bei der herkömmlichen Aktiengesellschaft - jederzeit im Rahmen eines in der Satzung festzulegenden Höchstbetrages eine Kapitalerhöhung durch Ausgabe junger Aktien durchführen kann. Gleichzeitig kann der Anleger gegenüber der Investment-AG grundsätzlich zu jeder Zeit eine Rücknahme seiner Anteile verlangen und ist damit nicht auf einen Verkauf seines Anteils an der Börse angewiesen. Die Investment-AG mit veränderlichem Kapital ist also insgesamt als äußerst flexibles Anlagevehikel ausgestaltet. Neben der neu geschaffenen Rechtsform hat der Gesetzgeber auch die Gründung sowie das Anlagespektrum von beiden Investment-AG neu geregelt. So soll die Attraktivität der Investment-AG dadurch gesteigert werden, dass sie im Hinblick auf ein Mindestanfangskapital in Höhe von (nur) 300.000 Euro einen gegenüber der Gründung einer

KAG vereinfachten Markteintritt ermöglicht. Das Anlagespektrum von Investment-AG wurde im Vergleich zum KAGG insgesamt erweitert, auch wenn die Anlage in Immobilien und Immobilien-Gesellschaften sowie grundsätzlich in Personengesellschaften und GmbHs weiterhin ausgeschlossen ist. Inwieweit die Neuregelungen, wozu auch die noch zu erörternden steuerrechtlichen Besonderheiten gehören, der Investment-AG als korporativer Anlageform zum erfolgreichen Durchbruch auf dem deutschen Investmentmarkt verhelfen, kann noch nicht abschließend bewertet werden. Als ein positives Signal in diese Richtung kann allerdings die Erlaubnis von drei Investment-Aktiengesellschaften (mit veränderlichem Kapital) durch die BaFin gem. § 97 InvG gedeutet werden.

## Zweites Kapitel: Grundlagen der Besteuerung

Zivilrechtlich gelten als Beteiligte des Investmentgeschäfts, *die Investment-AG, die Anteilseigner und die Depotbank (sog. Investmentdreieck).* Auch für die steuerliche Behandlung ist zu unterscheiden zwischen der Investment-AG selbst, deren Anteilseignern sowie der Depotbank. Weiterhin ist bei der Besteuerung die *sog. Zielebene*, d.h. die Ebene der Anlageobjekte, in welche die Investment-AG ihre Gelder anlegt, zu berücksichtigen. Im Ergebnis sind daher in steuerlicher Hinsicht mindestens *drei Ebenen* zu beachten, die kaskadenartig – von oben nach unten – aufeinander einwirken:

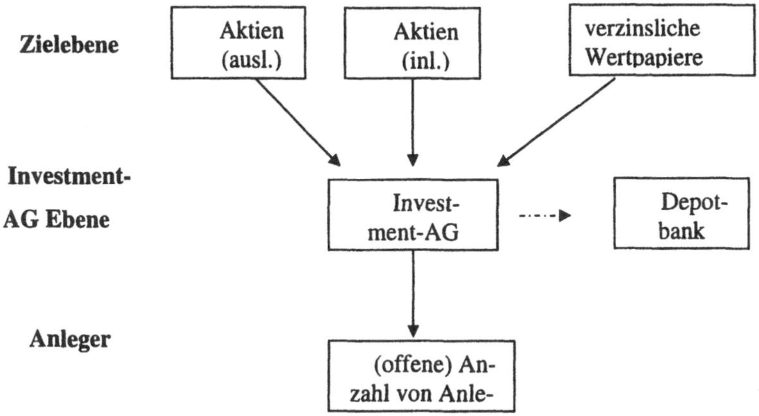


Nicht näher untersucht wird im Folgenden die Besteuerung der Zielebene, da die steuerlichen Pflichten der Anlageobjekte weder die Investment-AG noch deren Anteilseigner treffen. Allerdings hat die steuerliche Behandlung dieser Ebene insoweit Einfluss auf die Ertragschancen der Investment-AG und deren Anleger, als dass die Anlageobjekte selbst z.B. mit ihren Gewinnen der inländischen bzw. der ausländischen Körperschaftsteuer unterliegen und dadurch nur steuergeminderte Erträge an die Investment-AG und diese wiederum an ihre Anleger weiterreichen können. Auch auf die Besteuerung der Depotbank wird nicht weiter eingegangen, da letztere nach den allgemeinen Grundsätzen des Körperschaftsteuergesetzes (KStG) und des Gewerbesteuergesetzes (GewStG) besteuert wird und insofern keine Besonderheiten bestehen.[154] Der Schwerpunkt der folgenden Abhandlung liegt demnach allein bei der steuerlichen Behandlung der Ebene der Investment-AG sowie der Ebene der Anleger.

[154] *Lübbehausen*, in: Brinkhaus/Scherer, KAGG/AuslInvestmG, Vor §§ 37n ff. KAGG, Rn. 1; *Lindemann*, Aktienfonds, S. 62; *Zeller*, Investmentfonds, S. 15.

## § 1 Besteuerung der Investment-Aktiengesellschaft und ihrer Anteilseigner vor Inkrafttreten des InvestmentG

Bis zum Eintritt der Geltung des InvestmG war die Besteuerung der Investment-AG und ihrer Anteilseigner nicht in einem speziellen Steuergesetz für Investmentvermögen geregelt. Im KAGG (§§ 37n-50d KAGG) gab es zwar einen Abschnitt über die Besteuerung von Investmentvermögen; dieser galt aber lediglich für die von einer KAG aufgelegten Sondervermögen und deren Anteilsinhaber.[155] Selbst nachdem die Investment-AG mit fixem Kapital durch das 3. Finanzmarktförderungsgesetz im Jahre 1998 Eingang in das KAGG (§§ 51-67) fand, suchte man Vorschriften zur Besteuerung der Investment-AG und deren Anteilseignern im KAGG vergeblich. Mangels spezieller Regelungen richtete sich daher die bisherige Besteuerung der Investment-AG sowie ihrer Aktionäre nach den *allgemeinen Steuergesetzen* für Aktiengesellschaften und deren Anteilseigner, d.h. insb. nach dem KStG, Einkommensteuergesetz (EStG) und GewStG.[156]

Unter der Geltung des *Anrechnungsverfahrens* (bis zum VZ 2001) unterlagen folglich auf der Ebene der Investment-AG grds. alle Gewinne aus der Investmenttätigkeit der Körperschafts- und Gewerbesteuer, wobei der Körperschaftssteuersatz im Falle der Thesaurierung bei 40% und im Falle der Gewinnausschüttung bei 30% lag. Wurde seitens der Investment-AG eine Gewinnausschüttung vorgenommen, mussten Aktionäre, die zur Anrechnung der Körperschaftsteuer berechtigt waren, den ausgeschütteten Gewinn vor Steuern mit ihrem individuellen Steuersatz unter Anrechnung der von der AG gezahlten Körperschafts- und Kapitalertragsteuer versteuern. Diejenigen Anteilseigner, die z.B. wegen lediglich beschränkter Steuerpflicht in Deutschland nicht die Möglichkeit hatten, die Körperschaftsteuer mit ihrer persönlichen Steuerschuld zu verrechnen, erhielten eine um Körperschaft- und Kapitalertragsteuer geminderte Ausschüttung und mussten dadurch eine Doppelbelastung mit Steuern hinnehmen.[157] Demgegenüber war das von einer KAG aufgelegte Sondervermögen gem. § 38 Abs. 1 S. 2 KAGG von der Körperschafts- und Gewerbesteuer befreit; eine Besteuerung fand erst und ausschließlich auf der Ebene der Anteilsinhaber statt. Im Ergebnis war damit die Gesamtsteuerbelastung von Investment-AG und ihren Aktionären allein schon wegen der Gewerbesteuerpflichtigkeit auf der Ebene der Investment-AG im Vergleich zum Sondervermögen und deren Anteilsinhabern regelmäßig deutlich höher, was mit ein ausschlaggebender Grund für den anfänglichen Misserfolg der Investment-AG war.[158]

---

155 Das AuslInvestmG enthielt spezielle Vorschriften für die Besteuerung von ausländischem Investmentvermögen.

156 *Schmitt*, in: Brinkhaus/Scherer, KAGG/AuslInvestmG, Vor §§ 51-67 KAGG, Rn. 11; *Scheurle*, DB 1998, 1099, 1105; *Fock*, BB 2003, 1589, 1590; *Thoma/Steck*, AG 2001, 330, 336; *Paul/Päsler*, Investmentrecht, S. 83, *Thorn/Otto/Geese*, Handbuch für die Besteuerung von Fondsvermögen, S. 4.

157 *Schmitt*, in: Brinkhaus/Scherer, KAGG/AuslInvestmG, Vor §§ 51-67 KAGG, Rn. 11.

158 *Schmitt*, in: Brinkhaus/Scherer, KAGG/AuslInvestmG, Vor §§ 51-67 KAGG, Rn. 11; *Thoma/Steck*, AG 2001, 330, 336; *Berger/Steck*, ZBB 2003, 192, 201.

Nach Inkrafttreten der *Unternehmenssteuerreform* im Jahre 2001 und des Systemwechsels *vom Anrechnungsverfahren zum Halbeinkünfteverfahren* erfolgte auf der Ebene der Investment-AG eine Definitivbesteuerung der Gewinne iHv 25%, unabhängig davon, ob der Gewinn ausgeschüttet oder thesauriert wurde. Daneben unterlag der Gewinn der Investment-AG der Gewerbesteuer, woraus weiterhin eine gegenüber dem Sondervermögen nachteilige Besteuerung resultierte. Von der Investment-AG erzielte Dividenden und Veräußerungsgewinne aus der Beteiligung an anderen Körperschaften waren neuerdings nach § 8b KStG steuerfrei, was insofern einen kleinen Vorteil gegenüber dem Sondervermögen und deren Anteilseignern darstellte, als dass eine steuerfreie Thesaurierung aller Investmenterträge aus Körperschaftsbeteiligungen möglich war.[159] Die Besteuerung der Ausschüttungen bei den Aktionären der Investment-AG hing davon ab, ob der einzelne Aktionär eine Körperschaft oder eine natürliche Person war, die ihre Beteiligung entweder im Privat- oder Betriebsvermögen hielt. Wurde die Beteiligung an der Investment-AG von einer natürlichen Person im Privatvermögen gehalten, waren sämtliche Ausschüttungen der Investment-AG beim Anleger Einkünfte aus Kapitalvermögen gem. § 20 Abs. 1 Nr. 1 EStG und gem. § 3 Nr. 40 S. 1 lit. d EStG zur Hälfte steuerfrei gestellt. Hielt eine natürliche Person ihre Beteiligung im Betriebsvermögen, so lagen nach der Subsidiaritätsklausel des § 20 Abs. 3 EStG Einkünfte der entsprechenden Gewinneinkunftsart vor, welche nach § 3 Nr. 40 S. 2 i.V.m. § 3 Nr. 40 S. 1 lit. d EStG ebenfalls zur Hälfte steuerbefreit waren. Eine vollständige Steuerbefreiung der Ausschüttungen war nach § 8b Abs. 1 KStG möglich, wenn Aktionär der Investment-AG eine andere Körperschaft war.

## § 2 Reform der Besteuerung der Investment-Aktiengesellschaft und ihrer Anteilseigner durch das Investmentsteuergesetz

Eine wesentliche Reform hat die Besteuerung der Investment-AG und die ihrer Aktionäre durch das Inkrafttreten des InvestmG, welches neben dem InvG auch das Investmentsteuergesetz (InvStG)[160] eingeführt hat, erfahren. In dem InvStG werden erstmalig sämtliche Vorschriften über die Besteuerung in- und ausländischer Investmentvermögen und ihrer Anteilseigner in einem einheitlichen speziellen Steuergesetz zusammengefasst.[161]

Im Hinblick auf die Kapitalverkehrsfreiheit des Anlegers gem. Art. 56 EG-Vertrag war der Gesetzgeber gezwungen, im InvStG eine Gleichbehandlung von in- und ausländischem Investmentvermögen vorzunehmen.[162] Folglich gelten die Vorschriften des InvStG generell für beide Arten von Investmentvermögen, soweit es nicht aus rechtlichen oder tatsächlichen Gründen erforderlich ist, für ausländische Investmentvermögen etwas Abweichendes zu regeln.[163] Ausländisches In-

[159] *Schmitt*, in: Brinkhaus/Scherer, KAGG/AuslInvestmG, Vor §§ 51-67 KAGG, Rn. 12.

[160] Vom 15. 12.2003, BGBl. I, S. 2676, 2724.

[161] *Köndgen/Schmies*, WM 2004, Sonderbeil. Nr. 1, S. 4.

[162] Begründung zum InvestmG, BT-Drucks. 15/1553, S. 120; *Köndgen/Schmies*, WM 2004, Sonderbeil. Nr. 1, S. 20; über bislang bestehende europarechtliche Bedenken *Brinkhaus*, in: Brinkhaus/Scherer, KAGG/AuslInvestmG, § 17 AuslInvestmG, Rn. 20 ff.; *Tibo*, DB 2000, 2291, 2293; *Plewka/Watrin*, DB 2001, 2264, 2268 f.

[163] Begründung zum InvestmG, BT-Drucks. 15/1553, S. 120.

vestmentvermögen und Anteile an ausländischen Investmentvermögen sind nach § 2 Abs. 8, 9 i.V.m. § 1 S. 2, § 2 Abs. 4 InvG Vermögen, das zur gemeinschaftlichen Kapitalanlage nach dem Grundsatz der Risikomischung angelegt ist, dem Recht eines anderen Staates untersteht und in Vermögensgegenstände des § 2 Abs. 4 InvG investiert. Die bisherige Unterscheidung ausländischer Investmentfonds in "weiße", "graue" und "schwarze" Fonds entfällt damit. Der schon im früheren AuslInvestmG in § 1 enthaltene wirtschaftliche Investmentbegriff wird allerdings aufrechterhalten, so dass weiterhin Abgrenzungsschwierigkeiten hinsichtlich der Anwendbarkeit des InvestmG auf ausländisches Investmentvermögen entstehen können. Ursprünglich war noch im Regierungsentwurf zum InvestmG vom 20.8.2003[164] geplant worden, den wirtschaftlichen Investmentbegriff durch einen formellen Begriff zu ersetzen, wovon aber in der endgültigen Fassung wieder Abstand genommen wurde.[165]

Dabei wird gem. § 1 Abs. 1 Nr. 1 InvStG die Besteuerung von inländischen Investment-Aktiengesellschaften i.S.d. § 2 Abs. 5 InvG und ihrer Aktionäre in den Anwendungsbereich des Gesetzes einbezogen.[166] Demzufolge sind mit Wirkung vom 1.1.2004 für die Besteuerung von Investment-Aktiengesellschaften und ihrer Aktionäre grundsätzlich nicht mehr die allgemeinen Steuergesetze maßgebend, sondern das InvStG.[167]

Konsequenz ist, dass neuerdings die Besteuerung einer Investment-AG und ihrer Anteilseigner in derselben Weise erfolgt wie die eines Sondervermögens und ihrer Anteilseigner.[168] Dies bedeutet, dass das bislang bei der Besteuerung der Investment-AG angewandte Trennungsprinzip (eigenständige Steuerpflicht sowohl der AG als auch der Aktionäre)[169], welches ein typisches Charakteristikum der Besteuerung von herkömmlichen Aktiengesellschaften ist, aufgegeben wird und stattdessen die Steuerbefreiung des Sondervermögens auf die Investment-AG ausgedehnt wird (vgl. § 11 Abs. 1 S. 3 i.V.m. S. 2 InvStG).[170] Eine Besteuerung der Investmenterträge findet nunmehr ausschließlich auf der Ebene der Aktionäre statt. Grund für die Gleichstellung von Sondervermögen und Investment-AG im Hinblick auf ihre Besteuerung ist laut Begründung des Gesetzgebers, dass sich ansonsten EU-rechtliche Bedenken hinsichtlich des Umstandes ergeben würden, dass lediglich bei inländischen Investmentvermögen eine steuerrechtliche Gestaltungswahl zwischen der Anwendung einer Steuerbefreiung auf der Ebene des Investmentvermögens mit ausschließlicher Besteuerung der Anteilseigner (bei Sondervermögen) und des Trennungsprinzips (bei Investment-AG) bestünde.[171]

---

164 BR-Drs. 609/03 v. 28.8.2003, S. 296.

165 Dazu *Sradj/Mertes* DStR 2003, 1681, 1682; *dies.*, DStR 2004, 201, 201 f.

166 Vgl. Begründung zum InvestmG, BT-Drucks. 15/1553, S. 122; *PriceWaterhouseCoopers*, Novellierung des Investmentrechts, S. 172; *Köndgen/Schmies*, WM 2004, Sonderbeil. Nr. 1, S. 17 u. 20.

167 Vgl. zum zeitlichen Anwendungsbereich des InvStG: § 18 InvStG.

168 *Ramackers*, in: Littmann/Bitz/Pust, EStG, § 1 InvStG, Rn. 30; *Steck/Schmitz*, AG 2004, 658, 667.

169 *Birk*, Steuerrecht, Rn. 1093.

170 Darauf wird im Detail unter Kapitel 3 § 1 B noch näher eingegangen.

171 Begründung zum InvestmG, BT-Drucks. 15/1553, S. 122 f.

## § 3 Verhältnis des InvStG zum EStG, KStG und GewStG

In Bezug auf das Verhältnis vom InvStG zum EStG, KStG und GewStG bei der Besteuerung der Investment-AG und ihrer Aktionäre gilt, wie bereits angedeutet wurde, der Grundsatz, dass das InvStG aufgrund seiner größeren Sachnähe *lex specialis* gegenüber dem allgemeinen Ertragsteuerrecht ist.[172] Die Vorschriften des EStG, KStG und (GewStG) können daher an sich nur dann zur Anwendung gelangen, wenn das InvStG, wie z.B. in § 3 Abs. 1 InvStG, ausdrücklich festlegt, dass einzelne Regelungen dieser Gesetze anzuwenden sind oder wenn das InvStG steuerliche Allgemeinbegriffe aus dem EStG, KStG und (GewStG), wie z.B. Werbungskosten (§ 3 Abs. 3 InvStG), gebraucht.[173]

Die Gewerbesteuer soll an dieser Stelle eingeklammert werden, da in Bezug auf diese es nur im Bereich der Investment-AG richtig ist, dass das InvStG insofern lex specialis gegenüber dem GewStG ist. Auf der Ebene der Anteilseigner fehlen dagegen im InvStG Aussagen zu einer eventuellen GewSt-Pflichtigkeit gänzlich. Insofern bleibt es für diese bei der üblichen Anwendung des GewStG.[174]

Da das InvStG die Besteuerung aber nicht abschließend in allen Bereichen regelt, bleibt darüber hinaus in den ungeregelten Bereichen Raum für die allgemeinen Ertragsvorschriften.[175] Dabei muss darauf geachtet werden, dass zunächst immer geklärt wird, ob das InvStG im konkreten Fall abschließende Regelungen enthält und damit keinen Rückgriff auf evtl. entgegenstehende allgemeine steuerrechtliche Vorschriften erlaubt. Erst wenn sich als Antwort ergibt, dass keine abschließende Besteuerung durch das InvStG vorgenommen wird, kann eine Steuerpflicht nach allgemeinen Gesetzen geprüft werden. Im Rahmen dieser Prüfung können die Vorschriften des EStG, KStG und (GewStG) bei der Investmentbesteuerung wegen des allgemeinen Vorrang- bzw. Nachrangprinzips im Verhältnis von besonderen zu allgemeinen Normen unmittelbar angewandt werden, ohne dass dabei eine planwidrige Regelungslücke im InvStG und damit die Voraussetzungen einer Analogie nachzuweisen sind.[176] Es handelt sich in diesen Fällen also um eine unmittelbare und nicht um eine analoge Anwendung der allgemeinen Gesetze.

Durch die dargestellte Vorgehensweise wird vermieden, dass fälschlicherweise eine Steuerpflichtigkeit von Investmenterträgen nach allgemeinen Steuergesetzen begrün-

---

172 *Lindemann*, FR 2003, 890, 892; zur Spezialität des KAGG gegen dem EStG, KStG und GewStG *Lübbehausen*, in: Brinkhaus/Scherer, KAGG/AuslInvestmG, Vor §§ 37n ff. KAGG, Rn. 16; BFH, Urteil v. 11.10.200- IR 99/96, BFHE 193, 330; *Häuselmann*, BB 1992, 312, 316; *Thorn/Otto/Geese*, Handbuch für die Besteuerung von Fondsvermögen, S. 6.

173 So zum Verhältnis von KAGG zum EStG, KStG und GewStG, *Lübbehausen*, in: Brinkhaus/Scherer, KAGG/AuslInvestmG, Vor §§ 37n ff. KAGG, Rn. 16; *Thorn/Otto/Geese*, Handbuch für die Besteuerung von Fondsvermögen, S. 6.

174 Vgl. auch BMF-Schreiben v. 2.6.2005 zum InvStG, BStBl I 2005, 728, Rz. 41 ff.

175 *Lindemann*, FR 2003, 890, 892; *ders.*, Aktienfonds, S. 71; zum Verhältnis von KAGG zum EStG, KStG und GewStG, *Lübbehausen*, in: Brinkhaus/Scherer, KAGG/AuslInvestmG, Vor §§ 37 n ff. KAGG, Rn. 16.

176 *Lindemann*, FR 2003, 890, 892. Das Ineinandergreifen von InvStG und den allgemeinen Gesetzen funktioniert in der gleichen Weise, wie z.B. das HGB und das BGB miteinander fungieren.

det wird, obwohl das InvStG für solche Erträge abschließend vorsieht, dass sie entweder nicht steuerbar oder steuerbefreit sind.[177]

Der Unterschied zwischen steuerbaren und steuerbefreiten Einkünften ist folgender: Steuerbare Einkünfte liegen dann vor, wenn die vorliegenden Einkünfte einen Einkünftetatbestand des InvStG verwirklichen. Steuerfreie bzw. steuerbefreite Einkünfte sind hingegen solche, die an sich einen Einkünftetatbestand erfüllen und damit steuerbar sind, aber aufgrund einer Sondernorm von der Steuer befreit werden.[178]

---

[177] Vgl. *Lübbehausen*, in: Brinkhaus/Scherer, KAGG/AuslInvestmG, Vor §§ 37n ff. KAGG, Rn. 17.

[178] Vgl. *Lang*, in: Tipke/Lang, Steuerrecht, § 9 Rn. 120 ff.

# Drittes Kapitel: Steuerliche Behandlung der Ebene der Investment-AG

Im vorherigen Abschnitt wurde bereits angesprochen, dass mit der Einführung des InvStG die Investment-AG nicht mehr wie bisher wie eine "normale" Aktiengesellschaft behandelt wird, d.h. Besteuerung des Einkommens der Aktiengesellschaft nach § 1 Abs. 1 Nr. 1, § 7, § 8 i.V.m. § 23 KStG mit einem Körperschaftssteuersatz von 25%. Die Besteuerung der Investment-AG soll nun in der gleichen Weise erfolgen wie die des Sondervermögens. Wie dies im Detail auszusehen hat, wird in diesem Abschnitt näher beleuchtet. Dabei soll gleichzeitig ein Blick auf die Besteuerung des Sondervermögens geworfen werden, um die sich daran orientierende Besteuerung der Investment-AG besser nachvollziehen zu können.

## § 1 Befreiung von der Körperschaft- und Gewerbesteuer

### A. Sondervermögen

Zivilrechtlich ist das Sondervermögen eine vom Vermögen der sie verwaltenden KAG getrennt zu haltende Vermögensmasse (§ 30 Abs. 1 Satz 2 InvG). Es ist nicht rechtsfähig; es gehört den Anteilsscheininhabern entweder unmittelbar als Miteigentümer des Vermögens (sog. Miteigentümer-Lösung) oder wird für diese durch die KAG als Eigentümerin treuhänderisch gehalten (sog. Treuhand-Lösung).[179]

#### I. Zweckvermögensfiktion und deren Rechtfertigung

In steuerrechtlicher Hinsicht, sieht man zunächst von den besonderen steuerrechtlichen Regelungen im InvStG ab, wäre das Sondervermögen mangels Rechtsfähigkeit zumindest nicht nach § 1 Abs. 1 Nr. 1 und Nr. 4 KStG unbeschränkt steuerpflichtig. Eine selbständige Steuerpflicht des Sondervermögens käme möglicherweise dann in Betracht, wenn es als nichtrechtsfähiges Zweckvermögen des privaten Rechts i.S.d. § 1 Abs. 1 Nr. 5 KStG einzuordnen wäre. Eine Definition darüber, was ein Zweckvermögen ist, sieht das Gesetz nicht vor; daher haben Rechtsprechung und Literatur selbständig eine eigene Definition entwickelt. Danach wird unter einem nichtrechtsfähigen Zweckvermögen ein selbständiges, einem bestimmten Zweck dienendes Sondervermögen verstanden, das aus dem Vermögen des oder der Widmenden auf Dauer ausgeschieden ist, aus dem eigene Einkünfte fließen und das wenigstens wirtschaftliche Selbständigkeit besitzt.[180] Das Sondervermögen erfüllt angesichts der Regelung in § 30 Abs. 1 Satz 1 InvG, wonach das Sondervermögen entweder im Miteigentum der Anteilseigner oder im treuhänderischen Eigentum der KAG steht und damit *nicht* aus dem Vermögen der Widmenden auf Dauer ausgeschieden ist, nicht die Voraussetzungen des Zweckvermögensbegriffes, mit der Konsequenz, dass eine Steuerpflichtigkeit

---

[179] Vgl. § 30 Abs. 1 S. 1 InvG; siehe dazu oben Kapitel 1 § 2 B.

[180] BFH I R 39/92 v. 5.11.92, BStBl II 1993, 388; *Rengers*, in: Blümich, Kommentar zum EStG, KStG und GewStG, § 1 KStG, Rn. 107.

des Sondervermögens nach § 1 Abs. 1 Nr. 5 KStG ausscheidet.[181] Als Zwischenergebnis bleibt zunächst festzuhalten, dass ausgehend vom KStG das Sondervermögen kein selbständiges Steuersubjekt i.S. dieses Gesetzes darstellt.

Dies hätte nach der h.M. zur Folge, dass zwar das Sondervermögen selbst nicht steuerpflichtig wäre, allerdings angesichts des Miteigentums bzw. des treuhänderischen Eigentums eine anteilige Zurechnung der Fondserträge an die Anteilseigner im Rahmen einer *einheitlichen und gesonderten Feststellung der Besteuerungsgrundlagen* nach § 179 Abs. 2 S. 2 i.V.m. § 180 Abs. 1 Nr. 2a AO geboten wäre.[182]

Bei der sog. Treuhand-Lösung ist die KAG Treuhänder und damit zivilrechtlicher Eigentümer des Sondervermögens. Nach der Regelzurechnung in § 39 Abs. 1 AO wären die vom Sondervermögen erwirtschafteten Erträge der KAG zuzurechnen. Abweichend davon normiert § 39 Abs. 2 Nr. 1 S. 2 AO, dass bei Treuhandverhältnissen Einkünfte nicht dem Treuhänder, sondern dem Treugeber, hier also den Anteilseignern, zugerechnet werden.[183]

Jedoch hat man eingesehen, dass letztere wegen des regelmäßig großen, sich ständig ändernden und anonymen Anlegerkreises praktisch kaum durchführbar wäre.[184] Um eine solche Feststellung zu vermeiden, hat der Gesetzgeber daher dem Sondervermögen nach § 11 Abs. 1 S. 1 InvStG *im Wege der gesetzlichen Fiktion* die *Qualifikation eines Zweckvermögens* zuerkannt; das bedeutet, dass das Sondervermögen zumindest steuerrechtlich von dem Vermögen der Anteilsinhaber getrennt wird und als selbständiges Steuersubjekt i.S.d. Körperschaftsteuer- und Gewerbesteuerrechts angesehen wird.[185]

Neben dem letzteren Aspekt hat die Zweckvermögensfiktion den weiteren verfahrensrechtlichen Vorteil, dass das Sondervermögen *Steuerpflichtiger i.S.d. § 33 Abs. 1 AO* ist und demnach u.a. Mitwirkungs- (§ 90 AO), Anzeige- (§ 137 AO), Aufzeichnungs- (§ 140 AO) und Steuererklärungspflichten (§ 149 AO) zu erfüllen hat, welche die KAG gem. § 1 Abs. 2 S. 2 InvStG i.V.m. § 34 AO als steuerlicher Vertreter wahrnimmt.[186]

---

[181] *Steinberg*, DB 1957, 196, 197; *Scholtz*, FR 1991, 198, 198; *Lübbehausen*, in: Brinkhaus/Scherer, KAGG/AuslInvestmG, § 38 KAGG, Rn. 14; *Beckmann/Scholtz*, Investment-Handbuch, 425 § 38 Rn. 7.

[182] *Lübbehausen*, in: Brinkhaus/Scherer, KAGG/AuslInvestmG, § 38 KAGG, Rn. 15; *Lübbehausen/Schmitt*, IStR 2003, 397, 398; *Steinberg*, DB 1957, 196, 197; *Sorgenfrei*, IStR 1994, 465, 466; *Baur*, Investmentgesetze, § 38 KAGG, Rn. 6; *Fock*, DStZ 2006, 503, 504; a.A. nur *Schulz/Petersen/Keller*, DStR 2004, 1853, 1854, die sich m.E. jedoch über § 39 AO hinwegsetzen.

[183] Vgl. *Kruse*, in: Tipke/Kruse, Abgabenordnung, § 39 Rn. 31 ff.

[184] *Lübbehausen*, in: Brinkhaus/Scherer, KAGG/AuslInvestmG, § 38 KAGG Rn. 15; *Lübbehausen/Schmitt*, IStR 2003, 397, 398; *Steinberg*, DB 1957, 196, 197; *Sorgenfrei*, IStR 1994, 465, 466; *Beckmann/Scholtz*, Investment-Handbuch, 425 § 38 Rn. 7; *Zeller*, Investmentfonds, S. 17; *Baur*, Investmentgesetze, § 38 KAGG, Rn. 6.

[185] Vgl. *Lübbehausen*, in: Brinkhaus/Scherer, KAGG/AuslInvestmG, § 38 KAGG Rn. 15; *Thorn/Otto/Geese*, Handbuch für die Besteuerung von Fondsvermögen, S. 5; *Steinberg*, DB 1957, 196, 197; *Sorgenfrei*, IStR 1994, 465, 466; *Zeller*, Investmentfonds, S. 16.

[186] *Lübbehausen*, in: Brinkhaus/Scherer, KAGG/AuslInvestmG, § 38 KAGG, Rn. 15; *Thorn/Otto/Geese*, Handbuch für die Besteuerung von Fondsvermögen, S. 5 f.; *Kay-*

Zu beachten ist, dass die steuerrechtliche Behandlung des Sondervermögens von der steuerrechtlichen Behandlung der KAG zu trennen ist. Die KAG, die nur in der Rechtsform der AG oder GmbH betrieben werden darf, wird nach den allgemeinen Grundsätzen des KSt- und GewSt-Rechts besteuert; insoweit enthält das InvStG keine speziellen Vorschriften.[187]

## II. Befreiungsvorschrift des § 11 Abs. 1 Satz 2 InvStG

Die vom Gesetzgeber getroffene Zweckvermögensfiktion würde an sich dazu führen, dass im Rahmen der Einkommensermittlung sämtliche Erträge und Aufwendungen des Sondervermögens Einnahmen und Ausgaben des Zweckvermögens wären und das Sondervermögen daraus ein eigenes steuerliches Einkommen beziehen würde, welches körperschaft- und gewerbesteuerpflichtig wäre.[188] Auf Ebene der Anteilseigner würde zudem eine Besteuerung der Ausschüttungen stattfinden.[189] Diese *Doppelbesteuerung* von Anteilseigner und Sondervermögen wird allerdings vermieden, indem das Zweckvermögen gem. § 11 Abs. 1 S. 2 InvStG von der Körperschaft- und Gewerbesteuer befreit wird, so dass eine materielle Besteuerung der erzielten Erträge auf Ebene des Sondervermögens nicht stattfindet.

Was genau der Grund für das Freihalten von steuerlichen Belastungen auf der Fondsebene ist, wird im Rahmen des Abschnittes über das Transparenzprinzip näher dargestellt.

## B. Investment-Aktiengesellschaft

Ausgehend von den allgemeinen Gesetzen wäre die Investment-AG als Aktiengesellschaft nach § 1 Abs. 1 Nr. 1 KStG ein unbeschränkt körperschaftsteuerpflichtiges Steuersubjekt. Ebenso ergäbe sich eine Gewerbesteuerpflichtigkeit der Investment-AG aus § 2 Abs. 1 S. 1 i.V.m. Abs. 2 Satz 1 GewStG. Wie bereits erwähnt worden ist, richtet sich neuerdings die Besteuerung der Investment-AG, dadurch, dass sie gem. § 1 Abs. 1 Nr. 1 InvStG in den Anwendungsbereich des InvStG einbezogen wird, grundsätzlich jedoch nicht mehr nach dem allgemeinen Gesetzen, sondern nach dem spezielleren InvStG.[190]

Aufgrund dessen ist nach dem Grundsatz *lex specialis derogat legi generali* zu prüfen, ob das InvStG eine den allgemeinen Gesetzen vorgehende spezielle Norm über die Besteuerung der Ebene der Investment-AG enthält. In § 11 InvStG wird man insoweit fündig: diese Vorschrift sieht gem. § 11 Abs. 1 Satz 3 i.V.m. 2 InvStG für die In-

---

*ser/Steinmüller*, FR 2004, 137, 138; *Sorgenfrei*, IStR 1994, 465, 466; *Beckmann/Scholtz*, Investment-Handbuch, 425 § 38 Rn. 10.

[187] *Lübbehausen*, in: Brinkhaus/Scherer, KAGG/AuslInvestmG, Vor §§ 37n ff. KAGG, Rn. 1; *Scholtz*, FR 1991, 198, 199; *Fischer*, WM 2001, 1236, 1239; *Sorgenfrei*, IStR 1994, 465, 466; *Ramackers*, in: Littmann/Bitz/Pust, EStG, § 11 InvStG, Rn. 5.

[188] *Lübbehausen*, in: Brinkhaus/Scherer, KAGG/AuslInvestmG, § 38 KAGG, Rn. 15; *Scholtz*, FR 1991, 198, 199; *Beckmann/Scholtz*, Investment-Handbuch, 425 § 38 KAGG, Rn. 9; *Lindemann*, Aktienfonds, S. 63.

[189] Vgl. *Schulz/Petersen/Keller*, DStR 2004, 1853, 1854; *Lübbehausen*, in: Brinkhaus/Scherer, KAGG/AuslInvestmG, § 38 KAGG, Rn. 18.

[190] Siehe oben Kapitel 2 § 2.

vestment-AG eine *subjektive Steuerbefreiung von der Körperschaft- und Gewerbesteuer* vor. Damit normiert das InvStG insofern eine Ausnahme, als dass die Investment-AG trotz ihrer Eigenschaft als Aktiengesellschaft und der an sich daraus folgenden materiellen Steuerpflichtigkeit *kein Steuerschuldner i.S.d. § 43 Satz 1 AO* der Ertragsteuern ist.

Neben der speziellen Befreiungsvorschrift des § 11 Abs. 1 Satz 3 i.V.m. Satz 2 InvStG enthält auch das KStG in § 5 für bestimmte an sich nach § 1 KStG unbeschränkt steuerpflichtige Körperschaften, Personenvereinigungen und Vermögensmassen eine Befreiung von der Körperschaftsteuer.

Im Ergebnis sind demzufolge sowohl das Sondervermögen als auch die Investment-AG von Ertragsteuern freigestellt, so dass bei beiden eine Besteuerung der Investmenterträge ausschließlich auf Ebene der Anteilseigner stattfindet. Diese Gleichstellung von Sondervermögen und Investment-AG kann neben europarechtlichen Forderungen[191] damit begründet werden, dass die bisherigen steuerlichen Nachteile der Investment-AG im Vergleich zum Sondervermögen[192] beseitigt werden sollen;[193] der Investmentanleger soll nicht mehr aus steuerlichen Gesichtspunkten vor der Anlage in einer Investment-AG zurückschrecken.

Trotz der vorliegenden Gründe für die Gleichstellung, verwundert die Tatsache, dass der Gesetzgeber es zugelassen hat, dass eine Investment-AG nicht wie eine "normale" Aktiengesellschaft besteuert wird und dadurch den Grundsatz des Trennungsprinzips durchbricht. Während bisher immer zwischen der Besteuerung der Aktiengesellschaft auf der einen Seite und der Besteuerung der Aktionäre auf der anderen Seite streng getrennt werden musste und den Gesellschaftern keine Einkünfte der Aktiengesellschaft zugerechnet werden durften,[194] erlaubt das InvStG nunmehr, dass die Investmenterträge der Investment-AG ausschließlich auf Ebene der Anteilseigner besteuert werden sollen. Dieses Novum soll an späterer Stelle ausführlich untersucht werden.[195]

Obschon die Investment-AG kein Steuerschuldner der Körperschaft- und Gewerbesteuer ist und sie damit insoweit keine vermögensrechtlichen Leistungspflichten treffen, fällt sie dennoch wie auch das Sondervermögen unter den umfassenderen Begriff des Steuerpflichtigen i.S.d. § 33 AO, so dass ihr zumindest einige verfahrensrechtliche Pflichten obliegen.[196] Dazu gehören u.a. Mitwirkungs- (§ 90 AO), Anzeige- (§ 137 AO), Aufzeichnungs- (§ 140 AO) und Steuererklärungspflichten (§ 149 AO).[197]

---

191 Siehe oben Kapitel 2 § 2.

192 Dazu oben Kapitel 2 § 1.

193 Vgl. *Köndgen/Schmies*, WM 2004, Sonderbeil. Nr. 1, S. 17.

194 Vgl. *Frotscher*, Körperschaftsteuer, Rn. 4; *Scheffler*, Besteuerung von Unternehmen I, S. 160.

195 Siehe dazu Kapitel 6.

196 Vgl. zum Sondervermögen *Lübbehausen*, in: Brinkhaus/Scherer, KAGG/AuslInvestmG, § 38 KAGG Rn. 16; *Kayser/Steinmüller*, FR 2004, 137, 138.

197 Vgl. zum Sondervermögen *Lübbehausen*, in: Brinkhaus/Scherer, KAGG/AuslInvestmG, § 38 KAGG Rn. 16.

## § 2 Keine Belastung der inländischen Erträge mit Kapitalertragsteuer auf der Eingangsseite der Investment-AG

Bei verschiedenen Kapitalerträgen, die in § 43 EStG aufgezählt sind, zahlt der Schuldner von Erträgen nicht den vollen Kapitalertrag an den Gläubiger aus, sondern muss gem. § 44 Abs. 1 S. 3 und 5 EStG einen Teil davon, die sog. *Kapitalertragsteuer*, einbehalten und an das Finanzamt abführen.[198] Die Kapitalertragsteuer ist keine Steuer eigener Art; sie stellt vielmehr eine besondere Erhebungsform der Einkommen- bzw. Körperschaftsteuer in Gestalt einer an der Quelle abzuführenden *Vorauszahlung auf die Einkommen- bzw. Körperschaftsteuerschuld* für Kapitalerträge dar.[199]

Folgerichtig müsste grundsätzlich von den Kapitalerträgen, die der Investment-AG (bzw. dem Sondervermögen) aus ihren Anlagegegenständen zufließen, durch den jeweiligen Schuldner Kapitalertragsteuer einbehalten werden.[200] Auf der anderen Seite muss berücksichtigt werden, dass die Investment-AG (bzw. das Sondervermögen) von der Körperschaftsteuer befreit ist und daher eine Belastung der Investmenterträge mit der Kapitalertragsteuer, die nur eine Vorauszahlung für die vermeintlich fällig werdende Körperschaftsteuer auf Ebene der Investment-AG wäre, nicht berechtigt erscheint. Um sicherzustellen, dass die Steuerbefreiung der Investment-AG von der Körperschaftsteuer nicht durch einen Kapitalertragsteuerabzug konterkariert wird, hat der Gesetzgeber in § 11 Abs. 2 InvStG bestimmte Maßnahmen getroffen, die bewirken, dass *inländische Kapitalerträge*[201] auf der *sog. Eingangsseite* der Investment-AG brutto, d.h. ohne Einbehaltung eines Steuerabzuges, zufließen.[202]

> Von der sog. Eingangsseite (Investmenterträge fließen von den Anlagegegenständen an die Investment-AG) ist die *sog. Ausgangsseite* zu unterscheiden. Letztere bezeichnet den Zufluss der Erträge der Investment-AG an die Anteilseigner. Auf der Ausgangsseite ist eine Kapitalertragsteuer gem. § 7 InvStG für bestimmte Kapitalerträge zu erheben.[203]

Dafür sind zwei Wege vorgesehen: einerseits das Verfahren der Abstandnahme vom Steuerabzug (§ 11 Abs. 2 Satz 1 InvStG) und andererseits die Erstattung einbehaltener Kapitalertragsteuer (§ 11 Abs. 2 Satz 1 InvStG i.V.m. § 44a Abs. 4 EStG). Im Folgenden soll der wesentliche Inhalt der beiden Wege dargestellt werden:[204] Nach dem Wortlaut des § 11 Abs. 2 Satz 1 InvStG "Die von Kapitalerträgen des inländischen In-

---

198 *Birk*, Steuerrecht, Rn. 697.

199 *Weber-Grellet*, in: Schmidt, EStG, § 43 Rn. 1; *Stotz*, Besteuerung von Wertpapier-Investmentfonds, S. 94; *Birk*, Steuerrecht, Rn. 699.

200 Vgl. *Thorn/Otto/Geese*, Handbuch für die Besteuerung von Fondsvermögen, S.13.

201 Zu ausländischen Kapitalerträgen, siehe unten Kapitel 5.

202 *Thorn/Otto/Geese*, Handbuch für die Besteuerung von Fondsvermögen, S. 13; *Stotz*, Besteuerung von Wertpapier-Investmentfonds, S. 111; *Ramackers*, in: Littmann/Bitz/Pust, EStG, § 11 InvStG, Rn. 10.

203 Dazu noch näher Kapitel 4 § 1 A IV.

204 Bezüglich weiterer Einzelheiten über die Verfahren ist auf *Lübbehausen*, in: Brinkhaus/Scherer, KAGG/AuslInvestmG, § 38 KAGG Rn. 22 ff. zu verweisen. Der Solidaritätszuschlag, der neben der Kapitalertragsteuer ebenfalls erstattet werden kann, soll an dieser Stelle nicht weiter berücksichtigt werden.

vestmentvermögens einbehaltene und abgeführte Kapitalertragsteuer wird auf Antrag an die Depotbank erstattet, soweit nicht nach § 44a EStG vom Steuerabzug Abstand zu nehmen ist" ergibt sich, dass die Abstandnahme vom Steuerabzug Vorrang vor dem Erstattungsverfahren hat.[205] Bei beiden Verfahren sind nach § 11 Abs. 2 Satz 3 InvStG die entsprechenden Vorschriften des EStG sinngemäß anzuwenden. Im Rahmen der vorrangigen Abstandnahme vom Steuerabzug wird der Kapitalertragsteuerabzug bei der steuerbefreiten Investment-AG gem. § 11 Abs. 2 Satz 1 InvStG i.V.m. § 44a Abs. 4 Nr. 1 EStG regelmäßig bei Erträgen i.S.d. § 43 Abs. 1 S. 1 Nr. 4, 7 und 8 sowie S. 2 EStG unterbleiben.[206] Darunter fallen Zinsen i.S.v. § 20 Abs. 1 Nr. 7 und 10 EStG aus (in Wertpapieren verbrieften) Anleihen, (Teil-) Schuldverschreibungen, sonstigen Forderungen etc. sowie den Zinsen gleichgestellte bestimmte Einnahmesurrogate nach § 20 Abs. 2 EStG.[207] Voraussetzung dafür, dass der Schuldner diese Erträge tatsächlich ungekürzt der Investment-AG gutschreibt, ist einmal gem. § 11 Abs. 2 Satz 4 InvStG i.V.m. § 44 a Abs. 4 Satz 3 EStG das Vorliegen einer Freistellungsbescheinigung des für die Investment-AG zuständigen Finanzamtes, die nachweist, dass die Erträge einer steuerbefreiten Investment-AG zufließen. Zum anderen muss Vorsorge dafür getragen werden, dass bei Kapitalerträgen i.S.d. § 43 Abs. 1 Nr. 7 und 8 EStG die in § 44a Abs. 6 EStG genannten Instrumente unter dem Namen der Investment-AG bei der die Kapitalerträge auszahlenden Stelle verwahrt oder verwaltet werden.

Soweit nicht nach dem eben beschriebenen Verfahren Abstand vom Steuerabzug durch den Schuldner genommen worden ist, sondern Kapitalertragsteuer einbehalten und abgeführt wurde, wird gem. § 11 Abs. 2 Satz 1 InvStG die Kapitalertragsteuer auf Antrag an die Depotbank erstattet. Das Erstattungsverfahren betrifft in der Regel Kapitalertragsteuerbeträge auf Kapitalerträge i.S.d. § 43 Abs. 1 Nr. 1 (z.B. Dividenden) und Nr. 2 (z.B. Wandelanleihen und Genussrechte) EStG, welche nach § 43a Abs. 1 Nr. 1 und 2 EStG der Kapitalertragsteuer mit 20% bzw. 25% unterliegen.[208] Nach § 11 Abs. 2 Satz 2 InvStG ist für die Erstattung der zuletzt genannten Kapitalerträge das Bundesamt für Finanzen, bei den übrigen Kapitalerträgen das Finanzamt, an das die Kapitalertragsteuer abgeführt wurde, zuständig. Ebenso wie bei der Abstandnahme vom Steuerabzug ist neben einem Antrag auf Erstattung die oben schon erwähnte Freistellungsbescheinigung des für die Investment-AG zuständigen Finanzamtes notwendig;

---

205 Vgl. BMF-Schreiben v. 2.6.2005 zum InvStG, BStBl I 2005, 728, Rz. 214; *Lübbehausen*, in: Brinkhaus/Scherer, KAGG/AuslInvestmG, § 38 KAGG Rn. 23 u. 28; *Stotz*, Besteuerung von Wertpapier-Investmentfonds, S. 112.

206 Die in § 43 Abs. 1 Nr. 4 EStG erwähnten Kapitalerträge i.S.d. § 20 Abs. 1 Nr. 6 EStG sind hier bei dem Steuerabzug bei der Investment-AG nicht weiter relevant, da solche von dieser nicht realisiert werden, vgl. *Lübbehausen*, in: Brinkhaus/Scherer, KAGG/AuslInvestmG, § 38 KAGG Rn. 24; *Stotz*, Besteuerung der Wertpapier-Investmentfonds, S. 113 Fn. 181.

207 Vgl. *PriceWaterhouseCoopers*, Novellierung des Investmentrechts, S. 208.

208 Welche Kapitalerträge darüber hinaus vom Erstattungsverfahren erfasst werden, dazu *Lübbehausen*, in: Brinkhaus/Scherer, KAGG/AuslInvestmG, § 38 KAGG, Rn. 29; *Stotz*, Besteuerung der Wertpapier-Investmentfonds, S. 115.

zudem noch eine Steuerbescheinigung, in der u.a. die Art und Höhe der abgeführten Kapitalerträge aufgeführt werden.[209]

## § 3 Transparenzprinzip

Die bislang konstatierte Feststellung der Freistellung der Investment-AG (bzw. des Sondervermögens) von Ertragsteuern beruht auf dem dogmatischen Konzept des *sog. Transparenzprinzips*. Inhalt dieses Konzepts ist, dass *erstens* die Ebene der Investment-AG (bzw. des Sondervermögens) steuerlich transparent ist und *zweitens* der Investmentanleger die Erträge aus der Investment-AG (bzw. aus dem Sondervermögen) so zu versteuern hat, als ob sie ihm unmittelbar selbst (wie einem Direktanleger) als eigene Einkünfte zugeflossen wären.[210]

Das Transparenzprinzip wird im Bereich der Investmentanlage angewandt, um den Investmentanleger wirtschaftlich weitestgehend wie den Direktanleger in Finanzinstrumente zu besteuern.[211] Man wollte vermeiden, dass durch die Zwischenschaltung der Investment-AG (bzw. des Sondervermögens) eine zusätzliche steuerliche Belastung entsteht, die den Investmentanleger gegenüber dem Direktanleger benachteiligt, und damit die Attraktivität der Investmentanlage entscheidend geschmälert hätte.[212] Daher wird die Ebene der Investment-AG (bzw. des Sondervermögens) mittels einer steuerlichen Freistellung für steuerliche Zwecke quasi ausgeblendet, also als transparent angesehen, und eine Besteuerung der Investmenterträge erfolgt erst auf Ebene der Anleger.

Die Maxime des Transparenzprinzips und die damit angestrebte steuerliche Gleichbehandlung von Investment- und Direktanleger wurde vom Gesetzgeber jedoch nicht umfassend im InvStG (früher: KAGG) verwirklicht. Es finden sich im InvStG einige beachtliche Abweichungen vom Transparenzprinzip.[213] So sind z.B. durch die Investment-AG ausgeschüttete Veräußerungsgewinne aus Anteilen an Kapitalgesellschaften, unabhängig vom Zeitraum zwischen Anschaffung und Veräußerung, beim privaten Investmentanleger grundsätzlich steuerfrei gestellt (§ 2 Abs. 3 InvStG), während bei einem privaten Direktanleger diese nur steuerfrei sind, wenn die Voraussetzungen des

---

[209] Vgl. *Thorn/Otto/Geese*, Handbuch für die Besteuerung von Fondsvermögen, S. 14; *Stotz*, Besteuerung von Wertpapier-Investmentfonds, S. 116; *Lübbehausen*, in: Brinkhaus/Scherer, KAGG/AuslInvestmG, § 38 KAGG, Rn. 38 f.

[210] *Lübbehausen*, in: Brinkhaus/Scherer, KAGG/AuslInvestmG, Vor §§ 37n ff. KAGG, Rn.11; *Lübbehausen/Schmitt*, IStR 2003, 397, 399 f.; *Baur*, Investmentgesetze, Vor § 37a KAGG, Rn. 22; *Scholz*, in: Festschrift Döllerer, S. 553, 560; *Scheurle*, DStZ 1995, 646, 646; *Sorgenfrei*, IStR 1994, 465, 467; *Fischer*, WM 2001, 1236, 1237; *Fock*, DStZ 2006, 503, 503.

[211] Begründung zum InvestmG, BT-Drucks. 15/1553, S. 120; *Lindemann*, FR 2003, 890, 891; *Sorgenfrei*, IStR 1994, 465, 466; *Zeller*, Investmentfonds, S. 15.

[212] *Lübbehausen*, in: Brinkhaus/Scherer, KAGG/AuslInvestmG, Vor §§ 37n ff. KAGG, Rn.11; *Lübbehausen/Schmitt*, IStR 2003, 397, 400; *Baur*, Investmentgesetze, Vor § 37a KAGG, Rn. 22; *Scholz*, in: Festschrift Döllerer, S. 553, 560; *Scheurle*, DStZ 1995, 646, 646; *Sorgenfrei*, IStR 1994, 465, 467; *Fischer*, WM 2001, 1236, 1237 f.

[213] Zum KAGG: *Lübbehausen*, in: Brinkhaus/Scherer, KAGG/AuslInvestmG, Vor §§ 37n ff. KAGG, Rn. 13 ff; *Baur*, Investmentgesetze, Vor § 37a KAGG, Rn. 22.

§ 23 Abs. 1 S. 1 Nr. 2 und des § 17 Abs. 1 EStG nicht vorliegen.[214] Als Begründung für eine Reihe der Abweichungen wird vom Gesetzgeber angeführt, dass die dem Transparenzprinzip zugrunde liegenden Vergleichsgruppen der Investment- und Direktanleger nicht in jeder Hinsicht vergleichbar seien und daher eine Notwendigkeit für Abweichungen bestehe.[215] Die eingeschränkte Umsetzung des Transparenzprinzips hat zugleich zur Folge, dass es immer nur dort zur Anwendung kommen darf, wo es in den gesetzlichen Regelungen Eingang gefunden hat. Es ist daher nicht zulässig, die Steuervorschriften, in denen das Transparenzprinzip nicht verwirklicht worden ist, im Sinne einer völligen Durchsetzung des Transparenzprinzips über den Wortlaut des Gesetzes hinaus zu ergänzen. Eine solche Vorgehensweise wäre weder mit dem Wortlaut des Gesetzes noch mit dem Willen des Gesetzgebers vereinbar.[216]

## § 4 Umsatzsteuer bei der Investment-Aktiengesellschaft

Festgestellt wurde bisher, dass die Investment-AG kein Steuersubjekt der Ertragsteuern, d.h. der Körperschaft- und Gewerbesteuer, ist (§ 11 Abs. 1 Satz 3 i.V.m. Satz 2 InvStG). Inwiefern sie Steuersubjekt der Umsatzsteuer ist und damit ggf. steuerpflichtige Umsätze tätigt, soll im Folgenden untersucht werden.

### A. Investment-AG als Steuersubjekt und Steuerschuldner der Umsatzsteuer

Das InvStG trifft keine näheren Regelungen darüber, ob die Investment-AG Steuersubjekt und Steuerschuldner der Umsatzsteuer ist, da sein Regelungsbereich auf die Ertragsbesteuerung der Investmentfonds und deren Anteilseigner beschränkt ist. Daher kann sich eine mögliche Umsatzsteuerpflichtigkeit nur aus dem "allgemeinen" Umsatzsteuergesetz (UStG) ergeben, genauer gesagt aus §§ 1 Abs. 1 Nr. 1, 15 i.V.m. § 2 Abs. 1 UStG, die eine USt-Pflichtigkeit vorsehen, wenn die Investment-AG Unternehmerin i.S.d. § 2 Abs. 1 UStG ist.

An dieser Stelle sei darauf hingewiesen, dass zunächst untersucht wird, ob die Investment-AG überhaupt als Steuersubjekt und Steuerschuldner der USt in Betracht kommt. Der Frage, inwiefern einzelne, konkrete Umsätze der Investment-AG steuerbar bzw. steuerbefreit sind, wird im Anschluss daran nachgegangen.

Nach § 2 Abs. 1 Satz 1 UStG ist Unternehmer, wer eine gewerbliche oder berufliche Tätigkeit selbständig ausübt. Gewerblich oder beruflich ist gem. § 2 Abs. 1 Satz 3 UStG jede nachhaltige Tätigkeit zur Erzielung von Einnahmen, auch wenn die Absicht, Gewinn zu erzielen, fehlt oder eine Personenvereinigung nur gegenüber ihren Mitgliedern tätig wird.

---

214 Auf andere Ausnahmen wird weiter unten noch einzugehen sein.

215 Begründung zum InvestmG, BT-Drucks. 15/1553, S. 120.

216 Vgl. BFH v. 4.3.1980 VIII R 48/76, BStBl. II 1980, 453, 455; BFH v. 7.4.1992 VIII R 79/88, BStBl. II 1992, 786, 787; *Sorgenfrei*, IStR 1994, 465, 467; *Baur*, Investmentgesetze, Vor § 37a KAGG, Rn. 22; *Thorn/Otto/Geese*, Handbuch für die Besteuerung von Fondsvermögen, S. 8.

## I. Einfluss des Europäischen Gemeinschaftsrechts

Bei der Klärung der Frage, ob die Investment-AG eine solche nachhaltige Tätigkeit zur Erzielung von Einnahmen ausübt, ist zu berücksichtigen, dass das Umsatzsteuerrecht im besonderen Maße durch das Gemeinschaftsrecht der EG beeinflusst wird. So sieht Art. 93 EGV vor, dass die Rechtsvorschriften über die Umsatzsteuern innerhalb der EG zu harmonisieren sind, soweit dies für das Funktionieren des Binnenmarkts notwendig ist.[217] In Ausfüllung dieser Vorschrift sind bereits mehrere Richtlinien zum Umsatzsteuerrecht ergangen, wovon die *sog. 6. Richtlinie zum gemeinsamen Mehrwertsteuersystem*[218] (im Folgenden kurz: 6. Richtlinie) die größte Bedeutung erlangt hat. In dieser Richtlinie wird in Art. 4 Abs. 1 und 2 derjenige als Steuerpflichtiger (=Unternehmer nach deutscher Terminologie) bezeichnet, der eine wirtschaftliche Tätigkeit ausübt. Nach Art. 4 Abs. 2 Satz 2 der 6. Richtlinie gilt "als wirtschaftliche Tätigkeit (...) eine Leistung, die die Nutzung von körperlichen oder nichtkörperlichen Gegenständen zur nachhaltigen Erzielung von Einnahmen umfasst". Die Auslegung dieser Bestimmung durch den EuGH prägt aufgrund des *Anwendungsvorrangs gemeinschaftsrechtlicher Normen* gegenüber innerstaatlichen Rechtsnormen die Auslegung des Unternehmerbegriffs des § 2 UStG.[219] Genauso gilt, dass § 2 UStG immer im Lichte der gemeinschaftlichen Regelung des Art. 4 der 6. EG-Richtlinie gesehen werden muss.[220]

In den dem EuGH vorgelegenen Verfahren "Banque Bruxelles Lambert SA (BBL) gegen Belgischer Staat"[221] hatte dieser u.a. zu entscheiden, ob die luxemburgische SICAV (societé d'investissement à capital variable) im Rahmen ihrer Unternehmung eine Nutzung von körperlichen Gegenständen zur nachhaltigen Erzielung von Einnahmen vornimmt und folglich eine wirtschaftliche Tätigkeit i.S.d. Art. 4 Abs. 2 Satz 2 der 6. Richtlinie ausübt und damit als Steuerpflichtiger der Umsatzsteuer anzusehen ist. Da die deutsche Investment-AG mit veränderlichem Kapital nach dem Vorbild der luxemburgischen SICAV entwickelt worden ist und beide Investmentformen somit vergleichbar sind,[222] erlangen die Grundsätze des EuGH zu einer möglichen Umsatzsteuerpflichtigkeit der SICAV auch für die Investment-AG Bedeutung.[223] Dies heißt, dass, wenn die Steuerpflichtigkeit für die SICAV i.S.d. Art. 4 Abs. 1 und 2 der 6. Richtlinie zu bejahen ist, auch die Investment-AG steuerpflichtig nach dieser Vorschrift ist und damit ebenfalls nach deutschen Recht die Voraussetzungen des § 2 Abs. 1 UStG erfüllt.

---

[217] Vgl. *Oppermann*, Europarecht, § 17 Rn. 22; *Reiß*, in: Tipke/Lang, Steuerrecht, § 14 Rn. 7.

[218] vom 17.5.1977, 77/388 EWG, ABl. EG 1977 Nr. L 145, 1.

[219] *Heidner*, in: Bunjes/Geist, UStG, § 2 Rn. 8 f.

[220] BFH, Beschluss v. 5.5.1994 V R 23/93, UR 1994, 394, 395 f.; *Stadie*, in: Rau/Dürrwächter/Flick/Geist, UStG, § 2 Rn. 44.

[221] EuGH, Urt. v. 21.10.2004, C-8/03, Slg. 2004, I-10172 = UR 2004, 642.

[222] Begründung zum InvestmG, BT-Drucks. 15/1553, S. 106; *Baums/Kiem*, in: Festschrift Hadding, S. 741, 742 f.

[223] Vgl. *Fromm*, IStR 2005, 227, 230; *Philipowski*, UR 2004, 647, 647.

## II. Vorliegen einer Nutzung von körperlichen Gegenständen zur nachhaltigen Erzielung von Einnahmen i.S.d. Art. 4 Abs. 2 Satz 2 der 6. Richtlinie bzw. einer nachhaltigen Tätigkeit zur Erzielung von Einnahmen i.S.d § 2 Abs. 1 Satz 3 UStG

Als Voraussetzung für die USt-Pflichtigkeit der SICAV musste der EuGH also prüfen, inwiefern diese eine Nutzung von körperlichen Gegenständen zur nachhaltigen Erzielung von Einnahmen i.S.d. Art. 4 Abs. 2 Satz 2 der 6. Richtlinie vornimmt (bzw. einer nachhaltigen Tätigkeit zur Erzielung von Einnahmen i.S.d. § 2 Abs. 1 Satz 3 UStG) und damit eine wirtschaftliche Tätigkeit ausübt. Konstitutives Merkmal für den Begriff der wirtschaftlichen Tätigkeit ist dabei die Erbringung von *Leistungen gegen Entgelt*.[224]

### 1. Erwerb, Halten und Veräußern von Anlagegegenständen

Als Nutzung von körperlichen Gegenständen i.S.d. Art. 4 Abs. 2 Satz 2 der 6. Richtlinie kommt nach Auffassung des EuGH vom Grundsatz her auch eine Nutzung von Gesellschaftsanteilen in Betracht.[225] Die SICAV erwirbt Wertpapiere und andere Anlageformen, hält diese Anlagegüter, aber stößt sie ggf. auch wieder ab. Dadurch versucht sie, eine möglichst große Rendite zu erzielen.[226] Fraglich ist, ob dieser Tätigkeitsbereich der SICAV als eine "Nutzung von Gesellschaftsanteilen" und somit als wirtschaftliche Tätigkeit aufgefasst wird.

Der EuGH hat dies in der Entscheidung zur SICAV wie auch schon in früheren Entscheidungen verneint; alleine der *Erwerb, das Halten von Anlagegegenständen und deren anschließende Veräußerung* stelle für sich noch keine wirtschaftliche Betätigung dar.[227] Dies begründet er damit, dass ein etwaiger Ertrag aus den Beteiligungen stets bloß Folge der Innehabung des Gegenstandes sei und kein *"Entgelt"* für eine Leistung seitens der SICAV sei, was jedoch unabdingbare Voraussetzung für das Vorliegen einer wirtschaftlichen Tätigkeit ist.[228] Dadurch, dass sich die SICAV mit den aufgeführten Tätigkeiten auf die alleinige Fruchtziehung aus einer Beteiligung beschränkt, hat der EuGH für diesen Tätigkeitsbereich der SICAV zu Recht eine wirtschaftliche Tätigkeit verneint.[229]

---

[224] EuGH, Urt. v. 1.4.1982, Rs. 89/81, UR 1982, 246 f.; *Stadie*, in: Rau/Dürrwächter/Flick/Geist, UStG, § 2 Rn. 50.

[225] Vgl. *Stadie*, in: Rau/Dürrwächter/Flick/Geist, UStG, § 2 Rn. 57.

[226] *Fromm*, IStR 2005, 227, 229.

[227] EuGH, Urt. v. 21.10.2004, C-8/03 (BBL), Slg. 2004, I-10172, Rn. 38; EuGH, Urt. v. 20.06.1991, C-60/90 (Polysar), Slg. 1991, I-3111, Rn. 13; EuGH, Urt. v. 06.02.1997, C-80/95 (Harnas & Helm CV), Slg. 1997, I-745, Rn. 15; EuGH, Urt. v. 26.06.2003, C-442/01 (KapHag), Slg. 2003, I-6851, Rn. 38.

[228] EuGH, Urt. v. 21.10.2004, C-8/03 (BBL), Slg. 2004, I-10172, Rn. 38; EuGH, Urt. v. 20.06.1991, C-60/90 (Polysar), Slg. 1991, I-3111, Rn. 13; EuGH, Urt. v. 06.02.1997, C-80/95 (Harnas & Helm CV), Slg. 1997, I-745, Rn. 15; EuGH, Urt. v. 26.06.2003, C-442/01 (KapHag), Slg. 2003, I-6851, Rn. 38.

[229] Vgl. EuGH, Urt. v. 29.04.2004, C-77/01 (EDM), Slg. 2004, I-4295, Rn. 60; *Fromm*, IStR 2005, 227, 229.

## 2. Tätigkeiten, die über den bloßen Erwerb und Veräußerung von Anlagegegenständen hinausgehen

Der EuGH weist allerdings in der vorliegenden wie auch in vorangegangenen Entscheidungen darauf hin, dass, obschon die eben genannten Vorgänge als solche keine wirtschaftlichen Tätigkeiten i.S.d. 6. Richtlinie darstellen, es dennoch grundsätzlich möglich ist, dass Umsätze, die sich auf Anlagegegenstände beziehen, in den Anwendungsbereich der 6. Richtlinie fallen und dadurch die Personen, die diese Umsätze erzielen, zu Umsatzsteuerpflichtigen machen. Dies ergebe sich im Umkehrschluss aus der Vorschrift des Art. 13 Teil B Buchstabe d Nummer 5 der 6. Richtlinie, welche bestimmte Umsätze, die sich auf Aktien, Anteile an Gesellschaften und Vereinigungen, Schuldverschreibungen oder sonstige Wertpapiere beziehen, von der Umsatzsteuer befreit, und welche unnötig wäre, wenn der Gesetzgeber nicht davon ausgehen würde, dass solche Umsätze von der 6. Richtlinie erfasst werden.[230]

Als wirtschaftliche Tätigkeit seien demnach solche Umsätze aufzufassen, bei denen es um die nachhaltige Erzielung von Einnahmen aus Tätigkeiten geht, die *über den bloßen Erwerb und den bloßen Verkauf von Wertpapieren hinausgehen*; wie etwa, wenn eine Mehrheitsbeteiligung erworben und diese dazu benutzt wird, um *unmittelbar oder mittelbar in die Verwaltung der Zielgesellschaften einzugreifen.*[231]

In der Entscheidung "Floridienne SA und Berginvest" vom 14.1.2000[232] hat der EuGH konkretisiert, was man sich unter "einem unmittelbaren oder mittelbaren Eingreifen in die Verwaltung einer Zielgesellschaft" vorzustellen hat. Dies erfordere die Erbringung von Dienstleistungen im Bereich der Verwaltung, Buchführung und Informatik seitens der Muttergesellschaft für ihre Tochtergesellschaften. Diese Interpretation des "Eingreifens" wird im Schrifttum jedoch dahingehend kritisiert, dass diese Art von Dienstleistungen nicht nur ein beherrschender Gesellschafter, sondern auch Dritte erbringen könnten.[233]

Der EuGH hat in seiner Entscheidung zur SICAV nicht geprüft, ob eine SICAV im Rahmen ihrer Tätigkeit auch Mehrheitsbeteiligungen an anderen Unternehmen erwirbt und gleichzeitig in die Verwaltung der Zielgesellschaften eingreift, was zu dem Ergebnis geführt hätte, dass sie eine wirtschaftliche Tätigkeit ausüben würde. Die fehlende Auseinandersetzung des EuGH mit dieser Problematik erklärt sich wahrscheinlich damit, dass ein solcher Sachverhalt bei einer den Vorgaben der OGAW-Richtlinie entsprechenden SICAV nicht denkbar ist, da gem. Art. 25 Abs. 1 dieser Richtlinie den Investmentgesellschaften Mehrheitsbeteiligungen untersagt sind.[234] Daraus folgt, dass bei der SICAV eine wirtschaftliche Tätigkeit nicht daraus rühren kann, dass sie im Zusammenhang mit einer Beteiligung maßgeblichen Einfluss auf die Verwaltung der Zielgesellschaft nimmt.

---

[230] EuGH, Urt. v. 21.10.2004, C-8/03 (BBL), Slg. 2004, I-10172, Rn. 41; EuGH, Urt. v. 20.06.1996, C-155/94 (Wellcome Trust), Slg. 1996, I-3013, Rn. 35; EuGH, Urt. v. 29.04.2004, C-77/01 (EDM), Slg. 2004, I-4295, Rn. 59.

[231] EuGH, Urt. v. 20.06.1991, C-60/90 (Polysar), Slg. 1991, I-3111, Rn. 14; EuGH, Urt. v. 20.06.1996, C-155/94 (Wellcome Trust), Slg. 1996, I-3013, Rn. 35.

[232] EuGH, C-142/99, Slg. 2000, I-9567, Rn. 19.

[233] Siehe zu dieser Kritik, *Stadie*, in: Rau/Dürrwächter/Flick/Geist, UStG, § 2 Rn. 206.

[234] *Fromm*, IStR 2005, 227, 229.

Unabhängig von einem "Eingreifen in die Verwaltung der Zielgesellschaft" hat der EuGH dennoch im Ergebnis festgestellt, dass die SICAV eine Tätigkeit ausübt, die über den bloßen Erwerb und den bloßen Verkauf von Anlagegegenständen hinausgeht, so dass sie wirtschaftlich tätig sei. Diese Tätigkeit sei darin zu sehen, dass die *SICAV mit den Geldern der Anleger "Portefeuilles", die sich aus Wertpapieren zusammensetzen, bilde und diese für Rechnung der Anleger und gegen Entgelt verwalte.*[235] Das Mehr gegenüber dem bloßen Erwerb und den bloßen Verkauf von Anlagegegenständen scheint der EuGH somit darin zu sehen, dass die SICAV als Gegenleistung für ihre Verwaltungstätigkeit ein Entgelt von den Anlegern erhält.

Zumindest im Ergebnis ist dem EuGH, der die SICAV als steuerpflichtig i.S.d. Art. 4 der 6. Richtlinie ansieht, zuzustimmen. Letzteres rechtfertigt sich schon dadurch, dass bei der SICAV und auch bei der Investment-AG ein ganzes Bündel von Leistungen angeboten wird, wie z.B. Verwaltung des Investmentvermögens, Veröffentlichung des Inventarwertes, Rechnungslegung, Schaffung eines Börsenzulassungsprospekts. Allerdings ist die Begründung des EuGH für dieses Ergebnis augrund ihrer Kürze nicht ganz nachvollziehbar und daher auch wenig überzeugend. Der EuGH geht in seiner Argumentation für das Vorliegen einer wirtschaftlichen Tätigkeit schlichtweg davon aus, dass der SICAV für ihre Verwaltungstätigkeit seitens ihrer Anleger ein Entgelt zufließe, ohne dabei auf den Entgeltcharakter näher einzugehen. Fraglich ist an dieser Stelle aber, ob bzw. in welcher Gestalt die Anleger der SICAV überhaupt ein Entgelt für deren Verwaltungstätigkeit zahlen.

Sicher ist wohl, dass die in der SICAV für die Verwaltung der Anlagegegenstände Zuständigen dies nicht unentgeltlich erledigen; dies ergibt sich jedenfalls für die deutsche Investment-AG aus § 99 Abs. 3 i.V.m. §§ 29 Abs. 1, 41 Abs. 1 Satz 1 InvG, wonach die Investment-AG für die Verwaltung des Gesellschaftsvermögens nach Maßgabe der Satzung eine Vergütung und den Ersatz von Aufwendungen erhält. Diese sog. "management fee" könnte entweder auf direktem Wege von den Anteilseignern als gesonderte Verwaltungsvergütung eingefordert werden oder aus dem von der SICAV/Investment-AG durch ihr Anlageverhalten erzielten Gewinn an die für die Verwaltung Zuständigen (also Gewinnüberschuss abzüglich Verwaltungskosten) gezahlt werden. Während man im ersten Fall dem EuGH folgend noch eine Entgeltzahlung seitens der Anleger sehen kann, wirft die zweite Sachverhaltskonstellation, bei der kein „direktes Entgelt" der Anleger fließt, Zweifel auf, ob tatsächlich eine Entgeltzahlung vorliegt und die SICAV/Investment-AG damit nach den Kriterien des EuGH überhaupt eine wirtschaftliche Tätigkeit ausübt.[236] Der EuGH differenziert offensichtlich im Rahmen seiner Entscheidung zwischen diesen beiden Fällen nicht, so dass davon ausgegangen werden muss, dass die SICAV generell als Steuersubjekt angesehen werden soll.

Daraus folgt, dass die SICAV und damit auch die ihr vergleichbare Investment-AG mit veränderlichem Kapital beide Steuerpflichtige der Umsatzsteuer ist. Die Investment-AG mit veränderlichem Kapital erfüllt also nach deutschem Recht die Voraus-

---

235 EuGH, Urt. v. 21.10.2004, C-8/03 (BBL), Slg. 2004, I-10172, Rn. 41 f.

236 Zu dem Problem, inwiefern im Verhältnis der Gesellschaft zu ihren Aktionären ein Leistungsaustausch stattfindet, siehe unten Kapitel 3 § 4 B I 1.

setzungen des § 2 Abs. 1 UStG und ist folglich Unternehmerin bzw. Steuersubjekt der Umsatzsteuer.[237] Dies muss genauso für die Investment-AG mit fixem Kapital gelten, da auch sie über § 99 Abs. 3 i.V.m. §§ 29 Abs. 1, 41 Abs. 1 Satz 1 InvG von ihren Aktionären Entgelt für die Verwaltungstätigkeit verlangen kann.

## B. Umsatzsteuerliche Behandlung der Verwaltung des Vermögens der Investment-Aktiengesellschaft

Umsatzsteuerlich ist weiter fraglich, wie die Verwaltung des Vermögens der Investment-AG zu behandeln ist. Die folgende Untersuchung wird sich damit beschäftigen, zwischen welchen Personen ggf. eine umsatzsteuerbare Verwaltungstätigkeit i.S.d. § 1 UStG vorliegt und ob diese endgültig der USt unterliegt oder nach § 4 UStG steuerfrei gestellt wird.

### I. Vorliegen einer umsatzsteuerbaren Verwaltungstätigkeit i.S.d. § 1 UStG

Die Verwaltung des Investmentvermögens, die alle erforderlichen Tätigkeiten für eine fachgerechte kaufmännische Verwaltung des Investmentvermögens unter Berücksichtigung der Interessen der Aktionäre umfasst,[238] unterliegt nach § 1 Abs. 1 Nr. 1 Satz 1 UStG der Umsatzsteuer, wenn dadurch ein Unternehmer im Inland gegen Entgelt im Rahmen seines Unternehmens Lieferungen oder sonstige Leistungen ausführt. Voraussetzung ist also ein Leistungsaustausch, bei dem als Leistender ein Unternehmer an einen Leistungsempfänger eine Leistung erbringen muss, der eine Gegenleistung (Entgelt) gegenübersteht.[239]

#### 1. Erbringung der Verwaltungstätigkeit durch die Investment-Aktiengesellschaft gegenüber ihren Aktionären

Ein solcher Leistungsaustausch kommt zunächst in der Beziehung der Investment-AG und ihrer Aktionäre in Betracht, indem die Investment-AG als Unternehmer i.S.d. § 2 Abs. 1 UStG die Verwaltung des Investmentvermögens, und damit eine Leistung, unmittelbar gegenüber ihren Aktionären ausführt (vgl. § 96 Abs. 2 Satz 2 InvG). Problematisch sind dabei zwei Punkte. Erstens stellt sich die Frage, ob im Verhältnis einer Gesellschaft zu ihren Gesellschaftern überhaupt umsatzsteuerbare Leistungen denkbar sind. Sollte dies zu bejahen sein, schließt sich die Frage an, inwieweit im vorliegenden konkreten Fall die Aktionäre der Investment-AG für deren Verwaltungsleistung ein "Entgelt" zahlen, um die für die Annahme eines Leistungsaustausches unverzichtbare innere Verknüpfung von Leistung und Gegenleistung bejahen zu können.

---

237 So auch *Fromm*, IStR 2005, 227, 230; *Philipowski*, UR 2004, 647, 647; *Fock*, UR 2006, 558, 562.

238 Vgl. *Hahne/Winkler*, DStR 2003, 2005, 2006 f.

239 BFH, Urt. v. 6.6.2002 -V R 43/01, UR 2002, 422, 422; *Zeuner*, in: Bunjes/Geist, UStG, § 1 Rn. 9.

Bezüglich der ersten Frage gilt, dass zwischen einer Gesellschaft und ihren Gesellschaftern und umgekehrt grundsätzlich ein Leistungsaustausch möglich ist.[240] Die Gesellschafter können also ebenso wie Dritte Empfänger umsatzsteuerbarer Leistungen der Gesellschaft sein, wobei es unerheblich ist, ob es sich um Leistungen auf gesellschaftsvertraglicher bzw. satzungsmäßiger Grundlage handelt oder nicht.[241] Demnach kann im Grundsatz auch ein Leistungsaustausch zwischen der Investment-AG und ihren Aktionären vorliegen.

Ein steuerbarer Leistungsaustausch sei u.a. dann gegeben, wenn die Gesellschaft gleichzeitig für alle Gesellschafter tätig wird und die Gesellschafter ihrerseits zur Abgeltung dieser Leistung Zahlungen (Sonderentgelte) bewirken.[242] Hier sollen die Kriterien eines umsatzsteuerlichen Leistungsaustausches deshalb erfüllt sein, weil die Leistung der Gesellschaft und die Gegenleistung der Gesellschafter unmittelbar miteinander verknüpft sind.[243] Dagegen liege kein steuerbarer Umsatz der Gesellschaft an die Gesellschafter vor, wenn die Gesellschaft in Erfüllung des Gesellschaftszwecks Gesamtbelange aller Gesellschafter wahrnimmt, dafür das Gesellschaftsvermögen einsetzt und keine an der Leistung bemessene Gegenleistung eines oder mehrerer Gesellschafter erwartet.[244] Hier fehle es an der den Leistungsaustausch kennzeichnenden Verknüpfung von Leistung und Gegenleistung.[245]

Übertragen auf die Verwaltungstätigkeit der Investment-AG muss daher folgendermaßen differenziert werden. Ist in der Satzung der Investment-AG festgelegt, dass die Aktionäre für die Verwaltungstätigkeit ein *gesondertes Entgelt* an die AG bezahlen müssen, liegt eine unmittelbare Verknüpfung zwischen der Verwaltungsleistung der AG und der Gegenleistung der Anleger vor, mit der Folge, dass die Verwaltungstätigkeit als umsatzsteuerbare Leistung i.S.d. § 1 Abs. 1 Nr. 1 Satz 1 UStG anzusehen wäre.[246] Ein umsatzsteuerbarer Leistungsaustausch zwischen der Investment-AG und ihren Aktionären müsste hingegen zu verneinen sein, wenn zwar eine Vergütung für die Verwaltungstätigkeit in der Satzung vorgesehen ist, diese aber in Form eines *Abzugs vom Gewinn* der Investment-AG abgegolten wird. Hier fehlt es an einer direkten Wechselbeziehung zwischen der Verwaltungsleistung der Investment-AG und einer an der Verwaltungsleistung der AG bemessenen Gegenleistung seitens der Aktionäre.[247]

---

240 BFH v. 23.7.1959 - V 42/58 U, BStBl. II 1959, S. 379, 380; UStR 2005, § 1 UStG, Abschnitt 6, Abs. 1; *Tehler*, in: Reiß/Krausel/Langer, UStG, § 1 Rn. 371; *Zeuner*, in: Bunjes/Geist, UStG, § 1 Rn. 40.

241 *Husmann*, in: Rau/Dürrwächter/Flick/Geist, UStG, § 1 Rn. 305.

242 BFH v. 4.7.1985- V R 107/76, BStBl. II 1986, 153, 155; *Birkenfeld*, UStG, I. Abschnitt 4. Kap., § 50 Rn. 545; *Husmann*, in: Rau/Dürrwächter/Flick/Geist, UStG, § 1 Rn. 307 f.

243 Vgl. *Husmann*, in: Rau/Dürrwächter/Flick/Geist, UStG, § 1 Rn. 307.

244 *Husmann*, in: Rau/Dürrwächter/Flick/Geist, UStG, § 1 Rn. 306; *Birkenfeld*, UStG, I. Abschnitt 4. Kap., § 50 Rn. 549.

245 Vgl. *Husmann*, in: Rau/Dürrwächter/Flick/Geist, UStG, § 1 Rn. 306; *Birkenfeld*, UStG, I. Abschnitt 4. Kap., § 50 Rn. 549.

246 Weitergehend *Fock*, UR 2006, 558, 566, der die Verwaltungstätigkeit der Investment-AG gegenüber ihren Aktionären generell als umsatzsteuerbare Tätigkeit einordnet.

247 So wohl auch *Fock*, IStR 2006, 379, 380.

## 2. Erbringung von Verwaltungstätigkeiten durch dritte Unternehmen gegenüber der Investment-Aktiengesellschaft

Nach § 99 Abs. 3 i.V.m. § 16 InvG wird der Investment-AG explizit das "Outsourcing" von Tätigkeiten erlaubt, d.h. die Ausgliederung von Leistungen an Dritte. Unter Beachtung des § 99 Abs. 3 i.V.m. § 16 Abs. 2 InvG können auch Portfolio-Management-Leistungen im Zusammenhang mit der Verwaltung des Investmentvermögens der AG auf dritte Unternehmen übertragen werden.[248] Sinn und Zweck einer solchen Ausgliederung sollen die Nutzung von Synergie-Effekten, die Senkung der Kosten der Verwaltung und eine Qualitätssteigerung sein.[249] Der Bereich des Portfolio-Management untergliedert sich in bestimmte Teilprozesse, die da wären: "Research" (analytische Beobachtung der Anlageobjekte und Märkte), "Advisory" (Empfehlung von Anlagen), "Decision" (Anlageentscheidung) sowie "Realisation" (Umsetzung der Anlageentscheidung). Denkbar ist sowohl die Ausgliederung des gesamten Portfolio-Managements als auch diejenige eines Teilprozesses (z.B. der "Advisory"-Leistungen).[250]

In dem Fall, in dem z.B. Portfolio-Management-Leistungen bei der Investment-AG auf dritte *im Inland gelegene Unternehmen* ausgegliedert werden, liegt in der Beziehung zwischen dem Dritten und der Investment-AG ein der Umsatzsteuer unterliegender Leistungsaustausch i.S.d. § 1 Abs. 1 Nr. 1 UStG vor. Denn hier erbringt der Dritte, der i.d.R. Unternehmer i.S.d. § 2 UStG ist, eine Leistung in Gestalt einer Verwaltungstätigkeit gegenüber der Investment-AG als Leistungsempfänger, wofür diese ein Entgelt entrichtet.

Genauso gut möglich ist es, dass sich eine deutsche Investment-AG Verwaltungsleistungen von einem im Ausland ansässigen Dienstleister erbringen lässt.[251] In diesem Fall stellt sich die Frage, wo diese Dienstleistung der Umsatzsteuer unterliegt, in Deutschland oder in dem Land, wo der Dienstleister seinen Sitz hat. Nach § 3a Abs. 3 UStG werden bestimmte in § 3a Abs. 4 UStG bezeichneten sonstigen Leistungen an dem Ort ausgeführt, an dem der Empfänger sein Unternehmen betreibt, wenn der Empfänger ein Unternehmer ist. Danach wäre Besteuerungsort Deutschland, da die Investment-AG hier als Empfänger ihr Unternehmen betreibt, wenn die Verwaltungsdienstleistungen, die ihr erbracht werden, solche i.S.d. § 3a Abs. 4 UStG sind. Der ggf. einschlägige § 3a Abs. 4 Nr. 6 Buchstabe a UStG zählt enumerativ Leistungen auf, die am Sitz des Leistungsempfängers ausgeführt werden. Dazu gehören die Leistungen der in § 4 Nr. 8 Buchstabe a bis g UStG bezeichneten Art. Die in Frage stehenden Verwaltungsleistungen wären allerdings allenfalls dem Anwendungsbereich des § 4 Nr. 8 Buchstabe h UStG zuzuordnen,[252] der explizit aber nicht in § 3a Abs. 4 Nr. 6 Buchstabe a UStG genannt wird.[253] Da somit diese Leistungen in

---

[248] Vgl. *Pick*, WuB X. Art. 4 der 6. RL 77/388/EWG 1.05; *Fock*, UR 2006, 558, 568; *Steck/Schmitz*, AG 2004, 658, 666, die sich gegenüber der investmentrechtlichen Zulässigkeit der Auslagerung der Portfolioverwaltung bei der Investment-AG jedoch auch kritisch äußern.

[249] *Hahne/Winkler*, DStR 2003, 2005, 2005; *Philipowski*, UR 2004, 501, 501.

[250] Vgl. *Hahne/Winkler*, DStR 2003, 2005, 2008 f.; *Bonertz*, DStR 2006, 932, 932 f.

[251] Eine ähnliche Konstellation lag auch dem EuGH, Urt. v. 21.10.2004, Rs. C-8/03 (BBL), Slg. 2004, I-10172 zu Grunde. Dort hatte eine belgische Bank für luxemburgische SICAVs Verwaltungsdienstleistungen erbracht.

[252] Zu dem problematischen Anwendungsbereich des § 4 Nr. 8 Buchstabe h UStG sogleich ausführlich.

[253] Vgl. auch *Philipowski*, UR 2004, 647, 648; *Pick*, WuB X Art. 4 der 6. RL 77/388/EWG 1.05.

§ 3a Abs. 4 UStG nicht genannt sind, werden sie nicht gem. § 3a Abs. 3 UStG am Sitz des Empfängers, also bei der Investment-AG in Deutschland, sondern gem. § 3a Abs. 1 UStG am Sitz des Leistenden, also im Ausland, ausgeführt.[254] Die Leistung würde damit vom deutschen Umsatzsteuergesetz nicht erfasst.[255] Dieser Lösungsansatz berücksichtigt jedoch noch nicht, dass eine in diesem Zusammenhang eventuell anders lautende Vorschrift der 6. EG-Richtlinie Einfluss auf die Auslegung des deutschen Umsatzsteuerrechts haben könnte.[256] In Art. 9 Abs. 2 Buchst.e Gedankenstrich 5 der 6. EG-Richtlinie werden die Leistungen, die am Sitz des Leistungsempfängers ausgeführt werden, nicht wie in der deutschen Vorschrift enumerativ aufgezählt, sondern es wird der Sammelbegriff "Bank- und Finanzumsätze" verwendet. Dieser Begriff soll nach Feststellung des EuGH in der Rechtssache "Banque Bruxelles Lambert SA" auch die Verwaltungsdienstleistungen, die gegenüber einer Investment-AG erbracht werden, erfassen.[257] Der Anwendungsbereich der Richtlinienvorschrift ist also weiter. Folge ist, dass bei Berufung auf die EG-Norm die von der deutschen Investment-AG von einem im Gemeinschaftsgebiet ansässigen Unternehmen bezogenen Verwaltungsleistungen als am Sitz der Investment-AG in Deutschland ausgeführt gelten.[258] Die Verwaltungsleistungen gem. § 1 Abs. 1 Nr. 1 Satz 1 UStG würden damit vom deutschen Umsatzsteuergesetz erfasst, könnten aber möglicherweise nach § 4 Nr. 8 Buchstabe h UStG befreit, was jedoch voraussetzt, dass diese Vorschrift auf die Investment-AG Anwendung findet.[259]

## II. Steuerbefreite Verwaltungstätigkeit nach § 4 UStG und der Anwendungsbereich des § 4 Nr. 8 Buchstabe h) UStG

Werden entweder von der Investment-AG bzw. von Dritten umsatzsteuerbare Verwaltungsleistungen i.S.d. § 1 Abs. 1 Nr. 1 UStG ausgeführt, können diese aber möglicherweise nach § 4 UStG *steuerfrei* sein, was zur Folge hätte, dass im Zusammenhang mit der Verwaltungstätigkeit keine Umsatzsteuer anfallen würde.[260]

Hintergrund der in § 4 UStG aufgezählten Befreiungsvorschriften ist, dass bestimmte Leistungsbezüge durch den Verbraucher aus sozial-, kultur- oder wirtschaftspolitischen Gründen begünstigt werden sollen. Bei den Vorschriften des § 4 UStG wird grundsätzlich nur an die Art der Leistung angeknüpft; die individuellen Verhältnisse des Verbrauchers werden dabei nicht berücksichtigt. Eine Befreiungsvorschrift kann daher gleichermaßen einem leistungsfähigen sowie einem leistungsschwachen Verbraucher zugute kommen.[261] Ist ein Umsatz nach § 4 UStG steuerbefreit, ist

---

254 *Philipowski*, UR 2004, 647, 648; *Bonertz*, DStR 2006, 932, 933; *Pick*, WuB X Art. 4 der 6. RL 77/388/EWG 1.05; FG Hamburg, Urt. v. 2.3.2005-VI 231/03 (rkr), DStRE 2005, 1224, 1226.

255 Vgl. *Philipowski*, UR 2004, 647, 648.

256 Zu dem Einfluss des Europarechts auf das deutsche Umsatzsteuerecht, siehe oben Kapitel 3 § 4 A I.

257 EuGH, Urt. v. 21.10.2004, Rs.C-8/03 (BBL), Slg. 2004, I-10172, Rn. 47 f.

258 So auch der EuGH zu der von einer SICAV bezogenen Leistungen, vgl. EuGH, Urt. v. 21.10.2004, Rs. C-8/03 (BBL), Slg. 2004, I-10172, Rn. 48; *Philipowski*, UR 2004, 647, 648; *Posegga*, DStR 2005, 1799, 1801.

259 Über die aufgrund der unterschiedlichen Rechtslage derzeit noch bestehenden steuerlichen Wahlrechte und Auslegungsschwierigkeiten auch *Philipowski*, UR 2004, 647, 648; *Hahne*, IStR 2006, 184, 188 ff.

260 Vgl. *Reiß*, in: Tipke/Lang, Steuerrecht, § 14 Rn. 87.

261 *Reiß*, in: Tipke/Lang, Steuerrecht, § 14 Rn. 88.

nach § 15 Abs. 2 Nr. 1 UStG regelmäßig auch der Vorsteuerabzug ausgeschlossen; nur für bestimmte steuerbefreite Umsätze ist eine Option nach § 9 UStG möglich.[262]

Eine allgemeine Steuerbefreiung für Vermögensverwaltungsleistungen weist der Katalog des § 4 UStG nicht auf. Zudem zählt die Verwaltung von Vermögen grundsätzlich nicht zu den gem. § 4 Nr. 8 UStG steuerbefreiten Bank- und Finanzumsätzen, was u.a. der ausdrückliche Ausschluss der "Verwaltung von Wertpapieren" von der Steuerbefreiung für das Wertpapiergeschäft (§ 4 Nr. 8 Buchst. e) UStG) beweist.[263] Eine Ausnahme von diesem Grundsatz macht lediglich die Vorschrift des § 4 Nr. 8 Buchstabe h UStG dar, weswegen diese hier im Zentrum der Untersuchung steht.

### 1. Steuerbefreiung der Verwaltung des Vermögens der Investment-Aktiengesellschaft nach § 4 Nr. 8 Buchstabe h UStG?

Ausgangspunkt für eine mögliche Anwendung der Steuerbefreiungsvorschrift des § 4 Nr. 8 Buchstabe h UStG auf die Verwaltung des Vermögens der Investment-AG durch diese selbst oder durch Dritte ist die *Auslegung des Wortlautes* der Vorschrift.[264] Dieser besagt, dass "*die Verwaltung von Sondervermögen nach dem Investmentgesetz...*" von der Umsatzsteuer befreit ist. Durch den Begriff "*Sondervermögen*" wird ausschließlich auf das in § 2 Abs. 2 InvG definierte Sondervermögen Bezug genommen, welches Bestandteil des Investmentvertragstypus und von dem gesellschaftsrechtlichen Modell der Investment-AG abzugrenzen ist.[265] Im Hinblick auf den Terminus "*Verwaltung*" wurden bislang vorwiegend zwei Fragen diskutiert, welche angesichts der im Schwerpunkt stehenden Frage der Anwendbarkeit des § 4 Nr. 8 Buchst. h UStG auf die Investment-AG nur kurz skizziert werden sollen.

Strittig war bis vor kurzem vor allem die Frage, ob die Steuerbefreiung des § 4 Nr. 8 Buchst. h UStG nur Tätigkeiten durch eine KAG oder auch ausgelagerte Verwaltungsleistungen Dritter erfasst. Die bislang wohl herrschende Meinung, die sich der Meinung der Finanzverwaltung in der bisher bestehenden Verwaltungsrichtlinienfassung angeschlossen hatte, nahm eine einschränkende Auslegung des Verwaltungsbegriffes vor, indem sie die Steuerbefreiung auf von der KAG erbrachte Tätigkeiten begrenzte.[266] Angesichts des Gesetzgebungsprozesses zum InvestmG[267] sowie der neuen Fassung der Verwaltungsrichtlinie zu § 4 Nr. 8 Buchstabe h UStG[268] scheint

---

[262] *Reiß*, in: Tipke/Lang, Steuerrecht, § 14 Rn. 87.

[263] Vgl. *Hahne*, IStR 2006, 184, 185.

[264] Vgl. *Fikentscher*, Methoden des Rechts, Band III, S. 670; *Frisch*, Die richtlinienkonforme Auslegung nationalen Rechts, S. 6.

[265] Siehe oben Kapitel 1 § 2 B.

[266] Vgl. u.a. *Philipowski*, in: Rau/Dürrwächter/Flick/Geist, UStG, § 4 Nr. 8 Rn. 454 ff.; *Heidner*, in: Bunjes/Geist, UStG, § 4 Nr. 8 Rn. 38; FG Düsseldorf, Urt. v. 16.1.2004-1 K 3363/00 U (Revision eingelegt BFH-V R 22/04), DStRE 2004, 1040, 1043; a.A. *Schlüter/Höhfeld*, DStR 2000, 1587, 1589; *Hamacher/Frenzel*, UR 2002, 297, 304 f.; *Hahne/Winkler*, DStR 2003, 2005, 2006 f.

[267] Insb. Stellungnahme des Bundesrates zum Entwurf des InvestmG v. 15.9.2003, BR-Drucks. 609/1/03, Fz. 9; Bericht des Finanzausschusses v. 5.11.2003, BT-Drucks. 15/1944, S.20.

[268] Abschnitt 69 UStR 2005.

sich aber nun die Gegenposition einer personenunabhängigen Auslegung der Befreiungsvorschrift durchzusetzen.[269] Denn nachdem feststand, dass der Gesetzesentwurf des InvestmG in § 16 InvG die Auslagerung der Verwaltung auf Dritte zulassen würde, wurde im Gesetzgebungsverfahren erörtert, ob man die Befreiungsvorschrift auch auf die Leistungen anderer Unternehmer ausdehnen sollte, was im Ergebnis bejaht wurde.[270]

In der Gesetzesbegründung zum Regierungsentwurf wurde klargestellt, dass die Befreiungsvorschrift des § 4 Nr. 8 Buchstabe h UStG so formuliert werden müsse, dass diese wie bisher auf die Verwaltung von Sondervermögen durch Kapitalanlagegesellschaften zu beschränken sei und ließ somit keine Ausdehnung zu.[271]
Der Bundesrat brachte demgegenüber in seiner Stellungnahme zum Gesetzesentwurf vor, dass eine Ausdehnung deshalb geboten sein könne, weil die deutsche Sprachfassung des Art. 13 Teil B Buchst. d Nr. 6 der 6. EG-Richtlinie möglicherweise gegenüber der maßgeblichen französischen Sprachfassung insoweit eine unzulässige Beschränkung enthalte, als sie die Befreiung der Verwaltung von Sondervermögen auf die Leistungen von Kapitalanlagegesellschaften beschränke.[272]
In Antwort auf die Stellungnahme des Bundesrates untersuchte auch der Finanzausschuss die Problematik und kam ebenso zu dem Ergebnis, dass aufgrund eines Vergleiches mit den anderen Sprachfassungen von Art. 13 Teil B Buchst. d Nr. 6 der 6. Richtlinie in § 4 Nr. 8 Buchst. h UStG die Verwaltung von Sondervermögen unabhängig von der Person des verwaltenden Unternehmers befreit werden müsse.[273]

Auch im Rahmen der neuen Umsatzsteuerrichtlinie 2005 in Abschnitt 69 Absatz 1 Satz 4 gibt die Finanzverwaltung nun ihre bisherige Auffassung auf und erklärt, dass der Gesetzeswortlaut des § 4 Nr. 8 Buchstabe h UStG so zu interpretieren sei, dass auch die Verwaltungstätigkeiten von Dritten, auf die solche nach § 16 InvG ausgegliedert worden sind, von der Umsatzsteuer befreit seien.

Geht man folglich von einer personenunabhängigen Auslegung der Vorschrift des § 4 Nr. 8 Buchst. h UStG aus, schließt sich die zweite Frage an, welche Arten von Dienstleistungen als "Verwaltung" i.S. dieser Vorschrift anzusehen sind. Nach Auffassung des Generalanwalts beim EuGH, *M. Poiares Maduro,* beim EuGH soll der Begriff "Verwaltung" im Kontext mit Fonds nicht nur solche Verwaltungsdienstleistungen umfassen, die mit einer Entscheidungsbefugnis in den Bereichen Investition und Anlagepolitik verbunden sind, sondern auch solche, die sich unmittelbar auf die finanzielle

---

269 So schon früher *Hahne/Winkler*, DStR 2003, 2005, 2006 f.; *Hamacher/Frenzel*, UR 2002, 297, 304 f., die zu Recht proklamieren, dass nur eine solche Auslegung europarechtskonform sei; jetzt auch FG Hamburg, Urt. v. 2.3.2005-VI 231/03 (rkr), DStRE 2005, 1224, 1227; *Posegga*, DStR 2005, 1799, 1801 f.; *Philipowski*, UR 2004, 501, 506; *Bonertz*, DStR 2006, 932, 934; *Fock*, UR 2006, 558, 568; für die zugrundeliegende Richtlinienbestimmung der 6. EG-Richtlinie jetzt auch EuGH, Urt. 4.5.2006, C-169/04 (Abbey National plc), UR 2006, 352, 358, Rn. 66 ff.

270 Siehe dazu vor allem Gesetzesbegründung zum InvestmG, BT-Drucks. 15/1553 S. 133; Stellungnahme des Bundesrates zum Entwurf des InvestmG, BR-Drucks. 609/1/03, Fz. 9 und Bericht des Finanzausschusses v. 5.11.2003, BT-Drucks. 15/1944, S.20.

271 Gesetzesbegründung zum InvestmG, BT-Drucks. 15/1553 S. 133.

272 Stellungnahme des Bundesrates zum Entwurf des InvestmG, BR-Drucks. 609/1/03, Fz. 9; zu den insoweit unterschiedlichen Sprachfassungen der zugrundeliegenden 6. Richtlinie auch *Hamacher/Frenzel*, UR 2002, 297, 304; *Hahne/Winkler*, DStR 2003, 2005, 2006 f.

273 Bericht des Finanzausschusses v. 5.11.2003, BT-Drucks. 15/1944, S.20.

Situation des Fonds auswirken können und so die Investitions- und Anlageentscheidungen maßgeblich beeinflussen.[274] Rein materielle oder technische Dienstleistungen, wie z.B. die Zurverfügungstellung eines Datenverarbeitungssystems, sowie die Leistungen der Depotbank als Verwahrstelle sollen hingegen nicht als "Verwaltung" einzuordnen sein.[275] Demnach würde z.B. nicht nur der Bereich der eigentlichen Anlageentscheidung (Decision) des Portfoliomanagements, sondern auch der Bereich des Advisory, dessen Kennzeichen u.a. konkrete An- oder Verkaufsempfehlungen sind, die im Regelfall von der Investmentgesellschaft umgesetzt werden, unter die Steuerbefreiung nach § 4 Nr. 8 Buchst. h UStG fallen.[276]

Da im Zusammenhang mit der Verwaltung in § 4 Nr. 8 Buchstabe h UStG nur, wie oben schon gezeigt, diejenige von Sondervermögen, nicht aber diejenige des Vermögens einer Investment-AG genannt wird, ist im Rahmen der Subsumtion unter die Vorschrift festzuhalten, dass weder die Verwaltung des Vermögens der Investment-AG durch diese selbst noch die durch Dritte dem Wortlaut nach von der Umsatzsteuer befreit ist.

### 2. Steuerbefreiung der Verwaltung des Vermögens der Investment-Aktiengesellschaft aufgrund richtlinienkonformer Auslegung des § 4 Nr. 8 Buchstabe h UStG?

Auf einer zweiten Interpretationsstufe sind Inhalt und Ziel der zugrunde liegenden Vorschrift der 6. EG-Richtlinie zu ermitteln.[277] Dabei ist ein Abgleich zwischen den gefundenen Ergebnissen auf nationaler und europäischer Ebene durchzuführen, wobei dasjenige Auslegungsergebnis auf nationaler Ebene zu wählen ist, welches dem Ziel und dem Wortlaut der Richtlinie am ehesten entspricht.[278] Dies gebietet das *sog. Gebot der richtlinienkonformen Auslegung*, welches auf Art. 249 i.V.m. Art. 10 EGV gründet und die Pflicht aller Behörden und Gerichte normiert, im Rahmen ihrer Zuständigkeit

---

274 Vgl. Schlussanträge des Generalanwalts *M. Poiares Maduro* in der Rechtssache des EuGH "C-8/03" v. 18.5.2004, Slg. 2004, I-10159, Rn. 40; ähnlich jetzt auch EuGH in der Rechtssache "C-169/04" vom 04.05.2006, UR 2006, 352, 358, Rn. 70 ff.: Unter den Begriff "Verwaltung" fallen solche Dienstleistungen, die "ein im Großen und Ganzen eigenständiges Ganzes bilden und für die Verwaltung dieser Sondervermögen/Investmentfonds spezifisch und wesentlich sind".

275 EuGH, Urt. v. 4.5.2006, C-169/04 (Abbey National plc), UR 2006, 352, 358, Rn. 71 u. 65.

276 So auch FG Hamburg, Urt. v. 2.3.2005 - VI 231/03 (rkr.), DStRE 2005, 1224, 1228; *Posegga*, DStR 2005, 1799, 1803; *Hahne/Winkler*, DStR 2003, 2005, 2009; *Hamacher/Frenzel*, UR 2002, 297, 304 f.; *Hahne*, IStR 2006, 184, 187; wohl noch weitergehender Generalanwältin *Juliane Kokott* in den Schlussanträgen der Rechtssache des EuGH "C-169/04" vom 8. September 2005, Rn. 65 ff.

277 Während einige Autoren wie hier (u.a. *Brechmann*, Die richtlinienkonforme Auslegung, S. 259) zunächst das nationale Gesetz und anschließend erst den Einfluss der Richtlinie untersuchen, ist auch der umgekehrte Ansatz möglich, dass als erstes Inhalt und Ziel der einschlägigen Richtlinienbestimmung untersucht werden und anschließend in einem zweiten Schritt die Einfügung der nationalen Vorschrift analysiert wird (so u.a. *Hennrichs*, Wahlrechte im Bilanzrecht der Kapitalgesellschaften, S. 88; *Schön*, Die Auslegung europäischen Steuerrechts, S. 39).

278 *Frisch*, Die richtlinienkonforme Auslegung nationalen Rechts, S. 78.

bei der Anwendung des nationalen Rechts dieses im Lichte des Wortlautes und des Zweckes der Richtlinie auszulegen.[279]

### *a) Wortlaut des Art. 13 Teil B Buchst. d Nr. 6 der 6. EG-Richtlinie*

Bei der Auslegung von europäischem Recht beginnt die Norminterpretation mit dem Rekurs auf den Wortlaut der europarechtlichen Vorschrift.[280] Bei der Wortauslegung ist zu berücksichtigen, dass auf europäischer Ebene kein einheitlicher Wortlaut vorgegeben ist, sondern dass Amts- und Arbeitssprachen der EG *alle Sprachen der Mitgliedstaaten* sind.[281] Daher ist der Wortlaut einer Richtlinie in allen Amtssprachen *gleichermaßen verbindlich*, woraus sich die Notwendigkeit ergibt, nicht lediglich die deutsche, sondern auch die anderen Sprachfassungen der fraglichen Richtlinienbestimmung zu analysieren.[282] Der Vergleich des Wortlautes der einzelnen Fassungen ermöglicht es, in der Zusammenschau auf mögliche Übersetzungsfehler und auf den eigentlichen Sinn der Richtlinie zu schließen.[283] Eine weitere Besonderheit der Wortlautauslegung ist, dass die in der Richtlinie verwendeten Begriffe als *autonome Gemeinschaftsbegriffe* zu verstehen sind, deren Wortsinn vor dem Hintergrund der gemeinsamen Rechtstradition im Wege wertender Rechtsvergleichung und nicht durch Rückgriff auf entsprechende Begriffe nationaler Rechtsordnungen zu ermitteln ist.[284]

Die Vorschrift der 6. EG-Richtlinie, die dem § 4 Nr. 8 Buchstabe h UStG zu Grunde liegt, ist Art. 13 Teil B Buchst. d Nr. 6. Ausgehend von der *deutschen* Sprachfassung ist

> *"die Verwaltung von durch die Mitgliedstaaten als solche definierten Sondervermögen durch Kapitalanlagegesellschaften"*

steuerbefreit.

Die *englischsprachige* Fassung von Art. 13 Teil B Buchst. d Nr. 6 ist wie folgt formuliert:

---

279 Vgl. u.a. EuGH, Urt. v. 10.4.1984, Rs. 79/83 (Harz), Slg. 1984, 1921, Rn. 26; EuGH, Urt. v. 13.7.2000, C-456/98 (Centrosteel), Slg. 2000, I-6007, Rn. 16; *Nettesheim*, in: Grabitz/Hilf, EGV, Art. 249, Rn. 153; *Heidner*, UR 2006, 74, 75; eine ausführliche Analyse der Rechtsprechung des EuGH zur richtlinienkonformen Auslegung nimmt *Brechmann* in "Die richtlinienkonforme Auslegung", S. 31 ff. vor.

280 Vgl. *Schön*, Die Auslegung europäischen Steuerrechts, S. 50 mit Nachweisen aus der Rechtsprechung des EuGH.

281 *Streinz*, Europarecht, Rn. 276; *Schön*, Die Auslegung europäischen Steuerrechts, S. 50; *Hennrichs*, Wahlrechte im Bilanzrecht der Kapitalgesellschaften, S. 128.

282 EuGH, Urt. v. 6.10.1982, Rs. 283/81, Slg. 1982, 3415, 3430 (Rn. 18); EuGH, Urt. v. 17.10.1991, C-100/90, EuGHE 1991, 5089, Rn. 8; *Hennrichs*, Wahlrechte im Bilanzrecht der Kapitalgesellschaften, S. 128; *Schön*, Die Auslegung europäischen Steuerrechts, S. 50 f.; *Frisch*, Die richtlinienkonforme Auslegung nationalen Rechts, S. 16 ff.; *Heidner*, UR 2006, 74, 77.

283 *Hennrichs*, Wahlrechte im Bilanzrecht der Kapitalgesellschaften, S. 128; *Schön*, Die Auslegung europäischen Steuerrechts, S. 50 f.; *Frisch*, Die richtlinienkonforme Auslegung nationalen Rechts, S. 16 ff.

284 *Hennrichs*, Wahlrechte im Bilanzrecht der Kapitalgesellschaften, S. 128; *Frisch*, Die richtlinienkonforme Auslegung nationalen Rechts, S. 21 f.; *Bleckmann*, ZGR 1992, 364, 365 ff.; *Heidner*, UR 2006, 74, 76.

*"... Member States shall exempt ... management of special investment funds as defined by member states".*

Die *französische* Fassung lautet:

*"... les États membres exonèrent ... la gestion de fonds communs de placement tels qu'ils sont définis par les États membres".*

Beim Vergleich dieser drei Sprachfassungen fallen zwei Abweichungen in der deutschen Sprachfassung auf: Zunächst enthält lediglich die deutsche Übersetzung die personenbezogene Einschränkung "durch Kapitalanlagegesellschaften", so dass man davon ausgehen muss, dass es sich bei dieser Einschränkung nicht um eine vom europäischen Richtliniengeber gewollte Einschränkung, sondern um einen Übersetzungsfehler in der deutschen Fassung handelt.[285]

Des Weiteren wird deutlich, dass sowohl die englische ("special investment funds as defined by member states") als auch die französische ("fonds communs de placement tels qu'ils sont définis par les États membres ") Fassung bezüglich des Begriffes der Vermögensmasse offener formuliert sind und die genaue Definition den Mitgliedstaaten überlassen. So könnte man unter den Terminus "special investment funds" auch eine Vermögensmasse subsumieren, die im Rahmen einer gesellschaftsrechtlichen Form wie z.B. der Investment-AG aufgelegt ist.

Ein Beleg dafür, dass die französische Fassung offener als die deutsche Fassung ist, ist, dass z.B. das luxemburgische Umsatzsteuergesetz in Umsetzung der französischen Richtlinienfassung die Verwaltung von SICAVs als Investmentunternehmen in Gesellschaftsform von der Umsatzsteuer befreit (vgl. Art. 44 Nr. 1 Buchst. d des "Loi Du 12 Février 1979 Concernant La Taxe Sur La Valeur Ajoutée": Sont exonérés de la taxe sur la valeur ajoutée ...la gestion d'OPC...".[286] Als OPC gelten gem. Art. 1 Abs. 2 i.V.m. Abs. 3 i.V.m. Art. 24 des "Loi du 30 Mars 1988 relative aux organismes de placement collectif"[287] u.a. auch SICAVs.)

Demgegenüber nimmt die deutsche Sprachfassung der Richtlinie in ihrer Übersetzung mit dem Begriff "Sondervermögen" schon eine auf die vertragliche Form der Investmentanlage begrenzende Definition der Vermögensmasse vor, obwohl dieser Schritt an sich erst dem deutschen Gesetzgeber obliegen hätte müssen.

Im Wege wertender Rechtsvergleichung muss man feststellen, dass sowohl z.B. in Frankreich als auch in Luxemburg (Stichwort: SICAV) bei Erlass der 6. EG-Richtlinie im Jahre 1977 bereits gesellschaftsrechtliche Investmentformen vergleichbar der heutigen deutschen Investment-AG bestanden.[288] Vor diesem Hintergrund muss man den Wortsinn des Art. 13 Teil B Buchst. d Nr. 6 wohl in der Weise interpretieren, dass die Vorschrift eine Steuerbefreiung für die Verwaltung von allen möglichen Investmentvermögensmassen, unabhängig von ihrer Organisationsform, vorsehen soll, wobei der

---

285 Vgl. *Hamacher/Frenzel*, UR 2002, 297, 304; *Hahne/Winkler*, DStR 2003, 2005, 2006. In diesen beiden Aufsätzen wird auch auf die daraus folgende Konsequenz hingewiesen, dass nicht nur die Verwaltung durch die Kapitalgesellschaften selbst, sondern auch die durch dritte Unternehmen steuerbefreit ist, dazu schon oben Kapitel 3 § 4 B II 1.

286 Abrufbar unter http://www.aed.public.lu/tva/loi/chapVI/artXLIV.html (Stand: Januar 2007).

287 Abrufbar unter http://www.legilux.public.lu/leg/a/archives/1988/0133103/0133103.pdf#page=2 (Stand: Januar 2007).

288 Vgl. *Baur*, Investmentgesetze, Einl III Rn. 30 ff. u. Rn. 104 ff.

jeweilige Mitgliedstaat darüber entscheiden kann, welche Vermögensmassen in dem jeweiligen Mitgliedstaat von der USt zu befreien sind.[289] Für diese Auslegung spricht auch die Tatsache, dass nur auf diese Weise eine vollständige Gleichbehandlung der vertraglichen und der gesellschaftsrechtlichen Form der Investmentanlage gewährleistet wird.[290]

Im Ergebnis ist damit die deutsche Fassung in zweierlei Hinsicht einschränkend übersetzt worden. Ein möglicher Erklärungsgrund für diese Form der Übersetzung könnte sein, dass zur Zeit des Erlasses der Richtlinie im Rahmen des damals in Deutschland geltenden KAGG nur das Investmentvertragsmodell (KAG, die das Sondervermögen verwaltet) von Gesetzes wegen möglich war.

### *b) Sinn und Zweck des Art. 13 Teil B Buchst. d Nr. 6 der 6. EG-Richtlinie*

Ziel des Art. 13 Teil B Buchst. d Nr. 6 der 6. EG-Richtlinie bzw. der gesamten 6. EG-Richtlinie ist die Angleichung der Wettbewerbsbedingungen in den einzelnen Mitgliedstaaten.[291] Dies macht sowohl die Festlegung einer einheitlichen steuerpflichtigen Bemessungsgrundlage als auch eine einheitliche Festlegung der Fälle von Steuerbefreiungen erforderlich.[292] Zugleich gebietet der Grundsatz der umsatzsteuerlichen Neutralität, dass gleichartige und damit in Wettbewerb miteinander stehende Umsätze bei der Mehrwertsteuererhebung und demnach auch im Rahmen von Umsatzsteuerbefreiungen nicht unterschiedlich behandelt werden.[293] Diesem Grundsatz der Neutralität entspricht nur eine Auslegung des Art. 13 Teil B Buchst. d Nr. 6 dahingehend, dass nicht nur die Verwaltung des Sondervermögens (sog. Vertragsform), sondern auch die Verwaltung der Investmentanlage in Gesellschafts- bzw. Satzungsform steuerbefreit werden kann, da ansonsten vergleichbare Umsätze unterschiedlich behandelt würden.[294] Im Zusammenhang mit dem Art. 13 Teil B Buchst. d Nr. 6 erscheint jedoch die einheitliche Anwendung der Steuerbefreiung in den Mitgliedstaaten insoweit fragwürdig, als dass die Vorschrift durch die Definitionsmöglichkeit auf Seiten der Mitglied-

---

289 So jetzt auch EuGH, Urt. v. 04.05.2006, C-169/04 (Abbey National plc), UR 2006, 352, 357, Rn. 53 ff.; *Bacmeister*, IStR 2006, 779, 782.

290 Vgl. Schlussanträge des Generalanwalts *M. Poiares Maduro* in der Rechtssache des EuGH "C-8/03" v. 18.5.2004, Slg. 2004, I-10159, Rn. 27; Schlussanträge der Generalanwältin *Juliane Kokott* in der Rechtssache des EuGH "C-169/04" vom 8.9.2005, Rn. 32 (abrufbar unter www.curia.eu.int).

291 Vgl. Vorschlag für die sechste Richtlinie des Rates zur Harmonisierung der Rechtsvorschriften der Mitgliedstaaten über die Umsatzsteuern (dem Rat von der Kommission am 29. Juni 1973 vorgelegt), Bulletin der Europäischen Gemeinschaften, Beilage 11/73, S. 16 f.

292 Vorschlag für die sechste Richtlinie des Rates zur Harmonisierung der Rechtsvorschriften der Mitgliedstaaten über die Umsatzsteuern (dem Rat von der Kommission am 29. Juni 1973 vorgelegt), Bulletin der Europäischen Gemeinschaften, Beilage 11/73, S. 16 f.

293 EuGH, Urt. v. 6.11.2003, C-45/01 (Christoph-Dornier-Stiftung), Slg. 2003, I-12911, Rn. 44; EuGH, Urt. v. 26.5.2005, C-498/03 (Kingcrest und Montecello), UR 2005, 453; *Heidner*, UR 2006, 74, 77.

294 So jetzt auch EuGH, Urt. v. 04.05.2006, C-169/04 (Abbey National plc), UR 2006, 352, 357, Rn. 56.

staaten einen Ermessenspielraum hinsichtlich der zu befreienden Vermögensmasse eröffnet.[295]

### *c) Grenzen der richtlinienkonformen Auslegung*

Es ist damit festzuhalten, dass – im Gegensatz zum deutschen Umsatzsteuergesetz – die Verwaltung des Investmentvermögens der Investment-AG durch diese selbst und durch Dritte dem Wortlaut und dem Sinn und Zweck *allein der Richtlinie nach* von der Umsatzsteuer befreit werden kann. Es muss also erwogen werden, ob nicht die deutsche Vorschrift *im Sinne des Gebots der richtlinienkonformen Auslegung* in der Weise auszulegen ist, dass sie auch die Befreiung der Verwaltung der Investment-AG durch diese selbst bzw. durch Dritte umfasst. Das setzt allerdings voraus, dass der deutsche Gesetzestext des § 4 Nr. 8 Buchst. h UStG insoweit überhaupt auslegungsfähig ist bzw. anders gesagt, ob eine solche Vorgehensweise die zulässigen *Grenzen der richtlinienkonformen Auslegung* beachtet. Letztere sind u.a. dort zu sehen, wo der Wortlaut des nationalen Rechts dem Gemeinschaftsrecht eindeutig entgegensteht; eine Überwindung des Wortlautes ist nicht Gegenstand der Pflicht zur richtlinienkonformen Interpretation.[296] Die deutsche Rechtsnorm spricht unzweifelhaft nur von der "Verwaltung des Sondervermögens". Darunter wird – wie schon gezeigt – nicht die Investment-AG gefasst. Diese Wortlautgrenze ist nicht überwindbar. Es ist also nicht möglich, im Rahmen der richtlinienkonformen Auslegung des nationalen Rechts die Umsatzsteuerbefreiung der Verwaltung des Sondervermögens auf die der Investment-AG auszudehnen.

## 3. Steuerbefreiung der Verwaltung des Vermögens der Investment-Aktiengesellschaft aufgrund unmittelbarer Wirkung der Richtlinie?

Eine Befreiung der Verwaltung der Investment-AG wäre weiterhin denkbar, wenn sich Steuerpflichtige unmittelbar auf die Regelung des Art. 13 Teil B Buchst. d Nr. 6 der 6. Richtlinie *"berufen"* könnten. Obschon im Grundsatz Richtlinien keine unmittelbare Rechtswirkungen in den Mitgliedstaaten erzeugen (vgl. Art. 249 Abs. 3 EGV), sondern ihre Geltung erst nach der Umsetzung durch die Mitgliedstaaten eintritt, können nach der ständigen Rechtsprechung des EuGH[297] und auch der Rechtsprechung des BVerfG[298] Richtlinien unter bestimmten Voraussetzungen eine *unmittelbare Wirkung im Verhältnis Bürger zum Mitgliedstaat* entfalten.[299] Eine dieser aufgestellten Voraus-

---

295 Vgl. auch *Theile*, Wettbewerbsneutralität der harmonisierten Umsatzsteuer, S. 63.

296 *Bleckmann*, DB 1984, 1574, 1576; *Nettesheim*, in: Grabitz/Hilf, EGV, Art. 249, Rn. 153; *Schön*, Die Auslegung europäischen Steuerrechts, S. 45 u. 54; *Everling*, ZGR 1992, 376, 381 u. 388; *ders.*, in: Festschrift Lukes, 359, 364; *Spetzler*, RIW 1991, 579, 581; *Frisch*, Die richtlinienkonforme Auslegung nationalen Rechts, S. 92 f.; *Heidner*, UR 2006, 74, 76; a.A. über den Wortlaut als Grenze der Auslegung u.a. *Brechmann*, Die richtlinienkonforme Auslegung, S. 266 f.

297 Seit EuGH, Urt. v. 6.10.1970, Rs. 9/70, Grad/Finanzamt Traunstein ("Leberpfennig"), Slg. 1970, 825, 837 ff.

298 BVerfG, Beschluss v. 8.4.1987 - 2BvR 687/85, BVerfGE 75, 223, 235 ff.

299 Zu der Frage, ob Richtlinien eine solche unmittelbare Wirkung auch im Verhältnis der Bürger untereinander erzeugen, vgl. *Streinz*, Europarecht, Rn. 447.

setzungen ist, dass die Richtlinie so hinreichend genau formuliert sein muss, dass daraus unmittelbar (ohne Umsetzungsspielraum für den nationalen Gesetzgeber) Rechte abgeleitet werden können.[300] Die Existenz des Wahlrechts in Art. 13 Teil B Buchst. d Nr. 6, welches den Mitgliedstaaten die Definition der Vermögensmassen überläßt, deren Verwaltung von der Umsatzsteuer zu befreien ist, spricht schon dagegen, dass die Voraussetzung der hinreichenden Bestimmtheit gegeben ist. Eine unmittelbare Wirkung der Richtlinie muss daher in diesem Zusammenhang abgelehnt werden. Demzufolge kann eine Umsatzsteuerbefreiung der Verwaltung der Investment-AG auch nicht durch die unmittelbare Berufung auf die 6. Richtlinie hergestellt werden.

### 4. Steuerbefreite Verwaltung des Vermögens der Investment-Aktiengesellschaft aufgrund analoger Anwendung des § 4 Nr. 8 Buchst. h UStG?

Eine Umsatzsteuerbefreiung der Verwaltung der Investment-AG durch diese selbst oder durch Dritte ist möglicherweise aber über den möglichen Wortsinn des § 4 Nr. 8 Buchs. h UStG hinaus durch eine rechtsfortbildende Analogie konstruierbar. Sofern wie hier durch eine Analogie keine Steuertatbestände ausgeweitet und keine neuen Steuertatbestände geschaffen werden – im vorliegenden Fall handelt es sich vielmehr um eine eventuelle Ausdehnung einer Steuerbefreiungsvorschrift –, muss eine *"richtlinienkonforme" Analogie* im Steuerrecht grundsätzlich als rechtlich zulässig erachtet werden.[301]

#### *a) Planwidrige Regelungslücke*

Für eine analoge Anwendung des § 4 Nr. 8 Buchst. h UStG auf die Investment-AG ist zunächst erforderlich, dass hinsichtlich der Verwaltung der Investment-AG das Gesetz eine *planwidrige Regelungslücke* aufweist.[302] Eine solche ist anzunehmen, wenn dem Gesetzgeber die Gesetzeslücke nicht bewußt war. Umgekehrt fehlt es an einer Planwidrigkeit, wenn der Gesetzgeber die Unvollständigkeit erkannt hat.[303] In diesem Zusammenhang ist zu beachten, dass für die Feststellung der Planwidrigkeit ausschließlich die Regelungsabsichten des Gesetzgebers im Rahmen des 3. Finanzmarktförderungsgesetzes und des InvestmG maßgebend sind, da erst durch diese Gesetze die Investment-AG ins deutsche Recht eingeführt wurde und damit erst zu diesen Zeitpunkten eine Regelung einer eventuellen Umsatzsteuerbefreiung der Verwaltung der Investment-AG überhaupt relevant wurde.[304] Im Rahmen der Gesetzesbegründung zum InvestmG führt der Gesetzgeber die Konsequenzen der Einführung des InvestmG für § 4 Nr. 8 Buchstabe h UStG auf, beschränkt sich bei der Begründung aber auf die

300 Vgl. EuGH, Urt. v. 6.10.1970, Rs. 9/70 (Leberpfennig), Slg. 1970, 825, Rn. 9; *Streinz*, Europarecht, Rn. 451.

301 *Dänzer-Vanotti*, StVj 1991, 1, 9 ff.; *Spetzler*, RIW 1991, 579, 582; *Streinz*, Europarecht, Rn. 456.

302 Vgl. *Schmalz*, Methodenlehre, S. 140, Rn. 323.

303 Vgl. *Schmalz*, Methodenlehre, S. 140, Rn. 325.

304 Vgl. insoweit *Larenz*, Methodenlehre der Rechtswissenschaft, S. 363 f., der insoweit zwischen anfänglichen und nachträglichen Lücken unterscheidet.

Verwaltung von Sondervermögen, ohne in irgendeiner Weise auf die Verwaltung des Vermögens der Investment-AG einzugehen.[305]

> Auszug aus der Gesetzesbegründung zum InvestmG: "Außerdem werden Konsequenzen aufgrund der Tatsache gezogen, dass nach § 16 InvG nunmehr auch die Auslagerung der Verwaltung von Sondervermögen auf Dritte zulässig ist. § 4 Nr. 8 Buchst. h UStG beruht auf Art. 13 Teil B Buchst. d Nr. 6 der 6. EG-Richtlinie. Danach ist die Verwaltung von durch die Mitgliedstaaten als solche definierten Sondervermögen durch Kapitalanlagegesellschaften von der Umsatzsteuer zu befreien...."

Ob man daraus schließen kann, dass der Gesetzgeber die Investment-AG bewußt nicht in die Vorschrift des § 4 Nr. 8 Buchst. h UStG mit aufnehmen wollte und somit eine planwidrige Regelungslücke zu verneinen wäre, ist mehr als fraglich. Vor dem Hintergrund, dass der deutsche Gesetzgeber im Rahmen der Begründung scheinbar von der insoweit mißglückten deutschen Fassung der 6. EG-Richtlinie ausgegangen ist und Anliegen des Gesetzgebers war, Schlechterstellungen der Investment-AG gegenüber dem Sondervermögen grundsätzlich zu vermeiden, muss vielmehr davon ausgegangen werden, dass der Gesetzgeber in der Eile des Gesetzgebungsprozesses übersehen hat, dass er durch Ausübung des in Art. 13 Teil B Buchst. d Nr. 6 der 6. EG-Richtlinine enthaltenen mitgliedstaatlichen Ermessensspielraumes auch die Verwaltung der Investment-AG mit in den Anwendungsbereich des § 4 Nr. 8 Buchst. h UStG hätte aufnehmen können. Eine planwidrige Regelungslücke ist damit zu bejahen.

#### *b) Vergleichbare Interessenlage*

Weitere Voraussetzung einer analogen Anwendung ist, dass der *Normzweck* des § 4 Nr. 8 Buchst. h UStG wegen *der im Wesentlichen gleichen Interessenlage* in den Fällen der Verwaltung des Sondervermögens und der Investment-AG auch den Fall der Verwaltung der Investment-AG erfasst.[306] Sinn und Zweck des § 4 Nr. 8 Buchst. h UStG ist, dass Sparer, die ihr Geld in einem Sondervermögen anlegen, nicht mit Umsatzsteuer belastet werden sollen oder anders ausgedrückt, dass die Attraktivität einer Fonds-Einlage gegenüber einer Direktanlage nicht durch die Umsatzsteuer auf Verwaltungsleistungen geschmälert werden soll.[307] Auch bei der Investment-AG würde eine Belastung der Verwaltungsleistung mit USt den Anleger der Investment-AG gegenüber einem Direktanleger benachteiligen, so dass ebenfalls in diesem Fall eine Umsatzsteuerbefreiung sinnvoll wäre. Aufgrund der damit vorliegenden vergleichbaren Interessenlage ist eine analoge Anwendung des § 4 Nr. 8 Buchst. h UStG auf den Fall der Verwaltung der Investment-AG durch diese selbst bzw. durch Dritte im Er-

---

[305] Begründung zum InvestmG, BT-Druck. 15/1553, S. 133.

[306] Vgl. *Schmalz*, Methodenlehre, S. 141, Rn. 327; *Larenz*, Methodenlehre der Rechtswissenschaft, S. 365 ff.

[307] Begründung zur Einführung des § 4 Nr. 8 Buchstabe h UStG 1980, BT-Drs. 8/1779, S. 33; *Lübbehausen*, in: Brinkhaus/Scherer, KAGG/AuslInvestmG, § 38 KAGG, Rn. 52; *Berkenheide*, DStZ 1980, 140, 144; *Hahne/Winkler*, DStR 2003, 2005, 2007.

gebnis gerechtfertigt.[308] Angesichts des den Mitgliedstaaten in der zugrunde liegenden Richtlinienbestimmung eröffneten Ermessenspielraumes ist dieses Ergebnis zudem europarechtskonform.

## § 5 Zusammenfassung

Im Gegensatz zu einer herkömmlichen Aktiengesellschaft wird die Investment-AG nach § 11 Abs. 1 S. 3 i.V.m. S. 2 InvStG als lex specialis von der Körperschaft- und Gewerbesteuer befreit. Die Investment-AG ist also keine Steuerschuldnerin i.S.d. § 43 Abs. 1 AO von Ertragsteuern. Damit wird ein steuerrechtliches Novum in Gestalt einer steuertransparenten Aktiengesellschaft begründet, zugleich aber auch eine steuerrechtliche Gleichstellung von Sondervermögen und der Investment-AG bewirkt. Die Investmenterträge der Investment-AG werden ausschließlich auf Ebene der Anteilseigner besteuert. Grundlage für dieses Besteuerungskonzept bildet das sog. Transparenzprinzip, dessen Zweck darin besteht, den Investmentanleger möglichst wie einen Direktanleger zu besteuern, damit ersterer nicht aus Gründen einer zu hohen Steuerbelastung vor einer Investmentanlage zurückschreckt. In Bezug auf die Umsatzsteuer erfüllt die Investment-AG nach deutschem Recht die Voraussetzungen des § 2 Abs. 1 UStG und ist folglich Unternehmerin bzw. Steuersubjekt der Umsatzsteuer. Die Verwaltung des Vermögens der Investment-AG durch diese selbst bzw. durch Dritte nach §§ 99 Abs. 3, 16 InvG stellt eine umsatzsteuerbare Leistung i.S.d. § 1 Abs. 1 Satz 1 Nr. 1 UStG dar, wobei eine solche, wenn die AG selbst ihre Verwaltung ausübt, nur dann vorliegt, wenn die Aktionäre für die Verwaltungstätigkeit ein gesondertes Entgelt an die AG bezahlen müssen. Die umsatzsteuerbare Verwaltungsleistung ist aber aufgrund einer analogen Anwendung des § 4 Nr. 8 Buchst. h UStG auf die Investment-AG letztlich von der Umsatzsteuer freigestellt. Wünschenswert wäre es allerdings, wenn der Gesetzgeber zur Klärung der Rechtslage entweder ebenfalls die Verwaltung des Vermögens der Investment-AG in die Vorschrift des § 4 Nr. 8 Buchst. h UStG aufnimmt oder sich bewußt dagegen entscheidet.

[308] Im Ergebnis ebenso für eine Anwendung des § 4 Nr. 8 Buchst. h UStG auf die Investment-AG *Fock*, UR 2006, 558, 566 f.

# Viertes Kapitel: Steuerliche Behandlung der Ebene der Anteilseigner

Bezüglich der steuerlichen Behandlung der Ebene der Anteilseigner der Investment-AG sind zwei Arten von steuerbaren Vorgängen zu unterscheiden; erstens der *laufende Zufluss von auf der Ebene der Investment-AG erwirtschafteten Erträgen (sog. laufende Besteuerung)* und zweitens die *Veräußerung bzw. Rückgabe des Investmentanteils* durch den Anteilseigner selbst. Die Darstellung in diesem Kapitel konzentriert sich auf rein inländische Sachverhalte, d.h. es wird einerseits von Anteilseignern ausgegangen, die in Deutschland nach § 1 Abs. 1 S. 1, Abs. 2, Abs. 3 EStG, §§ 2, 5 AStG oder § 1 Abs. 1 KStG unbeschränkt steuerpflichtig sind, und auf der anderen Seite, dass die Erträge der Investment-AG im Inland erwirtschaftet werden. Ausländische Aspekte im Zusammenhang mit der Investment-AG werden schwerpunktmäßig im anschließenden Kapitel erörtert.

## § 1 Laufende Besteuerung der Investmenterträge

Die laufende Besteuerung der inländischen Investmenterträge bei den Anteilseignern richtet sich grundsätzlich nach der sog. "günstigen" *Regelbesteuerung* in § 2 und (§ 4)[309] InvStG, vorausgesetzt, dass die Investment-AG die aus § 5 Abs. 1 InvStG resultierenden Pflichten erfüllt (vgl. § 5 Abs. 1 S. 1 InvStG). Kommt die Investment-AG dagegen den Pflichten nicht oder nicht ordnungsgemäß nach, greift auf Seiten der Anteilseigner subsidiär eine sog. "nachteilige" *Pauschal- oder Strafbesteuerung* nach § 6 InvStG.

### A. Regelbesteuerung

#### I. Allgemeine Grundlagen

Bevor inhaltlich auf die einzelnen Besteuerungstatbestände einzugehen ist, gilt es zunächst allgemeine Grundprinzipien zu klären, die den Rahmen für die *sog. laufende Regelbesteuerung von Investmenterträgen* des Anteilseigners bilden.

#### 1. Bekanntmachungs- und Nachweispflichten i.S.d. § 5 Abs. 1 InvStG

Wesentliche Voraussetzung für die Anwendung der laufenden Regelbesteuerung ist die Erfüllung der in § 5 Abs. 1 InvStG detailliert geregelten Bekanntmachungs- und Nachweispflichten der Investment-AG. Gegenstand der aufgeführten Pflichten sind insbesondere:

- Bekanntmachung der Besteuerungsgrundlagen, u.a. eine Aufschlüsselung des Betrages und der Herkunft der ausgeschütteten und ausschüttungsgleichen Erträge, *gegenüber den Anlegern* bei jeder Ausschüttung und Thesaurierung (§ 5 Abs. 1 Satz 1 Nr. 1 und 2 InvStG);

---

[309] § 4 soll an dieser Stelle eingeklammert werden, da sich dieser mit ausländischen Einkünften befasst, die aber erst separat in Kapitel 5 analysiert werden.

□ Bekanntmachung der Besteuerungsgrundlagen zusammen mit dem Jahresabschluss i.S.d. § 110 InvG nebst Bescheinigung eines Wirtschaftsprüfers, eines Steuerberaters oder einer ähnlichen Stelle über die Richtigkeit der Besteuerungsgrundlagen *im elektronischen Bundesanzeiger* (§ 5 Abs. 1 Satz 1 Nr. 3 InvStG).[310,311]

Zwar verweist § 5 Abs. 1 Satz 1 Nr. 3 InvStG nur auf den Jahresbericht i.S.d. § 45 Abs. 1, § 122 Abs. 1 oder 2 InvG. Einen Jahresbericht als solchen gibt es aber nur beim Sondervermögen. Bei einer Investment-AG wird dieser durch den Jahresabschluss i.S.d. § 110 InvG ersetzt. Da davon auszugehen ist, dass der Gesetzgeber die Investment-AG in der gleichen Weise wie die Sondervermögen in die Bekanntmachungspflichten des § 5 InvStG einbeziehen wollte, ist § 5 Abs. 1 Satz 1 Nr. 3 InvStG über seinen Wortlaut hinaus so auszulegen, dass bei einer Investment-AG die Besteuerungsgrundlagen zusammen mit dem Jahresabschluss i.S.d. § 110 InvG im Bundesanzeiger bekannt gemacht werden sollen. Sobald sich ein Anlass zur Nachbesserung des InvStGes ergibt, sollte dieser dazu genutzt werden, dass in § 5 Abs. 1 Satz 1 Nr. 3 InvStG zusätzlich zu dem Jahresbericht auf den Jahresabschluss in § 110 InvG verwiesen wird.

Nicht ganz eindeutig in § 5 Abs. 1 InvStG ist zudem das Verhältnis der Bekanntmachung gegenüber den Anlegern (§ 5 Abs. 1 Satz 1 Nr. 1 InvStG) zu der Bekanntmachung der Besteuerungsgrundlagen im elektronischen Bundesanzeiger (§ 5 Abs. 1 Satz 1 Nr. 3 InvStG) geregelt. Einerseits könnte man das Verhältnis dergestalt verstehen, dass beide Formen der Bekanntmachung isoliert nebeneinander stehen, also eine an die Anleger gerichtete Bekanntmachung, z.B. per Email oder Rundschreiben, und andererseits die Bekanntmachung im Bundesanzeiger vorzunehmen ist.[312] Gleichzeitig könnte man das Verhältnis auch so auslegen, dass eine Bekanntmachung gegenüber den Anlegern jedenfalls durch die Veröffentlichung der Besteuerungsgrundlagen im Bundesanzeiger gegeben ist, so dass nur ein Akt der Bekanntmachung erforderlich wäre.[313] Die Gesetzesbegründung und das BMF-Schreiben zum InvStG tendieren wohl zu der letzteren Auslegung, dass also die Bekanntgabe im Bundesanzeiger gleichzeitig eine Bekanntmachung an die Anleger darstellt.[314] Für diese Auslegung spricht erstens, dass die Veröffentlichung im elektronischen Bundesanzeiger für den Anleger leicht zugänglich ist. Des Weiteren wird auf diese Weise ein enormer Verwaltungsaufwand, der sich bei Publikumsgesellschaften bei einer individuellen Benachrichtigung einstellen würde, da die Identität der Anteilseigner regelmäßig nicht bekannt ist, vermieden.

---

310 Zu einem ausführlichen Überblick über die Bekanntmachungs- und Nachweispflichten siehe *Kayser/Steinmüller*, FR 2004, 137, 142 f.; *PriceWaterhouseCoopers*, Die Novellierung des Investmentrechts, S. 190 ff.

311 Bedenken hinsichtlich des Umfangs der Bekanntmachungspflichten, insbesondere im Bereich der Zielgruppe für das Anlagevehikel Investment-Aktiengesellschaft, nämlich der Hedgefonds, äußern *Kayser/Steinmüller*, FR 2004, 137, 143; *Fock*, BB 2003, 1589, 1593.

312 So wohl *Kayser/Steinmüller*, FR 2004, 137, 143; *Köndgen/Schmies*, WM 2004 Sonderbeil. Nr. 1, S. 22 f.

313 So *Ramackers*, in: Littmann/Bitz/Pust, EStG, § 5 InvStG, Rn. 60 f.

314 Gesetzesbegründung zum InvStG, BT-Drucks. 15/1553, S. 126; BMF-Schreiben v. 2.6.2005 zum InvStG, BStBl I 2005, 728, Rz. 85.

## 2. Zuordnung zum Privat- oder Betriebsvermögen

Weiterhin muss für die Besteuerung danach differenziert werden, ob der Investmentanteil im entscheidenden Zeitpunkt im Privat- oder im Betriebsvermögen gehalten wird. Denn je nachdem, ob sich der Investmentanteil im Privat- oder im Betriebsvermögen befindet, führt dies zu einer unterschiedlichen Zuordnung der Erträge zu den steuerlichen Einkunftsarten mit unterschiedlichen steuerlichen Ergebnissen.[315] Hintergrund ist der sog. *Dualismus der Einkunftsarten*, der auf § 2 Abs. 2 EStG beruht und dessen dogmatischer Ansatz auch im Rahmen des spezielleren InvStG durchschlägt.[316] Nach diesem werden bei Privatvermögen nur die zufließenden Erträge im Rahmen der sog. *Überschusseinkünfte* (Einkünfte aus nicht selbständiger Arbeit, Kapitalvermögen, Vermietung und Verpachtung und sonstige Einkünfte) steuerlich erfasst, während Wertveränderungen im Vermögen steuerlich im Grundsatz bedeutungslos sind. Dies hat zur Folge, dass grundsätzlich Veräußerungseinkünfte sowie Substanz- und Wertverluste des Privatvermögens nicht steuerbar sind (Ausnahmen hiervon stellen § 17 und § 23 EStG dar). Handelt es sich um Betriebsvermögen, sind Erträge Betriebseinnahmen und den sog. *Gewinneinkünften* (Einkünfte aus Gewerbebetrieb, selbständiger Arbeit und aus Land- und Forstwirtschaft) zuzurechnen. Hier werden sämtliche Vermögensmehrungen innerhalb einer bestimmten Zeitspanne erfasst, wodurch auch Wertveränderungen auf der Vermögensebene steuerlich zu berücksichtigen sind.

Für die damit folgenschwere Zuordnung zum Privat- oder Betriebsvermögen ist maßgeblich, ob der Investmentanteil im konkreten Fall betrieblichen oder privaten Zwecken zu dienen bestimmt ist. Er dient betrieblichen Zwecken, wenn er für den Betrieb angeschafft oder dem Betrieb durch Einlage (§ 4 Abs. 1 Satz 5 EStG) zugeführt und für den Betrieb verwendet oder genutzt wird.[317] Demgegenüber wird der Investmentanteil im Privatvermögen gehalten, wenn der Investmentanteil infolge seiner konkreten Funktion und Nutzung keinen betrieblichen Zweck verfolgt.[318] Ist nach dieser Abgrenzung der Investmentanteil dem Betriebsvermögen zuzuordnen, muss aufgrund der unterschiedlichen ertragssteuerlichen Behandlung von Einzelunternehmen/Personengesellschaften einerseits und Körperschaften andererseits zudem danach differenziert werden, ob der Investmentanteil im Betriebsvermögen eines Einzelunternehmers bzw. einer Personengesellschaft oder einer Körperschaft gehalten wird.

---

315 Vgl. zur alten Rechtslage im KAGG, *Baur*, Investmentgesetze, § 39 KAGG, Rn. 6; *Thorn/Otto/Geese*, Handbuch für die Besteuerung von Fondsvermögen, S. 55.

316 Näheres zum Dualismus der Einkünfte, siehe *Birk*, Steuerrecht, Rn. 538 ff.; *Lang*, in: Tipke/Lang, Steuerrecht, § 9 Rn. 181 ff.

317 *Crezelius*, in Kirchhof, EStG, § 4 Rn. 33. Der herkömmliche Ansatz der Einteilung in notwendiges Betriebsvermögen, gewillkürtes Betriebsvermögen und notwendiges Privatvermögen soll an dieser Stelle nicht weiter ausgeführt werden, dazu *Birk*, Steuerrecht, Rn. 775 ff.; *Hey*, in Tipke/Lang, Steuerrecht, § 17 Rn. 121 ff., die diese Einteilung auch kritisiert; *Lübbehausen*, in: Brinkhaus/Scherer, KAGG/AuslInvestmG, § 39 KAGG, Rn. 11 ff.

318 *Birk*, Steuerrecht, Rn. 777.

## 3. Bestandteile der Einkünfte

Die Bestandteile der Einkünfte ergeben sich aus § 2 Abs. 1 Satz 1 Hs. 1 InvStG. Danach sind Steuerobjekt *ausgeschüttete und ausschüttungsgleiche Erträge.*

### *a) Ausgeschüttete Erträge*

Die ausgeschütteten Erträge sind in § 1 Abs. 3 Satz 2 InvStG gesetzlich definiert und umfassen die von einem Investmentvermögen zur Ausschüttung verwendeten *Zinsen, Dividenden, Erträge aus Vermietung und Verpachtung von Grundstücken und grundstücksgleichen Rechten, sonstige Erträge und Gewinne aus Veräußerungsgeschäften.*

Die Begriffe *"Zinsen"* und *"Dividenden"* sind wirtschaftlich zu verstehen und umfassen in Fortführung des § 39 Abs. 1 Satz 1 KAGG und § 17 Abs. 1 Satz 1 AuslInvestmG weitgehend alle Einnahmen i.S.d. § 20 EStG.[319] Demzufolge sind Zinsen nach der Laufzeit bemessene gewinn- oder umsatzabhängige Vergütungen für den Gebrauch auf Zeit überlassenen Kapitals.[320] Als Zinsen sind somit nicht nur laufende Zinszahlungen (vgl. § 20 Abs. 1 Nr. 7 EStG), sondern z.B. auch Zinsen, die durch Veräußerung vereinnahmt werden (vgl. § 20 Abs. 2 Nr. 2 lit. b) bis Nr. 4 EStG), einzuordnen.[321] Dividenden sind offene, verdeckte und vorab geleistete Gewinnausschüttungen von Kapitalgesellschaften und typengleichen Vereinigungen an ihre Gesellschafter und Mitglieder.[322]

Dadurch, dass die Investment-AG nur in Anlageobjekte i.S.d. § 2 Abs. 4 Nr. 1-4, 7-9 InvG investieren kann (§ 96 Abs. 2 S. 2 InvG), wobei Immobilien und Beteiligungen an Immobiliengesellschaften als Anlageobjekte ausgeschlossen sind,[323] sind *Investmenterträge aus Vermietung und Verpachtung* von Grundstücken und grundstücksgleichen Rechten bei der Besteuerung der Anteilseigner einer Investment-AG nicht denkbar, so dass steuerliche Vorschriften betreffend Immobilienerträge (z.B. § 2 Abs. 3 Nr. 2 InvStG) im Zusammenhang der Besteuerung der Aktionäre einer Investment-AG nicht weiter relevant sind und im Rahmen dieser Arbeit daher auch nicht näher erläutert werden.

Zu der Frage, welche Erträge und Gewinne unter den Begriff der "*sonstigen Erträge*" zu fassen sind, ist weder dem InvStG noch dessen Gesetzesbegründung eine Antwort zu entnehmen. Daher wird man, wie schon im Rahmen des alten § 17 Abs. 1 AuslInvestmG, mehrere Auffassungen vertreten können. Nach einer Ansicht sollen "sonstige Erträge" lediglich das umfassen, was sonstiger Ertrag i.S.d. § 22 Nr. 3 EStG wäre.[324] Andererseits kann man den Tatbestand der "sonstigen Erträge" auch als Auffangtatbestand verstehen, der alle Erträge erfasst, die aus Kapitalanlagen und Betätigungen erzielt werden und nicht zu den vereinnahmten Zinsen, Dividenden, Erträgen

319 *Ramackers,* in: Littmann/Bitz/Pust, InvStG, § 1, Rn. 66; *Carlé,* KÖSDL 2004, 14300, 14305.

320 *Carlé,* KÖSDL 2004, 14300, 14305; vgl. zur Vorgängervorschrift des § 17 AuslInvestmG, *Brinkhaus,* in: Brinkhaus/Scherer, KAGG/AuslInvestmG, § 17 AuslInvestmG, Rn. 31.

321 *Zeller,* Investmentfonds, S. 79.

322 *Carlé,* KÖSDL 2004, 14300, 14305; vgl. zur Vorgängervorschrift des § 17 AuslInvestmG, *Brinkhaus,* in: Brinkhaus/Scherer, KAGG/AuslInvestmG, § 17 AuslInvestmG, Rn. 31.

323 Vgl. oben Kapitel 1 § 3 C IV 1 b).

324 So wohl *PriceWaterhouseCoopers,* Die Novellierung des Investmentrechts 2004, S. 178.

aus Vermietung und Verpachtung oder Gewinnen aus Veräußerungsgeschäften gehören.[325] Für die letzte Ansicht spricht, dass diese sicherstellt, dass alle Erträge ohne Rücksicht auf die Form des eingelegten Geldes steuerlich erfasst werden können und damit steuerliche Ungleichbehandlungen bestimmter Erträge vermieden werden. In die Richtung der letzteren Ansicht scheint auch das Schreiben des Bundesfinanzministeriums (BMF) zu gehen, indem es lediglich beispielhaft Erträge aufzählt ("z.B. Kompensationszahlungen, Erträge aus stillen Beteiligungen, Erträge aus Finanzinnovationen nach § 20 Abs. 2 EStG, Gewinne einschließlich der Veräußerungsgewinne aus gewerblichen Personengesellschaften"), die unter den Begriff der sonstigen Erträge fallen können, und dabei die Möglichkeit der Subsumtion von anderen Erträgen offen hält.[326]

Der Begriff *"Gewinne aus Veräußerungsgeschäften"* ist weit gefasst und mangels Beschränkung nicht einschränkend zu verstehen.[327] U.a. können die Veräußerung von Beteiligungen an Kapitalgesellschaften, von Forderungswertpapieren, schlichten Forderungen und Gewinnen aus Termingeschäften und Leerverkäufen darunter subsumiert werden.[328]

Das InvStG unterscheidet ferner in § 1 Abs. 3 Satz 1 und 2 begrifflich zwischen "*Ausschüttungen*" und "*ausgeschütteten Erträgen*", wobei § 2 Abs. 1 Satz 1 InvStG zeigt, dass Steuerobjekt der Regelbesteuerung nur *ausgeschüttete Erträge* sein sollen. Diese begriffliche Unterscheidung soll klarstellen, dass nach § 2 Abs. 1 InStG Ausschüttungen nur insoweit steuerbar sind, als es sich um Erträge der Investment-AG handelt; soweit in der Ausschüttung ganz oder teilweise *Kapitalrückzahlungen*, z.B. in der Form der Einlagenrückgewähr, enthalten sind, ist dieser Teil der Ausschüttung nicht steuerpflichtig gem. § 2 InvStG.[329]

Im Rahmen des alten KAGG, in dem in § 39 statt des nun in § 2 InvStG verwendeten Begriffes der "ausgeschütteten Erträge" noch von steuerpflichtigen "Ausschüttungen" die Rede war, war nicht eindeutig, inwiefern auch Kapitalrückzahlungen, die man unter den Begriff der "Ausschüttungen" subsumieren konnte, steuerbar waren. Daher nahmen einige bei Kapitalrückzahlungen eine Steuerpflicht an[330] und andere nicht.[331]

---

325 *Ramackers*, in: Littmann/Bitz/Pust, EStG, § 1 InvStG, Rn. 68; *Wassermeyer*, DB 2003, 2085, 2087; *Carlé*, KÖSDL 2004, 14300, 14305; so schon zum früheren § 17 Abs. 1 AuslInvestmG, *Brinkhaus*, in: Brinkhaus/Scherer, KAGG/AuslInvestmG, § 17 AuslInvestmG, Rn. 33; *Baur*, Investmentgesetze, § 17 AuslInvestmG, Rn. 24.

326 Vgl. BMF-Schreiben v. 2.6.2005 zum InvStG, BStBl I 2005, 728, Rz. 14.

327 *Ramackers*, in: Littmann/Bitz/Pust, EStG, § 1 InvStG, Rn. 69; *Carlé*, KÖSDL 2004, 14300, 14306.

328 Vgl. BMF-Schreiben v. 2.6.2005 zum InvStG, BStBl I 2005, 728, Rz. 15.

329 Gesetzesbegründung zum InvestmG, BT-Drucks. 15/1553, S. 123; BMF-Schreiben v. 2.6.2005 zum InvStG, BStBl I 2005, 728, Rz. 16; *Köndgen/Schmies*, WM Sonderbeil. Nr. 1, 2004, S. 21; *Wassermeyer*, DB 2003, 2085, 2086; *PriceWaterhouseCoopers*, Die Novellierung des Investmentrechts 2004, S. 177; *Storg*, NWB 2004, Fach 3, S. 12999, 13003; *Carlé*, KÖSDL 2004, 14300, 14304; *Lindemann*, FR 2003, 890, 897; *Harenberg*, in Herrmann/Heuer/Raupach, EStG/KStG, § 1 InvStG, Anm. J 03-7.

330 So *Lübbehausen*, in: Brinkhaus/Scherer, KAGG/AuslInvestmG, § 39 KAGG, Rn. 22 u. 24; *Altfelder*, FR 2000, 299, 312.

Inwiefern diese generelle Ausgrenzung der Kapitalrückzahlungen aus der Steuerpflicht im Einklang mit der Systematik des EStG und damit der Besteuerung des Direktanlegers steht, wird im Rahmen der Darstellung der einzelnen Besteuerungstatbestände näher erörtert. Der weiter gefasste Begriff der "*Ausschüttungen*", der in § 1 Abs. 3 Satz 1 InvStG als *dem Anleger tatsächlich gezahlte oder gutgeschriebene Beträge einschließlich der einbehaltenen Kapitalertragsteuer* definiert ist und somit auch Kapitalrückzahlungen erfassen kann, hat demgegenüber nur Bedeutung im Rahmen des § 6 InvStG, wo "Ausschüttungen" als Bemessungsgrundlage für die Steuererhebung herangezogen werden.[332]

Weiterhin erfasst der Begriff der "ausgeschütteten Erträge" auch nicht die Auszahlung von Erträgen, die in einem vorangegangen Besteuerungszeitraum bereits als ausschüttungsgleicher Ertrag besteuert worden sind.[333] Dies bedingt schon die Tatsache, dass solche Erträge ansonsten doppelt besteuert würden.

### *b) Ausschüttungsgleiche Erträge*

Die sog. "*ausschüttungsgleichen Erträge*", die nach § 2 Abs. 1 Satz 1 InvStG neben den "ausgeschütteten Erträgen" Steuerobjekt der Regelbesteuerung sind, werden in § 1 Abs. 3 Satz 3 InvStG definiert als von einem Investmentvermögen nach Abzug der abziehbaren Werbungskosten *nicht zur Ausschüttung verwendete Erträge aus Zinsen, Dividenden, Erträge aus der Vermietung und Verpachtung von Immobilien, sonstige Erträge und Gewinne aus privaten Veräußerungsgeschäften i.S.v. § 23 Abs. 1 Satz 1 Nr. 1, 3, soweit es sich nicht um Wertpapierveräußerungsgeschäfte handelt, Abs. 2 und 3 EStG*. Der Begriff der "ausschüttungsgleichen" Erträge beschreibt folglich solche Erträge, die auf Ebene der Investment-AG thesauriert werden. Diese Thesaurierungserträge können sowohl bei einer Investment-AG, die vollständig thesauriert, als auch bei einer Investment-AG, die nur teilweise ausschüttet, anfallen.[334]

Im Vergleich zu den ausgeschütteten Erträgen ist der Kreis der laufenden Früchte mit den dort genannten weitgehend identisch, so dass die bereits gemachten Ausführungen zu Zinsen, Dividenden, Erträgen aus Grundstücken und sonstigen Erträgen in gleicher Weise bei den ausschüttungsgleichen Erträgen gelten.[335] Keine Übereinstimmung weisen hingegen die jeweiligen Regelungen über die Gewinne aus Veräußerungsgeschäften auf. Während bei den ausgeschütteten Erträgen sämtliche

---

331 So *Baur*, Investmentgesetze, § 39 KAGG, Rn. 30.

332 Vgl. *Ramackers*, in: Littmann/Bitz/Pust, EStG, § 1 InvStG, Rn. 58; *Köndgen/Schmies*, WM Sonderbeil. Nr. 1, 2004, S. 21; *Harenberg*, in: Herrmann/Heuer/Raupach, EStG/KStG, § 1 InvStG, Anm. J 03-7.

333 Begründung zum InvestmG, BT-Drucks. 15/1553, S. 123; BMF-Schreiben v. 2.6.2005 zum InvStG, BStBl I 2005, 728, Rz. 17; *Kayser/Steinmüller* FR 2004, 137, 139; *Wassermeyer*, DB 2003, 2085, 2086; *Carlé*, KÖSDL 2004, 14300, 14304; *Lindemann*, FR 2003, 890, 897; so schon zum alten Recht, wo dies auch einhellige Meinung war, u.a. *Baur*, Investmentgesetze, § 39 KAGG, Rn. 30.

334 *Stotz*, Besteuerung von Wertpapier-Investmentfonds, S. 202; *Baur*, Investmentgesetze, Vor § 37a KAGG, Rn. 73; *Lübbehausen*, in: Brinkhaus/Scherer, KAGG/AuslInvestmG, § 39 KAGG, Rn. 31.

335 Vgl. *Ramackers*, in: Littmann/Bitz/Pust, EStG, § 1 InvStG, Rn. 81.

Veräußerungsgewinne steuerbar gestellt werden,[336] ist der Kreis der steuerbaren Veräußerungsgewinne bei den thesaurierten Erträgen auf Gewinne aus privaten Veräußerungsgeschäften i.S.d. § 23 Abs. 1 Satz 1 Nr. 1 (Grundstücke), Nr. 3 (Leerverkäufe), Abs. 2 und Abs. 3 EStG beschränkt.[337]

Die *Rechtfertigung für die Besteuerung der thesaurierten Erträge* beim Investmentanleger ist im Transparenzgrundsatz zu sehen; denn ein Direktanleger müsste die entsprechenden Erträge bei unmittelbaren Bezug ebenfalls versteuern, da bei ihm nicht die Möglichkeit der Speicherung der Erträge auf der Ebene einer zwischengeschalteten Investment-AG gegeben ist.[338] Wären die thesaurierten Erträge dagegen bei Investmentanteilen nicht steuerpflichtig und würden diese später auch nicht ausgeschüttet, könnten private Anteilseigner, die nicht unter § 17 EStG fallen, die dem Anteilswert im Laufe der Zeit zugewachsenen Erträge später durch Veräußerung ihrer Anteile unter Beachtung der Veräußerungsfrist des § 23 EStG steuerfrei realisieren.[339] In diesem Falle wäre dann der private Investmentanleger gegenüber dem privaten Direktanleger bessergestellt. Indem aber thesaurierte Erträge steuerpflichtig gestellt werden, sind solche steuerliche Vorteile durch die Zwischenschaltung einer Investment-AG jedenfalls grundsätzlich ausgeschlossen. Kritisch zu sehen ist allerdings, dass die Besteuerung von thesaurierten bzw. ausschüttungsgleichen Erträgen in gewissem Widerspruch zum Prinzip der *Besteuerung nach der Leistungsfähigkeit* steht, da Erträge besteuert werden, die dem Investmentanleger nicht tatsächlich zufließen und somit an sich keine Erhöhung der wirtschaftlichen Leistungsfähigkeit gegeben ist.[340]

## II. Umfang der Steuerpflicht

### 1. Anteile im Privatvermögen

Hält der Anleger die Anteile an einer Investment-AG im Privatvermögen, ist bei der steuerlichen Behandlung zwischen ausgeschütteten und ausschüttungsgleichen Erträgen zu differenzieren, wobei die Behandlung schon aufgrund des Transparenzgrundsatzes nur in wenigen Punkten voneinander abweicht.

---

[336] Hiervon unberührt bleibt die Privilegierung einzelner Veräußerungsgewinne nach § 2 Abs. 3 InvStG.

[337] Zu dem unterschiedlichen Ansatz von Veräußerungsgewinnen später mehr unter Kapitel 4 § 1 A II 1 b).

[338] *Lübbehausen*, in: Brinkhaus/Scherer, KAGG/AuslInvestmG, § 39 KAGG, Rn. 31; *Baur*, Investmentgesetze, Vor § 37a KAGG, Rn. 73; *Stotz*, Besteuerung von Wertpapier-Investmentfonds, S. 202.

[339] *Lübbehausen*, in: Brinkhaus/Scherer, KAGG/AuslInvestmG, § 39 KAGG, Rn. 31; *Baur*, Investmentgesetze, § 39 KAGG, Rn. 43; *Stotz*, Besteuerung von Wertpapier-Investmentfonds, S. 202.

[340] *Lübbehausen*, in: Brinkhaus/Scherer, KAGG/AuslInvestmG, § 39 KAGG, Rn. 31; *Scheurle*, DStZ 1995, 646, 647; ausführlich zu diesem Problem unten Kapitel 6 § 2.

### a) Ausgeschüttete Erträge

#### aa) Einkünftequalifikation

Die auf einen Investmentanteil ausgeschütteten Erträge stellen unabhängig von der Ertragsquelle auf Ebene der Investment-AG beim im Privatvermögen gehaltenen Anteil gem. § 2 Abs. 1 Satz 1 1. Hs. InvStG generell *Einkünfte aus Kapitalvermögen i.S.d. § 20 Abs. 1 Nr. 1 EStG* dar.[341] Diese ausdrückliche Qualifizierung der Erträge in § 2 Abs. 1 Satz 1 1. HS InvStG als Einkünfte aus Kapitalvermögen ist allerdings nicht zwingend erforderlich, da auch ohne § 2 Abs. 1 Satz 1 1. Hs. InvStG die Investmenterträge der Investment-AG beim Aktionär nach § 20 Abs. 1 Nr. 1 EStG steuerpflichtig wären. Dies ergibt sich daraus, dass § 20 Abs. 1 Nr. 1 EStG, der Gewinnanteile (Dividenden) aus Aktien als steuerpflichtige Einnahmen erfasst, auch eine Subsumtion der Gewinnanteile aus Aktien einer Investment-AG zulässt. Eine Begrenzung auf Dividenden aus "normalen" Aktien ist der Vorschrift insoweit nicht zu entnehmen. Nichtsdestotrotz ist die Qualifizierung der ausgeschütteten Investmenterträge einer Investment-AG in § 2 Abs. 1 Satz 1 1. Hs. InvStG als Einkünfte aus Kapitalvermögen gem. § 20 Abs. 1 Nr. 1 EStG i.S. einer deklaratorischen Klarstellung zumindest zweckmäßig.[342]

Obschon die Investmenterträge Bezüge i.S.d. § 20 Abs. 1 Nr. 1 EStG darstellen und folgerichtig an sich nach § 3 Nr. 40 S. 1 Buchst. d EStG die Hälfte der gesamten Einnahmen beim privaten Anleger steuerfrei wären, normiert das insoweit maßgebende speziellere InvStG in § 2 Abs. 1 Satz 1 letzter Hs., dass die *Anwendung des Halbeinkünfteverfahrens* bei den Investmenterträgen zunächst grundsätzlich ausgeschlossen ist (außer in den Fällen des § 2 Abs. 2 InvStG).[343] Hintergrund ist, dass entsprechend den Anforderungen des Transparenzgrundsatzes sichergestellt werden soll, dass der Investmentanleger die Erträge der Investment-AG so zu versteuern hat, als ob sie ihm unmittelbar selbst wie einem Direktanleger zugeflossen wären. Dies bedeutet, dass, soweit die ausgeschütteten Erträge z.B. Einkünfte aus Zinsen enthalten, die Anwendung des Halbeinkünfteverfahrens gem. § 2 Abs. 1 Satz 1 letzter HS. InvStG ausgeschlossen ist und diese Erträge in vollem Umfang steuerpflichtig bleiben, da auch bei einer Direktanlage in die Zinsinstrumente das Halbeinkünfteverfahren nicht in Anspruch genommen werden könnte.[344] Das Halbeinkünfteverfahren gilt dagegen nach

---

[341] Alternativ gehören die Erträge zu den Leistungen i.S.d. § 22 Nr. 5 EStG, falls es sich um ein "Riester-Produkt" handelt, die hier allerdings thematisch ausgeklammert werden.

[342] Eine andere Frage ist die, ob auch die Investmentanteile an einem Sondervermögen ohne die Vorschrift des § 2 Abs. 1 Satz 1 1. Hs. InvStG steuerbar wären, da diese sich nicht direkt in eine der sieben Einkunftsarten des § 2 Abs. 3 EStG einordnen lassen. Zu dieser Frage, *Baur*, Investmentgesetze, § 39 KAGG, Rn. 6; *Jung*, WM 1957, Beilage Nr. 4, S. 29, 32 f.; *Steinberg*, DB 1957, 196, 198.

[343] In gleichem Sinne stellt das BMF-Schreiben v. 2.6.2005 zum InvStG, BStBl I 2005, 728, Rz. 32 klar, dass die grundsätzliche Zuordnung der Erträge aus Investmentanteilen beim Anleger zu den Einkünften aus § 20 Abs. 1 Nr. 1 EStG nicht für sich schon zur Anwendung des Halbeinkünfteverfahrens nach § 3 Nr. 40 EStG führt, sondern es einer ausdrücklichen Anordnung im InvStG bedarf.

[344] Vgl. *Dötsch/Pung*, in: Dötsch/Eversberg/Jost/Pung/Witt, KStG, § 3 Nr. 40 EStG, Rn. 113b.

§ 2 Abs. 2 InvStG – wie beim Direktanleger –, soweit Bestandteil der ausgeschütteten Erträge Dividenden sind.[345]

*bb) Laufende Investmenterträge aus Dividenden – Anwendung des Halbeinkünfteverfahrens*

Der Ausschluss des Halbeinkünfteverfahrens wird also in den Fällen des *§ 2 Abs. 2 InvStG* rückgängig gemacht. Eine lediglich hälftige Besteuerung ist beim Privatanleger danach in den Fällen vorgesehen, in denen die ausgeschütteten Erträge in- und ausländische Erträge i.S.d. § 43 Abs. 1 Satz 1 Nr. 1, Satz 2 EStG enthalten. Die Vorschriften der § 43 Abs. 1 Satz 1 Nr. 1, Satz 2 EStG verweisen ihrerseits auf § 20 Abs. 1 Nr. 1, 2, § 20 Abs. 2 Satz 1 Nr. 2 a und Satz 2 EStG und § 20 Abs. 2 Satz 1 Nr. 1 EStG, die insbesondere Dividenden erfassen. Damit unterliegen ausgeschüttete Erträge, soweit diese *in- oder ausländische Dividenden* speisen, nach *§ 3 Nr. 40 S. 1 Buchst. d EStG beim Privatanleger* einer Investment-AG dem *Halbeinkünfteverfahren.*[346]

Eine Gleichstellung mit dem privaten Direktanleger, bei dem ebenfalls Dividenden nach § 3 Nr. 40 S. 1 Buchst. d EStG nur hälftig besteuert werden, ist folglich verwirklicht.[347]

Allerdings waren bislang (einschließlich Veranlagungszeitraum 2004) die nach § 2 Abs. 2 InvStG hälftig freigestellten Investmenterträge nicht in jeder Hinsicht mit den in § 3 Nr. 40 EStG genannten beim Direktanleger hälftig freizustellenden Erträgen deckungsgleich. Während beim privaten Direktanleger *Einnahmen aus der Veräußerung von Dividendenscheinen und der Abtretung von Ansprüchen auf Gewinnanteilen i.S.d. § 20 Abs. 2 Satz 1 Nr. 2a und Satz 2 EStG* nach § 3 Nr. 40 Buchst. g und h EStG immer schon hälftig steuerbefreit gewesen sind, sind diese bei Zufluss des Entgelts vor dem 1.1.2005 beim privaten Investmentanleger nicht begünstigt.[348] Denn die bisherigen Fassungen des § 43 Abs. 1 Satz 1 Nr. 1 EStG, auf den in § 2 Abs. 2 InvStG verwiesen wird, enthielten nur einen Verweis auf Erträge i.S.d. § 20 Abs. 1 Nr. 1 und 2, nicht aber auf § 20 Abs. 2 Satz 1 Nr. 2 a und Satz 2 EStG. Nun wurde aber durch das Richtlinien-Umsetzungsgesetz v. 28.10.2004[349] in § 43 Abs. 1 Satz 1 Nr. 1 EStG ein neuer Satz 2 eingefügt, "Entsprechendes gilt

---

[345] Vgl. zur alten Rechtslage, *Lübbehausen,* in: Brinkhaus/Scherer, KAGG/AuslInvestmG, § 39 KAGG, Rn. 21; *Harenberg,* in: Herrmann/Heuer/Raupach, EStG/KStG, Anm. R 22 u. R 26 zum KAGG.

[346] Vgl. Begründung zum InvestmG, BT-Drucks. 15/1553, S. 123; BMF-Schreiben v. 2.6.2005 zum InvStG, BStBl I 2005, 728, Rz. 33; *Kayser/Steinmüller,* FR 2004, 137, 139; *Carlé,* DStZ 2004, 74, 76; *Wassermeyer,* DB 2003, 2085, 2086; *Sradj/Mertes,* DStR 2004, 201, 204; *Storg,* NWB 2004, Fach 3, S. 12999, 13003.

[347] *Ramackers,* in: Littmann/Bitz/Pust, EStG, § 2 InvStG, Rn. 50; *Dötsch/Pung,* in: Dötsch/Eversberg/Jost/Pung/Witt, KStG, § 3 Nr. 40 EStG, Rn. 113b; *Desens,* Das Halbeinkünfteverfahren, S. 248.

[348] Vgl. auch BMF-Schreiben v. 2.6.2005 zum InvStG, BStBl I 2005, 728, Rz. 33; zur alten Rechtslage unter dem KAGG, *Lübbehausen,* in: Brinkhaus/Scherer, KAGG, § 40, Rn. 59.

[349] Entwurf eines Gesetzes zur Umsetzung von EU-Richtlinien in nationales Steuerrecht und zur Änderung weiterer Vorschriften (Richtlinien-Umsetzungsgesetz - EURLUmsG), BT-Drucks. 15/3677 v. 6.9.2004. Der Bundesrat hat dem vom Bundestag am 28.10.2004 verabschiedeten Gesetz in seiner 806. Sitzung am 26.11.2004 zugestimmt (BR-Drucks. 838/04). Die Verkündung erfolgte in BGBl I 2004, 3310. Durch das Richtlinien-Umsetzungsgesetz wurden auch einige noch zu diskutierenden direkten Änderungen im InvStG vorgenommen.

für Kapitalerträge i.S.d § 20 Abs. 2 Satz 1 Nr. 2a und Satz 2 EStG". Somit sind durch den Verweis in § 2 Abs. 2 InvStG auf § 43 Abs. 1 Satz 1 Nr. 1 EStG neuerdings auch die Einnahmen aus der Veräußerung von Dividendenscheinen und der Abtretung von Ansprüchen auf Gewinnanteilen in die Begünstigung des Halbeinkünfteverfahrens beim Investmentanleger einbezogen. Die bisherige Nichtverwirklichung des Transparenzprinzips in diesem Zusammenhang ist nun ab dem Veranlagungszeitraum 2005 beseitigt.

Die Formulierung bzw. Regelungstechnik des § 2 Abs. 2 InvStG erscheint jedoch in mehrfacher Hinsicht unglücklich. Problematisch ist zunächst, dass gem. § 2 Abs. 1 InvStG sämtliche ausgeschüttete Erträge einer Investment-AG auf der Ebene der Anleger Einkünfte i.S.d. § 20 Abs. 1 Satz 1 Nr. 1 EStG und damit Erträge i.S.d. § 43 Abs. 1 Satz 1 Nr. 1 EStG sind. Daher könnte man meinen, dass *sämtliche* ausgeschüttete Erträge nach § 2 Abs. 2 InvStG über den Verweis des § 43 Abs. 1 Satz 1 Nr. 1 EStG dem Halbeinkünfteverfahren unterliegen.[350] Gegen eine solche Auslegung spricht andererseits die Systematik des InvStG, insbesondere der schon erwähnte § 2 Abs. 1 Satz 1 2. Halbs. InvStG, der verdeutlicht, dass gerade nicht für sämtliche Erträge einer Investment-AG, auch wenn sie solche i.S.d. § 20 Abs. 1 Satz 1 Nr. 1 EStG sind, für die an sich § 3 Nr. 40 Buchst. d EStG gilt, das Halbeinkünfteverfahren Anwendung findet.[351] Vielmehr wird nach § 2 Abs. 2 InvStG die Anwendung des Halbeinkünfteverfahrens entsprechend dem Direktanleger nur soweit angeordnet, wie sich die ausgeschütteten Investmenterträge aus von der Investment-AG erzielten Dividenden und den Dividenden gleichgestellten Erträgen zusammensetzen. Zudem ist auch die Einbeziehung von *ausländischen Dividenden* (vgl. § 2 Abs. 2 InvStG "...und ausländische Erträge..") in gesetzestechnischer Hinsicht nicht gelungen, da § 2 Abs. 2 InvStG auf Einnahmen i.S.d. § 43 Abs. 1 Satz 1 Nr. 1 EStG verweist, der aber nur inländische Kapitalerträge erfasst.[352] Dennoch ist aufgrund der ausdrücklichen Erwähnung der ausländischen Erträge in § 2 Abs. 2 InvStG und aus Gründen des Transparenzprinzips (beim Direktanleger werden ausländische Dividendenerträge auch nur hälftig besteuert) davon auszugehen, dass das Halbeinkünfteverfahren trotz der misslungenen Gesetzestechnik nach § 2 Abs. 2 InvStG auf vom privaten Investmentanleger über die Investment-AG bezogenen ausländischen Dividendenerträge anzuwenden ist.[353] Negativ fällt weiterhin auf, dass § 2 Abs. 2 InvStG den § 3 Nr. 40 EStG nur insgesamt für ausnahmsweise anwendbar erklärt, dabei aber unberücksichtigt lässt, dass insbesondere die Teilbereiche in § 3 Nr. 40 Satz 1 Buchst. a-c und j EStG, die Veräußerungsvorgänge betreffen, im Rahmen des § 2 Abs. 2 InvStG niemals zur Anwendung kommen. Festzuhalten bleibt, dass die umständliche und missverständliche Regelungstechnik des § 2 Abs. 2 InvStG verbesserungswürdig ist. M.E. würde es eine Verbesserung darstellen, wenn man

(1) den Verweis über § 43 EStG streicht und stattdessen eine Formulierung wählt, die direkt auf Dividenden oder diesen vergleichbaren Einnahmen verweist, wie

---

350 Vgl. auch *Köndgen/Schmies*, WM 2004, Sonderbeil. Nr. 1, S. 21.

351 Vgl. auch *Köndgen/Schmies*, WM 2004, Sonderbeil. Nr. 1, S. 21.

352 Vgl. *Desens*, Das Halbeinkünfteverfahren, S. 248, Fußnote 852.

353 Vgl. auch Beschlussempfehlung des Finanzausschusses zum StSenkG, BT-Drucks. 14/3666, S. 126; *Desens*, Das Halbeinkünfteverfahren, S. 248, Fußnote 852.

z.B. *"Soweit ausgeschüttete Erträge und (ausschüttungsgleiche) Erträge inländische und ausländische Dividenden oder Einnahmen i.S. d. § 20 Abs. 1 Nr. 1, 2, § 20 Abs. 2 Satz 1 Nr. 2 a und Satz 2 EStG und § 20 Abs. 2 Satz 1 Nr. 1 EStG enthalten, ..."*
(2) und bezüglich des § 3 Nr. 40 EStG deutlich macht, welche von seinen Teilbereichen im Rahmen des § 2 Abs. 2 InvStG Bedeutung gewinnen, wie z.B. *"..., sind § 3 Nr. 40 Satz 1 Buchst. d-h EStG ... anzuwenden."*

**Beispiel: Besteuerung von Investmenterträgen aus Dividenden beim Privatanleger**

| | |
|---|---|
| Gewinn der Körperschaft | 100,00 |
| Körperschaftssteuer (25%) | -25,00 |
| Dividende/Ausschüttung | 75,00 |
| Zufluss zur inl. Investment-AG | 75,00 |
| Ausschüttung/(Thesaurierung) | 75,00 |
| Steuerpflichtig für den Anleger (HEV) | 37,50 |
| Einkommensteuer (Steuersatz 42%) | 15,75 |
| Gewinn der Körperschaft | 100,00 |
| Körperschaftsteuer | 25,00 |
| Einkommensteuer | 15,75 |
| Ertrag nach Steuern | 59,75 |
| Steuerliche Belastung insgesamt | 40,75 |

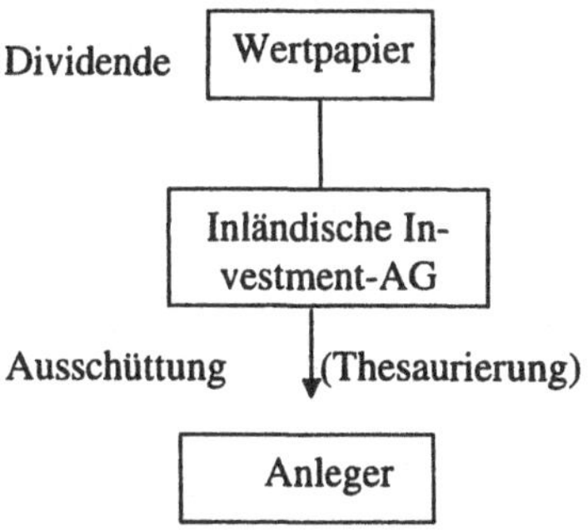


(ohne Berücksichtigung der Gewerbe- und Kapitalertragsteuer und etwaigen Aufwendungen)

### *cc) Laufende Investmenterträge aus Gewinnen aus der Veräußerung von Wertpapieren und Termingeschäften - Sachliche Steuerbefreiung*

Eine Sonderregelung gegenüber § 2 Abs. 1 InvStG und der dort vorgesehenen generellen Steuerpflichtigkeit der ausgeschütteten Investmenterträge enthält neben § 2 Abs. 2 InvStG auch § 2 Abs. 3 InvStG. Diese Vorschrift sieht *für den Privatanleger* eine *sachliche Steuerbefreiung* für ausgeschüttete Erträge vor, soweit diese bestimmte Veräußerungsgewinne speisen. Zu den befreiten Veräußerungsgewinnen gehören gem. § 2 Abs. 3 Nr. 1 Satz 1 Hs. 1 InvStG insbesondere *Gewinne aus der Veräußerung von Wertpapieren und Termingeschäften.*[354]

Neben diesen Gewinnen werden in § 2 Abs. 3 Nr. 1 Satz 1 Hs. 1 InvStG auch die Gewinne aus der Veräußerung von Bezugsrechten auf Anteile an Kapitalgesellschaften von der Steuer befreit. Ein Bezugsrecht ist das insb. dem Gesellschafter einer AG zustehende Recht, anläßlich einer Kapitalerhöhung einen seinem Anteil an dem bisherigen Grundkapital entsprechenden Teil der neuen (jungen) Aktien zugeteilt zu erhalten (vgl. § 186 Abs. 1 AktG).[355]

---

[354] Unter Geltung des KAGG waren die Gewinne aus Termingeschäften noch von der Steuerbefreiung ausgenommen (vgl. § 40 Abs.1 Satz 1 KAGG).

[355] *Baur*, Investmentgesetze, KAGG, § 40 Rn. 13. Näheres zu den Veräußerungsgewinnen von Bezugsrechten auf Anteile an Kapitalgesellschaften unter der insoweit vergleichbaren alten Rechtsla-

Zudem sieht § 2 Abs.3 Nr. 2 InvStG eine sachliche Steuerbefreiung für Gewinne aus der Veräußerung von Grundstücken und grundstücksgleichen Rechten, die nicht von § 23 Abs. 1 Satz 1 Nr. 1 und 3, Abs. 2 und Abs. 3 EStG erfasst sind, vor. Letztere wird jedoch im Zusammenhang mit der Investment-AG nicht relevant.[356]

#### (1) Begriff des Wertpapiers

Der Begriff des "Wertpapiers" wird im deutschen Zivilrecht regelmäßig definiert als Urkunde, die ein privates Vermögensrecht derart verbrieft, dass die Innehabung der Urkunde zur Ausübung des Rechts erforderlich ist.[357] Zu den Wertpapieren gehören danach z.B. Aktien, Inhaberschuldverschreibungen und Wechsel.[358]

Unter den Begriff des Wertpapiers im Rahmen des § 2 Abs. 3 Nr. 1 Satz 1 InvStG sind darüber hinaus auch ausländische Papiere, die im Ausland an Börsen zum amtlichen Handel zugelassen sind oder dort in einen geregelten Markt einbezogen sind, einzubeziehen, auch wenn sie in Deutschland nicht unter den Begriff des Wertpapiers fallen würden.[359] Dies ergibt sich mit Rücksicht auf Art. 1 Abs. 8 der OGAW-Richtlinie, der an einen wirtschaftlichen Wertpapierbegriff anknüpft und dabei vorrangig auf die Eignung als Anlagegegenstand eines Investmentvermögens i.S.d. Liquidität und Fungibilität abstellt, was bei den erwähnten ausländischen Papieren gegeben ist.[360]

Anteile an einer GmbH sind demgegenüber nicht den Wertpapieren zuzuordnen.[361] Nach dem Wortlaut des § 2 Abs. 3 Nr. 1 Satz 1 InvStG, der den Terminus "Wertpapier" benutzt, wären damit scheinbar nur Veräußerungsgewinne aus Aktien, nicht aber aus GmbH-Anteilen begünstigt.[362] In diesem Zusammenhang ist allerdings zu beachten, dass der *ursprüngliche Regierungsentwurf des InvStG*[363] nicht nur auf Wertpapiere verwies, sondern auf die privaten Veräußerungsgeschäfte i.S.d. § 23 Abs. 1 Nr. 2 EStG und damit auf *"Veräußerungen von Wirtschaftsgütern, insbesondere von Wertpapieren"*. Unter Geltung dieser Fassung wären auch die Veräußerungen von GmbH-

---

ge, *Lübbehausen,* in: Brinkhaus/Scherer, KAGG/AuslInvestmG, § 40 KAGG, Rn. 16 ff.; *Baur,* Investmentgesetze, § 40 KAGG, Rn. 11 ff.

356 Siehe oben Kapitel 4 § 1 A I 3 a).

357 *Hueck/Canaris,* Recht der Wertpapiere, S. 1; *Lübbehausen,* in: Brinkhaus/Scherer, KAGG/AuslInvestmG, § 40 KAGG, Rn. 13; *Jansen,* in: Herrmann/Heuer/Raupach, EStG/KStG, § 23 EStG, Rn. 150.

358 *Hueck/Canaris,* Recht der Wertpapiere, S. 1; *Jansen,* in: Herrmann/Heuer/Raupach, EStG/KStG, § 23 EStG, Rn. 150.

359 Vgl. *Ramackers,* in: Littmann/Bitz/Pust, EStG, § 1 InvStG, Rn. 21.

360 Vgl. *Ramackers,* in: Littmann/Bitz/Pust, EStG, § 1 InvStG, Rn. 21; zur früheren vergleichbaren Rechtslage in § 17 AuslInvestmG *Brinkhaus,* in: Brinkhaus/Scherer, KAGG/AuslInvestmG, § 17 AuslInvestmG, Rn. 79.

361 Vgl. *Jansen,* in: Herrmann/Heuer/Raupach, EStG/KStG, § 23 EStG, Rn. 150; *Ramackers,* in: Littmann/Bitz/Pust, EStG, § 2 InvStG, Rn. 78.

362 Eine Beteiligung einer Investment-AG an einer GmbH ist nur in den Fällen möglich, in denen die Investment-AG ein inländisches Investmentvermögen i.S.d. § 112 InvG ist, vgl. § 2 Abs. 5 i.V.m. § 2 Abs. 4 Nr. 9 InvG, vgl. schon oben Kapitel 1 § 3 C IV 1 b).

363 Gesetzesentwurf der Bundesregierung v. 19.9.2003, BT-Drucks. 15/1553, S. 55.

Anteilen, die unstreitig unter § 23 Abs. 1 Nr. 2 EStG fallen,[364] (zumindest außerhalb der Haltefrist von einem Jahr) steuerbefreit gewesen.[365] Im Rahmen der *Beschlussempfehlung des Finanzausschusses*[366] wurde diese frühere zu der jetzigen Fassung abgeändert. In seiner Begründung misst der Gesetzgeber dieser Änderung nur redaktionelle Bedeutung bei, was zeigt, dass er eigentlich vorhatte, die Veräußerungen von GmbH-Anteilen beim Investmentanleger auch im Rahmen der endgültigen Fassung des § 2 Abs. 3 Nr. 1 InvStG zu begünstigen.[367] Für diese Interpretation spricht zudem das BMF-Schreiben zum InvStG, indem es darauf hinweist, dass der Befreiungstatbestand "Veräußerung von Wertpapieren" in der Weise auszulegen sei, dass neben Veräußerungsgewinnen aus inländischen und ausländischen Aktien auch Veräußerungsgewinne aus GmbH-Anteilen und Anteilen an mit der GmbH vergleichbaren ausländischen Kapitalgesellschaften (begriffstechnisch allerdings unsauber!) erfasst werden.[368]

#### (2) Begriff des Termingeschäfts

Des Weiteren stellt sich die Frage, wie weit der Begriff des *"Termingeschäfts"* (Oberbegriff für Festgeschäfte, Optionen und Swaps)[369] zu verstehen ist. Da dieser Begriff im InvStG nicht definiert wird, werden verschiedene Auslegungsansätze diskutiert. Nach dem ersten Ansatz sollen Termingeschäfte i.S.d. § 2 Abs. 3 Nr. 1 Satz 1 InvStG auf solche *i.S.d. Nr. 4 des § 23 Abs. 1 Satz 1 EStG* begrenzt sein, also alle Termingeschäfte, bei denen der Steuerpflichtige einen *Differenzausgleich* oder einen durch den Wert einer veränderlichen Bezugsgröße bestimmten Geldbetrag oder Vorteil erlangt.[370]

*Bsp. für ein Termingeschäft i.S.d. § 23 Abs. 1 Satz 1 Nr. 4 EStG* (Ausübung einer Kaufoption durch Differenzausgleich):[371] Anleger A erwirbt am 1.3.2005 über seine Bank zehn Kaufoptionen (Calls) über je 100 Aktien eines bestimmten Unternehmens zum Basispreis von 320 €, weil er für die kommenden Monate mit einem Kursanstieg der Aktie rechnet (Kurs der Aktie am 1.3.2005: 310 €). Die Kaufoption läuft im Juli 2005 (Verfallmonat) aus. A bezahlt eine Optionsprämie von 1000 x 20 € = 20 000 €. Am 31.7.2005 ist der Kurs der Aktie auf 350 € gestiegen. A beschließt daher, sein Optionsrecht auszuüben und verlangt die Differenz zwischen den Basispreis von 310 € zu 350 €, also 40 € je Option. Daraus erzielt er insgesamt Einnahmen von 40.000 €, abzüglich der Aufwendungen für die Optionsprämie von 20.000 € verbleibt ein steuerpflichtiger Gewinn aus einem privaten Veräußerungsgeschäft i.S.d. § 23 Abs. 1 Satz 1 Nr. 4 EStG i.H.v. 20.000 € (die Optionsprämie ist wie WK gem. § 23 Abs. 3 Satz 5 EStG abzuziehen).

---

[364] Vgl. *Jansen*, in: Herrmann/Heuer/Raupach, EStG/KStG, § 23 EStG, Rn. 150.

[365] Vgl. *Sradj/Mertes*, DStR 2004, 201, 204.

[366] Vom 5.11.2003, BT-Drucks. 15/1896, S. 106.

[367] Vgl. Bericht des Finanzausschusses v. 5.11.2003, BT-Drucks. 15/1944, S. 18.

[368] Vgl. BMF-Schreiben v. 2.6.2005 zum InvStG, BStBl I 2005, 728, Rz. 37.

[369] Vgl. *Lindemann*, FR 2003, 890, 898. Zu den Begriffen Termin-, Options, Festgeschäft, zu ihrer zivilrechtlichen Natur und zur Technik dieser Finanzinstrumente siehe insb. BMF-Schreiben v. 27.11.2001, BStBl I 2001, 986.

[370] *Kayser/Steinmüller*, FR 2004, 137, 140; wohl auch *PriceWaterhouseCoopers*, Die Novellierung des Investmentrechts 2004, S. 178 f.; *Carlé*, KÖSDL 2004, 14300, 14307.

[371] Nach *Harenberg*, in: Herrmann/Heuer/Raupach, EStG/KStG, § 23 EStG, Anm. 200.

Daneben wird die Auffassung vertreten, dass der Begriff "Termingeschäft" *weit auszulegen* sei.[372] Danach sollen im InvStG neben auf Differenzausgleich gerichteten Termingeschäften *i.S.d. § 23 Abs. 1 Satz 1 Nr. 4 EStG* auch auf physische Erfüllung gerichtete Termingeschäfte, die im Rahmen des EStG ein privates Veräußerungsgeschäft *i.S.d. Nr. 2 und Nr. 3 des § 23 Abs. 1 Satz 1 EStG* darstellen,[373] und der Erhalt von Optionsprämien, die auf Ebene des EStG nach h.M. als Einnahme aus sonstiger Leistung nach *§ 22 Nr. 3 EStG* steuerbar sind,[374] ein Termingeschäft i.S.d. § 2 Abs. 3 Nr. 1 InvStG sein.[375]

Um sich die Spannbreite von Termingeschäften und die unterschiedliche Zuordnung dieser im Rahmen des EStG zu den einzelnen Veräußerungstatbeständen des § 23 EStG besser vorstellen zu können, kann man z.B. den *Fall der Ausübung einer Verkaufsoption* anführen: *1. Alt.:* Der Inhaber einer Verkaufsoption übt diese aus und liefert den Basiswert. Hier liegt ein privates Veräußerungsgeschäft nach *§ 23 Abs. 1 Satz 1 Nr. 2 EStG* hinsichtlich des Basiswerts vor, wenn dieser innerhalb eines Jahres vor Veräußerung (Ausübung der Option) angeschafft wurde. **2. Alt.:** Muss der Inhaber den Basiswert, z.B. Aktien, bei Ausübung der Verkaufsoption erst noch erwerben, verwirklicht er mit der Weiterlieferung der Aktien ein privates Veräußerungsgeschäft i.S.d. *§ 23 Abs. 1 Satz 1 Nr. 3. Alt. 3.:* Wenn der Inhaber der Verkaufsoption anstelle der Lieferung innerhalb der Jahresfrist bei Ausübung einen Barausgleich erhält, so ist ein privates Veräußerungsgeschäft i.S.d *§ 23 Abs. 1 Satz 1 Nr. 4 EStG gegeben*, wenn der Zeitraum zwischen Erwerb der Verkaufsoption und Ausübung nicht mehr als ein Jahr beträgt.[376]
Alle diese unterschiedlichen Fallkonstellation sollen nach der oben dargestellten Ansicht der weiten Auslegung des Termingeschäfts bei vergleichbaren Geschäften der Investment-AG unter die Steuerbefreiung des § 2 Abs. 3 Nr. 1 InvStG fallen.

*Bsp. für den Erhalt einer Optionsprämie:*[377] Der Verkäufer einer Kaufoption (Stillhalter) erhält von A die Optionsprämie dafür, dass er sich für eine bestimmte Zeit bindet und die daraus resultierenden Kursrisiken eingeht, die durch Einräumung des Optionsrechts während der Optionsfrist entstehen können. Die Optionsprämie stellt für den Stillhalter daher Entgelt für eine sonstige Leistung dar, das nach h.M. gem. *§ 22 Nr. 3 EStG* zu versteuern ist.

Konsequenz dieser weiten Begriffsauffassung wäre, dass Optionsprämien zumindest im Rahmen des InvStG nicht unter den Begriff der "sonstigen Erträge" subsumierbar sein würden, und damit weder bei Thesaurierung, weil sie nicht unter die sonstigen Er-

---

372 *Lindemann*, FR 2003, 890, 898 f.; *Schmitt/Hagen*, DStR 2004, 837, 838 f.; *Ramackers*, in: Littmann/Bitz/Pust, EStG, § 2 InvStG, Rn. 90.

373 Details zu der Zuordnung von Termingeschäften zu den Vorschriften im EStG, finden sich im BMF-Schreiben v. 27.11.2001, BStBl I 2001, 986.

374 Vgl. BFH v. 28.11.1990 X R 197/87, BStBl II 1991, 300; BMF-Schreiben v. 27.11.2001, BStBl I 2001, 986, Rz. 24 und 27; *Harenberg*, in: Herrmann/Heuer/Raupach, EStG/KStG, § 23 EStG, Anm. 200 (h.M.); eine andere Ansicht will die Optionsprämien beim Direktanleger dem Tatbestand des § 23 Abs. 1 Satz 1 Nr. 4 EStG zuordnen (vgl. z.B. *Schmitt/Hagen*, DStR 2004, 837, 839 f.; siehe auch *Zeller*, DB 2004, 1522, 1522 ff. mit einem guten Überblick über die Ansichten über die steuerliche Behandlung von Optionsprämien). Folgt man dieser Ansicht, wären die Optionsprämien im Rahmen des InvStG sowohl nach der engen als auch der weiten Auffassung vom Begriff des "Termingeschäfts" umfasst.

375 *Lindemann*, FR 2003, 890, 898 f.; *Schmitt/Hagen*, DStR 2004, 837, 838 ff.

376 Vgl. BMF-Schreiben v.27.11.2001, BStBl I 2001, 986, Rn. 20 f.

377 *Harenberg*, in: Herrmann/Heuer/Raupach, EStG/KStG, § 23 EStG, Anm. 200.

träge fallen würden,[378] noch bei Ausschüttung, da sie unter den Begriff des steuerbefreiten "Termingeschäfts" i.S.d. § 2 Abs. 3 Nr. 1 InvStG fallen würden, steuerpflichtig wären.[379]

M.E. lässt das InvStG an dieser Stelle relativ großen Auslegungsspielraum, was die Entscheidung der Streitfrage schwierig gestaltet. Der letzten Ansicht ist zuzugestehen, dass der aktuelle Gesetzeswortlaut des § 2 Abs. 3 Nr. 1 InvStG nur von "Termingeschäft" ohne einer weiteren Begrenzung spricht, was eine weite Auslegung des Begriffes zulässt. Als weiteres Argument für diese Auffassung kann angeführt werden, dass sie Rechtssicherheit für den Investmentbereich schaffen würde. Denn eine Differenzierung zwischen den einzelnen Arten von Termingeschäften mit unterschiedlichen steuerlichen Konsequenzen im Rahmen von ausgeschütteten Investmenterträgen würde sich erübrigen.

Andererseits vernachlässigt die zweite Ansicht aber die Ergebnisse, die eine historische und systematische Auslegung erbringt. Zieht man die Gesetzgebungsarbeiten zum InvStG hinzu, sieht man, dass die ursprüngliche Fassung des Regierungsentwurfs die Formulierung "Gewinne (...) *i.S.d. § 23 Abs. 1 Nr. 4 EStG*" aufwies,[380] an deren Stelle in der endgültigen Fassung die Bezeichnung "Termingeschäft" getreten ist. Nach der Gesetzesbegründung soll es sich hierbei, wie auch beim Begriff des "Wertpapiers", lediglich um eine redaktionelle Änderung handeln.[381] Dies spricht dafür, dass der jetzige Begriff "Termingeschäft" nach wie vor *i.S.d. § 23 Abs. 1 Satz 1 Nr. 4 EStG* verstanden werden soll. Diese Interpretation lässt allerdings außer Acht, dass damit aufgrund der ebenfalls vorgenommenen redaktionellen Änderung von "Gewinne (...) *i.S.d. § 23 Abs. 1 Satz 1 Nr. 2 EStG*" zu "Wertpapiere" die ursprünglich erfassten Konstellationen von Termingeschäften *i.S.d. Nr. 2 des § 23 Abs. 1 Satz 1 EStG*, die zumindest nach dem Wortlaut, wenn der zugrundeliegende Basiswert kein Wertpapier ist, nicht unter Gewinnen aus "Wertpapieren" subsumiert werden können, im Rahmen der endgültigen Fassung nicht mehr gem. § 2 Abs. 3 Nr. 1 Satz 1 InvStG steuerbefreit wären (außer man ließe auch hier, wie bei den GmbH-Anteilen, eine über den Wortlaut hinausgehende Auslegung zu).

Demzufolge wäre m.E. eine Auslegung des Begriffes "Termingeschäft" vorzuziehen, die neben solchen *i.S.d. Nr. 4 des § 23 Abs. 1 Satz 1 EStG* auch die Veräußerungsgeschäfte erfasst, die thematisch zu den Termingeschäften gehören und im EStG unter die *Nr. 2 des § 23 Abs. 1 Satz 1 EStG* ("Veräußerungsgeschäfte bei anderen Wirtschaftsgütern ..") fallen. Da § 2 Abs. 3 Nr. 1 InvStG wie gezeigt nur Veräußerungstatbestände i.S.d. § 23 Abs. 1 Satz 1 Nr. 2 und Nr. 4 EStG zugrunde liegen, ist demgegenüber eine Einbeziehung von Termingeschäften, die den Leerverkäufen i.S.d. der *Nr. 3 des § 23 Abs. 1 Satz 1 EStG* zuzuordnen sind, in den Begriff des Termingeschäfts i.S.d. § 2 Abs. 3 Nr. 1 InvStG abzulehnen. Eine solche Sichtweise steht im Einklang mit der Systematik der Besteuerung der ausschüttungsgleichen Erträge gem.

---

[378] Zudem sind Termingeschäfte auch bei Thesaurierung steuerfrei, dazu siehe unten Kapitel 4 § 1 A II 1 b) aa).

[379] Vgl. *Lindemann*, FR 2003, 890, 899; *Schmitt/Hagen*, DStR 2004, 837, 840.

[380] Vgl. BT-Drucks. 15/1553, S. 55.

[381] Bericht des Finanzausschusses v. 5.11.2003, BT-Drucks. 15/1944, S. 18.

§ 2 Abs. 1 Satz 1 Hs. 1 i.V.m. § 1 Abs. 3 Satz 3 InvStG. Auch dort werden mangels Aufzählung nur die Veräußerungstatbestände *i.S.d. § 23 Abs. 1 Satz 1 Nr. 2 und 4 EStG* von der Steuerbarkeit der ausschüttungsgleichen Erträge ausgenommen, während Gewinne aus Leerverkäufen *i.S.d. Nr. 3 des § 23 Abs. 1 Satz 1 EStG* grundsätzlich steuerbar sind.[382]

Entgegen der Ansicht, die eine weite Auslegung des Begriffes "Termingeschäft" vertritt, scheidet auch eine Zuordnung von *Optionsprämien* zu dem Begriff "Termingeschäft" aus. Grund hierfür ist einerseits die dargestellte historische Auslegung, die keinen Anhaltspunkt dafür bietet, Optionsprämien, die nach h.M. zur Direktanlage zu den Einkünften aus sonstiger Leistung gem. *§ 22 Nr. 3 EStG* gehören,[383] als Termingeschäfte aufzufassen.[384] Des weiteren erscheint es im Hinblick auf den Transparenzgrundsatz sachgerecht, Optionsprämien entsprechend der Besteuerung bei der Direktanlage weiterhin den steuerpflichtigen "sonstigen Erträgen" zuzuordnen.[385]

#### (3) Keine vollständige Verwirklichung des Transparenzprinzips

§ 2 Abs. 3 Nr. 1 Satz 1 Hs. 1 InvStG ist zumindest teilweise Ausdruck des Transparenzprinzips.[386] Denn der private Direktanleger kann – von Ausnahmen in § 23 Abs. 1 Satz 1 Nr. 2 und Nr. 4 EStG und § 17 EStG abgesehen – gleichfalls Gewinne aus der Veräußerung von Wertpapieren, GmbH-Anteilen und Termingeschäften steuerfrei realisieren. Handelt es sich um Leerverkäufe i.S.d. § 23 Abs. 1 Satz 1 Nr. 3 EStG, sind diese entsprechend der grundsätzlichen Steuerpflicht beim Direktanleger (hier fehlt eine gesetzliche Veräußerungsfrist!) mangels Erwähnung in § 2 Abs. 3 InvStG und aufgrund historischer Auslegung beim Investmentanleger ebenfalls steuerpflichtig.[387]

Jedoch wird der private Investmentanleger gegenüber dem Direktanleger in § 2 Abs. 3 Nr. 1 Satz 1 Hs. 1 InvStG in einigen Punkten auch begünstigt, so dass diese Vorschrift zugleich Ausdruck einer *Durchbrechung des Transparenzprinzips* ist.[388] So werden beim Investmentanleger die in den Ausschüttungen enthaltenen Veräußerungsgewinne aus Wertpapieren, GmbH-Anteilen und Termingeschäften völlig unab-

---

[382] Zu den ausschüttungsgleichen Erträgen später mehr unter Kapitel 4 § 1 A II 1 b).

[383] BFH v. 28.11.1990 X R 197/87, BStBl II 1991, 300.

[384] Folgt man dagegen schon auf Ebene des EStG der Ansicht, dass Optionsprämien nach § 23 Abs. 1 Satz 1 Nr. 4 EStG zu erfassen sind, ist es nur konsequent, diese dann im InvStG unter die Steuerbefreiung des § 2 Abs. 3 Nr. 1 Satz 1 InvStG fallen zu lassen, siehe dazu schon oben und *Schmitt/Hagen*, DStR 2004, 837, 839 f.; *Zeller*, DB 2004, 1522, 1523 f.

[385] So auch *PriceWaterhouseCoopers*, Die Novellierung des Investmentrechts 2004, S. 179; *Carlé*, KÖSDL 2004, 14300, 14306; *Ramackers*, in: Littmann/Bitz/Pust, EStG, § 1 InvStG, Rn. 68.

[386] *Ramackers*, in: Littmann/Bitz/Pust, EStG, § 2 InvStG, Rn. 60; so bereits zur vergleichbaren Rechtslage bis zum 31.12.2003, *Baur*, Investmentgesetze, § 40 Rn. 4; *Lübbehausen*, in: Brinkhaus/Scherer, KAGG/AuslInvestmG, § 40 KAGG, Rn. 22.

[387] Vgl. *Storg*, NWB 2004, Fach 3, S. 12999, 13003.

[388] *Dötsch/Pung*, in: Dötsch/Eversberg/Jost/Pung/Witt, KStG, § 3 Nr. 40 EStG, Rn. 113b; *von Beckerath*, in: Kirchhof, EStG, § 20 Rn. 142; *Desens*, Das Halbeinkünfteverfahren, S. 249; *Lechner*, BB 2005, 1771, 1772; *Köndgen/Schmies*, WM Sonderbeil. Nr. 1 2004, S. 11; zur alten vergleichbaren Rechtslage bis zum 31.12.2003: *Harenberg*, in: Herrmann/Heuer/Raupach, EStG, KStG, Anm. R 26 zum KAGG; *Lübbehausen*, in: Brinkhaus/Scherer, KAGG, § 40 Rn. 12.

hängig von dem Zeitraum zwischen Anschaffung und Veräußerung steuerfrei gestellt, während der private Direktanleger seine *innerhalb einer Jahresfrist* realisierten Gewinne aus der Veräußerung von Wertpapieren, GmbH-Anteilen und Termingeschäften gem. § 22 Nr. 2 i.V.m. § 23 Abs. 1 Satz 1 Nr. 2 und Nr. 4 EStG zu versteuern hat.[389] Obschon diese systemwidrige Privilegierung bereits unter der Geltung des KAGG (vgl. § 40 Abs. 1 KAGG) bestanden hatte, hat der Gesetzgeber des InvStG im Rahmen der Neuregelungen nicht deren Abschaffung vorgenommen, sondern vielmehr bewusst beibehalten.[390] Als Begründung für die diesbezügliche Besserstellung des Investmentanlegers kann einerseits angeführt werden, dass der private Direktanleger anders als der Investmentanleger es selbst in der Hand hat, Veräußerungsgeschäfte innerhalb der Jahresfrist des § 23 Abs. 1 Satz 1 Nr. 2 und Nr. 4 EStG zu vermeiden und es daher gerechtfertigt erscheint, ihm eine eventuelle Steuerpflicht zuzurechnen. Des Weiteren kann eine Investment-AG mit lebhaften Absatz nicht von Umschichtungen von Wertpapieren absehen, nur weil evtl. die Spekulationsfrist noch nicht abgelaufen ist.[391] Die generelle Steuerfreistellung von Veräußerungsgewinnen aus Termingeschäften beim Privatanleger wird zudem als Regelung zugunsten von Hedge-Investment-Aktiengesellschaften gerechtfertigt, die verstärkt in diesem Sektor tätig sind.[392]

Teilweise wird die Privilegierung auch mit Vereinfachungsgründen erklärt.[393] Dieser Begründungsansatz ist allerdings im Rahmen des InvStG angesichts seines ohnehin komplizierten Regelungswerkes nicht überzeugend.

Des Weiteren findet eine Ungleichbehandlung in den Fällen statt, in denen ein privater Anleger, der in den letzten fünf Jahren zu mindestens 1% an einer Kapitalgesellschaft beteiligt war, diesen Anteil gewinnbringend veräußert. Beim Direktanleger ist ein solcher Veräußerungsgewinn nach § 17 Abs. 1 EStG steuerpflichtig. Der mittelbare Anteilsbesitz über eine Investment-AG ist insoweit günstiger gestellt, da § 2 Abs. 3 Nr. 1 Satz 1 Hs. 1 InvStG keine Anwendung des § 17 EStG vorsieht, sondern den Veräußerungsgewinn aus einem Anteilsverkauf unanhängig von einer Beteiligungsgrenze von der Steuer befreit. Diese Besserstellung läßt sich aber damit begründen, dass § 17 EStG schon von seinem Wortlaut schwer in § 2 Abs. 3 Nr. 1 Satz 1 Hs. 1 InvStG eingefügt werden könnte. Problematisch wäre einerseits, dass der Veräußerer im Investmentfall die Investment-AG und nicht der Anleger ist und zum anderen, auf wen sich die Beteiligungsgrenze von 1% bezieht.

---

389 Diese generelle Steuerbefreiung der Veräußerungsgewinne aus Wertpapieren und Termingeschäften war auch schon im ursprünglichen Regierungsentwurf vorgesehen, auch wenn dort noch der Hinweis auf die privaten Veräußerungsgeschäfte i.S.d. § 23 Abs. 1 Satz 1 Nr. 2 und Nr. 4 EStG benutzt wurde. Vgl. die dort verwendete Gesetzesformulierung und die diesbezügliche Gesetzesbegründung, BT-Drucks. 15/1553, S. 55 u. 124.

390 Vgl. Gesetzesbegründung zum InvestmG, BT-Drucks. 15/1553, S. 124.

391 So bereits zur vergleichbaren Rechtslage bis zum 31.12.2003, *Baur*, Investmentgesetze, KAGG, § 40 Rn. 5.

392 Gesetzesbegründung zum InvestmG, BT-Drucks. 15/1553, S. 121; *Lindemann*, FR 2003, 890, 898; *Carlé*, DStZ 2004, 74, 76.

393 *Baur*, Investmentgesetze, KAGG, § 40 Rn. 5; *Steinberg*, DB 1957, 196, 198.

### *dd) Vereinbarkeit des generellen Ausschlusses der Steuerpflicht von Rückzahlungen von Einlagen mit der Systematik des EStG*

Soweit Ausschüttungen der Investment-AG an die Aktionäre *Rückzahlungen von Einlagen* (d.h. Nennkapital im Wege einer Kapitalherabsetzung oder Kapitalrücklagen im Wege der Auskehrung)[394] speisen, sind diese nicht nach § 2 Abs. 1 Satz 1 Hs. 1 InvStG steuerbar, da sie keine *"ausgeschütteten Erträge"* darstellen.[395] Dieses Auslegungsergebnis wird durch die Gesetzesbegründung zum InvStG bestätigt, in der ausdrücklich ausgeführt wird, dass *entsprechend der Systematik des Einkommensteuergesetzes grundsätzlich* nur Erträge der Besteuerung unterliegen, nicht aber Kapitalrückzahlungen.[396]

Die Systematik des EStG hinsichtlich der Besteuerung der Rückzahlung von Einlagen, auf die sich die Gesetzesbegründung zum InvStG bezieht, läßt sich wie folgt beschreiben. Hält ein Anteilseigner seine Anteile im Privatvermögen und beträgt die Beteiligung weniger als 1%, so dass § 17 EStG nicht anwendbar ist, werden nach § 20 Abs. 1 Nr. 1 Satz 3 EStG Ausschüttungen, soweit sie aus Einlagen stammen ("Verwendung des Einlagekontos"), ausdrücklich nicht zu den steuerpflichtigen Einnahmen gerechnet.[397]

> In § 20 Abs. 1 Nr. 1 Satz 3 EStG wird im Zusammenhang mit der nicht steuerbaren Einlagenrückzahlung der Begriff des steuerlichen Einlagekontos i.S.v. § 27 KStG verwendet. Ein sog. steuerliches Einlagekonto hat eine Kapitalgesellschaft nach § 27 KStG zu führen, um alle Einlagen der Anteilseigner festzuhalten, die nicht auf das Nennkapital geleistet werden. U.a. werden folgende Beträge dort eingestellt: das Ausgabeaufgeld bei Ausgabe neuer Anteile (Agio, § 272 Abs. 2 Nr. 1 HGB) und Zuzahlungen der Anteilseigner bei Vorzugsanteilen (§ 272 Abs. 2 Nr. 3 HGB). Mit Hilfe dieses steuerlichen Einlagekontos kann bei jeder Ausschüttung festgestellt werden, ob in der Auskehrung Einlagen zurückgezahlt werden, die bei dem Anteilseigner steuerlich nicht erfasst werden (vgl. § 20 Abs. 1 Nr. 1 S. 3 EStG).[398]

Zudem bestimmt § 20 Abs. 1 Nr. 2 EStG, dass bei einer Auflösung oder Kapitalherabsetzung Bezüge nur dann zu steuerpflichtigen Einkünften aus Kapitalvermögen gehören, wenn sie keine Rückzahlung von Nennkapital sind.[399] Rückzahlungen von Nennkapital führen also nicht zu steuerpflichtigen Einkünften. Beim Vergleich der steuerlichen Behandlung der Rückzahlung von Einlagen im Rahmen des § 20 EStG einerseits und des § 2 InvStG andererseits ist festzustellen, dass in beiden Fällen eine nicht steuerbare Vermögensmehrung angenommen wird.[400] Folglich liegt jedenfalls insoweit eine Gleichbehandlung mit dem Direktanleger vor.

---

394 Vgl. *Frotscher*, Körperschaftsteuer, § 12 Rn. 507.

395 Siehe schon oben Kapitel 4 § 1 A I 3 a).

396 Begründung zum InvStG, BT-Drucks. 15/1553, S. 123.

397 Vgl. *Frotscher*, Körperschaftsteuer, § 12 Rn. 508; *von Beckerath*, in: Kirchhof, EStG, § 20, Rn. 91.

398 Näheres zum steuerlichen Einlagekonto BMF v. 4.6.2003, BStBl. I 2003, 366; *Frotscher*, Körperschaftsteuer, § 12 Rn. 512 ff.

399 Vgl. *Frotscher*, Körperschaftsteuer, § 12 Rn. 508.

400 Hinzuweisen ist in diesem Zusammenhang, dass bei einer AG, und somit auch bei der Investment-AG (vgl. § 99 Abs. 1 AktG), eine Ausschüttung vor Liquidation, die mit Rückzahlungen von Ka-

Werden demgegenüber die Anteile im Privatvermögen gehalten und beträgt die Beteiligung dabei *mindestens 1%,* sieht das EStG in § 17 Abs. 4 EStG vor, dass die Rückzahlung von Einlagen durch eine Kapitalgesellschaft wie eine Veräußerung der Anteile behandelt wird. Die Ermittlung eines eventuellen Veräußerungsgewinnes erfolgt dadurch, dass der Veräußerungspreis, der aus dem Rückzahlungsbetrag der Einlagen besteht (§ 17 Abs. 4 Satz 2 EStG), von den Anschaffungskosten der Anteile abzuziehen ist (vgl. § 17 Abs. 4 i.V.m. § 17 Abs. 2 Satz 1 EStG). Soweit die Anschaffungskosten höher sind als der Rückzahlungsbetrag, kommt es nicht zu einem steuerpflichtigen Veräußerungsgewinn; jedoch erfolgt eine erfolgsneutrale Minderung der Anschaffungskosten um den Rückzahlungsbetrag, so dass bei einer späteren Veräußerung der Anteile ein höherer steuerpflichtiger Veräußerungsgewinn entsteht.[401] Übersteigt der Betrag der Einlagenrückzahlung die Anschaffungskosten, ist ein nach § 17 EStG *steuerpflichtiger Veräußerungsgewinn* in der Höhe des die Anschaffungskosten übersteigenden Betrages gegeben, unabhängig davon, ob die Beteiligung als solche veräußert wird.[402]

Bsp.: C ist zu 10% an der B-AG beteiligt. Seine Anschaffungskosten für seine Beteiligung betrugen 100.000 €. Die AG nimmt eine Kapitalrückzahlung vor, von der auf C 110.000 € entfallen.[403] C hat von seinen Anschaffungskosten in Höhe von 100.000 € die Kapitalrückzahlung abzuziehen und den überschießenden Betrag (10.000 €) nach § 17 Abs. 4 i.V.m. dem Halbeinkünfteverfahren (§ 3 Nr. 40 S. 1 Buchst. c EStG) zu versteuern.[404]

An dem hier dargestellten Fall des § 17 Abs. 4 EStG ist zu sehen, dass es im Rahmen des EStG auch Fälle geben kann, in denen Einlagerückgewähr zu steuerpflichtigen Einnahmen führen kann. Das InvStG, das generell eine Nichtsteuerbarkeit der Rückzahlungen von Einlagen im Rahmen der Regelbesteuerung vorsieht, gibt somit die Lage der Systematik des EStG nicht vollständig getreu wider. Vielmehr kommt es zu einer Bevorzugung des Investmentanlegers in dem Fall, in dem er mindestens 1% der Anteile an einer Investment-AG im Privatvermögen hält und eine Einlagenrückzahlung seine Anschaffungskosten der Anteile übersteigt.[405] Nach dem InvStG wäre dieser Vorgang nicht steuerbar, während ein ähnlich gelagerter Fall beim privaten Direktanleger einen steuerpflichtigen Gewinn gem. § 17 Abs. 4 EStG nach sich ziehen würde.

---

pitalrücklagen gem. § 272 Abs. 2 Nr. 1 bis 3 HGB gespeist ist, gesellschaftsrechtlich nicht zulässig ist, da die genannten Kapitalrücklagen gem. §§ 57 Abs. 3, 58 Abs. 4, 150 Abs. 3 und 4 AktG gebundenes Vermögen darstellen. Allerdings verstößt die Rückzahlung von Nennkapital im Rahmen einer ordentlichen Kapitalherabsetzung nicht gegen § 57 AktG, vgl. *Bayer,* in: MünchKomm, AktG, § 57 Rn. 119.

401 *Frotscher,* Körperschaftsteuer, § 12 Rn. 508; *Gosch,* in: Kirchhof, EStG, § 17, Rn. 300.

402 *Frotscher,* Körperschaftsteuer, § 12 Rn. 508; *Gosch,* in: Kirchhof, EStG, § 17, Rn. 297 u. 300.

403 Eine solche Konstellation ist möglich, wenn C die Anteile zu einem Kaufpreis gekauft hat, der unter dem anteiligen Anteil am Nennkapital gelegen hat.

404 Vgl. *Frotscher,* Körperschaftsteuer, § 12 Rn. 508.

405 Ein solcher Fall ist beim Investment-Aktionär möglich, wenn er einen Anteil an einer Investment-AG auf dem öffentlichen Markt gekauft hat und der Kaufpreis niedriger war als der entsprechende Anteil am Nennkapital.

### *b) Besonderheiten bei ausschüttungsgleichen Erträgen*

Die steuerliche Behandlung der ausschüttungsgleichen (=thesaurierten) Erträge beim Privatanleger weist gegenüber der Besteuerung der ausgeschütteten Erträge nur wenige Besonderheiten auf, die es gilt, im Folgenden herauszustellen. Im Ausgangspunkt normiert § 2 Abs. 1 Satz 1 Hs. 1 InvStG, dass die ausschüttungsgleichen Erträge ebenso wie die ausgeschütteten Erträge unabhängig von der Ertragsquelle beim Privatanleger zu den Einkünften aus Kapitalvermögen i.S.d. § 20 Abs. 1 Nr. 1 EStG gehören. Zugleich wird gem. § 2 Abs. 1 Satz 1 letzter Hs. InvStG die Anwendung des Halbeinkünfteverfahrens zunächst generell ausgeschlossen. Soweit es sich bei den ausschüttungsgleichen Erträgen um in- oder ausländische Dividenden oder ähnliche Erträge handelt, wird der Ausschluss wie bei den ausgeschütteten Erträgen gem. § 2 Abs. 2 InvStG rückgängig gemacht und das Halbeinkünfteverfahren gem. § 3 Nr. 40 Buchst. d-h EStG für anwendbar erklärt.[406]

#### *aa) Geringerer Umfang der Steuerbarkeit*

Im Vergleich zu den ausgeschütteten Erträgen ist der Umfang der nach § 2 Abs. 1 Satz 1 Hs. 1 InvStG steuerbaren thesaurierten Erträgen allerdings geringer. Dies bedingt die Tatsache, dass die diesen Begriffen zugrunde liegenden Definitionen unterschiedlich weit gefasst sind. Unter den Begriff der ausgeschütteten Erträge fallen gem. § 1 Abs. 3 Satz 2 InvStG *sämtliche Gewinne aus Veräußerungsgeschäften.* Demgegenüber ist gem. § 1 Abs. 3 Satz 3 InvStG bei den ausschüttungsgleichen Erträgen der Kreis der Gewinne aus Veräußerungsgeschäften auf die *Gewinne aus privaten Veräußerungsgeschäften i.S.d. § 23 Abs. 1 Satz 1 Nr. 1 und 3, Abs. 2 und 3 EStG* mit Ausnahme von Gewinnen aus Wertpapierveräußerungen beschränkt. Mangels Aufzählung sind nicht steuerbar als ausschüttungsgleicher Ertrag nach § 2 Abs. 1 Satz 1 Hs. 1 i.V.m. § 1 Abs. 3 Satz 3 InvStG demnach *Gewinne aus der Veräußerung von Wertpapieren und Anteilen an Kapitalgesellschaften,* die nicht in Wertpapieren verbrieft sind, z.B. GmbH-Anteile (Fälle des § 23 Abs. 1 Satz 1 Nr. 2 EStG).[407] Ausgenommen aus der Steuerbarkeit sind zudem *Gewinne aus Termingeschäften.*[408]

Bezüglich des Begriffes des Termingeschäfts stellt sich genauso wie bei den ausgeschütteten Erträgen die Frage, wie weit der Begriff zu verstehen ist. Dadurch dass in § 1 Abs. 3 Satz 3 InvStG Veräußerungsgewinne *i.S.d. § 23 Abs. 1 Satz 1 Nr. 2 und 4 EStG* von der Steuerpflicht ausgegrenzt werden, wird die Auslegungsfrage allerdings entschärft. Im Ergebnis sind jedenfalls solche Termingeschäfte, die unter § 23 Abs. 1 Satz 1 Nr. 2 und 4 EStG zu subsumieren sind, nicht steuerbar. Optionsprämien sind, wie schon im Zusammenhang mit den ausgeschütteten Erträgen dargestellt, m.E. als sonstige Erträge einzuordnen und damit als ausschüttungsgleicher Ertrag steuerbar. Abweichend von den ausgeschütteten Erträgen sind nach dem Gesetzeswortlaut des § 1

---

406 Vgl. Gesetzesbegründung zum InvestmG, BT-Drucks. 15/1553, S. 121 u.123; BMF-Schreiben v. 2.6.2005 zum InvStG, BStBl I 2005, 728, Rz. 33; *Kayser/Steinmüller*, FR 2004, 137, 139; *Desens*, Das Halbeinkünfteverfahren, S. 248; *Sradj/Mertes*, DStR 2004, 201, 204.

407 Gesetzesbegründung zum InvestmG, BT-Drucks. 15/1553, S. 123; BMF-Schreiben v. 2.6.2005 zum InvStG, BStBl I 2005, 728, Rz. 18 f.; *Kayser/Steinmüller*, FR 2004, 137, 139.

408 Gesetzesbegründung zum InvestmG, BT-Drucks. 15/1553, S. 123; BMF-Schreiben v. 2.6.2005 zum InvStG, BStBl I 2005, 728, Rz. 18; *Kayser/Steinmüller*, FR 2004, 137, 139.

Abs. 3 Satz 3 InvStG bei Thesaurierung aber auch Termingeschäfte, bei denen *Wertpapiere* leerverkauft werden, nicht steuerpflichtig.[409] Termingeschäfte, bei denen andere Wirtschaftsgüter leerverkauft werden, unterfallen jedoch wie bei den ausgeschütteten Erträgen der Steuerpflicht gem. § 2 Abs. 1 Satz 1 Hs. 1 i.V.m. § 1 Abs. 3 Satz 3 InvStG.[410]

Die letzte Ausnahme betrifft *Gewinne aus Leerverkäufen* i.S.d. § 23 Abs. 1 Satz 1 Nr. 3 EStG, die nach § 1 Abs. 3 Satz 3 InvStG im Grundsatz zwar dem Begriff der ausschüttungsgleichen Erträge unterfallen. Der in § 1 Abs. 3 Satz 3 zugleich enthaltene Einschub "soweit es sich nicht um Wertpapierveräußerungsgeschäfte handelt" macht aber deutlich, dass (jedenfalls beim Privatanleger)[411] thesaurierte Gewinne aus *Leerverkäufen mit Wertpapieren* nicht Bestandteil der ausschüttungsgleichen Erträge sind.[412] Steuerbare thesaurierte Leerverkäufe sind somit lediglich Leergeschäfte mit Grundstücken und sonstigen Wirtschaftsgütern, die keine Wertpapiere sind.[413]

#### *bb) Systemkonformität der Begrenzung der steuerbaren thesaurierten Veräußerungsgewinne in Bezug auf den privaten Investor*

Die Begrenzung der steuerbaren thesaurierten Veräußerungsgewinne ist dahingehend zu beleuchten, inwieweit diese in Bezug auf den privaten Investment-Aktionär einen *Verstoß gegen das Transparenzprinzip* verursacht und andererseits, ob sie im *Einklang mit der Regelungssystematik des InvStG* steht. Indem die Veräußerungstatbestände des *§ 23 Abs. 1 Satz 1 Nr. 2 und 4 EStG* bei den ausschüttungsgleichen Erträgen generell von der Steuerbarkeit ausgeklammert werden, wird eine Besserstellung des privaten Investmentanlegers im Vergleich zum Direktanleger bewirkt, da der letztere bei Erfüllung der Voraussetzungen dieser Tatbestände einen steuerpflichtigen Veräußerungsgewinn erzielen würde.[414] Ein weiterer Verstoß gegen das Transparenzprinzip liegt darin, dass Wertpapierleerverkäufe entgegen *Nr. 3 des § 23 Abs. 1 Satz 1 EStG* beim Investmentanleger nicht als ausschüttungsgleicher Ertrag steuerbar ist (vgl. § 2 Abs. 1 Satz 1 Hs. 1 i.V.m. § 1 Abs. 3 Satz 3 InvStG).

Die Begrenzung der steuerbaren thesaurierten Veräußerungsgewinne und die dadurch entstandenen Durchbrechungen des Transparenzprinzips dürfen jedoch nicht isoliert betrachtet werden, sondern müssen im *systematischen Zusammenhang mit den Regelungen für ausgeschüttete Erträge* gesehen werden. Bei letzteren ist zunächst gem. § 2 Abs. 1 Satz 1 Hs. 1 i.V.m. § 1 Abs. 3 Satz 2 InvStG der Gesamtbetrag der Gewinne aus Veräußerungsgeschäften steuerbar gestellt, wodurch wie bereits ausge-

---

409 Vgl. *Schmitt/Hagen*, DStR 2004, 837, 839.

410 Vgl. auch *Schmitt/Hagen*, DStR 2004, 837, 839.

411 Inwieweit thesaurierte Gewinne aus Leerverkäufen beim betrieblichen Anleger steuerbar sind, dazu später mehr unter Kapitel 4 § 1 A II 2 b) aa).

412 BMF-Schreiben v. 2.6.2005 zum InvStG, BStBl I 2005, 728, Rz. 19; *Kayser/Steinmüller*, FR 2004, 137, 139; *Köndgen/Schmies*, WM Sonderbeilage Nr. 1, S. 21; *PriceWaterhouseCoopers*, Die Novellierung des Investmentrechts, S. 177; *Carlé*, DStZ 2004, 74, 76; *Schmitt/Hagen*, DStR 2004, 837, 839.

413 *PriceWaterhouseCoopers*, Die Novellierung des Investmentrechts, S. 177.

414 Zur Rechtfertigung dieser Durchbrechung siehe die Begründung oben unter Kapitel 4 § 1 A II 1 a) cc) (3), die hier in gleicher Weise zum Tragen kommt.

führt, ein unterschiedlicher Umfang der steuerbaren Erträge bei Ausschüttung und Thesaurierung resultiert. Gleichzeitig enthält aber § 2 Abs. 3 Nr. 1 Satz 1 InvStG für den privaten Investmentanleger eine *Rückausnahme* für bestimmte ausgeschüttete Veräußerungsgewinne (insb. aus Wertpapieren und Termingeschäften), mit der Konsequenz, dass diese zwar im Rahmen der Ausschüttung als steuerbar gelten, aber steuerfrei gestellt werden. Im Gegensatz zu den von vorneherein begrenzten thesaurierten Veräußerungsgewinnen benutzt der Gesetzgeber hier also ein sog. *"Regel-Ausnahme-Verhältnis"*.[415] Damit sind zugleich Durchbrechungen des Transparenzprinzips verbunden.[416]

Zusammengefasst heißt das, dass zwar die Formulierung bzw. die Regelungstechnik bei den ausgeschütteten und ausschüttungsgleichen Veräußerungsgewinnen unterschiedlich ist, im Ergebnis aber *beim privaten Investmentanleger* grundsätzlich eine *gleichlaufende steuerliche Behandlung* gegeben ist.[417] So rufen Veräußerungsgewinne aus Wertpapieren und Termingeschäften sowohl bei Ausschüttung als auch Thesaurierung unabhängig von einer Haltefrist generell keine Steuerpflicht hervor und sind zugleich in beiden Fällen Bestandteil von Durchbrechungen des Transparenzprinzips.

Dieser Grundsatz der Gleichstellung von ausgeschütteten und thesaurierten Erträgen wird jedoch in einer Hinsicht, nämlich bei der steuerlichen Behandlung von *Veräußerungsgewinnen aus Wertpapierleerverkäufen,* nicht eingehalten. So sind letztere bei Thesaurierung gem. § 1 Abs. 3 Satz 3 InvStG ausdrücklich von der Steuerbarkeit ausgenommen. Sind sie dagegen Bestandteil von ausgeschütteten Erträgen, wären sie nur steuerfrei, wenn sie unter den Wortlaut des § 2 Abs. 3 Nr. 1 InvStG (" ... Gewinne aus der Veräußerung von Wertpapieren, Termingeschäften...) subsumiert werden könnten. Indem hier die Auffassung vertreten wird, dass der Gesetzgeber *darunter Gewinne i.S.d. Nr. 2 und Nr. 4 des § 23 Abs. 1 Satz 1 EStG* verstanden wissen will, kommt eine Einbeziehung der Gewinne aus Wertpapierleerverkäufen, die unter *Nr. 3 des § 23 Abs. 1 Satz 1 EStG* zu fassen sind, in die Steuerbefreiung jedoch nicht in Betracht.[418]

Nach den Vertretern, die eine weite Auslegung des Begriffs "Termingeschäft" im Rahmen des § 2 Abs. 3 Satz 1 InvStG befürworten, wären die Wertpapierleerverkäufe als Termingeschäft aufzufassen und damit steuerfrei.[419] Diese Ansicht ist aber, wie schon oben näher ausgeführt wurde, abzulehnen. Eine andere abzulehnende Ansicht will die Gewinne aus Wertpapierleerverkäufen bei den ausgeschütteten Erträgen als einen Gewinn aus der Veräußerung von Wertpapieren verstehen und damit nach § 2 Abs. 3 Nr. 1 Satz 1 InvStG steuerfrei stellen, da diese Vorschrift Veräußerungsgewinne von Wertpapieren unabhängig davon erfasse, ob eine Veräußerung vor oder nach Erwerb erfolgte.[420]

---

415 Näheres zu dem Regel-Ausnahme-Verhältnis vgl. *Lindemann*, FR 2003, 890, 895, der eine gleichlautende oder einheitliche Formulierung bei den ausgeschütteten und ausschüttungsgleichen Erträgen fordert.

416 Siehe oben Kapitel 4 § 1 A II 1 a) cc) (3).

417 An späterer Stelle wird noch zu erörtern sein, dass die unterschiedliche Regelungstechnik bei betrieblichen Anlegern eine Ungleichbehandlung von ausgeschütteten und ausschüttungsgleichen Erträgen nach sich zieht.

418 *Wassermeyer*, DB 2003, 2085, 2087; *Carlé*, DStZ 2004, 74, 76. Siehe dazu auch S.

419 Vgl. oben Kapitel 4 § 1 A II 1 a) cc) (2).

420 *Schmitt/Hagen*, DStR 2004, 837, 839; *Lübbehausen/Schmitt*, DB 2004, 268, 270.

In Bezug auf die Gewinne aus Wertpapierleerverkäufen besteht somit m.E. für den privaten Investmentanleger eine Steuerstundung bis zur Ausschüttung.

## 2. Anteile im Betriebsvermögen

Die Anteile an einer Investment-AG können des Weiteren auch zum Betriebsvermögen eines Steuerpflichtigen gehören.[421]

### *a) Ausgeschüttete Erträge*

#### *aa) Einkünftequalifikation*

Die Einkünftequalifikation der ausgeschütteten Erträge bei im Betriebsvermögen gehaltenen Anteilen richtet sich wie beim privaten Investmentanleger nach § 2 Abs. 1 Satz 1 InvStG. Danach sind alle ausgeschütteten Erträge einer Investment-AG beim Anleger als Einkünfte aus Kapitalvermögen im Sinne des § 20 Abs. 1 Nr. 1 EStG zu erfassen, wenn sie nicht beim Anleger *als Betriebseinnahmen* zu klassifizieren sind. Die Erträge stellen Betriebseinnahmen dar, wenn die Anteile an einer Investment-AG im *Betriebsvermögen* des Anlegers gehalten werden.[422] Dann unterfallen die ausgeschütteten Erträge – vergleichbar der Regelung in § 20 Abs. 3 EStG – den *Gewinneinkunftsarten*, also *den Einkünften aus Land- und Fortwirtschaft i.S.d. § 13 EStG, aus Gewerbebetrieb i.S.d. § 15 EStG oder aus selbständiger Tätigkeit i.S.d. § 18 EStG.*[423]

Denkbar sind insbesondere folgende *drei Konstellationen*, bei denen ein Anteil an einer Investment-AG im Betriebsvermögen gehalten wird. Eine *natürliche Person* verwirklicht als Einzelunternehmer eine der drei Gewinneinkunftsarten und hält dabei einen Investmentanteil im Betriebsvermögen. In diesem Fall erzielt sie mit den ausgeschütteten Erträgen auf diesen Anteil gem. § 2 Abs. 1 Satz 1 InvStG Gewinne in der jeweiligen Einkunftsart (z.B. Einkünfte i.S.d. § 15 EStG bei gewerblicher Tätigkeit). Sofern der Anteil an einer Investment-AG von einer *Kapitalgesellschaft* (insb. AG und GmbH) gehalten wird, schreibt § 8 Abs. 2 KStG aufgrund der Buchführungspflicht dieser Gesellschaften (§§ 238 Abs. 1 Satz 1, 6 Abs. 1 HGB i.V.m. § 13 Abs. 3 GmbHG, § 3 Abs. 1 AktG) vor, dass alle Einkünfte solche aus Gewerbebetrieb (§ 15 EStG) sind. Demzufolge sind auch die auf den Investmentanteil ausgeschütteten Erträge als Einkünfte aus Gewerbebetrieb i.S.d. § 15 EStG zu behandeln. In der dritten Konstellation schließlich befindet sich der Anteil an der Investment-AG im Betriebsvermögen (Gesamthands- oder Sonderbetriebsvermögen) einer *Mitunternehmerschaft.*[424] Die Einkünfte der Mitunternehmerschaft aus dem Investmentanteil werden

---

[421] Zur Zuordnung zum Privatvermögen oder Betriebsvermögen, siehe oben Kapitel 4 § 1 A I 2.

[422] Vgl. BMF-Schreiben v. 2.6.2005 zum InvStG, BStBl I 2005, 728, Rz. 26; *Baur*, Investmentgesetze, Vor § 37 a KAGG, Rn. 63; *Stotz*, Besteuerung von Wertpapier-Investmentfonds, S. 172; *Lübbehausen*, in: Brinkhaus/Scherer, KAGG/AuslInvestmG, § 39 KAGG, Rn. 11.

[423] *Baur*, Investmentgesetze, § 39 KAGG, Rn. 8; *Stotz*, Besteuerung von Wertpapier-Investmentfonds, S. 172; *Lübbehausen*, in: Brinkhaus/Scherer, KAGG/AuslInvestmG, § 39 KAGG, Rn. 11.

[424] Mitunternehmerschaften sind Personengesellschaften, die Gewinneinkünfte erzielen (§ 15 Abs. 1 Nr. 1, § 18 Abs. 4, § 13 VII EStG). Die Mitunternehmerschaft selbst ist nur Subjekt der Gewin-

nach dem für die Mitunternehmerschaft geltenden Transparenzprinzip allein anteilig von den Mitunternehmern (=Gesellschaftern) nach den für diese jeweils geltenden Regelungen versteuert. Ist der Gesellschafter eine natürliche Person, sind die anteilig auf ihn entfallenden Investmenterträge im Rahmen einer der Gewinneinkunftsarten zu erfassen, je nachdem ob die Mitunternehmerschaft als gewerblich, freiberuflich oder land- und forstwirtschaftlich qualifiziert wird. Ist der Gesellschafter eine Kapitalgesellschaft sind die auf diese entfallenden Erträge auf Ebene der Kapitalgesellschaft grundsätzlich als Einkünfte aus Gewerbetrieb zu behandeln (vgl. § 8 Abs. 2 KStG).

Die Anfügung am Ende von § 2 Abs. 1 Satz 1 InvStG ("§ 3 Nr. 40 EStG und § 8 b Abs. 1 KStG sind außer in den Fällen des Abs. 2 nicht anzuwenden") soll in gleicher Weise wie beim Privatanleger auch beim betrieblichen Anleger sicherstellen, dass nicht die *gesamten Investmenterträge* dem *Halbeinkünfteverfahren bzw. dem Beteiligungsprivileg* beim körperschaftsteuerpflichtigen Anleger unterworfen werden.[425] Vielmehr sollen im Hinblick auf die Verwirklichung des Transparenzprinzips die Begünstigungen nur soweit Anwendung finden, wie auch der betriebliche Direktanleger davon profitiert.[426] Demzufolge unterfallen z.B. Zinsanteile der Investmenterträge - wie beim betrieblichen Direktanleger - nicht den Begünstigungen, sondern bleiben im vollen Umfang steuerpflichtig.

*bb) Laufende Investmenterträge aus Dividenden - Anwendung des Halbeinkünfteverfahrens bzw. des Beteiligungsprivilegs*

Soweit hingegen in den ausgeschütteten Erträgen der Investment-AG in- oder ausländische Dividenden als Erträge i.S.d. § 43 Abs. 1 Satz 1 Nr. 1 EStG[427] enthalten sind, sind nach *§ 2 Abs. 2 InvStG* das Halbeinkünfteverfahren und das Beteiligungsprivileg anzuwenden.

Neben den Dividenden werden durch § 2 Abs. 2 InvStG auch andere Bezüge, wie z.B. besondere Entgelte oder Vorteile i.S.d. § 20 Abs. 2 Satz 1 Nr. 1 EStG, von den Begünstigungen erfasst.

Beim betrieblichen Investmentanleger, der einkommensteuerpflichtig ist, sind damit die Hälfte der Dividenden gem. *§ 3 Nr. 40 Buchst. d, § 3 Nr. 40 Satz 2 i.V.m. § 20 Abs.*

---

nerzielung und Gewinnermittlung, nicht aber Steuersubjekt. Dies erkennt man daran, dass Personengesellschaften weder der KSt (Vgl. § 1 KStG) unterliegen noch einkommensteuerpflichtig sind, da § 1 EStG die Einkommensteuerpflicht auf natürliche Personen beschränkt. Die Zurechnung der Einkünfte der Gesellschaft erfolgt vielmehr unmittelbar an die Gesellschafter (steuerlich: Mitunternehmer), sog. Transparenzprinzip. Näheres zum Wesen der Mitunternehmerschaft, siehe *Birk*, Steuerrecht, Rn. 1000 ff.; *Jakob*, Einkommensteuer, Rn. 960 ff.

[425] Siehe zu der vergleichbaren Problematik beim Privatanleger Kapitel 4 § 1 A II 1 a) aa).

[426] *Lübbehausen*, in: Brinkhaus/Scherer, KAGG/AuslInvestmG, § 39 KAGG, Rn. 21; *Harenberg*, in: Herrmann/Heuerr/Raupach, EStG/KStG, Anm. R 22 zum KAGG.

[427] Zu der umständlichen Verweisungstechnik des § 2 Abs. 2 InvStG auf § 43 Abs. 1 Satz 1 Nr. 1 und Satz 2 EStG, die wiederum auf § 20 Abs. 1 Nr. 1, 2, § 20 Abs. 2 Satz 1 Nr. 2a und Satz 2 und § 20 Abs. 2 Satz 1 Nr. 1 EStG verweisen, siehe die kritischen Ausführungen oben Kapitel 4 § 1 A II 1 a) bb).

*3 EStG* steuerfrei.[428] Die hälftige Einkünftefreistellung erfolgt dabei sowohl in dem Fall, in dem er als Einzelunternehmer tätig ist, als auch in dem Fall, in dem ihm im Rahmen einer Mitunternehmerschaft Investmenterträge in Form von Dividenden zugerechnet werden.[429]

Wird der Investmentanteil von einer Kapitalgesellschaft gehalten, sind durch den Verweis in § 2 Abs. 2 InvStG auf die Anwendung des § 8b KStG bei dieser Dividenden nach *§ 8b Abs. 1 i.V.m. § 8b Abs. 5 KStG* zu 95% steuerbefreit.[430] Dies gilt gem. *§ 8b Abs. 6 KStG* in der gleichen Weise, sofern die in den Investmenterträgen enthaltenen Dividenden einer Kapitalgesellschaft im Rahmen eines Gewinnanteils einer Mitunternehmerschaft zugerechnet werden.

Bezüglich der *Formulierungstechnik des § 2 Abs. 2 InvStG,* die bereits beim Privatanleger näher erörtert wurde,[431] ist zu ergänzen, dass auch in Bezug auf den betrieblichen einkommensteuerpflichtigen Anleger der Verweis auf den gesamten § 3 Nr. 40 EStG zu weit geht, da insb. die Veräußerungstatbestände des § 3 Nr. 40 Buchst. a-c und j EStG hier irrelevant sind. Kein überflüssiger Verweis liegt aber hinsichtlich des § 3 Nr. 40 Satz 2 EStG vor. Dieser dient der Klarstellung, dass die hälftige Steuerbefreiung des § 3 Nr. 40 Buchst. d EStG für Dividenden ebenfalls beim betrieblichen Anleger gilt.

Neben dem Verweis auf den gesamten § 3 Nr. 40 EStG wird nach § 2 Abs. 2 InvStG auch § 8b KStG in seiner Gesamtheit für anwendbar erklärt. Demgegenüber war noch im Rahmen der Vorgängervorschrift des § 40 Abs. 2 KAGG und in der Fassung des Regierungsentwurfes des InvStG in § 2 Abs. 2 InvStG die Anwendbarkeit des § 8b KStG auf dessen Abs. 1 beschränkt.[432] Die Gesetzesbegründung erklärt die Streichung des Zusatzes "Abs. 1", die der BT-Finanzausschuss in seinen Beschlussempfehlungen vorgenommen hat,[433] damit, dass dadurch deutlicher als bisher zum Ausdruck gebracht werde, dass § 8b KStG in seiner Gesamtheit auf den Tatbestand des § 2 Abs. 2 InvStG anzuwenden sei.[434]

Der Änderung ist jedoch nur dann sinnvoll, sofern die Abs. 2 ff. des § 8b KStG im Rahmen des § 2 Abs. 2 InvStG tatsächlich bedeutsam werden können. Die Regelungen des § 8b Abs. 2-4 KStG betreffen Veräußerungsvorgänge und können, da § 2 Abs. 2 InvStG nur laufende Erträge erfasst, nicht zur Anwendung kommen.[435] Der Verweis

---

[428] Vgl. Begründung zum InvestmG, BT-Drucks. 15/1553, S. 123; BMF-Schreiben v. 2.6.2005 zum InvStG, BStBl I 2005, 728, Rz. 33; *Kayser/Steinmüller*, FR 2004, 137, 140; *Wassermeyer*, DB 2003, 2085, 2086; *Sradj/Mertes*, DStR 2004, 201, 204.

[429] Vgl. zur vergleichbaren Rechtslage im KAGG, *Lübbehausen*, in: Brinkhaus/Scherer, KAGG/AuslInvestmG, § 40 KAGG, Rn. 71; *Strunk*, BB 2001, 857, 857.

[430] Vgl. *Sradj/Mertes*, DStR 2004, 201, 204. Ab dem VZ 2004 sind für Kapitalgesellschaften nur noch 95% der in- und ausländischen Dividenden steuerfrei, da 5% der Dividenden gem. § 8b Abs. 5 KStG als nicht-abziehbare Betriebsausgaben gelten.

[431] Siehe oben Kapitel 4 § 1 A II 1 a) bb).

[432] Vgl. Regierungsentwurf des InvStG, BT-Drucks. 15/1553, S. 55.

[433] Vgl. Beschlussempfehlungen des BT-Finanzausschusses, BT-Drucks. 15/1896, S. 106.

[434] Vgl. Bericht des Finanzausschusses, BT-Drucks. 15/1944, S. 18.

[435] Vgl. zur Vorgängervorschrift des § 40 Abs. 2 KAGG, *Lübbehausen*, in: Brinkhaus/Scherer, KAGG/AuslInvestmG, § 40 KAGG, Rn. 69.

auf § 8b Abs. 5 KStG, dessen in Satz 1 enthaltenes pauschales Betriebsausgabenabzugsverbot in Höhe von 5% die Steuerfreiheit von Dividenden i.S.d. § 8b Abs. 1 KStG auf 95% reduziert, entfaltet hingegen konstitutive Wirkung in der Weise, dass bei Investmenterträgen in Form von Dividenden die Steuerfreiheit – wie beim Direktanleger – auf 95% begrenzt wird. Die Regelung in § 8b Abs. 6 KStG erlangt in dem bereits erwähnten Fall Bedeutung, dass die Einkünfte der Kapitalgesellschaft aus Dividenden über eine Beteiligung an einer Personengesellschaft erzielt werden. Die Ausnahmeregelungen in § 8b Abs. 7 und 8 KStG, welche einen Ausschluss der Steuerbefreiungen bezüglich der Dividenden normieren, können im Zusammenhang mit dem Tatbestand des § 2 Abs. 2 InvStG dann relevant werden, wenn Investmenterträge aus Dividenden an kst-pflichtige Kredit-, Finanzdienstleistungsinstitute, Finanzunternehmen, Lebens- und Krankenversicherungen als Anleger der Investment-AG ausgeschüttet werden.[436]

Da, wie aufgezeigt, neben Abs. 1 des § 8b KStG auch andere Teilbereiche des § 8b KStG im Rahmen des InvStG bedeutsam werden können, war es durchaus gerechtfertigt, den bisherigen alleinigen Verweis auf § 8b Abs. 1 KStG durch einen Verweis auf den gesamten § 8b KStG zu ersetzen, auch wenn der Verweis auf die Abs. 2-4 überflüssig ist. Aufgrund der Änderung werden zudem bisher unter Geltung des § 40 Abs. 2 KAGG bestehende Ungleichbehandlungen - insbesondere die Nichtanwendung des § 8b Abs. 7 und 8 KStG bei Zwischenschaltung eines Fonds -[437] gegenüber dem körperschaftsteuerpflichtigen Direktanleger vermieden. Nicht beachtet hat der Gesetzgeber allerdings in der Schnelligkeit des Gesetzgebungsverfahrens des InvestmG, dass er im Zusammenhang mit der Streichung des Abs. 1 bei § 8b KStG in § 2 Abs. 2 InvStG die Vorschrift des § 2 Abs. 1 Satz 1 letzter Halbsatz InvStG, die auf den § 2 Abs. 2 InvStG verweist, ebenfalls in gleicher Weise hätte ausrichten müssen, d.h. dort sollte § 8b Abs. 1 KStG durch § 8b KStG ersetzt werden. Diese fehlende Abstimmung zwischen den beiden Vorschriften sollte in einer der nachfolgenden Überarbeitungen des InvStG nachgeholt werden.

Festzuhalten ist, dass § 2 Abs. 2 InvStG in Bezug auf den betrieblichen Investmentanleger bewirkt, dass Investmenterträge, soweit diese Dividenden speisen, den gleichen steuerrechtlichen Begünstigungen unterliegen wie die vom betrieblichen Direktanleger erzielten Dividenden. § 2 Abs. 2 InvStG stellt folglich ebenso wie im Zusammenhang mit dem Privatanleger einen *"Anwendungsfall" des Transparenzprinzips* dar.[438]

---

436 *Lübbehausen/Schmitt*, DB 2004, 268, 270; *Ramackers*, in: Littmann/Bitz/Pust, EStG, § 2 InvStG, Rn. 51.

437 Vgl. zur Vorgängervorschrift des § 40 Abs. 2 KAGG, *Lübbehausen*, in: Brinkhaus/Scherer, KAGGA/AuslInvestmG, § 40 KAGG, Rn. 69 u. Rn. 41.

438 *Ramackers*, in: Littmann/Bitz/Pust, EStG, § 2 InvStG, Rn. 50; *Desens*, Das Halbeinkünfteverfahren, S. 248.

**<u>Beispiel:</u> Besteuerung von Investmenterträgen aus Dividenden beim körperschaftsteuerpflichtigen Anleger**[439]

| | |
|---|---|
| Gewinn der Körperschaft T | 100,00 |
| Körperschaftssteuer (25%) | -25,00 |
| Dividende/Ausschüttung | 75,00 |
| Zufluss zur inl. Investment-AG | 75,00 |
| Ausschüttung/(Thesaurierung) | 75,00 |
| Steuerpflichtig für den Anleger M | |
| (§ 8b II, III 1 KStG/5%) | 3,75 |
| Körperschaftsteuer (Steuersatz 25%) | 0,94 |
| Gewinn der Körperschaft | 100,00 |
| Körperschaftsteuer der T | -25,00 |
| Körperschaftsteuer der M | -0,94 |
| Ertrag nach Steuern | 74,06 |
| Steuerliche Belastung insgesamt | 25,94 |

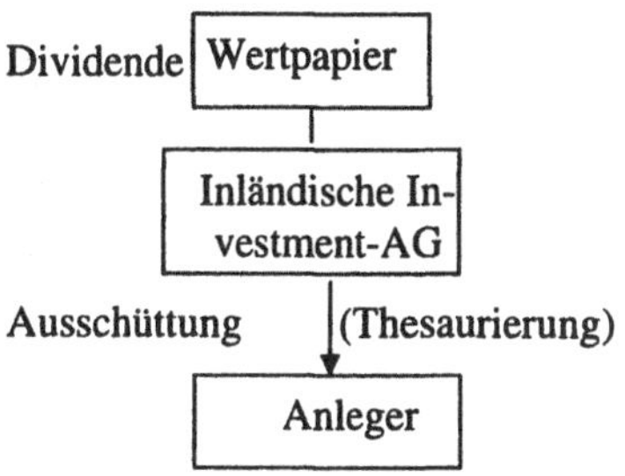

(ohne Berücksichtigung der Gewerbe- und Kapitalertragsteuer und etwaigen Aufwendungen)

### *cc) Laufende Investmenterträge aus Gewinnen aus der Veräußerung von Wertpapieren und Termingeschäften – grundsätzlich steuerpflichtig*

Die Steuerbefreiung für ausgeschüttete Investmenterträge, die Veräußerungsgewinne von Wertpapieren und Termingeschäften speisen, wird gem. *§ 2 Abs. 3 Nr. 1 Satz 1 1. Hs. InvStG* nur unter der Voraussetzung gewährt, dass die Ausschüttungen beim Anteilseigner der Investment-AG keine Betriebseinnahmen sind, der Anteil an der Investment-AG also im Privatvermögen gehalten wird. Im Umkehrschluss bedeutet dies, dass entsprechend dem aus dem Dualismus der Einkunftsarten resultierenden Grundsatz der Steuerpflicht von Gewinnen aus der Veräußerung betrieblicher Gegenstände, *ausgeschüttete Investmenterträge,* die *aus Veräußerungen* resultieren, beim betrieblichen Investmentanleger *regelmäßig in voller Höhe steuerlich erfasst* werden.[440]

*Ausnahmsweise* kommt jedoch auch beim betrieblichen Investmentanleger gem. § 2 Abs. 3 Nr. 1 Satz 1 2. Hs. InvStG eine Steuerbegünstigung von ausgeschütteten Veräußerungsgewinnen in Betracht, wenn die Veräußerungsvorgänge in den sachlichen Anwendungsbereich des Halbeinkünfteverfahrens bzw. des Beteiligungsprivilegs fallen.

An dieser Stelle weist das Gesetz einen Widerspruch zu der Regelung des § 2 Abs. 1 Satz 1 letzter Hs. InvStG auf, wo das Halbeinkünfteverfahren bzw. das Beteiligungsprivileg grundsätzlich für nicht anwendbar erklärt werden und nur bei Dividenden im Rahmen des § 2 Abs. 2 InvStG eine Ausnahme gemacht wird. § 2 Abs. 3 Nr. 1 Satz 1 zweiter Hs. InvStG sieht nun aber auch aus-

[439] Für den betrieblichen Anleger, der einkommensteuerpflichtig ist, verläuft die Besteuerung der Investmenterträge in Form von Dividenden vergleichbar der Besteuerung des privaten Anlegers, siehe dazu oben Kapitel 4 § 1 A II 1 a) bb).

[440] *Kayser/Steinmüller*, FR 2004, 137, 140; *Sradj/Mertes*, DStR 2004, 201, 204; *Storg*, NWB 2004, Fach 3, S. 12999, 13004 f; vgl. zur vergleichbaren Vorgängernorm des § 40 Abs. 1 KAGG, *Lübbehausen*, in: Brinkhaus/Scherer, KAGG/AuslInvestmG, § 40 KAGG, Rn. 22; *Baur*, Investmentgesetze, § 40 KAGG, Rn. 4 u. 6.

drücklich eine Anwendung des Halbeinkünfteverfahrens bzw. des Beteiligungsprivilegs vor, obwohl in § 2 Abs. 1 Satz 1 letzter Hs. InvStG nicht auf eine "Ausnahme" in § 2 Abs. 3 InvStG verwiesen wird. Das Fehlen eines solchen Verweises ist jedoch als ein redaktionelles Versehen zu bewerten, welches sich in der Schnelligkeit der Gesetzgebung des InvestmG eingeschlichen haben muss, so dass trotz fehlenden Verweises in § 2 Abs. 1 Satz 1 letzter Hs. InvStG im Rahmen des § 2 Abs. 3 Nr. 1 Satz 1 InvStG eine Anwendung des Halbeinkünfteverfahrens bzw. des Beteiligungsprivilegs möglich ist.[441] Würde man das Fehlen des Verweises dagegen nicht als ein redaktionelles Versehen auslegen, hätte dies die widersprüchliche Konsequenz, dass zwar das Gesetz in § 2 Abs. 3 Nr. 1 Satz 1 Hs. 2 InvStG eine Steuerbegünstigung für bestimmte ausgeschüttete Veräußerungsgewinne vorsieht, die aber an anderer Stelle von § 2 Abs. 1 Satz 1 Hs. 2 InvStG für nicht anwendbar erklärt würde.[442]

Dabei ist die Steuerbegünstigung nach § 2 Abs. 3 Nr. 1 Satz 1 letzter Hs. InvStG aber aufgrund der Anfügung hinter § 2 Abs. 3 Nr. 1 Satz 1 erster Hs. InvStG auf solche Investmenterträge aus Veräußerungsgewinnen begrenzt, die sowohl von § 2 Abs. 3 Nr. 1 Satz 1 erster Hs. InvStG ("Gewinne aus der Veräußerung von Wertpapieren, Termingeschäften ...") als auch von § 8b KStG bzw. § 3 Nr. 40 EStG erfasst werden.[443]

Hauptanwendungsfall der Begünstigung sind demnach Gewinne der Investment-AG aus der Veräußerung von Anteilen an Kapitalgesellschaften, die zugleich in einem Wertpapier verbrieft sind. Denn hier handelt es sich einerseits um Wertpapierveräußerungen i.S.d. § 2 Abs. 3 Nr. 1 Satz 1 erster Halbsatz InvStG und andererseits ist ebenfalls der Tatbestand des § 8b Abs. 2 KStG bzw. § 3 Nr. 40 S. 1 Buchst. a EStG verwirklicht.[444] Zu den begünstigten Anteilen an Kapitalgesellschaften gehören neben u.a. Aktien trotz fehlender Wertpapiereigenschaft allerdings auch GmbH-Anteile, da nach der hier vertretenen Ansicht der Wertpapierbegriff in § 2 Abs. 3 Nr. 1 Satz 1 erster Hs. InvStG über seinen Wortlaut hinaus GmbH-Anteile erfasst.[445] Gewinne aus sonstigen Wertpapierveräußerungsgeschäften (z.B. Renten) sind hingegen nicht begünstigt, weil diese nicht § 8b Abs. 2 KStG bzw. § 3 Nr. 40 Satz 1 Buchst. a EStG unterfallen.[446]

Beim betrieblichen einkommensteuerpflichtigen Investmentanleger sind somit Investmenterträge, soweit sie Gewinne der Investment-AG aus Anteilsveräußerungen enthalten, gem. *§ 2 Abs. 3 Nr. 1 Satz 1 letzter Hs. i.V.m. § 3 Nr. 40 Satz 1 Buchst. a*

---

441 So auch *Lindemann*, FR 2003, 890, 897.

442 Vgl. *Lindemann*, FR 2003, 890, 897.

443 Vgl. zur Vorgängervorschrift des § 40 Abs. 1 KAGG, *Lübbehausen*, in: Brinkhaus/Scherer, KAGG/AuslInvestmG, § 40 KAGG, Rn. 26 f.; *Gosch*, in: Gosch, Körperschaftsteuergesetz, § 8b, Rn. 51.

444 Beim Tatbestand des § 3 Nr. 40 Satz 1 Buchst. a EStG ist für die Investmentbesteuerung "Betriebsvermögensmehrungen oder Einnahmen" durch "Gewinne" zu ersetzen, da Gegenstand der Steuerbefreiung in § 2 Abs. 3 Nr. 1 EStG Veräußerungsgewinne sind und anderenfalls Veräußerungskosten und Anschaffungskosten bzw. Buchwerte der Investment-AG für die Anteile unberücksichtigt blieben, vgl. zur Vorgängernorm des § 40 Abs. 1 KAGG, *Lübbehausen*, in: Brinkhaus/Scherer, KAGG/AuslInvestmG, § 40 KAGG, Rn. 31.

445 Vgl. zum Wertpapierbegriff, oben Kapitel 4 § 1 A II 1 a) cc) (1).

446 *Storg*, NWB 2004, Fach 3, S. 12999, 13005; zur vergleichbaren Rechtslage unter dem KAGG, *Lübbehausen*, in: Brinkhaus/Scherer, KAGG/AuslInvestmG, § 40 KAGG, Rn. 27; *Gosch*, in: Gosch, Körperschaftsteuergesetz, § 8b Rn. 51.

*EStG zur Hälfte* und beim körperschaftsteuerpflichtigen Anleger gem. *§ 2 Abs. 3 Nr. 1 Satz 1 letzter Hs. InvStG i.V.m. § 8b Abs. 2 i.V.m. § 8b Abs. 3 Satz 1 KStG zu 95%* steuerbefreit.[447] Demgegenüber bleiben übrige ausgeschüttete Erträge aus Veräußerungsgewinnen, z.B. aus *Termingeschäften und Renten*, beim betrieblichen Anleger *steuerpflichtig*. Im Ergebnis wird damit eine *Gleichbehandlung mit dem betrieblichen Direktanleger* erreicht, bei dem ebenfalls grundsätzlich Veräußerungsgewinne in vollem Umfang steuerpflichtig sind, jedoch bei Anteilsveräußerungen die Begünstigungen des § 3 Nr. 40 Satz 1 Buchst. a EStG bzw. § 8b Abs. 2 i.V.m. § 8b Abs. 3 Satz 1 KStG eingreifen.[448]

Des Weiteren ist darauf hinzuweisen, dass gleichlaufend mit § 2 Abs. 2 InvStG die Vorschrift des § 2 Abs. 3 Nr. 1 letzter Hs. InvStG ebenfalls sowohl auf § 3 Nr. 40 EStG in seiner Gänze als auch auf § 8b KStG in seiner Gesamtheit verweist.[449] Ähnlich wie in § 2 Abs. 2 InvStG werden im Rahmen des § 2 Abs. 3 InvStG jeweils nur bestimmte Teilbereiche der beiden Vorschriften relevant. So können insbesondere die Abs. 1 und 5 des § 8b KStG bei § 2 Abs. 3 Nr. 1 InvStG, der lediglich Veräußerungsvorgänge betrifft, nicht zur Anwendung gelangen, da sie keine Veräußerungsgewinne, sondern Gewinnausschüttungen zum Gegenstand haben. Die Regelungen in § 8b Abs. 6-8 KStG hingegen finden in der gleichen Weise wie bei Investmenterträgen in Form von Dividenden Anwendung.[450] § 8b Abs. 2 i.V.m. § 8b Abs. 3 Satz 1 KStG bewirken, wie gezeigt, die 95%ige Steuerbefreiung von Anteilsveräußerungen beim körperschaftsteuerpflichtigen Investmentanleger. Der Verweis auf die umfangreiche Ausnahmeregelung zu § 8b Abs. 2 KStG in § 8b Abs. 4 KStG, die vorsieht, dass Veräußerungsgewinne von Anteilsveräußerungen in bestimmten Fällen steuerpflichtig sind, erlangt keine Bedeutung bei der Besteuerung des körperschaftsteuerpflichtigen Investmentanlegers. Denn die in § 8b Abs. 4 KStG aufgeführten Konstellationen sind im Zusammenhang mit der Investment-AG, die die sachlichen Anforderungen erfüllen müsste, da die Veräußerungen von ihr getätigt werden, in der Regel nicht denkbar.[451]

Bei § 3 Nr. 40 EStG ist die Anzahl der nicht anwendbaren Teilbereiche noch größer. § 3 Nr. 40 Satz 1 Buchst. c und j EStG betreffen Veräußerungsfälle durch einen

---

[447] Vgl. *Kayser/Steinmüller*, Fr 2004, 137, 140; *Storg*, NWB 2004, Fach 3, S. 12999, 13004 f.; *Desens*, Das Halbeinkünfteverfahren, S. 249; *Wagner*, DStZ 2006, 257, 259.

[448] Vgl. *Desens*, Das Halbeinkünfteverfahren, S. 249. Eine Gleichbehandlung wäre hingegen abzulehnen, wenn man nicht wie hier die GmbH-Anteile in den Wertpapierbegriff mit einbezieht. Dann wären nämlich Investmenterträge aus Veräußerung von GmbH-Anteilen beim betrieblichen Investmentanleger mangels Erfüllung der Wertpapiereigenschaft nicht gem. § 2 Abs. 3 Nr. 1 Satz 1 letzter Hs. InvStG begünstigt. Der Direktanleger würde aber bei Veräußerungen von GmbH-Anteilen weiterhin von den Begünstigungen profitieren, so dass in diesem Falle eine Schlechterstellung des Investmentanlegers gegeben wäre.

[449] Während der Verweis auf den gesamten § 3 Nr. 40 EStG schon in der Vorgängernorm des § 3 Nr. 40 EStG zu finden war, wurde der Verweis auf den gesamten § 8b KStG erst im Rahmen der Beschlussempfehlungen des BT-Finanzausschusses in das InvStG aufgenommen, vgl. Beschlussempfehlungen des BT-Finanzausschusses, BT-Drucks. 15/1896, S. 106 und Bericht des Finanzausschusses, BT-Drucks. 15/1944, S. 18.

[450] Vgl. oben Kapitel 4 § 1 A II 2 a) bb).

[451] *Lübbehausen/Schmitt*, DB 2004, 268, 270; so auch schon zur Vorgängernorm des § 40 Abs. 1 KAGG, *Lübbehausen*, in: Brinkhaus/Scherer, KAGG/AuslInvestmG, § 40 KAGG, Rn. 41.

Privatanleger und sind schon deswegen im Rahmen der Besteuerung des betrieblichen Anlegers ohne Bedeutung. Eine Anwendung der Tatbestände des § 3 Nr. 40 Satz 1 Buchst. d-h EStG ist nur bei Investmenterträgen aus Dividenden in § 2 Abs. 2 InvStG möglich. Geltung erlangt demnach vor allem der bereits erwähnte § 3 Nr. 40 Satz 1 Buchst. a EStG, der zur hälftigen Besteuerung der in den ausgeschütteten Investmenterträgen enthaltenen Anteilsveräußerungsgewinnen beim einkommensteuerpflichtigen betrieblichen Anleger führt.[452] Demzufolge hätte sich in § 2 Abs. 3 Nr. 1 letzter Hs. InvStG anstelle des Verweises auf den gesamten § 3 Nr. 40 EStG ein präziserer Verweis auf § 3 Nr. 40 Satz 1 Buchst. a EStG angeboten.[453]

#### *dd) Vereinbarkeit des generellen Ausschlusses der Steuerpflicht von Rückzahlungen von Einlagen mit der Systematik des EStG bzw. KStG*

In der gleichen Weise wie beim privaten Investmentanleger stellt sich auch beim betrieblichen Investmentanleger die Frage, inwieweit der generelle Ausschluss der Steuerpflicht von Rückzahlungen von Einlagen im Rahmen des § 2 InvStG mit der Systematik der Besteuerung beim Direktanleger nach dem EStG bzw. KStG übereinstimmt.[454]

Für die Besteuerung von Einlagenrückzahlungen beim betrieblichen Direktanleger nach dem EStG bzw. KStG kann grundsätzlich auf das zum privaten Direktanleger zu § 17 Abs. 4 EStG Gesagte verwiesen werden und soll deswegen an dieser Stelle nur kursorisch behandelt werden.[455] Die Rückzahlung der Einlagen mindert die Anschaffungskosten der betrieblichen Anteile und ist somit von dem Buchwert der Anteile abzuziehen.[456] In dem Fall, in dem der Rückzahlungsbetrag höher als die Anschaffungskosten ist, entsteht ein Gewinn in der Höhe des die Anschaffungskosten übersteigenden Betrages. Wird der Anteil an einer Kapitalgesellschaft von einer natürlichen Person im Betriebsvermögen gehalten, ist dieser Gewinn nach § 3 Nr. 40 S. 1 Buchst. a EStG zur Hälfte von der Steuer befreit. Ist der Anteilseigner eine Körperschaft, wird dieser Gewinn nach § 8b Abs. 2 Satz 3 i.V.m. § 8b Abs. 3 Satz 1 KStG zu 95% von der Körperschaftsteuer freigestellt.[457]

Indem damit der betriebliche Direktanleger im Gegensatz zum betrieblichen Anleger einer Investment-AG im Fall der Rückzahlung von Einlagen zumindest teilweise steuerpflichtige Einnahmen erzielt, ist eine systematisch gleichlaufende Behandlung

---

452 Ausführlicher zu den anwendbaren bzw. nicht anwendbaren Teilbereichen des § 3 Nr. 40 EStG *Lübbehausen*, in: Brinkhaus/Scherer, KAGG/AuslInvestmG, § 40 KAGG, Rn. 43 f. zur Vorgängervorschrift im Rahmen des KAGG.

453 So auch *Desens*, Das Halbeinkünfteverfahren, S. 249 Fußnote 856.

454 Die steuerpflichtigen Einkünfte sind nach § 2 Abs. 1 Satz 1 InvStG auf "Erträge" der Investment-AG begrenzt. Da Rückzahlungen von Einlagen nicht als Erträge einzuordnen sind, sind diese daher nicht steuerbar. Dazu schon ausführlicher oben Kapitel 4 § 1 A I 3 a).

455 Siehe oben Kapitel 4 § 1 A II 1 a) dd).

456 BFH v. 7.11.1990- I R 68/88, BStBl. II 1991, 177; BFH v. 16.3.1994- I R 70/92, BStBl. II 1994, 527.

457 *Frotscher*, Körperschaftsteuer, § 12 Rn. 509.

der Einlagenrückzahlung im InvStG einerseits und im EStG bzw. KStG andererseits nicht gegeben; der Investmentanleger wird vielmehr insofern besser gestellt.

### b) Besonderheiten bei ausschüttungsgleichen Erträgen

Die Besteuerung ausschüttungsgleicher Erträge bei im Betriebsvermögen gehaltenen Anteilen an einer Investment-AG unterscheidet sich von der steuerlichen Behandlung ausgeschütteter Erträge zwar nur in wenigen, dennoch bedeutsamen Punkten. Ebenso wie die ausgeschütteten Erträge sind grundsätzlich sämtliche ausschüttungsgleichen Erträge gem. § 2 Abs. 1 Satz 1 InvStG beim betrieblichen Anleger *als Betriebseinnahmen* zu erfassen; somit stellen letztere u.a. bei einer natürlichen Person, die einen Investmentanteil als Einzelunternehmer im Betriebsvermögen hält, Gewinne in der jeweiligen Gewinneinkunftsart und bei einer Kapitalgesellschaft als Anleger gem. § 8 Abs. 2 KStG i.V.m. § 15 EStG Einkünfte aus Gewerbebetrieb dar. Soweit in den ausschüttungsgleichen Erträgen in- und ausländische Dividenden aus Aktien bzw. GmbH-Anteilen enthalten sind, greifen gem. § 2 Abs. 2 InvStG das Halbeinkünfteverfahren bzw. das Beteiligungsprivileg, d.h. Dividenden sind beim einkommensteuerpflichtigen betrieblichen Investmentanleger nach *§ 3 Nr. 40 Buchst. d, § 3 Nr. 40 Satz 2 i.V.m. § 20 Abs. 3 EStG* zu 50% und beim körperschaftsteuerpflichtigen Anleger nach *§ 8b Abs. 1 i.V.m. § 8b Abs. 5 KStG* zu 95% steuerbefreit (insoweit Verwirklichung des Transparenzprinzips).[458]

#### aa) Geringerer Umfang der Steuerbarkeit der ausschüttungsgleichen Erträge

Aufgrund der unterschiedlich weitreichenden Definitionen der ausgeschütteten Erträge einerseits (§ 1 Abs. 3 Satz 2 InvStG) und der ausschüttungsgleichen Erträge andererseits (§ 1 Abs. 3 Satz 3 InvStG) sind jedoch im Falle der Thesaurierung nach § 2 Abs. 1 Satz 1 InvStG beim betrieblichen Anleger von vorneherein einige von der Investment-AG erzielten Veräußerungsgewinne von der Steuerbarkeit ausgenommen.[459] In voller Höhe steuerfrei sind danach sowohl beim einkommensteuer- als auch beim körperschaftsteuerpflichtigen betrieblichen Anleger thesaurierte Gewinne aus der Veräußerung von Wertpapieren, von nicht in Wertpapieren verbrieften Anteilen an Kapitalgesellschaften sowie Gewinne aus Termingeschäften (Fälle des §§ 23 Abs. 1 Satz 1 Nr. 2 und Nr. 4, Abs. 2 EStG), da sie in der Aufzählung der ausschüttungsgleichen Erträge gem. § 1 Abs. 3 Satz 3 InvStG fehlen.[460] Steuerpflichtig sind nach § 2 Abs. 1 Satz 1 i.V.m. § 1 Abs. 3 Satz 3 InvStG demgegenüber grundsätzlich thesaurierte Gewinne aus Leerverkäufen i.S.d. §§ 23 Abs. 1 Satz 1 Nr. 3, Abs. 2 EStG.

---

[458] Dazu ausführlicher bei der inhaltsgleichen Regelung für ausgeschüttete Erträge oben Kapitel 4 § 1 A II 2 a) bb).

[459] Siehe auch zu dem unterschiedlichen Umfang der Steuerbarkeit von ausgeschütteten und ausschüttungsgleichen Erträgen die ausführliche Darstellung beim privaten Investmentanleger, oben Kapitel 4 § 1 A II 1 b) aa).

[460] Gesetzesbegründung zum InvestmG, BT-Drucks. 15/1553, S. 123; BMF-Schreiben v. 2.6.2005 zum InvStG, BStBl I 2005, 728, Rz. 18 f.; *Storg*, NWB 2004, Fach 3, S. 12999, 13004 f.; *Schmitt/Hagen*, DStR 2004, 837, 839.

Problematisch erscheint die Behandlung von *Gewinnen aus Leerverkäufen im Zusammenhang mit Wertpapieren*. Während diese beim Privatanleger unzweifelhaft nicht zu den steuerpflichtigen ausschüttungsgleichen Erträgen gehören,[461] ist die Steuerfreiheit von Wertpapierleerverkäufen beim betrieblichen Anleger umstritten. Seine Ursache findet der Streit in dem Wortlaut des § 1 Abs. 3 Satz 3 InvStG a.E. ("...§ 23 Abs. 1 Nr. 3, soweit es sich nicht um Wertpapierveräußerungsgeschäfte handelt, Abs. 2 EStG...").

§ 23 Abs. 2 Satz 1 EStG stellt klar, dass bei betrieblichen Anlegern bei Veräußerungsgeschäften i.S.d. § 23 Abs. 1 EStG die dazugehörigen Veräußerungsgewinne den Gewinneinkunftsarten zuzuordnen sind.[462]

Nach einer Ansicht soll sich die Ausnahme der Steuerfreiheit der Wertpapierleerverkäufe ("soweit es sich nicht um Wertpapierveräußerungsgeschäfte handelt") aufgrund seiner Stellung im Gesetz hinter § 23 Abs. 1 Nr. 3 EStG, aber vor der Vorschrift des § 23 Abs. 2 EStG nur auf den privaten Anlegerbereich beziehen.[463] Andere hingegen lassen die Steuerfreistellung für Wertpapierleerverkäufe undifferenziert sowohl im privaten als auch im betrieblichen Bereich zu, indem sie den genannten Einschub auch auf § 23 Abs. 2 EStG erstrecken.[464] Der ersten Ansicht ist zwar zu Gute zu halten, dass der Gesetzgeber, wenn er die Steuerfreiheit für Wertpapierleerverkäufe auch im betrieblichen Bereich für anwendbar hätte erklären wollen, dies hätte deutlicher machen können und sollen, indem er z.B. die "Ausnahme" im Anschluss an § 23 Abs. 1 Nr. 3 und Abs. 2 EStG eingefügt hätte. Andererseits spricht m.E. für eine Auslegung im Sinne der zweiten Ansicht, dass der Absatz 2 des § 23 EStG im Rahmen des § 1 Abs. 3 Satz 3 InvStG ohnehin so ausgelegt wird, dass er an die vorangestellten Nr. 1 und Nr. 3 des § 23 Abs. 1 EStG anknüpft und damit konsequenterweise auch an die durch den eingeschobenen "soweit..."-Satz bewirkte Steuerfreistellung der Gewinne aus Wertpapierleerverkäufen. Gewinne aus Wertpapierleerverkäufen sind somit im Falle der Thesaurierung beim betrieblichen Anleger nicht steuerbar.

#### *bb) Systemfremdheit der Begrenzung der ausschüttungsgleichen Erträge in Bezug auf den betrieblichen Investor*

Die Nichterfassung der soeben aufgezeigten thesaurierten Veräußerungsgewinne beim betrieblichen Investmentanleger hat jedoch *folgende systemwidrige Konsequenzen*: Erstens wird eine gleichlaufende steuerliche Behandlung von thesaurierten und ausgeschütteten Erträgen beim betrieblichen Investmentanleger verhindert. Bei Ausschüttung sind nämlich im Gegensatz zur Thesaurierung außer den Gewinnen aus Anteilsveräußerungen, die nach § 2 Abs. 3 Nr. 1 Satz 1 letzter Hs. InvStG steuerlich

---

461 Siehe oben Kapitel 4 § 1 A II 1 b) aa).

462 *Weber-Grellet*, in: Schmidt, EStG, § 23 Rn. 65.

463 *Wassermeyer*, DB 2003, 2085, 2087; *Carlé*, DStZ 2004, 74, 76.

464 *Storg*, NWB 2004, Fach 3, S. 12999, 13005; *Schmitt/Hagen*, DStR 2004, 837, 839; *Kayser/Steinmüller*, FR 2004,137, 140; *Bacmeister*, IStR 2004, 176, 176.

begünstigt sind, sämtliche Veräußerungsgewinne der Investment-AG beim betrieblichen Investmentanleger in voller Höhe steuerpflichtig.[465]

Des Weiteren bewirkt die Begrenzung der steuerbaren thesaurierten Veräußerungsgewinne eine eindeutige Besserstellung des betrieblichen Investmentanlegers gegenüber der Direktanlage und damit eine *Durchbrechung des Transparenzprinzips*.[466] Denn beim betrieblichen Direktanleger sind realisierte Veräußerungsgewinne immer gleich im Jahr der Entstehung steuerlich in vollem Umfang zu erfassen, lediglich Gewinne aus Anteilsveräußerungen sind beim einkommensteuerpflichtigen betrieblichen Direktanleger nach dem Halbeinkünfteverfahren bzw. beim körperschaftsteuerpflichtigen Direktanleger nach dem Beteiligungsprivileg des § 8b Abs. 2 KStG regelmäßig begünstigt. Demgegenüber sind Gewinne aus Wertpapierveräußerungen, Wertpapierleerverkäufen, Termingeschäften und Anteilsveräußerungen beim betrieblichen Investmentanleger im Fall der Thesaurierung der Investment-AG nicht steuerbar, sondern erst steuerpflichtig, wenn sie seitens der Investment-AG an die Anleger ausgeschüttet werden oder wenn der Anleger im Zuge der Veräußerung seines Anteils an der Investment-AG die thesaurierten Veräußerungsgewinne realisiert. Dem Investmentanleger wird demnach eine *Steuerstundung gewisser Veräußerungsgewinne* gewährt.[467] Im Hinblick auf die Praxis werden aufgrund dieser Besserstellung des betrieblichen Investmentanlegers wahrscheinlich einflussreiche Investmentanleger versuchen, eine Ausschüttung der Erträge der Investment-AG und damit die Versteuerung der aufgezählten Veräußerungsgewinne langfristig hinauszuzögern.[468]

#### *c) Gewerbesteuer unter besonderer Berücksichtigung der Frage der Anwendbarkeit des § 8 Nr. 5 GewStG*

Die Gewerbesteuer belastet als zusätzliche Ertragsteuer die Erträge gewerblicher Unternehmen unabhängig von den persönlichen Verhältnissen des Steuerpflichtigen. Dies ergibt sich aus § 2 Abs. 1 S. 1 GewStG, wonach jeder *inländische Gewerbebetrieb* der Gewerbesteuer unterliegt. Neben den Kapitalgesellschaften, deren Tätigkeit nach § 2 Abs. 2 S. 1 GewStG stets und in vollem Umfang als Gewerbebetrieb gilt und demnach der Gewerbesteuer unterliegt, trifft die Gewerbesteuerpflicht auch Einzelunternehmen und Mitunternehmerschaften mit gewerblicher Tätigkeit i.S.d. § 15 Abs. 2 EStG.[469] Daraus folgt für Beteiligungen an einer Investment-AG, dass diese, wenn sie z.B. von einem Einzelunternehmer im Betriebsvermögen gehalten werden und innerhalb dessen einem inländischen Gewerbebetrieb zuzuordnen sind, angesichts fehlender Spezialre-

---

[465] Vgl. oben Kapitel 4 § 1 A II 2 a) cc).

[466] *Lindemann*, FR 2003, 890, 901; vgl. zu § 39 KAGG, bei dem eine ähnliche Regelung bestand, *Stotz*, Besteuerung von Wertpapier-Investmentfonds, S. 205 f.; *Lübbehausen*, in: Brinkhaus/Scherer, KAGG/AuslInvestmG, § 39 KAGG, Rn. 35.

[467] *Sradj/Mertes*, DStR 2004, 201, 204; *Schmitt/Hagen*, DStR 2004, 837, 839; *Carlé*, KÖSDL 2004, 14300, 14307.

[468] So zur Vorgängervorschrift des § 39 KAGG, *Stotz*, Besteuerung von Wertpapier-Investmentfonds, S. 206; *Schaber*, BB 1996, 313, 314.

[469] *Montag*, in: Tipke/Lang, Steuerrecht, § 12 Rn. 5 ff.

gelung im InvStG als Bestandteil eines Gewerbebetriebs der Gewerbesteuer unterliegen.[470]

Bemessungsgrundlage der Gewerbesteuer ist der sog. *Gewerbeertrag*.[471] Ausgangspunkt für die Berechnung des Gewerbeertrags ist der nach dem EStG oder KStG (mit Verweis auf das EStG) zu ermittelnde Gewinn aus dem Gewerbebetrieb, § 7 S. 1 GewStG. Die auf die Beteiligung an der Investment-AG ausgeschütteten sowie ausschüttungsgleichen Investmenterträge sind bei betrieblichen Anlegern mit gewerblicher Tätigkeit Betriebseinnahmen[472] und erhöhen dadurch den der Gewerbesteuer zu Grunde liegenden Gewinn aus Gewerbebetrieb (§§ 4, 5 EStG, § 8 Abs. 1 KStG, § 7 GewStG).[473] Aufgrund der Anknüpfung des Gewerbeertrags an den nach den Vorschriften des EStG und des KStG zu ermittelnden Gewinn sind die Steuerbefreiungen für Investmenterträge in Gestalt von Dividenden (§ 2 Abs. 2 InvStG i.V.m. § 3 Nr. 40 EStG bzw. nach § 8b Abs. 1 i.V.m. Abs. 5 S. 1 KStG) und von Veräußerungsgewinnen aus Anteilen an Kapitalgesellschaften (§ 2 Abs. 3 S. 1 Nr. 1 i.V.m. § 3 Nr. 40 EStG bzw. § 8b Abs. 2 i.V.m. Abs. 3 S. 1 KStG) bei der Ermittlung des Gewinns i.S.d. § 7 S. 1 GewStG in gleichem Maße anzuwenden.[474,475]

Der Gewinn nach EStG/KStG wird in einem zweiten Schritt um einige *Hinzurechnungen (§ 8 GewStG)* und *Kürzungen (§ 9 GewStG)* korrigiert.[476] Die Vorschrift des *§ 8 Nr. 5 GewStG* sieht vor, dass *Dividenden,* die wegen der Steuerbefreiungen nach § 3 Nr. 40 EStG oder § 8b Abs. 1 KStG bei der Gewinnermittlung außer Ansatz geblieben sind, bei der Ermittlung des Gewerbeertrags wieder hinzugerechnet werden.[477] Die Hinzurechnung der Dividenden erfolgt aber nur bei sog. Streubesitzdividenden, d.h. bei Beteiligungen von unter 10%. Dies ergibt sich aus dem Verweis in § 8 Nr. 5 GewStG auf das gewerbesteuerliche Schachtelprivileg in § 9 Nr. 2a und 7 GewStG ("...soweit sie nicht die Voraussetzungen des § 9 Nr. 2a oder 7 erfüllen...").[478]

---

470 *Lindemann*, Besteuerung von Aktienfonds, S. 282; *ders.*, BBV 2004, 25, 27.

471 Vgl. u.a. *Birk*, Steuerrecht, Rn. 1153.

472 Vgl. oben Kapitel 4 § 1 A II 2 a) aa).

473 *Lindemann*, Besteuerung von Aktienfonds, S. 282; *ders.*, BBV 2004, 25, 27; BMF-Schreiben v. 2.6.2005 zum InvStG, BStBl I 2005, 728, Rz. 41.

474 BMF-Schreiben v. 2.6.2005 zum InvStG, BStBl I 2005, 728, Rz. 41; *von Twickel,* in: Blümich, EStG/KStG/GewStG, § 7 GewStG, Rn. 83; *Lenski/Steinberg*, GewStG, § 8 Nr. 5 Rn. 2; *Birk*, Steuerrecht, Rn. 1163a.

475 Die Steuerbefreiungen des § 3 Nr. 40 EStG und § 8b KStG finden nach § 7 S. 4 GewStG auch bei der Berechnung des Gewerbeertrags einer Mitunternehmerschaft Anwendung, die bei der GewSt Steuersubjekt ist; dies gilt, obwohl die Steuerbefreiungen an sich erst auf Ebene der Gesellschafter ihre Wirkung entfalten.

476 Vgl. § 7 S. 1 letzter Hs. GewStG.

477 Die nach § 8b Abs. 1 KStG steuerfrei behandelte Dividende ist dabei nur gekürzt um den pauschalen 5%igen Betriebsausgabenbetrag nach § 8b Abs. 5 S. 1 KStG, d.h. in Höhe von 95% der Bruttodividende, dem Gewerbeertrag hinzuzurechnen. Dies ergibt sich daraus, dass aufgrund des pauschalen Betriebsausgabenbetrags 5% der Bruttodividende als Bestandteil des Gewinns sowieso schon über § 7 S. 1 GewStG der Gewerbesteuer unterliegen. Vgl. *Lenski/Steinberg*, GewStG, § 8 Nr. 5, Rn. 22; *Starke*, FR 2005, 681, 682.

478 Vgl. *Hofmeister*, in: Blümich, EStG/KStG/GewStG, § 8 GewStG, Rn. 150; *Birk*, Steuerrecht, Rn. 1163a; *Güroff*, in: Glanegger/Güroff, GewStG, § 8 Nr. 5 Rn. 1 f.

Weder ein Verweis im InvStG noch der Wortlaut der Hinzurechnungsvorschrift des § 8 Nr. 5 GewStG legen eindeutig fest, ob diese Hinzurechnungsvorschrift nur beim Direktanleger oder in der gleichen Weise beim betrieblichen Investmentanleger mit der Maßgabe zur Anwendung gelangt, dass die in den Investmenterträgen enthaltenen Dividenden bei Streubesitz im Rahmen der Ermittlung des Gewerbeertrags wieder hinzugerechnet werden müssen. Die Frage der Anwendbarkeit des § 8 Nr. 5 GewStG in Bezug auf den betrieblichen Investmentanleger wird zudem dadurch verschärft, dass aus dem Wortlaut des § 8 Nr. 5 i.V.m. § 9 Nr. 2a GewStG nicht hervorgeht, wie sich die für eine eventuelle Hinzurechnung maßgebliche Höhe der Beteiligung an einer Kapitalgesellschaft bei einer Anlage über eine Investment-AG berechnet. Insofern könnten der Beteiligungsgrenze 1.) die hindurchgerechnete Beteiligung des betrieblichen Anlegers an der ausschüttenden Körperschaft, 2.) die Beteiligung der Investment-AG an der ausschüttenden Kapitalgesellschaft oder 3.) die Beteiligung des Anlegers an der Investment-AG zugrunde gelegt werden.

#### *aa) Erste Ansicht: Keine Anwendung des § 8 Nr. 5 GewStG*

Nach Ansicht von *Lindemann* findet die Hinzurechnungsregel des § 8 Nr. 5 GewStG keine Anwendung auf die in den ausgeschütteten und ausschüttungsgleichen Investmenterträgen enthaltenen Dividenden und diesen gleichgestellten Bezügen.[479] Er begründet die damit einhergehende Besserstellung des Investmentanlegers gegenüber dem Direktanleger zunächst damit, dass der Gesetzgeber im InvStG zwar die Anwendung des körperschaftsteuerlichen Beteiligungsprivilegs und des einkommensteuerlichen Halbeinkünfteverfahrens vorsehe, eine ausdrückliche gesetzliche Normierung der Anwendung der gewerbesteuerlichen Hinzurechnungsregeln hingegen aber fehle.[480] Zudem führt er an, dass eine Anwendung des § 8 Nr. 5 GewStG auch aus technischen Gründen nicht erfolgen könne, da einerseits das Gesetz nicht festlege, ob eine qualifizierte Beteiligung nur auf Fondsebene oder hindurchgerechnet beim Anleger vorliegen muss, und andererseits die Fondsbuchhaltung regelmäßig die Identität der Anleger nicht kennt, so dass die Höhe der Beteiligung beim Anleger nicht ermittelt werden könnte.[481]

#### *bb) Zweite Ansicht: Anwendung des § 8 Nr. 5 GewStG*

Die Gegenansicht befürwortet die Anwendung des § 8 Nr. 5 GewStG.[482] Innerhalb dieser Ansicht wird unterschieden: So sollen nach einigen die Ausnahmeregelungen (keine Hinzurechnung bei einer Schachtelprivilegierung i.S.d. § 9 Nr. 2a und 7 GewStG) bei einer Beteiligung an einer Investment-AG grundsätzlich nicht in Betracht kommen, mit der Folge, dass beim betrieblichen Investmentanleger immer eine Zu-

---

[479] *Lindemann*, Besteuerung von Aktienfonds, S. 283 f.; *ders.*, BBV 2004, 25, 28 f.; *ders.*, DStZ 2003, 559, 564 f.

[480] *Lindemann*, BBV 2004, 25, 28; *ders.*, DStZ 2003, 559, 564.

[481] *Lindemann*, Besteuerung von Aktienfonds, S. 283; *ders.*, BBV 2004, 25, 28.

[482] BMF-Schreiben v.2.6.2005 zum InvStG, BStBl I 2005, 728, Rz. 42; *Lübbehausen*, in: Brinkhaus/Scherer, KAGG/AuslInvestmG, § 40 KAGG, Rn. 134; *Krause*, in: Linklaters Oppenhoff & Rädler, DB 2002, Beilage Nr. 1, S. 12.

rechnung der befreiten Dividenden stattfindet.[483] Eine Begründung für diese einschränkende Anwendung des § 8 Nr. 5 GewStG wird jedoch nicht genannt. Andere vertreten den Ansatz, dass eine Hinzurechnung nach § 8 Nr. 5 GewStG – wie beim Direktanleger – nur bei Streubesitzdividenden erfolgen soll.[484] Das Vorliegen von Streubesitzdividenden soll dabei danach bemessen werden, in welchem Umfang die Investment-AG an der ausschüttenden Kapitalgesellschaft beteiligt ist.[485] Da jedenfalls die Investment-AG, die keine Hedge-Investment-AG nach § 99 Abs. 3 i.V.m. §§ 112 ff. InvG darstellt, nach § 99 Abs. 3 i.V.m. § 64 Abs. 1 S. 4, Abs. 2 S. 1 InvG nur zu maximal 10% an derselben Aktiengesellschaft beteiligt sein darf, liegt grundsätzlich eine Streubesitzdividende vor, so dass auch nach dem zweiten Ansatz regelmäßig eine Hinzurechnung nach § 8 Nr. 5 GewStG erfolgt.

*cc) Stellungnahme*

Die Hinzurechnungsvorschrift des § 8 Nr. 5 GewStG ist auch beim betrieblichen Investmentanleger, der Dividendeneinnahmen über eine Investment-AG bezieht, anzuwenden. Insoweit muss der zweiten Ansicht gefolgt werden. Zwar führt *Lindemann* als Vertreter der Gegenansicht richtig an, dass das InvStG keine gesetzlichen Aussagen zur Gewerbesteuer im Allgemeinen sowie zu den Hinzurechnungsregelungen im Besonderen trifft. Diese Tatsache allein schließt allerdings eine Anwendung des § 8 Nr. 5 GewStG nicht aus. Denn aufgrund des allgemeinen Vorrang- bzw. Nachrangprinzips im Verhältnis von besonderen zu allgemeinen Normen kann dort, wo das im Grundsatz speziellere InvStG, wie hier hinsichtlich der Gewerbesteuer, keine abschließende Regelung trifft, eine Steuerpflicht nach allgemeinen Gesetzen geprüft werden. Aus diesem Grunde ist auch ein Rückgriff auf die allgemeine Hinzurechnungsvorschrift des § 8 Nr. 5 GewStG möglich. Nach dem Wortlaut des § 8 Nr. 5 GewStG ist zunächst Voraussetzung für seine Anwendung, dass nach § 3 Nr. 40 EStG oder § 8b Abs. 1 KStG außer Ansatz bleibende Gewinnanteile (Dividenden) vorliegen. Indem § 2 Abs. 2 InvStG die in den Investmenterträgen enthaltenen Dividenden § 3 Nr. 40 EStG bzw. § 8b Abs. 1 KStG unterwirft, ist diese Voraussetzung erfüllt.

Weitere einschränkende Voraussetzung für die Anwendung des § 8 Nr. 5 GewStG ist, dass eine Beteiligung unter 10% gegeben ist oder anders ausgedrückt die Voraussetzungen einer gewerbesteuerlichen Schachtelbeteiligung i.S.d. § 9 Nr. 2a und 7 GewStG nicht vorliegen. Diese Einschränkung gilt m.E. entgegen anderen Stimmen trotz der problematischen Frage der Berechnung der Beteiligungsgrenze auch beim betrieblichen Investmentanleger. Denn es gibt keinen Grund dafür, die Voraussetzungen des § 8 Nr. 5 GewStG entgegen seinem Wortlaut beim betrieblichen Investmentanleger zu begrenzen. Zudem verlangt auch das Transparenzprinzip, dass der Investment-

483 BMF-Schreiben v. 2.6.2005 zum InvStG, BStBl I 2005, 728, Rz. 42; *Lübbehausen*, in: Brinkhaus/Scherer, KAGG/AuslInvestmG, § 40 KAGG, Rn. 134.[483] § 4 soll an dieser Stelle eingeklammert werden, da sich dieser mit ausländischen Einkünften befasst, die aber erst separat in Kapitel 5 analysiert werden.

484 *Krause*, in: Linklaters Oppenhoff & Rädler, DB 2002, Beilage Nr. 1, S. 12.

485 *Krause*, in: Linklaters Oppenhoff & Rädler, DB 2002, Beilage Nr. 1, S. 12.

anleger und der Direktanleger hinsichtlich der Voraussetzungen des § 8 Nr. 5 GewStG gleich behandelt werden.

Hinsichtlich der Frage der Berechnung der Beteiligungsgrenze sind, wie eingangs bereits erörtert, nach dem Wortlaut des § 8 Nr. 5 i.V.m. § 9 Nr. 2a und 7 GewStG drei Berechnungswege denkbar. M.E. sollte darauf abgestellt werden, in welcher Höhe die Investment-AG an der ausschüttenden Gesellschaft beteiligt ist. Dafür spricht zunächst, dass sie diejenige ist, welche die Beteiligung an der Kapitalgesellschaft, die die unter § 8 Nr. 5 GewStG fallenden Dividenden ausschüttet, unmittelbar hält. Des Weiteren müssen auch an anderen Stellen des InvStG die sachlichen Voraussetzungen für die Erfüllung einer Steuernorm durch die Investment-AG bzw. den Investmentfonds erfüllt werden (z.B. Einhaltung der 10-jährigen Veräußerungsfrist bei Grundstückstransaktionen (§ 2 Abs. 3 Nr. 2 i.V.m. § 23 Abs. 1 S. 1 Nr. 1 EStG)), wohingegen die daraus resultierenden Steuerfolgen aufgrund der steuerlich transparenten Stellung der Investment-AG bzw. des Investmentfonds nur die Anleger treffen.[486] Für das Abstellen auf die Beteiligung der Investment-AG an der ausschüttenden Kapitalgesellschaft spricht letztlich auch, dass die Höhe dieser Beteiligung in der Praxis einfach zu ermitteln ist, wohingegen es schwieriger zu ermitteln wäre, in welcher Höhe ein Gesellschafter der Investment-AG durchgerechnet an der ausschüttenden Kapitalgesellschaft beteiligt wäre. Da nach der vorzuziehenden Berechnungsvariante jedenfalls bei der Investment-AG, die keine Hedge-Investment-AG ist, immer eine Streubesitzdividende gegeben ist,[487] müssen die betrieblichen Investmentanleger grundsätzlich eine Hinzurechnung nach § 8 Nr. 5 GewStG vornehmen.

### 3. Zusammenfassung

Der Umfang der Steuerpflicht bei der laufenden Regelbesteuerung richtet sich einerseits danach, ob der Anteil an einer Investment-AG im Privat- oder im Betriebsvermögen gehalten wird, und zum anderen danach, ob dem Anteilseigner ausgeschüttete oder ausschüttungsgleiche Erträge zuzurechnen sind. Bei im Privatvermögen gehaltenen Investmentanteilen stellen sämtliche ausgeschüttete und thesaurierte Investmenterträge Einkünfte aus Kapitalvermögen dar, während bei betrieblichen Investmentanlegern die Erträge im Rahmen einer der drei Gewinneinkunftsarten zu erfassen sind. Zum Zwecke der Verwirklichung des Transparenzprinzips werden gem. § 2 Abs. 2 InvStG die in den Investmenterträgen enthaltenen Dividendeneinnahmen entsprechend der Direktanlage dem Halbeinkünfteverfahren bzw. dem Beteiligungsprivileg unterworfen. Bei gewerbesteuerpflichtigen betrieblichen Investmentanlegern schlagen diese Steuerbefreiungen auch auf die Ermittlung des Gewerbeertrags i.S.d. § 7 GewStG durch. Allerdings wird dieser Effekt durch die nach § 8 Nr. 5 GewStG grundsätzlich vorzunehmende Hinzurechnung zunichte gemacht.

Eine Besserstellung des privaten Investmentanlegers gegenüber dem privaten Direktanleger besteht insofern, als dass sowohl ausgeschüttete als auch thesaurierte Investmenterträge in Gestalt von Veräußerungsgewinnen aus Wertpapieren, GmbH-

---

486 Ähnlich *Krause*, in: Linklaters Oppenhoff & Rädler, DB 2002, Beilage Nr. 1, S. 12.

487 Siehe oben Kapitel 4 § 1 A II 2 c) bb).

Anteilen sowie Termingeschäften generell – unabhängig von einer Behaltensfrist (§ 23 EStG) und einer Beteiligungsgrenze (§ 17 EStG) – nicht steuerpflichtig sind. Bei betrieblichen Investmentanlegern wird hingegen zumindest im Fall von ausgeschütteten Veräußerungsgewinnen eine Gleichbehandlung mit dem betrieblichen Direktanleger vollzogen; bei beiden sind grundsätzlich Veräußerungsgewinne in vollem Umfang steuerpflichtig, während bei Veräußerungen von Anteilen an Kapitalgesellschaften die Begünstigungen des § 3 Nr. 40 S. 1 Buchst. a EStG bzw. § 8b Abs. 2 i.V.m. § 8b Abs. 3 S. 1 KStG eingreifen, welche sich gleichfalls endgültig auf die Gewerbesteuerermittlung auswirken. Im Fall der Thesaurierung wird jedoch im Vergleich zum Direktanleger auch der betriebliche Investmentanleger günstiger gestellt, da bei ihm in den Investmenterträgen enthaltene Gewinne aus Wertpapierveräußerungen, Wertpapierleerverkäufen, Termingeschäften und Anteilsveräußerungen nicht steuerbar sind.

## III. Ermittlung der steuerpflichtigen Investmenterträge

Die nach § 1 Abs. 3 S. 2 f. und § 2 InvStG im Rahmen der Regelbesteuerung beim Anteilseigner steuerpflichtigen inländischen Investmenterträge erschließen sich aus einem *zweigliedrigen Einkünfteermittlungsschema. In einem ersten Schritt* werden auf Ebene der Investment-AG, welche vergleichbar einer Personengesellschaft im Einkommensteuergesetz trotz Steuerbefreiung zumindest als Einkunftsermittlungsobjekt benutzt wird,[488] *von den Investmenteinnahmen aus den Anlageobjekten die Kosten der Investment-AG abgezogen.*[489] Die aus dem ersten Schritt berechneten Größen sind dann *in einem zweiten Schritt* auf Ebene des Anteilseigners als ausgeschüttete und ausschüttungsgleiche Erträge unter Berücksichtigung der auf den Anleger anwendbaren Steuerbegünstigungen bzw. -befreiungen (vgl. § 2 Abs. 2 und 3 InvStG) und ggf. gemindert um dessen Werbungskosten oder Betriebsausgaben steuerlich zu erfassen.[490]

### 1. Ebene der Investment-AG

#### *a) Einnahmen-Überschussrechnung*

Für die erste Ermittlungsebene, der Ebene der Investment-AG, normiert § 3 Abs. 1 InvStG durch den Verweis auf § 2 Abs. 2 Nr. 2 EStG die Anwendung einer Einnahmen-Überschuss-Rechnung.[491] Danach sind die von der Investment-AG erzielten Er-

---

488 Zu der Personengesellschaft als Einkünfteermittlungsobjekt, vgl. *Birk*, Steuerrecht, Rn. 1002; *Jakob*, Einkommensteuer, Rn. 1006 ff.

489 *Wassermeyer*, DB 2003, 2085, 2087; *Maier/Wengenroth*, ErbStB 2005, 79, 79; *Storg*, NWB 2004, Fach 3, S. 12999, 13006.

490 *Wassermeyer*, DB 2003, 2085, 2087; *Zeller*, Investmentfonds, S. 33; *ders.*, DStR 2005, 899, 902.

491 Demgegenüber gab es im KAGG noch keine eindeutige Regelung dazu, wie eine Einkünfteermittlung auf Fondsebene erfolgen sollte. Daher waren in der Praxis unterschiedliche Mischformen der Einnahmen-Überschuss-Rechnung und der Gewinnermittlung mittels Betriebsvermögensvergleichs üblich, vgl. *Lübbehausen/Schmidt*, DB 2003, 1696, 1698; *Lübbehausen*, in: Brinkhaus/Scherer, KAGG/AuslInvestmG, § 39 KAGG, Rn. 7; *Ramackers*, in: Littmann/Bitz/Pust, EStG, § 3 InvStG, Rn. 11.

träge im *Wege des Überschusses der Einnahmen über die Werbungskosten zu berechnen* und nicht durch die aufwändigere steuerliche Gewinnermittlung (vgl. § 2 Abs. 1 Nr. 1 EStG). Die Einnahmen-Überschuss-Rechnung kommt auf Ebene der Investment-AG selbst dann zur Anwendung, wenn einzelne betriebliche Anteilseigner der AG ihrerseits auf ihrer Ebene den Gewinnermittlungsregeln folgen.[492]

Einnahmen bei der Investment-AG sind wie im übrigen Einkommensteuerrecht alle Güter, die in Geld oder Geldeswert bestehen (§ 8 Abs. 1 EStG). Beim Ansatz der Einnahmen werden dabei nur *steuerbare Einnahmen i.S.d. § 1 Abs. 3 S. 2 und 3 InvStG* (Zinsen, Dividenden, Veräußerungsgewinne etc.) berücksichtigt, so dass insbesondere bei der Ermittlung der Erträge im Fall der Thesaurierung u.a. insofern nicht steuerbare Gewinne aus Wertpapierveräußerungsgeschäften (vgl. § 1 Abs. 3 Satz 3 InvStG) von vorneherein nicht in die Ermittlung mit einbezogen werden.[493] Werbungskosten sind nach § 9 Abs. 1 Satz 1 EStG Aufwendungen zur Erwerbung, Sicherung und Erhaltung der Einnahmen. Aus gleichheitsrechtlichen Gründen ist es heute anerkannt, dass die finale Definition des Werbungskostenbegriffes dahingehend erweitert wird, dass wie beim Betriebsausgabenbegriff (vgl. § 4 Abs. 4 EStG) eine kausale Veranlassung durch die jeweilige Erwerbstätigkeit genügt.[494]

#### *aa) Systemwidrigkeit der Ermittlungsmethode im Zusammenhang mit der Investment-AG*

Die Ermittlung der Investmenterträge auf Ebene der Investment-AG mittels einer Einnahmen-Überschuss-Rechnung gem. § 3 Abs. 1 InvStG stößt auf systembedingte Bedenken, da sich die steuerliche Ermittlungsmethode wesentlich von derjenigen bei "normalen" Aktiengesellschaften unterscheidet.

Für die herkömmliche Aktiengesellschaft, deren Besteuerung sich als Körperschaft nach dem KStG richtet, bestimmt § 8 Abs. 2 KStG, dass alle Einkünfte als Einkünfte aus Gewerbebetrieb zu behandeln sind, vorausgesetzt, dass auf Seiten der Aktiengesellschaft eine Buchführungspflicht nach dem Handelsgesetzbuch (HGB) besteht. § 238 Abs. 1 Satz 1 HGB normiert, wer buchführungspflichtig ist. Danach ist jeder "Kaufmann" verpflichtet, Bücher zu führen. Da eine Aktiengesellschaft über *§ 6 Abs. 1 HGB i.V.m. § 3 Abs. 1 AktG Kaufmann kraft Rechtsform* ist, ist sie nach § 238 Abs. 1 S. 1 HGB buchführungspflichtig, so dass alle ihre Einkünfte nach § 8 Abs. 2 KStG als Einkünfte aus Gewerbebetrieb erfasst werden. Dies bedeutet zugleich, dass sämtliche Einkünfte einer Aktiengesellschaft nach den Vorschriften für gewerbliche Einkünfte, d.h. *nach § 5 Abs. 1 i.V.m. § 4 Abs. 1 EStG im Rahmen einer Gewinnermittlung durch Betriebsvermögensvergleich unter Beachtung des Grundsatzes der Maßgeblichkeit der*

---

[492] Vgl. BMF-Schreiben v. 2.6.2005 zum InvStG, BStBl I 2005, 728, Rz. 44.

[493] Vgl. auch *Zeller*, Investmentfonds, S. 33; *ders.*, DStR 2005, 899, 905; wohl auch BMF-Schreiben v. 2.6.2005 zum InvStG, BStBl I 2005, 728, Rz. 20; a.A. wohl *Grabbe/Lübbehausen*, DStR 2004, 891, 892; *Storg*, NWB 2004, Fach 3, S. 12999, 13006.

[494] BFH, Urt. v. 19.3.1982 - VI R 25/80, BStBl II 1982, 442, 442 f.; *Birk*, Steuerrecht, Rn. 910.

*Handelsbilanz für die Steuerbilanz*, zu ermitteln sind, soweit das Steuerrecht nichts anderes bestimmt.[495]

Im Vergleich zur herkömmlichen Aktiengesellschaft wird die Investment-AG zwar hinsichtlich der handelsrechtlichen Rechnungslegung weitestgehend in der Weise behandelt wie eine Aktiengesellschaft; es gelten also die allgemeinen handelsrechtlichen und aktienrechtlichen Vorschriften zur Rechnungslegung einer AG, allerdings ergänzt um die vorrangigen Sonderregelungen in § 110 und § 111 InvG, auch für die Investment-AG. Demnach unterliegt die Investment-AG der Buchführungspflicht nach § 238 Abs. 1 Satz 1 HGB, § 6 Abs. 1 HGB i.V.m. § 3 AktG. Folgerichtig wäre es daher gewesen, wenn die Investment-AG die steuerliche Ertragsermittlung ebenso wie eine herkömmliche AG über § 8 Abs. 2 KStG mittels einer Gewinnermittlung durch Bilanzierung gem. § 4 Abs. 1 i.V.m. § 5 Abs. 1 Satz 1 EStG vorgenommen hätte. Dem ist der Gesetzgeber des InvStG in § 3 InvStG als lex specialis gegenüber den allgemeinen Vorschriften im EStG und KStG aber nicht gefolgt. Vielmehr ergibt sich aus dieser Vorschrift, dass für die Investment-AG die steuerliche Ertragsermittlung gerade nicht über § 8 Abs. 2 KStG, sondern mittels einer Einnahmen-Überschuss-Rechnung zu erfolgen hat.

#### *bb) Anwendung des § 11 EStG und seine Durchbrechungen*

Notwendige Folge der Anwendung einer Einnahmen-Überschuss-Rechnung ist, dass sich die zeitliche Zuordnung der Einnahmen und Werbungskosten auf Ebene der Investment-AG nach *dem Zufluss- und Abflussprinzip (§ 11 EStG)* richtet.[496] Dies stellt § 3 Abs. 2 Satz 1 InvStG nochmals ausdrücklich klar. Grundsätzlich sind daher Einnahmen innerhalb des Geschäftsjahres bezogen, in dem sie der Investment-AG zufließen (§ 11 Abs. 1 Satz 1 EStG). Werbungskosten sind für das Geschäftsjahr abzusetzen, in dem sie geleistet worden sind (§ 11 Abs. 2 Satz 1 EStG).

Allerdings läßt § 3 Abs. 2 InvStG *einige Ausnahmen vom Zu- und Abflussprinzip* zu. Als erstes gelten Dividenden, ohne dass der tatsächliche Zufluss stattgefunden hat, bereits am Tag des Dividendenabschlags, d.h. am ersten Tag, an dem die Aktien ex-Dividende gehandelt werden, als zugeflossen.[497] Zinsen und Mieteinnahmen sind unabhängig vom tatsächlichen Zufluss wie in einer Bilanz periodengerecht abzugrenzen und werden in dem entsprechendem Umfang als zugeflossen behandelt.[498] Hinsichtlich der periodengerechten Abgrenzung kann insoweit auf die handelsrechtliche Rechnungslegung der Investment-AG zurückgegriffen werden.[499] Als weitere Durchbre-

[495] *Balmes*, in: Herrmann/Heuer/Raupach, EStG/KStG, § 8 KStG, Rn.18 u. 29; *Roser*, in: Gosch, Körperschaftsteuergesetz, § 8 Rn. 83

[496] Vgl. *Ramackers*, in: Littmann/Bitz/Pust, EStG, § 3 InvStG, Rn. 5 u. 10; BMF-Schreiben v. 2.6.2005 zum InvStG, BStBl I 2005, 728, Rz. 47.

[497] § 3 Abs. 2 Nr. 1 InvStG. Ein Beispiel zur Erfassung der Dividenden am Tag des Dividendenabschlags gibt das BMF-Schreiben v. 2.6.2005 zum InvStG, BStBl I 2005, 728, Rz. 49.

[498] § 3 Abs. 2 Nr. 2 InvStG. Vor der Geltung des InvStG bestand insoweit ein Periodisierungswahlrecht, welches u.a. dazu beitrug, dass die Ermittlung der Investmenterträge bei den Fonds nicht einheitlich erfolgte, vgl. *Ramackers*, in: Littmann/Bitz/Pust, EStG, § 3 InvStG, Rn. 11.

[499] BMF-Schreiben v. 2.6.2005 zum InvStG, BStBl I 2005, 728, Rz. 50.

chung des Zu- und Abflussprinzips ist vorgesehen, dass periodengerecht abgegrenzte Werbungskosten mit der Abgrenzung als abgeflossen gelten.[500] An dieser Stelle ist das Gesetz nicht ganz eindeutig; es bleibt offen, inwiefern der Investment-AG ein Periodisierungszwang betreffend der Werbungskosten obliegt oder ihr ein Periodisierungswahlrecht eingeräumt wird. Diese Unsicherheit ergibt sich daraus, dass § 3 Abs. 2 Nr. 3 InvStG nur die Folgen einer periodengerechten Abgrenzung der Werbungskosten regelt, sie selbst aber im Gegensatz zu § 3 Abs. 2 Nr. 2 InvStG nicht direkt anordnet. Aus systematischen Gründen spricht einiges dafür, dass man als Ausgleich für die Erfassung der Zins- und Mieteinnahmen aufgrund periodengerechter Abgrenzung zumindest die damit im Zusammenhang stehenden Werbungskosten ebenfalls periodengerecht abgrenzt.[501] Allerdings ist diese Auslegung auch nicht zwingend, vertreten läßt sich m.E. auch, dass das Gesetz mangels expliziter Anordnung den Investmentgesellschaften insgesamt ein Periodisierungswahlrecht hinsichtlich einer periodengerechten Abgrenzung der Werbungskosten gewährt.[502] Für den Fall, dass eine periodengerechte Abgrenzung der Werbungskosten vorgenommen werden sollte, ist zu beachten, dass § 3 Abs. 2 Nr. 3 InvStG als weitere Voraussetzung normiert, dass die Werbungskosten im darauf folgenden Geschäftsjahr tatsächlich abfließen müssen. Sollte dies ausnahmsweise nicht der Fall sein, ist die Ertragsermittlung durch Berücksichtigung zu hoher Werbungskosten falsch und muss im Fehlerjahr oder in einem späteren Geschäftsjahr korrigiert werden.[503]

#### *b) Abzugsfähigkeit der Werbungskosten*

Wie oben bereits angedeutet wurde, sind auf Ebene der Investment-AG Werbungskosten i.S.d. § 9 EStG gem. § 3 Abs. 1 InvStG i.V.m. § 2 Abs. 2 Nr. 2 EStG grundsätzlich in vollem Umfang von den Einnahmen abzugsfähig. Zu berücksichtigen ist jedoch, dass der Gesetzgeber in § 3 Abs. 3 InvStG einige den allgemeinen Regeln des EStG vorgehende Einzelregelungen hinsichtlich des Werbungskostenabzugs getroffen hat.

> § 3 Abs. 3 Satz 1 InvStG enthält hingegen nur eine Klarstellung für Grundstücks-Sondervermögen, indem er normiert, dass Absetzungen für Abnutzung oder Substanzverringerung in dem nach § 7 EStG zulässigen Maße als Werbungskosten abgezogen werden dürfen. Diese Regelung sei an dieser Stelle aber nur kurz der Vollständigkeit halber erwähnt, da sie für die Investment-AG, die nicht in Grundstücke anlegen darf (vgl. § 2 Abs. 5 InvG), nicht weiter relevant ist.

Für die Behandlung der Werbungskosten geht § 3 Abs. 3 InvStG von einer Unterscheidung zwischen Werbungskosten, die in einem unmittelbaren wirtschaftlichen Zusammenhang mit Einnahmen stehen, und Werbungskosten, bei denen ein solcher Unmittelbarkeitszusammenhang nicht besteht, aus.

---

[500] § 3 Abs. 2 Nr. 3 InvStG.

[501] So *Ramackers*, in: Littmann/Bitz/Pust, EStG, § 3 InvStG, Rn. 16.

[502] So wohl auch das BMF-Schreiben v. 2.6.2005 zum InvStG, BStBl I 2005, 728, Rz. 52. Dort heißt es nämlich, dass Werbungskosten periodengerecht abgegrenzt werden "können".

[503] Vgl. BMF-Schreiben v. 2.6.2005 zum InvStG, S. 23, Rn. 52 mit näheren Angaben zu den Korrekturmöglichkeiten; *Ramackers,* in: Littmann/Bitz/Pust, EStG, § 3 InvStG, Rn. 16.

#### *aa) bei unmittelbarem wirtschaftlichen Zusammenhang mit Einnahmen*

##### (1) Fehlen einer speziellen Regelung im InvStG

Ein unmittelbarer wirtschaftlicher Zusammenhang zwischen Werbungskosten und Einnahmen besteht, wenn bestimmte Aufwendungen gezielt erbracht werden, um bestimmte Einnahmen zu erlangen[504] bzw. wenn die Werbungskosten und die Einnahmen ohne das Dazwischentreten anderer Ursachen miteinander verknüpft sind.[505] Ein derartiger unmittelbarer wirtschaftlicher Zusammenhang kann z.B. bei Erwerbsnebenkosten des Ankaufs oder Verkaufs von Wertpapieren und direkten Finanzierungskosten bejaht werden.[506] Betreffend des Abzugs dieser direkt zuzuordnenden Werbungskosten fehlt es allerdings an einer expliziten Regelung in § 3 Abs. 3 InvStG. Letzterer regelt ausweislich seines Wortlauts in § 3 Abs. 3 Satz 2 InvStG nur die steuerliche Behandlung von Werbungskosten, die *nicht* in einem unmittelbaren wirtschaftlichen Zusammenhang mit Einnahmen stehen.[507] Mangels einer speziellen Regelung im InvStG sind daher nach allgemeinen Grundsätzen auf Ebene der Investment-AG die Werbungskosten, die in einem unmittelbaren wirtschaftlichen Zusammenhang mit bestimmten Einnahmen stehen, zu ermitteln, diesen Einnahmen zuzuordnen und von diesen abzuziehen.[508]

##### (2) Anwendung von Abzugsverboten?

Inwieweit dabei die *Abzugsverbote des § 3c Abs. 1 und 2 EStG bzw. § 8b Abs. 3 und 5 KStG* zur Anwendung kommen, ist umstritten. Einer Ansicht zufolge soll zumindest § 3c Abs. 1 EStG anwendbar sein, da § 3 Abs. 1 InvStG für die Ertragsermittlung auf Ebene der Investmentvermögen einheitlich die Ermittlung nach den Regeln für die Überschusseinkünfte vorschreibe.[509] Demnach sollen einem Investmentvermögen entstandene Werbungskosten, die im unmittelbaren Zusammenhang mit auf Ebene des Anteilseigners steuerfreien Investmenteinnahmen stehen, vom Abzug ausgeschlossen sein.[510]

---

504 BVI-Schreiben v. 13.12.1974, zit. in *Baur*, Investmentgesetze, § 39 KAGG, Rn. 23.

505 Von *Beckerath*, in: Kirchhof, EStG, § 3c Rn. 13.

506 BVI-Schreiben v. 13.12.1974, zit. in *Baur*, Investmentgesetze, § 39 KAGG, Rn. 23; *Grabbe/Lübbehausen*, DStR 2004, 981, 982; *Zeller*, DStR 2005, 899, 900; *PriceWaterhouseCoopers*, Novellierung des Investmentrechts, S. 184.

507 Vgl. *Grabbe/Lübbehausen*, DStR 2004, 981, 982.

508 BMF-Schreiben v. 2.6.2005 zum InvStG, BStBl I 2005, 728, Rz. 57; *Ramackers*, in: Littmann/Bitz/Pust, EStG, § 3 InvStG, Rn. 22; *PriceWaterhouseCoopers*, Novellierung des Investmentrechts, S. 184; *Wagner*, DStZ 2006, 257, 260.

509 Gesetzesbegründung zum EURLUmsG, BT-Drucks. 15/3677, S. 48 f.; BMF-Schreiben v. 2.6.2005 zum InvStG, BStBl I 2005, 728, Rz. 57; *Ramackers*, in: Littmann/Bitz/Pust, EStG, § 3 InvStG, Rn. 22; *von Beckerath* , in: Kirchhof, EStG, § 20 Rn. 143; *Grabbe/Lübbehausen*, DStR 2004, 981, 982.

510 *Grabbe/Lübbehausen*, DStR 2004, 981, 982.

Zum Teil wird darüber hinaus auch die Anwendung des § 3c Abs. 2 EStG[511] und der § 8b Abs. 3 und 5 KStG[512] befürwortet. Dies bedeutet, dass z.B. direkt zuzuordnende Finanzierungskosten für eine Beteiligung an einer Kapitalgesellschaft *im Rahmen der Ermittlung auf Ebene der AG* gem. § 3c Abs. 2 EStG lediglich hälftig abgezogen werden dürfen, soweit Anteilseigner der Investment-AG natürliche Personen sind. Sind hingegen Kapitalgesellschaften Anteilseigner der Investment-AG, sollen diese Finanzierungskosten zwar in vollem Umfang abzugsfähig bleiben (§ 3c Abs. 1 EStG gilt gem. § 8b Abs. 3 S. 2 KStG nicht), aber eine pauschale Hinzurechnung in Höhe von 5% bei der Besteuerung des Anlegers erfolgen.[513]

*Zeller* ist hingegen der Ansicht, dass keines der Abzugsverbote bei der Ermittlung der Erträge auf Ebene der Investment-AG zur Anwendung kommen dürfe.[514] Er begründet dies damit, dass auf Ebene der Investmentvermögens noch gar keine steuerfreie Einnahmen vorlägen, da die vollständige bzw. teilweise Steuerfreistellung von Investmenteinnahmen erst auf Ebene der Anteilseigner erfolge (insb. nach § 2 Abs. 2 f. InvStG). Folglich seien z.B. die Voraussetzungen für das Abzugsverbot nach § 3c Abs. 1 EStG, welches einen Zusammenhang mit steuerfreien Einnahmen verlangt, auf Ebene des Investmentvermögens nicht gegeben. Konsequenz seiner Argumentation ist, dass auf Ebene der Investment-AG Werbungskosten, die einen unmittelbaren wirtschaftlichen Zusammenhang mit bestimmten Einnahmen aufweisen, regelmäßig in voller Höhe von den dazugehörigen Einnahmen abzugsfähig sind.

M.E. kann keine der dargestellten Auffassungen überzeugen, da es keiner gelingt, dem Ziel des InvStG, Investmentanleger dem Direktanleger gleichzustellen, vollständig gerecht zu werden. Dies belegt folgender Vergleich zwischen dem Direkt- und dem Investmentanleger:

*Sachverhalt:* Dividendeneinnahmen von 100 auf Ebene der Investment-AG stehen unmittelbar damit zusammenhängende Werbungskosten in Höhe von 40 gegenüber.

*Lösung Direktanlage:* Bei einer **natürlichen Person**, unabhängig davon, ob die Anlage im Privat- oder Betriebsvermögen gehalten wird, sind die Dividendeneinnahmen und Werbungskosten je zur Hälfte (vgl. § 3 Nr. 40 S. 1 Buchst. d, S. 2 i.V.m. § 3c Abs. 2 EStG) zu berücksichtigen, also 1/2 von 100 und 1/2 von 40. Die Differenz in Höhe von (50 ./. 20=) **30** unterliegt der Besteuerung. Bei einer **Kapitalgesellschaft** als Anleger wären nach § 8b Abs. 1 Satz 1 i.V.m. Abs. 5 S. 1 KStG nur 5% der Einnahmen steuerpflichtig, hier also 5. Die Werbungskosten können mangels Anwendung des § 3c Abs. 1 EStG (§ 8b Abs. 5 S. 2 KStG) in vollem Umfang abgezogen werden. Im Ergebnis wären demnach 5-40= **-35** steuerpflichtig.

*Lösung Investmentanlage bei Anwendung von § 3c Abs. 2 EStG und § 8b Abs. 5 KStG:* Bei einer **natürlichen Person** als Anteilseigner der Investment-AG, hier ebenfalls unabhängig davon, ob die Anlage im Privat- oder Betriebsvermögen gehalten wird, müssen die Dividendeneinnahmen von 100 bei der Ermittlung der Erträge auf Ebene der Investment-AG voll angesetzt werden, während die Werbungskosten gem. § 3c Abs. 2 EStG einer hälftigen Kürzung (20 statt 40) unterliegen. Differenz daraus ist (100 ./. 20=) 80. Auf Ebene des Anlegers kommt es dann noch nach § 2 Abs. 2 InvStG zur

---

511 BMF-Schreiben v. 2.6.2005 zum InvStG, BStBl I 2005, 728, Rz. 63; *Ramackers*, in: Littmann/Bitz/Pust, EStG, § 3 InvStG, Rn. 22.

512 *Ramackers*, in: Littmann/Bitz/Pust, EStG, § 3 InvStG, Rn. 22.

513 *Ramackers*, in: Littmann/Bitz/Pust, EStG, § 3 InvStG, Rn. 22.

514 *Zeller*, Investmentfonds, S. 25; *ders.* DStR 2005, 899, 900.

hälftigen Kürzung, d.h. **40** sind zu versteuern (beim Direktanleger dagegen nur 30, s.o.). Ist eine **Kapitalgesellschaft** Anteilseigner, sind die Dividendeneinnahmen ebenso wie die Werbungskosten voll anzusetzen, also 100 ./. 40= 60. Auf Anlegerebene unterliegen 5% der der Kapitalgesellschaft zugerechneten Erträge aus Dividenden gem. § 2 Abs. 2 InvStG i.V.m. § 8b Abs. 1, 5 S. 1 KStG dann der Besteuerung, d.h. 5% von 60= **3** (bei der Direktanlage dagegen - 35, s.o.).

*Lösung Investmentanlage ohne Anwendung des § 3c Abs. 2 EStG und des § 8b Abs. 5 KStG auf Ebene des Investmentvermögens (Zeller):*[515] Bei einer **natürlichen Person** als Anteilsinhaber wären auf Ebene der Investment-AG zunächst die Einnahmen als auch die Werbungskosten in voller Höhe anzusetzen, also 100 ./. 40= 60. Auf Anlegerebene wären dann nach § 2 Abs. 2 InvStG i.V.m. § 3 Nr. 40 EStG die Hälfte von 60, also **30**, steuerpflichtig (dies entspricht i.E. den steuerpflichtigen Erträgen bei einem Direktanleger, s.o.). Bei einer **Kapitalgesellschaft** als Anteilseigner wird ebenfalls ein voller Ansatz der Einnahmen und Werbungskosten vorgenommen, also wiederum 100 ./. 40 = 60. Davon werden dann auf Ebene des Anlegers nach § 2 Abs. 2 InvStG i.V.m. § 8b Abs. 5 S. 1 KStG 5%, hier also 5% von 60 = **3**, für steuerpflichtig erklärt (bei der Direktanlage dagegen -35, s.o.).

Der Grund dafür, dass letztlich beide Vorgehensweisen keine vollständige Gleichstellung des Investmentanlegers mit dem Direktanleger erreichen, ist, dass die Abzugsverbote in § 3c Abs. 1 und 2 EStG und das pauschale Abzugsverbot in § 8b Abs. 3 und 5 KStG nicht systemgerecht im Zusammenhang mit der Einkünfteermittlung der Investmenterträge verankert werden.[516] So wendet u.a. die erste dargestellte Ansicht die Belastungskomponente des Halbeinkünfteverfahrens in Gestalt des hälftigen Abzugsverbotes (§ 3c Abs. 2 EStG) bereits auf Ebene des Investmentvermögens an, während die Entlastungskomponente des Halbeinkünfteverfahrens in Form von § 3 Nr. 40 EStG erst auf Anlegerebene zur Anwendung gelangt (§ 2 Abs. 2 InvStG). Aufgrund dieser systemwidrigen oder auch asymmetrischen Verankerung des Halbeinkünfteverfahrens sind Gegenstand der hälftigen Kürzung auf Anlegerebene nach § 3 Nr. 40 EStG nicht, wie bei einer Direktanlage, die Bruttodividendeneinnahmen, sondern die Differenz aus Bruttodividendeneinnahmen und der Hälfte der dazugehörigen Werbungskosten. Ebensowenig kann überzeugen, dass das Abzugsverbot des § 3c Abs. 1 EStG im Rahmen der Ermittlung der Erträge auf Ebene der Investment-AG angewandt wird, die eigentliche Steuerbefreiung, die überhaupt erst zur Anwendung des § 3c Abs. 1 EStG berechtigt, aber erst nachfolgend auf Ebene des Anlegers gewährt wird. Auch hierin liegt eine systemwidrige Verankerung. Gegen die Ansicht von *Zeller* ist vorzubringen, dass er nicht erklärt, wo in seiner Ertragsermittlung bei der Anlegergruppe der natürlichen Personen das hälftige Abzugsverbot des § 3c Abs. 2 EStG einzubeziehen ist. Des Weiteren resultiert die Ungleichbehandlung des korporierten Investmentanlegers gegenüber dem Direktanleger, die sich nach seiner Berechnungsmethode ergibt, daraus, dass er als Bemessungsgrundlage für das pauschale Betriebsausgabenabzugsverbot in Höhe von 5% (§ 8b Abs. 5 S. 1 KStG) nicht wie beim Direktanleger die Bruttodivi-

---

[515] Vgl. *Zeller*, DStR 2005, 899, 900, der eingesteht, dass seine Vorgehensweise nur bei natürlichen Personen zu einer Gleichstellung mit dem Direktanleger führt, während bei einer Kapitalgesellschaft als Anteilseigner eine Gleichstellung nicht erreicht wird.

[516] Ähnlich auch *Grabbe/Lübbehausen*, DStR 2004, 981, 982 f., aber zu Werbungskosten, die keinen unmittelbaren Zusammenhang mit Einnahmen aufweisen.

dendeneinnahmen, sondern die Differenz aus Bruttodividendeneinnahmen abzüglich der Werbungskosten auswählt.

Um eine Gleichstellung des Investmentanlegers mit dem Direktanleger sowie eine systemgerechte Verankerung der Steuerbefreiungsvorschriften zu erreichen, wären m.E. folgende Vorgehensweisen bei der Ermittlung der Investmenterträge vorzuziehen: Die erste Möglichkeit könnte darin bestehen, dass man auf Ebene der Investment-AG zunächst die gesamten Einkünfte, u.a. also auch die Dividendenbezüge und damit zusammenhängende Ausgaben, ohne Berücksichtigung von Steuerbefreiungsvorschriften und damit korrespondierenden Abzugsverboten ermittelt. Die für die Anwendung dieser Vorschriften relevanten Beträge müssten jedoch den Anteilseignern bekannt gemacht werden. Erst auf Ebene der Anteilseigner müsste dann darüber entschieden werden, inwieweit die Bestandteile der Einkünfte steuerfrei sind und ob Abzugsverbote eingreifen. U.a. bei natürlichen Personen wären demnach die in den Investmenterträgen enthaltenen Dividendeneinnahmen entsprechend dem Halbeinkünfteverfahren hälftig zu kürzen, wohingegen die damit zusammenhängenden Werbungskosten – welche bis hierher in voller Höhe abgezogen wurden – aufgrund des hälftigen Abzugsverbots des § 3c Abs. 2 EStG im Rahmen der Ermittlung der Einkünfte des Anlegers hälftig hinzugerechnet werden müssten.

Diese Ermittlungsmethode lehnt sich an die sog. *"Bruttomethode"* bei Personengesellschaften an, nach welcher auf Ebene der ebenfalls transparenten Personengesellschaft die Einkünfte zunächst ohne Berücksichtigung der §§ 3 Nr. 40 und 3c Abs. 2 EStG sowie des § 8b KStG ermittelt werden.[517]

Eine weitere Möglichkeit bestände darin, die Ermittlung der Investmenterträge in Anlehnung an die sog. *"Nettomethode"* bei Personengesellschaften[518] vorzunehmen. Diese wird von der wohl h.M. für Einkünfte der Personengesellschaft im Zusammenhang mit einer Beteiligung an einer Kapitalgesellschaft der Bruttomethode vorgezogen.[519] Demnach wären die Werbungskosten von den mit ihnen zusammenhängenden Einnahmen auf Ebene der Investment-AG in einem ersten Schritt immer voll abzugsfähig. In einem zweiten Schritt, wohlgemerkt immer noch auf Ebene der Investment-AG, müsste man außerhalb der Einnahmen-Überschuss-Rechnung pauschal für jeden Typ von Anleger (private, betriebliche einkommensteuerpflichtige sowie betriebliche körperschaftsteuerpflichtige Anleger) eine Berichtigung des Ansatzes der Einnahmen und Werbungskosten in Form von Kürzung bzw. Hinzurechnung entsprechend der auf Ebene des Anteilseigners eingreifenden Begünstigungsnorm mit dem dazugehörigen

---

517 Vgl. dazu *Dötsch/Pung*, in: Dötsch/Eversberg/Jost/Pung/Witt, KStG, § 8b KStG, Rn. 124; *Nacke*, in: Herrmann/Heuer/Raupach, EStG/KStG, § 3 Nr. 40 EStG, Rn. 94.

518 Vgl. dazu *Dötsch/Pung*, in: Dötsch/Eversberg/Jost/Pung/Witt, KStG, § 8b KStG, Rn. 124; *Nacke*, in: Herrmann/Heuer/Raupach, EStG/KStG, § 3 Nr. 40 EStG, Rn. 94; *Köster*, in: Herrmann/Heuer/Raupach, EStG/KStG, § 15 EStG, Rn. 456.

519 Für die Nettomethode *Nacke*, in: Herrmann/Heuer/Raupach, EStG/KStG, § 3 Nr. 40 EStG, Rn. 94; *Watermeyer*, in: Herrmann/Heuer/Raupach, EStG/KStG, § 8b KStG, Rn. 153; *Wacker*, in: Schmidt, EStG, § 15 Rn. 438; wohl auch *Dötsch/Pung*, in: Dötsch/Eversberg/Jost/Pung/Witt, KStG, § 8b KStG, Rn. 124.

Abzugsverbot vornehmen. Die daraus berechneten Ergebnisse würden dann den Anteilseignern bekannt gemacht und bei diesen versteuert. Bei dieser Vorgehensweise würde also die Ertragsermittlung auf Ebene des Investmentvermögens schon mit Blick auf die Steuerbegünstigungen auf Anlegerebene ausgeführt werden, was sich m.E. aber nicht vermeiden läßt, wenn man das Halbeinkünfteverfahren und das Beteiligungsprivileg und die damit zusammenhängenden Abzugsverbote systemgerecht im InvStG etablieren will. Der bereits dargestellte Beispielsfall würde nach dieser Vorgehensweise wie folgt gelöst werden:

Auf Ebene der Investment-AG würden die Dividendeneinnahmen, unabhängig davon, wer Anleger ist, als auch die Werbungskosten voll angesetzt, also 100 ./. 40 = 60. Außerhalb der Einnahmen-Überschuss-Rechnung wären dann bei einer **natürlichen Person** als Anteilseigner die Einnahmen wegen des geltenden HEV (vgl. § 2 Abs. 2 InvStG) um die Hälfte, also 50, zu kürzen. Gleichzeitig müsste aber auch der Werbungskostenabzug in der Weise korrigiert werden, dass die Hälfte wieder hinzugerechnet wird (§ 3c Abs. 2 EStG), also 20. Das Ergebnis der Ertragsermittlung auf Ebene der Investment-AG wäre dann 60 ./. 50 + 20 = **30** (dies entspricht den steuerpflichtigen Erträgen bei einem Direktanleger), welches dann auf Ebene des Anteilseigners zu versteuern wäre. Bei einer **Kapitalgesellschaft** als Anteilseigner wäre außerhalb der Einnahmen-Überschuss-Rechnung folgende Korrektur vorzunehmen: Kürzung der Einnahmen i.H.v. 100 um 95 (§ 8b Abs. 5 S. 1 KStG); der Werbungskostenabzug muss nicht berichtigt werden (vgl. § 8b Abs. 5 S. 2 KStG). Demnach wären im Ergebnis 60 ./. 95 = **-35** an Erträgen dem Anteilseigner zuzurechnen und zu versteuern (auch hier erfolgt durch diese Vorgehensweise also eine Gleichstellung mit dem Direktanleger, s.o.).

#### *bb) Kein unmittelbarer wirtschaftlicher Zusammenhang mit Einnahmen*

##### (1) Gesetzliche Vorgaben: Dreistufenregelung

Im Gegensatz zu den Werbungskosten, die im unmittelbaren wirtschaftlichen Zusammenhang mit Einnahmen stehen, enthält § 3 Abs. 3 Satz 2 InvStG detaillierte Regelungen hinsichtlich des Abzugs von Werbungskosten, die keinen unmittelbaren wirtschaftlichen Zusammenhang mit Einnahmen aufweisen. In die Kategorie dieser nicht direkt zuzuordnenden Werbungskosten fallen vor allem die Verwaltungsvergütung, die Depotbankvergütung, Depotgebühren, Veröffentlichungs- und Prüfungskosten sowie allgemeine Beratungskosten (*sog. Allgemeinkosten*).[520] Für den Abzug dieser Allgemeinkosten sieht § 3 Abs. 3 Satz 2 InvStG, nachdem zuvor in einem ersten Schritt die unmittelbar wirtschaftlich zuzurechnenden Werbungskosten von den jeweiligen Einnahmenposten abgezogen wurden,[521] eine *Dreistufenregelung* vor:[522]

*Auf der ersten Stufe* erfolgt gem. § 3 Abs. 3 Satz 2 Nr. 1 InvStG eine anteilige Zuordnung der Allgemeinkosten zu den in Deutschland durch ein Doppelbesteuerungs-

---

[520] Vgl. *Grabbe/Lübbehausen*, DStR 2004, 981, 982; *Sradj/Mertes*, DStR 2004, 201, 202; *Zeller*, DStR 2005, 899, 900; *Lübbehausen*, in: Brinkhaus/Scherer, KAGG/AuslInvestmG, § 39 KAGG, Rn. 50; BVI, Schreiben v. 13.12.1974, zit. nach *Baur*, Investmentgesetze, § 39 KAGG, Rn. 23.

[521] Vgl. BMF-Schreiben v. 2.6.2005 zum InvStG, BStBl I 2005, 728, Rz. 58; *PriceWaterhouseCoopers*, Novellierung des Investmentrechts, S. 184.

[522] Vgl. BMF-Schreiben v. 2.6.2005 zum InvStG, BStBl I 2005, 728, Rz. 59 ff; *Sradj/Mertes*, DStR 2004, 201, 202; *Carlé*, DStZ 2004, 74, 74; *PriceWaterhouseCoopers*, Novellierung des Investmentrechts, S. 184 f.

abkommen (DBA) steuerbefreiten ausländischen Einnahmen, mit der Folge, dass in diesem Umfang ein Abzugsverbot besteht. Da zu den durch ein DBA steuerbefreiten ausländischen Einnahmen insbesondere ausländische Mieteinnahmen zu zählen sind,[523] entfaltet die erste Stufe bei der Investment-AG, welcher die Anlagetätigkeit in Immobilien verwehrt ist,[524] keine Relevanz.

Die *zweite* bzw. im Zusammenhang mit der Investment-AG die erste Stufe normiert eine pauschale Nichtberücksichtigung von 10% der Allgemeinkosten (§ 3 Abs. 3 Satz 2 Nr. 2 InvStG). Die ursprüngliche Gesetzesfassung des InvStG vom 15.12.2003[525] sah dieses 10%ige Abzugsverbot zunächst nur für Privatanleger vor, wobei letzteres den Zweck hatte, einen Ausgleich dafür zu schaffen, dass die Werbungs-Gemeinkosten auch zur Erzielung von beim Privatanleger steuerfreien Investmenterträgen (vgl. u.a. § 2 Abs. 3 InvStG) anfielen.[526] Im Rahmen des Richtlinien-Umsetzungsgesetzes (EURLUmsG) vom 9.12.2004[527] wurde die 10%-Regelung auf betriebliche Anleger ausgeweitet.[528] Hintergrund dieser Änderung war einerseits, dass der Gesetzgeber der Tatsache gerecht werden wollte, dass nicht nur bei Privatanlegern, sondern ebenfalls bei betrieblichen Anlegern teilweise nicht steuerpflichtige Investmenteinnahmen, nämlich in Gestalt von thesaurierten Gewinnen aus Wertpapierveräußerungsgeschäften, Wertpapierleerverkäufen sowie Termingeschäften (vgl. § 1 Abs. 3 Satz 3 InvStG)[529], vorlagen und daher auch bei diesen die Notwendigkeit für eine pauschale Nichtberücksichtigung eines Teils der allgemeinen Werbungskosten bestehe.[530] Des Weiteren soll die Neuregelung die Ermittlung der Erträge auf Ebene des Investmentvermögens insoweit vereinfachen, als dass sich nunmehr eine unterschiedliche Berechnung der Erträge für private und betriebliche Anleger wegen eines nur für private Anleger geltenden 10%igen Abzugsverbotes erübrigt.[531]

Im Anschluss daran sind *auf der dritten Stufe* (bzw. auf der zweiten bei einer Investment-AG)[532] die verbleibenden Werbungskosten anteilig den Einnahmen, die auf Ebene der Anleger dem Halbeinkünfteverfahren bzw. dem körperschaftssteuerlichen

---

523 *Ramackers*, in: Littmann/Bitz/Pust, EStG, § 3 InvStG, Rn. 25; *PriceWaterhouseCoopers*, Novellierung des Investmentrechts, S. 185.

524 Vgl. § 2 Abs. 5 InvG und schon oben Kapitel 4 § 1 A I 3 a).

525 BGBl. I 2003, 2676, 2725.

526 *Ramackers*, in: Littmann/Bitz/Pust, EStG, § 3 InvStG, Rn. 26; *PriceWaterhouseCoopers*, Novellierung des Investmentrechts, S. 185; *Maier/Wengenroth*, ErbStB 2004, 56, 58; *Zeller*, DStR 2005, 899, 900.

527 BGBl. I 2004, 3310, 3325.

528 Vgl. Gesetzesbegründung zum EURLUmsG, BT-Drucks. 15/3677, S. 48; *Maier/Wengenroth*, ErbStB 2005, 79, 79; *Geißelmeier/Gemmel*, DStR 2005, 45, 47; *Merker*, StuB 2005, 53, 55; *ders.*, SteuerStud 2005, 128, 139; *Korn/Strahl*, KÖSDL 2005, 14510. Dies wurde gesetzestechnisch durch die Streichung des § 3 Abs. 3 S. 2 Nr. 2 Satz 2 InvStG vollzogen, der betriebliche Anleger vom Anwendungsbereich des 10%igen Abzugsverbotes ausgeschlossen hatte.

529 Vgl. oben Kapitel 4 § 1 A II 2 b) aa).

530 Gesetzesbegründung zum EURLUmsG, BT-Drucks. 15/3677, S. 48.

531 Gesetzesbegründung zum EURLUmsG, BT-Drucks. 15/3677, S. 48; *Geißelmeier/Gemmel*, DStR 2005, 45, 47.

532 § 3 Abs. 2 S. 2 Nr. 3 und Nr. 4 InvStG.

Beteiligungsprivileg unterliegen, zuzuordnen. Ausgehend vom Wortlaut des § 3 Abs. 3 S. 2 Nr. 3 InvStG "*Bei der Ermittlung der Erträge für Anleger, für die § 3 Nr. 40 des Einkommensteuergesetzes anwendbar ist ...*" ist nicht eindeutig, ob diese Werbungskostenaufteilungsregelung nur die durch das Halbeinkünfteverfahren begünstigten Dividenden (§ 2 Abs. 2 InvStG i.V.m. § 3 Nr. 40 EStG) oder zudem die nach § 2 Abs. 3 Nr. 1 Satz 1, 2. HS. InvStG ausschließlich bei betrieblichen einkommensteuerpflichtigen Anlegern dem Halbeinkünfteverfahren unterfallenden ausgeschütteten Veräußerungsgewinne von Anteilen an Kapitalgesellschaften betrifft.[533] Vertritt man die Ansicht, dass sowohl die Dividendeneinnahmen als auch die Veräußerungsgewinne von der Regelung erfasst werden,[534] hätte dies die Konsequenz, dass die Berechnung der Erträge verkompliziert würde, da die Berechnung der Erträge für betriebliche Anleger im Fall der Ausschüttung in einem Punkt von der für Privatanleger abweichen würde.[535]

Neben dieser verwaltungsintensiven Folge spricht zusätzlich gegen eine solche Auslegung der Vorschrift der systematische Zusammenhang mit § 3 Abs. 3 S. 2 Nr. 4 InvStG, der die in Nr. 3 getroffene Regelung für korporierte Anleger fortführt. Nach dem Wortlaut des § 3 Abs. 3 S. 2 Nr. 4 InvStG sind die verbleibenden Werbungskosten allein den nach § 8b Abs. 1 KStG begünstigten Dividenden und nicht auch den nach § 8b Abs. 2 KStG begünstigten Veräußerungsgewinnen zuzuordnen. Dies spricht dafür, die Regelung des § 3 Abs. 3 S. 2 Nr. 3 InvStG in der Weise auszulegen, dass auch dort nur Dividenden erfasst werden,[536] so dass eine einheitliche Handhabung der beiden im Zusammenhang stehenden Regelungen gewährleistet ist. Darüber hinaus spricht gegen eine Einbeziehung der ausgeschütteten Veräußerungsgewinne von Anteilen an Kapitalgesellschaften in den Anwendungsbereich des § 3 Abs. 3 S. 2 Nr. 3 InvStG, dass Werbungsgemeinkosten, die Veräußerungsgewinnen i.w.S. zugeordnet werden, bereits mit dem pauschalen Abzugsverbot in Höhe von 10% auf der zweiten Stufe (§ 3 Abs. 3 S. 2 Nr. 2 InvStG) abgegolten werden.[537]

Der für die anteilige Zuordnung der allgemeinen Werbungskosten zu den Dividendeneinnahmen anzuwendende Aufteilungsmaßstab in § 3 Abs. 3 S. 2 Nr. 3 und Nr. 4 InvStG ergibt sich aus dem Verhältnis des durchschnittlichen Vermögens, das den Dividendeneinnahmen zu Grunde liegt *(sog. Quellvermögen)*, zum durchschnittlichen *Gesamtvermögen*[538] der Investment-AG des jeweils vorangegangenen Wirtschaftsjah-

---

[533] Die in den Investmenterträgen enthaltenen Veräußerungsgewinne aus Anteilen an Kapitalgesellschaften sind demgegenüber bei den Privatanlegern nach § 2 Abs. 3 Nr. 1 S. 1 1. Hs. InvStG zu 100% steuerfrei.

[534] So wohl *Sradj/Mertes*, DStR 2003, 1681, 1683; nicht ganz eindeutig hingegen *dies.*, DStR 2004, 201, 203; *Storg*, NWB 2004, Fach 3, 12999, 13007; *Carlé*, KÖSDL 2004, 14300, 14302.

[535] Vgl. *Sradj/Mertes*, DStR 2003, 1681, 1683; *dies.*, DStR 2004, 201, 203.

[536] So auch BMF-Schreiben v. 2.6.2005 zum InvStG, BStBl I 2005, 728, Rz. 61 ff.; *PriceWaterhouseCoopers*, Novellierung des Investmentrechts, S. 185.

[537] Vgl. *PriceWaterhouseCoopers*, Novellierung des Investmentrechts, S. 186.

[538] Das BMF-Schreiben definiert den Begriff des Gesamtvermögens, der im InvStG selbst nicht erläutert wird, als das Nettovermögen des Investmentvermögens, wenn vorgesehen ist, dass die Verwaltungsvergütung nach dem Nettovermögen berechnet wird. Nur in dem Ausnahmefall, wenn

res.[539] Der sich daraus ergebende Betrag der Werbungskosten ist nach § 3 Abs. 3 Satz 2 Nr. 3 InvStG i.V.m. § 3c Abs. 2 EStG bei der Anlegergruppe aus Privatanlegern und betrieblichen Anlegern, bei denen Dividenden im Rahmen ihrer Besteuerung dem Halbeinkünfteverfahren unterliegen, schon bei der Ermittlung der Erträge auf Ebene der Investment-AG nur *zur Hälfte abzugsfähig*; in Bezug auf Kapitalgesellschaften als Anleger, bei denen auf Anlegerebene im Zusammenhang mit den Dividendenerträgen das Beteiligungsprivileg des § 8b Abs. 1 KStG Anwendung findet (vgl. § 2 Abs. 2 InvStG), soll gem. § 3 Abs. 3 S. 2 Nr. 4 InvStG i.V.m. § 3c Abs. 1 EStG eine *gänzliche Nichtabzugsfähigkeit der Werbungskosten* gelten.[540]

Die Aufnahme von § 3c Abs. 1 EStG in § 3 Abs. 3 S. 2 Nr. 4 InvStG erscheint insofern bereits deswegen missglückt (zu weiteren Kritikpunkten noch weiter unten), als dass § 3c Abs. 1 EStG ein Abzugsverbot für Werbungskosten regelt, die in einem unmittelbaren wirtschaftlichen Zusammenhang mit Einnahmen stehen, § 3 Abs. 3 S. 2 InvStG aber den Werbungskostenabzug von nicht direkt zuzuordnenden Werbungskosten normiert. *Wassermeyer*[541] weist daher zu Recht darauf hin, dass § 3 Abs. 3 S. 2 Nr. 4 InvStG nur eine Rechtsfolgenverweisung auf § 3c Abs. 1 EStG enthält.

Für den Fall, dass nach Anwendung der drei Stufen die Allgemeinkosten noch nicht vollständig verteilt worden sind, hat das InvStG in § 3 Abs. 3 InvStG keine Regelung getroffen. Die Literatur[542] und das BMF-Schreiben zum InvStG[543] befürworten, dass in diesem Fall der Restbetrag an Allgemeinkosten von den steuerpflichtigen laufenden Erträgen (Zinseinnahmen, Mieterträge und sonstige Erträge) anteilig abzuziehen ist.

#### (2) Durchbrechungen des Transparenzprinzips

Die gesetzliche Dreistufenregelung des Werbungskostenabzugs der Allgemeinkosten weist jedoch einige Durchbrechungen des Transparenzprinzips auf, die in diesem Zusammenhang immer zu Lasten des Investmentanlegers gehen.

##### (a) Pauschales Werbungskostenabzugsverbot in Höhe von 10%

Die erste Schlechterstellung des Investmentanlegers gegenüber dem Direktanleger besteht in dem pauschalen Werbungskostenabzugsverbot in Höhe von 10% der Allgemeinkosten gem. § 3 Abs. 3 S. 2 Nr. 2 InvStG, welches in dieser Gestalt beim

---

dieses nicht vorgesehen ist, soll das Gesamtvermögen mit dem Bruttovermögen gleichzusetzen sein, vgl. BMF-Schreiben v. 2.6.2005 zum InvStG, BStBl I 2005, 728, Rz. 59.

539 Vgl. statt vieler *Harenberg*, in: Herrmann/Heuer/Raupach, EStG/KStG, § 3 InvStG, Anm. J 03-13; *Wassermeyer*, DB 2003, 2085, 2088.

540 Vgl. BMF-Schreiben v. 2.6.2005 zum InvStG, BStBl I 2005, 728, Rz. 63; *PriceWaterhouseCoopers*, Novellierung des Investmentrechts, S. 185. Die gänzliche Nichtabzugsfähigkeit der Werbungskosten gilt also mangels Anwendbarkeit des Beteiligungsprivilegs des § 8b Abs. 1 KStG nicht in den Fällen des § 8b Abs. 7 und 8 KStG.

541 DB 2003, 2085, 2088.

542 *Ramackers*, in: Littmann/Bitz/Pust, EStG, § 3 InvStG, Rn. 28; *PriceWaterhouseCoopers*, Novellierung des Investmentrechts, S. 185 f.; *Zeller*, DStR 2005, 899, 901.

543 S. 26, Rn. 64.

Direktanleger keine Anwendung findet.[544] Im Ansatzpunkt mag die Existenz der pauschalen Regelung und die damit einhergehende Schlechterstellung gegenüber dem Direktanleger zwar gerechtfertigt sein. Denn sowohl betriebliche als auch private Investmentanleger profitieren im Gegensatz zu den Direktanlegern insgesamt gesehen von günstigeren Steuerbelastungen der angelegten Gelder, indem Teile der Investmenteinnahmen, u.a. thesaurierte Wertpapierveräußerungsgewinne und Termingeschäfte (vgl. § 1 Abs. 3 S. 3 InvStG), vollständig nicht steuerpflichtig sind.[545] Daher besteht auch nur bei Investmentanlegern ein Bedürfnis für eine Ausgleichsregelung in Gestalt des pauschalen Werbungskostenabzugsverbots.

Nicht rechtfertigen läßt sich die Schlechterstellung des Investmentanlegers aber in den Fällen, in denen der Anleger sein Geld in eine Investment-AG, die ausschließlich im Geldmarkt- oder Rentenbereich tätig ist, investiert.[546] Hier muss der Investmentanleger seine Erträge regelmäßig voll versteuern.[547] Dementsprechend entfällt das Kompensationsargument für die Existenz der 10%-Regelung. Um die erhebliche steuerliche Benachteiligung aufgrund des pauschalen Abzugsverbots gegenüber einer vergleichbaren Direktanlage in Zinspapiere zu vermeiden bzw. reduzieren, sollten im Rahmen der Ertragsermittlung auf Ebene der Investment-AG die Möglichkeiten einer direkten Zuordnung der Werbungskosten voll ausgeschöpft werden und demgegenüber die Allgemeinkosten als Bemessungsgrundlage für das Abzugsverbot niedrig gehalten werden.[548]

##### (b) Systemwidrige Verankerung von Werbungskostenabzugsverboten im Zusammenhang mit den Dividendeneinnahmen

Eine weitere Durchbrechung des Transparenzprinzips lässt sich auf der dritten Stufe der Werbungskostenaufteilungsregelung im Zusammenhang mit der Zuordnung der Werbungskosten zu den Dividendeneinnahmen feststellen. Zu kritisieren ist zunächst, dass bei körperschaftsteuerpflichtigen Investmentanlegern der den Dividenden entsprechende Anteil an den Allgemeinkosten nach § 3 Abs. 3 S. 2 Nr. 4 InvStG i.V.m. § 3c Abs. 1 EStG nicht abzugsfähig ist. Dies steht im Widerspruch zu der Regelung beim korporierten Direktanleger, bei dem ab dem 1.1.2004 aufgrund des sog. "Korb II Gesetzes"[549] gerade nicht mehr die Regelung des § 3c Abs. 1 EStG Anwendung findet

---

544 *Geißelmeier/Gemmel*, DStR 2005, 45, 47; *Sradj/Mertes*, DStR 2004, 201, 203; *Carlé*, DStZ 2004, 74, 75; *Storg*, NWB 2004, Fach 3, 12999, 13007; *Köndgen/Schmies*, WM 2004, Sonderbeil. Nr. 1, S. 22; *Harenberg*, in: Herrmann/Heuer/Raupach, EStG/KStG, § 3 InvStG, Anm. J 03-13; *Lübbehausen/Schmidt*, DB 2003, 1696, 1698; *Korn/Strahl*, KÖSDL 2005, 14510, 14531; *Lechner*, BB 2005, 1771, 1773 f.

545 Siehe z.B. oben Kapitel 4 § 1 A II 1 b) bb) und Kapitel 4 § 1 A II 2 b) bb).

546 Vgl. *Sradj/Mertes*, DStR 2003, 1681, 1683; *dies.*, DStR 2004, 201, 203; *Carlé*, DStZ 2004, 74, 75; *ders.*, KÖSDL 2004, 14300, 14302; *Harenberg*, in: Herrmann/Heuer/Raupach, EStG/KStG, § 3 InvStG, Anm. J 03-13.

547 Vgl. *Ramackers*, in: Littmann/Bitz/Pust, EStG, § 3 InvStG, Rn. 26.

548 *Ramackers*, in: Littmann/Bitz/Pust, EStG, § 3 InvStG, Rn. 26; *Geißelmeier/Gemmel*, DStR 2005, 45, 47.

549 Gesetz zur Umsetzung der Protokollerklärung der Bundesregierung zur Vermittlungsempfehlung zum Steuervergünstigungsabbaugesetz, BGBl. I 2003, 2840 ff.

(§ 8b Abs. 5 S. 2 KStG).[550] Stattdessen bewirkt das sog. pauschale Betriebsausgabenabzugsverbot in Höhe von 5% des § 8b Abs. 5 S. 1 KStG, dass wirtschaftlich nur 95% der Dividendeneinnahmen steuerfrei sind, im Gegenzug aber ein Abzug der tatsächlichen Kosten in unbegrenztem Unfang möglich ist (vgl. § 8b Abs. 5 S. 2 KStG). Obschon sowohl der Gesetzgeber[551] als auch das BMF-Schreiben zum InvStG[552] darauf hinweisen, dass die Regelung des § 3 Abs. 3 S. 2 Nr. 4 InvStG trotz der Neufassung des § 8b Abs. 5 KStG anwendbar sein soll, können sie dennoch die abweichende Regelung im InvStG nicht verständlich machen.

Bei der Anlegergruppe der natürlichen Personen stellt die verwendete hälftige Kürzung der Werbungskosten nach § 3c Abs. 2 EStG auf den ersten Blick zwar eine Wahrung des Transparenzprinzips dar, da den Direktanleger die hälftige Kürzung der Werbungskosten im Kontext mit Dividendeneinnahmen gleichermaßen trifft.[553] Insgesamt besehen gelingt dem Gesetzgeber aber auch hier keine Gleichstellung des Investmentanlegers mit dem Direktanleger.[554] Dies liegt daran, dass das Halbeinkünfteverfahren, ebenso wie bei den Werbungskosten im unmittelbaren wirtschaftlichen Zusammenhang mit Einnahmen, nicht systemgerecht bei der Einkünfteermittlung der Investmenterträge verankert wird.[555] Auch hier wird die Belastungskomponente des Halbeinkünfteverfahrens in Gestalt des hälftigen Abzugsverbotes (§ 3c Abs. 2 EStG) bereits auf Ebene des Investmentvermögens angewandt, während die Entlastungskomponente des Halbeinkünfteverfahrens in Form von § 3 Nr. 40 EStG erst auf Anlegerebene zur Anwendung gelangt (§ 2 Abs. 2 InvStG). Dies hat zur Konsequenz, dass die Steuerbelastung der Dividenden beim Investmentanleger im Vergleich zur Direktanlage um einiges höher sein kann.[556]

Um die geschilderten Ungleichbehandlungen im Bereich der Ermittlung der Dividendenerträge zu vermeiden und stattdessen eine Umsetzung des Transparenzprinzips herzustellen, sollte das Gesetz m.E. auf die bereits oben bei den Werbungskosten im unmittelbaren Zusammenhang mit den Dividendeneinnahmen dargestellten Berechnungsmethoden zurückgreifen.[557]

#### *c) Behandlung von negativen Erträgen*

##### *aa) Verlustausgleich innerhalb des Entstehungsjahres der negativen Erträge*

Negative Erträge auf Ebene der Investment-AG können in ihrem Entstehungsjahr unter den Voraussetzungen des § 3 Abs. 4 S. 1 InvStG mit positiven Erträgen verrechnet werden. Die Verlustverrechnung wird zunächst dadurch eingeschränkt, dass negative

---

550 Vgl. *Carlé*, KÖSDL 2004, 14300, 14302; *Bacmeister*, IStR 2004, 176, 178 f.

551 Gesetzesbegründung zum EURLUmsG, BT-Drucks. 15/3677, S. 48.

552 Vom 2.6.2005, S. 25 Rn. 63.

553 Vgl. *Harenberg*, in: Herrmann/Heuer/Raupach, EStG/KStG, § 3 InvStG, Anm. J 03-13.

554 *Grabbe/Lübbehausen*, DStR 2004, 981, 983; *Bacmeister*, IStR 2004, 176, 178 f.

555 *Grabbe/Lübbehausen*, DStR 2004, 981, 982 f.

556 Siehe dazu die Rechenbeispiele oben unter Kapitel 4 § 1 A III 1 b aa) (2).

557 Vgl. oben Kapitel 4 § 1 A III 1 b aa) (2).

Erträge nur mit positiven Erträgen *gleicher Art* ausgeglichen werden können.[558] Erträge gleicher Art liegen vor, wenn sie beim Anleger hinsichtlich der Steuerbarkeit, des Umfangs der Steuerpflicht und des Erfassungszeitpunkts identisch behandelt werden.[559] Demnach können z.B. Gewinne aus Zinsen mit Verlusten aus Zinsen oder sonstigen Erträgen sowie Gewinne aus Aktienveräußerungen mit Verlusten aus Aktienveräußerungen ausgeglichen werden. Andererseits verbietet sich z.B. eine Verrechnung von Gewinnen aus Zinsen mit Verlusten aus Dividenden oder Wertpapierveräußerungen.[560] Die zweite Einschränkung der in § 3 Abs. 4 S. 1 InvStG speziell geregelten Verlustverrechnung ist dadurch gekennzeichnet, dass im Entstehungsjahr die Verrechnung der negativen Erträge auf die *Höhe* der positiven Erträge begrenzt ist. In einem Beispiel verdeutlicht, bedeutet dies, dass bei Verlusten aus sonstigen Erträgen in Höhe von 500.000 Euro und Gewinnen aus Zinsen in Höhe von 300.000 Euro in 2004 ein Ausgleich nur in Höhe von 300.000 Euro möglich ist.

##### *bb) Intertemporärer Verlustausgleich (Verlustvortrag) und der Verstoß gegen das Transparenzprinzip sowie gegen das aus Art. 3 Abs. 1 GG hergeleitete Leistungsfähigkeitsprinzip*

Sind nach Anwendung des § 3 Abs. 4 S. 1 InvStG nicht alle negativen Erträge ausgeglichen, sei es aufgrund der Verlustausgleichsbeschränkung mit nur gleichartigen positiven Erträgen und/oder der Begrenzung auf die Höhe der positiven Erträge, müssen diese Verluste vorgetragen und in den folgenden Geschäftsjahren nach Maßgabe der Verrechnungsbeschränkungen des § 3 Abs. 4 S. 1 InvStG ausgeglichen werden (sog. intertemporärer Verlustausgleich).[561] Mit dieser Regelung eines Verlustvortrags kehrt der Gesetzgeber von der bis zum Inkrafttreten des InvStG gegebenen Möglichkeit der Zurechnung negativer Erträge an die Anleger ab.[562] Für den einzelnen Anleger bedeutet dies, dass er die auf Ebene einer Investment-AG nicht ausgeglichenen Verluste in

---

558 Bis zur Neufassung des § 3 Abs. 4 S. 1 InvStG durch das EURUmsG v. 09.12.2004 lautete der Wortlaut "Negative Erträge des Investmentvermögens sind bis zur Höhe der positiven Erträge mit diesen zu verrechnen." Der Satzteil "..gleicher Art.." fehlte demnach zunächst, so dass nicht vollständig klar war, ob das Gesetz auch eine uneingeschränkte einkünfteübergreifende Verlustverrechnung innerhalb des Investmentvermögens zuließ (dafür *Beckmann/Scholtz*, Investment-Handbuch, 422, S. 6 f.). Der Gesetzgeber hat im Zusammenhang mit dem Erlass des EURUmsG durch die Einfügung des Satzteils "gleicher Art.." nun aber klargestellt, dass eine Verrechnung negativer Erträge nur mit positiven Erträgen gleicher Art zulässig sein soll, vgl. Gesetzesbegründung zum EURUmsG, BT-Druck. 15/3677, S. 49.

559 Gesetzesbegründung zum EURUmsG, BT-Druck., 15/3677, S. 49; BMF-Schreiben v. 2.6.2005 zum InvStG, BStBl I 2005, 728, Rz. 69; *Zeller*, Investmentfonds, S. 28; *ders.*, DStR 2005, 899, 901; *Geißelmeier/Gemmel*, DStR 2005, 45, 47.

560 Vgl. Übersicht über die Verlustverrechnungsmöglichkeiten unterschiedlicher Ertragsarten beim privaten und betrieblichen Anleger im Anhang 3, BMF-Schreiben v. 2.6.2005 zum InvStG, BStBl I 2005, 728.

561 Vgl. § 3 Abs. 4 S. 2 InvStG; BMF-Schreiben v. 2.6.2005 zum InvStG, BStBl I 2005, 728, Rz. 70.

562 Vgl. *PriceWaterhouseCoopers*, Novellierung des Investmentrechts, S. 187; *Sradj/Mertes*, DStR 2003, 1681, 1683; *dies.*, DStR 2004, 201, 203; *Carlé*, KÖSDI 2004, 14300, 14302; *ders.*, DStZ 2004, 74, 75; *Köndgen/Schmies*, WM Sonderbeil. Nr. 1, S. 22; zum früheren Zustand u.a. *Thorn/Otto/Geese*, Handbuch für die Besteuerung von Fondsvermögen, S. 39.

ihrem Entstehungsjahr nicht nutzen kann; allerdings profitiert er in den Folgejahren von einer Verrechnung der angehäuften Verluste mit späteren positiven Erträgen.[563] Darin liegt ein Verstoß gegen das Transparenzprinzip, welches bei einer konsequenten Anwendung an sich eine Weiterleitung der Verluste in ihrem Entstehungsjahr an die Anteilseigner erfordern würde.

Die Normierung des Verlustvortrags könnte bei einer Investment-AG mit einer starken Fluktuation im Anlegerkreis zudem einen *Verstoß gegen das aus Art. 3 Abs. 1 GG* hergeleitete *Leistungsfähigkeitsprinzip* nach sich ziehen. Unter Leistungsfähigkeit im Steuerrecht versteht man die Fähigkeit von Personen, Steuern aus dem gespeicherten Einkommen entsprechend der Höhe des disponiblen Einkommens zahlen zu können.[564] Für den Bereich der Einkünfteermittlung wird das Leistungsfähigkeitsprinzip u.a. durch das *objektive Nettoprinzip* verwirklicht, welches besagt, dass bei jedem Steuerpflichtigen ein Ausgleich von Verlusten mit positiven Einkünften möglich sein muss.[565] Bei der Direktanlage wird das objektive Nettoprinzip durch einen horizontalen, vertikalen und intertemporären Verlustausgleich (§ 2 Abs. 2, Abs. 3 S. 1 und § 10d EStG) umgesetzt.[566]

Der in § 3 Abs. 4 S. 2 InvStG geregelte intertemporäre Verlustausgleich führt demgegenüber entgegen dem Gebot des objektiven Nettoprinzips dazu, dass Anleger, die ihre Anteile veräußern, die Verluste der Investment-AG, welche zur Zeit ihrer Inhaberschaft entstanden sind und nicht vollständig ausgeglichen werden konnten, nicht nutzen können, so dass kein vollständiger Verlustausgleich gegeben ist.[567] Gleichzeitig kommt aber der Erwerber der Anteile in den Genuss, dass an sich steuerpflichtige Erträge aufgrund der vorgetragenen Verluste seines Vorgängers bei ihm steuerfrei gestellt werden.[568] Die steuerliche Verlustnutzung verschiebt sich also bei einem Anlegerwechsel zwischen den Anlegern.[569] Diese Verschiebung von Verlusten (sog. interpersonelle Verlustverrechnung) verstößt gegen das Prinzip der Besteuerung nach der wirtschaftlichen Leistungsfähigkeit und somit gegen Art. 3 Abs. 1 GG.[570] Ein Ver-

---

563 *Harenberg*, in: Herrmann/Heuer/Raupach, EStG/KStG, § 3 InvStG, Anm. J 03-13; *Zeller*, Investmentfonds, S. 28; *ders.*, DStR 2005, 899, 901; *Kayser/Steinmüller*, FR 2004, 137, 142.

564 *Tipke*, Die Steuerrechtsordnung, Bd. I, S. 481.

565 *Tipke*, Die Steuerrechtsordnung, Bd. II, S. 763 f.; *Birk*, Steuerrecht, Rn. 543 f.; *Lang*, in: Tipke/Lang, Steuerrecht, § 9, Rn. 42 u. 54; *Lindemann*, FR 2003, 890, 893.

566 *Birk*, Steuerrecht, Rn. 544 ff.; *Lang*, in: Tipke/Lang, Steuerrecht, § 9, Rn. 60 ff.; *Lindemann*, Besteuerung von Aktienfonds, S. 117; *ders.*, FR 2003, 890, 893 f.

567 *Kayser/Steinmüller*, FR 2004, 137, 142; *Harenberg*, in: Herrmann/Heuer/Raupach, EStG/KStG, § 3 InvStG, Anm. J 03-13; *Sradj/Mertes*, DStR 2003, 1681, 1683; *dies.*, DStR 2004, 201, 203.

568 *Carlé*, KÖSDL 2004, 14300, 14302; *ders.*, DStZ 2004, 74, 75; *Lindemann*, Besteuerung von Aktienfonds, S: 118; *ders.*, FR 2003, 890, 894; *Köndgen/Schmies*, WM Sonderbeil. Nr. 1, S. 22; *Harenberg*, in: Herrmann/Heuer/Raupach, EStG/KStG, § 3 InvStG, Anm. J 03-13; *Sradj/Mertes*, DStR 2003, 1681, 1683; *dies.*, DStR 2004, 201, 203.

569 *Sradj/Mertes*, DStR 2003, 1681, 1683; *dies.*, DStR 2004, 201, 203.

570 *Kayser/Steinmüller*, FR 2004, 137, 142; *Harenberg*, in: Herrmann/Heuer/Raupach, EStG/KStG, § 3 InvStG, Anm. J 03-13; *Lindemann*, Besteuerung von Aktienfonds, S. 118 f.; *ders.*, FR 2003, 870, 894. *Sradj/Mertes*, DStR 2003, 1681, 1683; *dies.*, DStR 2004, 201, 203 sehen in der Zuläs-

stoß gegen Art. 3 Abs. 1 GG kann jedoch aus Gründen der Vereinfachung und Praktikabilität gerechtfertigt werden.[571] Hier erscheint es vertretbar, anzunehmen, dass der vorliegende Verstoß aus Gründen der Vereinfachung des Rechts der Investmentbesteuerung zu Lasten der Einzelfallgerechtigkeit legitimiert ist.[572]

#### *d) Optionales Ertragsausgleichsverfahren*

Das sog. Ertragsausgleichsverfahren kann im Zusammenhang mit einer Investment-AG mit veränderlichem Kapital auftreten, bei welcher die Anzahl der Anteile an der AG durch Ausgabe neuer Anteile einer ständigen Veränderung unterliegt. Die Anwendung des Ertragsausgleichsverfahrens ist für die Investment-AG optional. Weder das InvG noch das InvStG sehen insoweit eine gesetzliche Verpflichtung vor.[573] Für den Fall, dass die Investment-AG mit veränderlichem Kapital von dieser Option Gebrauch machen sollte, muss sie dies in ihrer Satzung gem. § 99 Abs. 3 i.V.m. § 43 Abs. 4 Nr. 6 InvG angeben.[574]

Das Ertragsausgleichsverfahren dient dem Zweck, dass der Investmentertrag je Anteil durch die Ausgabe neuer Anteile an Neuanleger, welche ebenso wie die Altanleger an den Ausschüttungen der Investment-AG teilnehmen, unbeeinflusst bleibt, d.h. dass eine Ertragsverwässerung bei den Altanlegern vermieden wird.[575] Dies geschieht derart, dass bei der Neuausgabe von Anteilen der Teil des Ausgabepreises, der auf die im laufenden Geschäftsjahr bis zum Ausgabezeitpunkt angefallenen Investmenterträge entfällt, auf Ebene der Investment-AG entweder einem sog. Ertragsausgleichskonto oder den einzelnen Erträgniskonten zugebucht wird, mit der Konsequenz, dass diese Konten im gleichen Verhältnis anwachsen, wie die Zahl der ausgegebenen Anteile steigt.[576] Am Geschäftsjahresende werden diese sog. Ertragsausgleichsbeträge zusätz-

---

sigkeit der Verlustverschiebung zudem einen Widerspruch der Steuerrechtsordnung, da u.a. in § 8 Abs. 4 KStG eine Verschiebung von Verlusten gerade vermieden werden soll.

571 *Birk*, Steuerrecht, Rn. 179; *Jarass*, in: Jarass/Pieroth, GG, Art. 3 Rn. 16.

572 Vgl. auch *Kayer/Steinmüller*, FR 2004, 137, 142; *Harenberg*, in: Herrmann/Heuer/Raupach, EStG/KStG, § 3 InvStG, Anm. J 03-13.

573 BMF-Schreiben v. 2.6.2005 zum InvStG, BStBl I 2005, 728, Rz. 197; *Ramackers*, in: Littmann/Bitz/Pust, EStG, § 9 InvStG, Rn. 5; *PriceWaterhouseCoopers*, Novellierung des Investmentrechts, S. 204; *Zeller*, Investmentfonds, S. 28; *Maier/Wengenroth*, ErbStB 2004, 56, 60; *Hammer*, DStZ 2005, 672, 672; so auch schon bisher unter Geltung des KAGG und des AuslInvestmG, vgl. *Heller*, DStZ 2003, 261, 261.

574 Bei der ersten gegründeten Investment-AG mit veränderlichem Kapital, der Sascam Global I, deren Satzung unter www.sascam.de abrufbar ist, wird das Ertragsausgleichsverfahren in der Satzung nicht erwähnt und wird daher nicht angewandt.

575 Gesetzesbegründung zum InvestmG, BT-Drucks. 15/1553, S. 128; *Zeller*, Investmentfonds, S. 28; *PriceWaterhouseCoopers*, Novellierung des Investmentrechts, S. 204; *Fischer*, WM 2001, 1236, 1239; *Maier/Wengenroth*, ErbStB 2004, 56, 60; *Lindemann*, Besteuerung von Aktienfonds, S. 123 f.; siehe auch zum Ertragsausgleichsverfahren unter Geltung des KAGG und des AuslnvestmG Finanzministerium NRW, Erlass vom 10.01.1975, abgedruckt in *Thorn/Otto/Geese*, Handbuch für die Besteuerung von Fondsvermögen, S. 265.

576 *Lindemann*, Besteuerung von Aktienfonds, S. 123 f.; *Zeller*, Investmentfonds, S. 28; *PriceWaterhouseCoopers*, Novellierung des Investmentrechts, S. 204; *Fischer*, WM 2001, 1236, 1239; *Heller*, DStZ 2003, 261, 261.

lich zu den gewöhnlich erwirtschafteten Investmenterträgen thesauriert oder mit der Jahresdividende an die Anleger ausgeschüttet.[577] "Neue" Anleger können dadurch praktisch Teile des von ihnen bezahlten Ausgabepreises mittels einer Ausschüttung zurück erhalten.

Die materiellen Steuerfolgen der Anwendung des Ertragsausgleichsverfahrens sind für die Anleger der Investment-AG in § 9 InvStG geregelt.[578] Danach sind die in den ausgeschütteten und thesaurierten Erträgen enthaltenen Ertragsausgleichsbeträge trotz ihrer Eigenschaft als Vermögenssubstanz steuerlich ebenso zu behandeln wie die aufgelaufenen Investmenterträge, denen sie bei Ausgabe der neuen Anteile zugeordnet wurden. Ertragsausgleichsbeträge können also je nach Steuerpflicht der originären Erträge voll steuerpflichtig (z.B. auf thesaurierte oder ausgeschüttete Zinsen entfallende Ausgleichsbeträge), zur Hälfte (z.B. bei einem Privatanleger auf Dividenden entfallende Ausgleichsbeträge) oder in Gänze steuerfrei (z.B. thesaurierten Wertpapierveräußerungsgewinne zugeordnete Ausgleichsbeträge) sein.[579]

#### *e) Gesonderte Feststellung der Besteuerungsgrundlagen*

Die Ermittlung der auf Ebene der Investment-AG erzielten Investmenterträge wird *in verfahrensrechtlicher Hinsicht* derjenigen bei den Persongesellschaften angenähert. Insoweit ähnelt die Investment-AG, wie u.a. schon bei der Transparenzbesteuerung auf Ebene der Investment-AG, in steuerlicher Hinsicht eher einer Personengesellschaft als einer Kapitalgesellschaft. Allerdings weicht die bei den *Personengesellschaften* praktizierte *sog. gesonderte und einheitliche Feststellung der Besteuerungsgrundlagen (§§ 179 Abs. 2 S. 2, 180 Abs. 1 Nr. 2 Buchst. a AO)* in einigen elementaren Aspekten von den verfahrensrechtlichen Vorgaben für die Ermittlung der Investmenterträge einer Investment-AG ab.

##### *aa) Gesonderte Feststellung ausschließlich gegenüber der Investment-AG ohne Erstreckung auf die Anleger*

###### (1) Rechtslage bei der Personengesellschaft

Kennzeichnend für die gesonderte und einheitliche Feststellung der Besteuerungsgrundlagen bei den Personengesellschaften ist, dass in *einem* Bescheid die Gesamteinkünfte der Gesellschaft, die Einkunftsart sowie die Höhe der einzelnen Einkünfte der Gesellschafter *gegenüber allen Gesellschaftern* verbindlich festgestellt werden.[580] Da

---

577 *Lindemann*, Besteuerung von Aktienfonds, S. 124.

578 Vgl. BMF-Schreiben v. 2.6.2005 zum InvStG, BStBl I 2005, 728, Rz. 198; *PriceWaterhouseCoopers*, Novellierung des Investmentrechts, S. 204; kritisch *Hammer*, DStZ 2005, 672, 674 f.

579 BMF-Schreiben v. 2.6.2005 zum InvStG, BStBl I 2005, 728, Rz. 199 f.; *PriceWaterhouseCoopers*, Novellierung des Investmentrechts, S. 204 f.; *Zeller*, Investmentfonds, S. 29; *Fischer*, WM 2001, 1236, 1241 f.; *Maier/Wengenroth*, ErbStB 2004, 56, 60; *Harenberg*, in: Herrmann/Heuer/Raupach, EStG/KStG, § 9 InvStG, Anm. J 03-25; so auch schon unter Geltung des KAGG bzw. AuslInvestmG, vgl. *Lübbehausen*, in: Brinkhaus/Scherer, KAGG/AuslInvestmG, § 40 KAGG, Rn. 118; *Baur*, Investmentgesetze, § 40 KAGG, Rn. 59.

580 *Brandis*, in: Tipke/Kruse, AO, § 179 Rn. 8; *Birk*, Steuerrecht, Rn. 479.

von dem Inhalt des Feststellungsbescheids die Gesellschafter betroffen sind, ist für die Wirksamkeit des Bescheids entscheidend, dass er an die Gesellschafter gerichtet wird; dafür reicht es aus, wenn im Anschriftenfeld die Personengesellschaft als solche bezeichnet wird, sich aber aus dem gesamten Inhalt des Bescheides klar und eindeutig ergibt, an welche Gesellschafter der Bescheid adressiert ist.[581] Zweck der gesonderten und einheitlichen Feststellung ist u.a., dass die einzelnen an den Einkünften Beteiligten gleich behandelt werden.[582] Der Feststellungsbescheid bildet einen Grundlagenbescheid i.S.d. § 171 Abs. 10 AO für die Einkommen-/Körperschaftsteuerbescheide (sog. Folgebescheide) der beteiligten Gesellschafter, ist also für Festsetzung in diesen Folgebescheiden bindend, § 182 Abs. 1 AO. Die Entscheidungen in dem Feststellungsbescheid (bzw. Grundlagenbescheid) können durch die Gesellschafter der Personengesellschaft gem. § 351 Abs. 2 AO nur durch Anfechtung dieses Bescheids, nicht aber durch eine etwaige Anfechtung ihres Einkommen-/Körperschaftsteuerbescheids angegriffen werden.

#### (2) Rechtslage bei der Investment-AG

In Bezug auf die Investment-AG sah der Regierungsentwurf des InvStG[583] ursprünglich in Anlehnung an die Personengesellschaft eine gesonderte und einheitliche Feststellung der Besteuerungsgrundlagen mit Wirkung für und gegen die Investmentanleger vor. Obschon vom Ansatz her eine gesonderte und einheitliche Feststellung auch im Zusammenhang mit der Investment-AG geeignet erscheint, da bei dieser ihre Einkünfte an die Gesellschafter i.S.d. §§ 179 Abs. 2 S. 2, 180 Abs. 1 Nr. 2 lit. a AO zugerechnet werden, entschied der Finanzausschuss im weiteren Gesetzgebungsverfahren, dass die einheitliche Feststellung gegenüber den Anlegern in der endgültigen Gesetzesfassung des InvStG entfallen und *stattdessen nur eine gesonderte Feststellung der Besteuerungsgrundlagen i.S.d. § 5 Abs. 1 InvStG gegenüber der Investment-AG* erfolgen soll.[584] Die Reduzierung auf eine gesonderte Feststellung mit ausschließlicher Wirkung gegenüber der Investment-AG ist m.E. vor dem Hintergrund einer möglichen Unwirksamkeit der einheitlichen und gesonderten Feststellung richtig. Denn ein Feststellungsbescheid mit einheitlicher Wirkung erfordert, wie oben bereits beschrieben, für seine Wirksamkeit, dass der Bescheid an alle Gesellschafter gerichtet wird. Zumindest bei einer Publikums-Investment-AG mit großem Anlegerkreis, bei welcher die einzelnen Anleger der AG regelmäßig namentlich nicht bekannt sind,[585] ist es jedoch faktisch unmöglich, in einem Feststellungsbescheid den Kreis der Gesellschafter im

---

[581] BFH, Urt.v. 7.4.1987 VIII R 259/84, BStBl II 1987, 766, 767; *Brandis*, in: Tipke/Kruse, AO, § 179 Rn. 8; *Kruse*, DStR 1974, 395, 396; *von Beckerath*, DStR 1983, 475, 476.

[582] *Brandis*, in: Tipke/Kruse, AO, § 180 Rn. 10; *Seer*, in: Tipke/Lang, Steuerrecht, § 21 Rn. 123.

[583] BT-Drucks. 15/1553, S. 60; vgl. auch Begründung zum Regierungsentwurf, BT-Drucks. 15/1553, S. 128.

[584] Vgl. aktuelle Fassung des § 13 Abs. 1 InvStG; Beschlussempfehlung des Finanzausschusses v. 05.11.2003 zum Gesetzesentwurf der Bundesregierung, BT-Drucks. 15/1896, S. 115.

[585] Vgl. noch unten Kapitel 6 § 3 A.

Einzelnen aufzuführen, mit der Folge, dass eine einheitliche Feststellung gegenüber den Anlegern unwirksam wäre.[586]

Mangels einheitlicher Feststellung mit Wirkung für und gegen die Anleger der Investment-AG entfaltet die gesonderte Feststellung anders als bei einer Personengesellschaft keine rechtliche Bindungswirkung gem. § 182 Abs. 1 S. 1 AO für die Einkommen-/Körperschaftsteuerbescheide der Gesellschafter der Investment-AG.[587] Die Besteuerungsgrundlagen werden den Anlegern vielmehr nur i.R.d. Bekanntmachung seitens der Investment-AG gem. § 13 Abs. 3 S. 2 InvStG offen gelegt, was zugleich Voraussetzung für die Regelbesteuerung ist.[588] Die Gesellschafter der Investment-AG haben im Gegensatz zu den Gesellschaftern einer Personengesellschaft zudem das Recht, gegen ihren Steuerbescheid einen selbständigen Rechtsbehelf einzulegen, da bei ihnen § 351 Abs. 2 AO nicht eingreift.[589]

Die gesonderte Feststellung der Besteuerungsgrundlagen gegenüber der Investment-AG geschieht dergestalt, dass die Investment-AG gem. § 13 Abs. 2 InvStG für jede Ausschüttung sowie Thesaurierung zum Ende des Geschäftsjahres eine *Erklärung zur gesonderten Feststellung von Besteuerungsgrundlagen* zusammen mit dem Jahresbericht, der Berufsträgerbescheinigung und den Ausschüttungsbeschlüssen gegenüber dem am Ort der Geschäftsleitung zuständigen Finanzamt abgeben muss. Die abgegebene Feststellungserklärung hat gem. § 13 Abs. 3 S. 1 InvStG die Wirkung einer gesonderten Feststellung, ohne dass das Finanzamt einen gesonderten Feststellungsbescheid erlässt.[590]

---

[586] Vgl. Empfehlungen der Ausschüsse, BR-Drucks. 609/1/03, S. 5; siehe auch die etwas anders nuancierte Begründung des Finanzausschusses in dem Bericht des Finanzausschusses, BT-Drucks. 15/1944, S. 19: "Die Anleger sind auf Ebene des Investmentfonds in aller Regel nicht bekannt. Eine gesetzliche Vertretung der Anleger durch die Investmentgesellschaft und eine einheitliche Feststellung der Besteuerungsgrundlagen könnte daher den Rechtsschutz des Anlegers beeinträchtigen."

[587] *PriceWaterhouseCoopers*, Novellierung des Investmentrechts, S. 211; *Petersen*, DStR 2006, 1674, 1675; wohl auch *Ramackers*, in: Littmann/Bitz/Pust, EStG, § 13 InvStG, Rn. 7.

[588] Vgl. § 5 InvStG.

[589] *PriceWaterhouseCoopers*, Novellierung des Investmentrechts, S. 211. Ein Angriff des steuerpflichtigen Anlegers gegen seinen Steuerbescheid wäre insbesondere in dem Fall denkbar, wenn die in der gesonderten Feststellung für die Investment-AG festgestellten Erträge pro Anteil von den bekannt gemachten Besteuerungsgrundlagen divergieren und das Finanzamt sich nach der gesonderten Feststellung richtet, der Steuerpflichtige sich aber auf die bekannt gemachten Besteuerungsgrundlagen beruft. Mangels Bindungswirkung des Feststellungsbescheids für den Steuerbescheid des Anlegers muss im weiteren Rechtsbehelfsverfahren entschieden werden, welche der Zahlen zugrunde gelegt werden müssen. Vgl. *Ramackers*, in: Littmann/Bitz/Pust, EStG, § 13 InvStG, Rn. 8.

[590] Vgl. BMF-Schreiben v. 2.6.2005 zum InvStG, BStBl I 2005, 728, Rz. 229 f.; *Ramackers*, in: Littmann/Bitz/Pust, EStG, § 13 InvStG, Rn. 15 ff.

##### *bb) Besonderes Verfahren der Fehlerkorrektur und der Verstoß gegen das aus Art. 3 Abs. 1 GG hergeleitete Leistungsfähigkeitsprinzip sowie gegen das Transparenzprinzip*

Abweichend von den verfahrensrechtlichen Vorgaben bei der Personengesellschaft ist eine Anwendung der allgemeinen Korrekturnormen der AO (§§ 164, 165, 172-175a AO) bei der gesonderten Feststellung hinsichtlich der Investment-AG *de lege lata* gem. § 13 Abs. 4 S. 3 InvStG ausgeschlossen.[591] An Stelle dessen statuiert der Gesetzgeber im InvStG für Fehler bei der Ermittlung der Investmenterträge ein besonderes Verfahren der Fehlerkorrektur. Hiernach erlässt zunächst das zuständige Finanzamt, vorausgesetzt, dass es materielle Fehler innerhalb der von der Investment-AG eingereichten gesonderten Feststellungserklärung oder Abweichungen zwischen Feststellungserklärung und den bekanntgemachten Besteuerungsgrundlagen ermittelt hat, *einen Bescheid über die gesonderte Feststellung der Unterschiedsbeträge.*[592] In dem Jahr, in dem dieser Bescheid bestandskräftig wird, muss die Investment-AG die Unterschiedsbeträge zusätzlich zu den Besteuerungsgrundlagen für das laufende Geschäftsjahr in ihrer Feststellungserklärung aufnehmen sowie im elektronischen Bundesanzeiger für die Anleger bekannt machen, § 13 Abs. 4 S. 2 i.V.m. § 13 Abs. 3 S. 2 InvStG.

Dieses besondere Verfahren der Fehlerkorrektur bringt die problematische Konsequenz mit sich, dass es *aufgrund der Berücksichtigung der Unterschiedsbeträge erst in späteren Geschäftsjahren* – wie beim Verlustvortrag gem. § 3 Abs. 4 S. 2 InvStG – bei einem wechselnden Anlegerkreis zu einer Verschiebung der Steuerlast zwischen Altanlegern und Neuanlegern kommen kann.[593] So werden auf der einen Seite dem Neuanleger teilweise Investmenterträge steuerlich zugerechnet, die zu einer Zeit erzielt wurden, zu der er noch gar nicht an der Investment-AG beteiligt war, während auf der anderen Seite der ausgetretene Altanleger die steuerlichen Folgen der Unterschiedsbeträge nicht zu tragen hat, obwohl sie ihm an sich zuzurechnen wären. Die Anleger werden damit nicht zutreffend nach ihrer Zahlungsfähigkeit besteuert. Darin liegt ein Verstoß gegen das aus Art. 3 Abs. 1 GG hergeleitete *Prinzip der Besteuerung nach der wirtschaftlichen Leistungsfähigkeit.*[594] Gleichzeitig kann darin ein Verstoß gegen das *Transparenzprinzip* gesehen werden, da es bei dem Direktanleger nicht zu solchen Steuerverschiebungen kommt, sondern sich etwaige materielle Fehler auch Jahre später nach Aufgabe einer Investition unter den Voraussetzungen der §§ 172 ff. AO nur

---

[591] Da der Ausschluss nicht ausdrücklich auch auf § 129 AO bezogen wird, wird eine Berichtigung der gesonderten Feststellung nach § 129 AO in dem Fall für möglich gehalten, wenn eine eindeutige und offenbare Unrichtigkeit, wie etwa ein Rechenfehler, vorliegt, vgl. BMF-Schreiben v. 2.6.2005 zum InvStG, BStBl I 2005, 728, Rz. 231; *Ramackers*, in: Littmann/Bitz/Pust, EStG, § 13 InvStG, Rn. 25.

[592] Vgl. § 13 Abs. 4 S. 1 InvStG.

[593] *Carlé*, KÖSDL 2004, 14300, 14303; *ders.*, DStZ 2004, 74, 75; *PriceWaterhouseCoopers*, Novellierung des Investmentrechts, S. 212; *Sradj/Mertes*, DStR 2003, 1681, 1683; *dies.*, DStR 2004, 201, 204; *Storg*, NWB 2004, Fach 3, 12999, 13007.

[594] Vgl. *Carlé*, KÖSDL 2004, 14300, 14303. Zu dem Prinzip der Besteuerung nach der wirtschaftlichen Leistungsfähigkeit, siehe schon oben Kapitel 4 § 1 A III 1 c) bb).

auf seinen Steuerbescheid auswirken.[595] Auf der anderen Seite muss berücksichtigt werden, dass andere Korrekturverfahren, die zu mehr Steuergerechtigkeit führen, in der Praxis sich als zu aufwendig darstellen oder kaum durchführbar sind. Mithin scheitert z.B. eine nachträgliche Änderung der persönlichen Steuerbescheide der Altanleger vor allem bei einer Publikums-Investment-AG regelmäßig daran, dass mangels namentlicher Kenntnis der einzelnen Altanleger eine Mitteilung der Unterschiedsbeträge weder direkt an die Anleger noch an deren Finanzämter möglich ist.[596] Vor diesem Hintergrund müssen die Verstöße gegen das Leistungsfähigkeitsprinzip sowie das Transparenzprinzip bedauerlicherweise hingenommen werden.[597]

## 2. Ebene der Anteilseigner

In einem zweiten Schritt sind die auf Ebene der Investment-AG ermittelten Einkünfte, d.h. Investmenteinnahmen abzüglich abzugsfähiger Werbungskosten und Berücksichtigung ausgleichsfähiger negativer Erträge sowie nicht ausgeglichener negativer Erträge aus den Vorjahren (vgl. § 3 Abs. 4 InvStG), auf Ebene des Anteilseigners als (steuerbare) ausgeschüttete bzw. ausschüttungsgleiche Erträge zu erfassen, wobei die Steuerbegünstigungen und -befreiungen (§ 2 Abs. 2 ff. InvStG) bei der Einkünfteermittlung der einzelnen Anleger zu berücksichtigen sind. Von der Differenz der ausgeschütteten bzw. ausschüttungsgleichen Erträge und der steuerfreien Investmenterträge sind sodann individuelle Werbungskosten bzw. Betriebsausgaben des Anteilseigners abzuziehen. Das Ergebnis hieraus stellen die steuerpflichtigen Einkünfte des jeweiligen Anteilseigners dar.[598] Wie sich die Einkünfteermittlung auf Ebene der Anteilseigner im Detail gestaltet, hängt maßgeblich davon ob, ob die Anteile im Privatvermögen oder Betriebsvermögen gehalten werden, sowie davon, welche Methode der Ertragsermittlung anzuwenden ist.

### *a) Anteile im Privatvermögen*

#### *aa) Einnahmen-Überschuss-Rechnung und Zeitpunkt der steuerlichen Erfassung der Investmenterträge*

Im Gegensatz zu der Ermittlung der Investmenterträge auf Ebene der Investment-AG enthält das InvStG nur wenige Aussagen über die Einkünfteermittlung auf Ebene des Anteilseigners. Dort, wo das InvStG keine speziellen Regelungen trifft, ist insoweit

---

595 Vgl. *Köndgen/Schmies*, WM 2004, Sonderbeil. Nr. 1, S. 24.

596 Unter Geltung des KAGG sollte das Verfahren der nachträglichen Änderung der Steuerbescheide der Anleger praktiziert werden, hat sich aber bei Publikumsfonds als nicht durchführbar erwiesen, vgl. *Lübbehausen/Schmidt*, DB 2003, 1696, 1698; *PriceWaterhouseCoopers*, Novellierung des Investmentrechts, S. 210.

597 In diese Richtung tendierend auch *Carlé*, KÖSDL 2004, 14300, 14303; *ders.*, DStZ 2004, 74, 75.

598 Vgl. *Zeller*, Investmentfonds, S. 33; *ders.*, DStR 2005, 899, 902; *Lübbehausen/Schmidt*, DB 2003, 1696, 1698; *Storg*, NWB 2004, Fach 3, 12999, 13008.

mangels ersichtlicher Sperrwirkung des InvStG auf die *allgemeinen einkommen- und körperschaftsteuerlichen Regelungen* zurückzugreifen.[599]

Das InvStG normiert in § 2 Abs. 1 S. 1, dass die auf im Privatvermögen gehaltenen Anteile entfallenden Investmenterträge zu den Einkünften aus Kapitalvermögen i.S.d. § 20 Abs. 1 Nr. 1 EStG zählen. Aufgrund dieser Zuordnung sind beim Privatanleger die Einkünfte aus seiner Beteiligung an der Investment-AG gem. der allgemeinen Regel des § 2 Abs. 2 Nr. 2 EStG nach dem *Prinzip des Überschusses der Einnahmen (§ 8 EStG) über die Werbungskosten (§ 9 EStG)* zu ermitteln.[600] Die dem Privatanleger zugerechneten ausgeschütteten und ausschüttungsgleichen Erträge i.S.d. § 1 Abs. 3 S. 2 u. 3 InvStG sind bei diesem gekürzt um die nach § 2 Abs. 2 bzw. Abs. 3 S. 1 Nr. 1 erster Hs. InvStG steuerfrei gestellten Erträge als steuerbare Einnahmen anzusetzen.[601]

#### (1) Zufluss als maßgeblicher Zeitpunkt der Besteuerung bei ausgeschütteten Erträgen

Der Zeitpunkt des Ansatzes als Einnahmen richtet sich bei *ausgeschütteten Erträgen* – wie grundsätzlich bei Einnahmen aus Kapitalvermögen[602] – nach *§ 11 Abs. 1 Satz 1 EStG.*[603] Danach sind die ausgeschütteten Investmenterträge *im Kalenderjahr des Zuflusses* zu versteuern. Der Zufluss erfolgt in dem Zeitpunkt, zu dem der Investmentanleger wirtschaftlich über die von der Investment-AG getätigte Ausschüttung verfügen kann.[604] Das ist im Regelfall der Zeitpunkt der Gutschrift durch das die Anteilsscheine verwahrende Kreditinstitut.[605] Demzufolge wird eine im neuen Kalenderjahr erfolgte Ausschüttung seitens der Investment-AG,[606] wenn das Geschäftsjahr im oder mit dem alten Kalenderjahr geendet hat, steuerlich erst im neuen Kalenderjahr erfasst.[607]

An dieser Zuordnung ändert auch § 11 Abs. 1 Satz 2 EStG nichts, soweit die Ausschüttung kurze Zeit nach Beendigung des Kalenderjahres von dem Anleger bezogen wird. Denn § 11 Abs. 1 Satz

---

599 Vgl. *Lindemann*, FR 2003, 890, 892 f.; *ders.*, Besteuerung von Aktienfonds, S. 71 f.; zu dem Verhältnis des InvStG zum EStG, KStG und GewStG, siehe schon oben Kapitel 2 § 3.

600 Zu dem Begriff der Einnahmen und der Werbungskosten, siehe oben Kapitel 4 § 1 A III 1 a).

601 Vgl. *Jakob*, Einkommensteuer, Rn. 194.

602 Vgl. u.a. *von Beckerath*, in: Kirchhof, EStG, § 20 Rn. 13.

603 BMF-Schreiben v. 2.6.2005 zum InvStG, BStBl I 2005, 728, Rz. 28; *Ramackers*, in: Littmann/Bitz/Pust, EStG, § 2 InvStG, Rn. 40; zur alten Rechtslage vgl. *Lübbehausen*, in: Brinkhaus/Scherer, KAGG/AuslInvestmG, § 39 KAGG, Rn. 28; *Baur*, Investmentgesetze, § 39 KAGG, Rn. 41; *Thorn/Otto/Geese*, Handbuch für die Besteuerung von Fondsvermögen, S. 58; *Lindemann*, Besteuerung von Aktienfonds, S. 103.

604 Vgl. BFH v. 8.10.1991- VIII R 48/88, BStBl. II 1992, S. 174; *Lübbehausen*, in: Brinkhaus/Scherer, KAGG/AuslInvestmG, § 39 KAGG, Rn. 28.

605 Vgl. zur alten Rechtslage, *Thorn/Otto/Geese*, Handbuch für die Besteuerung von Fondsvermögen, S. 58; *Baur*, Investmentgesetze, § 39 KAGG, Rn. 41; *Lindemann*, Besteuerung von Aktienfonds, 103.

606 Der Regelfall ist, dass Kapitalgesellschaften im neuen Wirtschaftsjahr den Gewinn des abgelaufenen Jahres ausschütten. Der Gewinnausschüttung liegt ein handelsrechtlich ordnungsgemäßer Gewinnausschüttungsbeschluss zugrunde, vgl. *Frotscher*, Körperschaftsteuer, § 11 Rn. 383.

607 Vgl. zur alten Rechtslage, *Baur*, Investmentgesetze, § 39 KAGG, Rn. 41.

2 EStG findet bei Ausschüttungen mangels grundsätzlicher Fälligkeit vor Jahresende keine Anwendung.[608]

#### (2) Zuflussfiktion bei ausschüttungsgleichen Erträgen und Teilausschüttungen

Die zeitliche Erfassung von *ausschüttungsgleichen Erträgen sowie von Teilausschüttungen* richtet sich demgegenüber abweichend von § 11 Abs. 1 S. 1 EStG nach den speziellen Regelungen in § 2 Abs. 1 Satz 2-4 InvStG. In § 2 Abs. 1 Satz 2 InvStG wird zunächst der Zufluss der ausschüttungsgleichen Erträge beim Anleger *zum Ablauf des Geschäftsjahres der Investment-AG fingiert*, in dem die Erträge auf Ebene der Investment-AG angefallen ist.[609] Dieser Grundsatz ist nach dem Gesetz allerdings nur zugeschnitten auf den Fall, dass die Investment-AG ihren Ertrag am Ende des Geschäftsjahres *vollständig thesauriert*.

Für *Teilausschüttungen* (teilweise ausschüttende und teilweise thesaurierende Investment-AGs) sieht das InvStG in § 2 Abs. 1 Satz 3 und 4 modifizierende Regelungen bezüglich der zeitlichen Erfassung vor.[610] In § 2 Abs. 1 Satz 3 InvStG ist für den "Normalfall" der Teilausschüttung festgelegt, dass die ausschüttungsgleichen Erträge dem Anleger nicht zum Ende des Geschäftsjahres, sondern erst später zusammen mit den ausgeschütteten Erträgen zufließen.[611] Dagegen wird gem. § 2 Abs. 1 Satz 4 InvStG die steuerliche Erfassung der ausgeschütteten Erträge auf den fiktiven Zuflusszeitpunkt der ausschüttungsgleichen Erträge (Geschäftsjahresende der Investment-AG) vorverlegt,[612] falls die ausgeschütteten Erträge im Verhältnis zum Gesamtertrag derart niedrig sind, dass sie nicht ausreichen, den gem. § 7 InvStG auf den Gesamtertrag abzuführenden Anteil an Kapitalertragsteuer einzubehalten.[613] Die aufgezeigten Rege-

---

[608] Vgl. *Heinicke*, in: Schmidt, EStG, § 11 Rn. 22; *Baur*, Investmentgesetze, § 39 KAGG, Rn. 41; *Lübbehausen*, in: Brinkhaus/Scherer, KAGG/AuslInvestmG, § 39 KAGG, Rn. 28.

[609] Vgl. BMF-Schreiben v. 2.6.2005 zum InvStG, BStBl I 2005, 728, Rz. 29; *Ramackers*, in: Littmann/Bitz/Pust, EStG, § 2 InvStG (mit einer Kritik an der Diktion des Gesetzgebers), Rn. 41; *Carlé*, KÖSDL 2004, 14300, 143404; *Kayser/Steinmüller*, FR 2004, 137, 139.

[610] Unter Geltung des KAGG gab es demgegenüber noch keine eigene Regelung über die Zuflusszeitpunkte bei Teilausschüttungen, vgl. § 39 Abs. 1 Satz 2 KAGG. Daher war die zeitliche Zurechnung auch strittig, vgl. *Lübbehausen*, in: Brinkhaus/Scherer, KAGG/AuslInvestmG, § 39 KAGG, Rn. 39; *Lindemann*, Besteuerung von Aktienfonds, S. 97 mwN.

[611] Vgl. BMF-Schreiben v.2.6.2005 zum InvStG, BStBl I 2005, 728, Rz. 30; *Ramackers*, in: Littmann/Bitz/Pust, EStG, § 2 InvStG, Rn. 43; *Carlé*, KÖSDL 2004, 14300, 14304.

[612] Zu beachten ist, dass die gesetzliche Fiktion nur bezüglich der zeitlichen Erfassung gilt; die materiell-rechtlich unterschiedlichen Regelungen bezüglich der Steuerbarkeit von ausgeschütteten Erträgen einerseits und ausschüttungsgleichen Erträgen andererseits gelten weiterhin, vgl. *Ramackers*, in: Littmann/Bitz/Pust, EStG, § 2 InvStG, Rn. 44.

[613] Vgl. BMF-Schreiben v. 2.6.2005 zum InvStG, BStBl I 2005, 728, Rz. 30; *Ramackers*, in: Littmann/Bitz/Pust, EStG, § 2 InvStG, Rn. 44; *Carlé*, KÖSDL 2004, 14300, 14304 f. Für die Berechnung der Frage, ob die Teilausschüttung für die Einbehaltung der Kapitalertragsteuer ausreicht, ist auf die generell einzubehaltene Kapitalertragsteuer abzustellen, nicht auf die im Einzelfall mit Rücksicht auf den einzelnen Anleger geringere Kapitalertragsteuer (z.B. wegen Freistellungsaufträge an die depotführende Stelle), vgl. BMF-Schreiben v. 2.6.2005 zum InvStG, BStBl I 2005, 728, Rz. 30; *Ramackers*, in: Littmann/Bitz/Pust, EStG, § 2 InvStG, Rn. 44. Zu den Einzelheiten der Kapitalertragsteuer nach § 7 InvStG unter Kapitel 4 § 1 A IV noch ausführlich.

lungen erreichen folglich, dass die ausgeschütteten und die ausschüttungsgleichen Erträge bei Teilausschüttung in jedem Fall *zum selben Zeitpunkt und somit im gleichen Veranlagungszeitraum* steuerlich beim Anleger erfasst werden.[614]

Die Rechtfertigung für die einheitlich geregelten Zuflussregelungen bei der Teilausschüttung besteht darin, dass sie eine *Vereinfachung* für die Praxis bedeuten.[615] Denn ohne diese Regelungen wären bei Teilausschüttungen unterschiedliche Zurechnungszeitpunkte für den ausgeschütteten und thesaurierten Teil festzustellen – einerseits tatsächlicher Zuflusszeitpunkt und andererseits Fiktion zum Ende des Geschäftsjahres –, was zudem regelmäßig zur Besteuerung in zwei unterschiedlichen Veranlagungszeiträumen führen würde. Weiterhin haben die Regelungen in § 2 Abs. 1 Satz 3 und 4 InvStG den Vorteil, dass ein einheitlicher Zuflusszeitpunkt auch dem Anleger leichter verständlich zu machen ist.[616]

#### *bb) Abziehbarkeit von Werbungskosten*

Aufwendungen, die dem privaten Anteilseigner durch seine Beteiligung an der Investment-AG erwachsen, sind im Rahmen der Einnahmen-Überschuss-Rechnung grundsätzlich als Werbungskosten i.S.d. § 9 Abs. 1 S. 1 EStG von den steuerbaren Investmenterträgen abzuziehen. Die individuellen Werbungskosten des Anteilseigners sind dabei von den auf Ebene der Investment-AG anfallenden Kosten zu unterscheiden. Das bedeutet, dass auf Ebene der Investment-AG unberücksichtigte Kosten nicht etwa auf Ebene des Anteilseigners als dessen Werbungskosten abzugsfähig sind.[617] Zu den individuellen Werbungskosten des Anteilseigners sind u.a. Gebühren für die Depotverwahrung bei der Bank, Beiträge zu einem Gläubigerschutzverband, Beratungskosten sowie Schuldzinsen für Kredite, mit denen die Beteiligung an der Investment-AG finanziert wurde, sofern deren Zweck die Erzielung von Einkünften ist, zu zählen.[618] Aufgrund der fehlenden Berücksichtigung des Vermögensstammes bei Überschusseinkunftsarten handelt es sich hingegen bei Aufwendungen, welche der Beschaffung und Veräußerung der Beteiligung an der Investment-AG dienen, wie z.B. Börsenumsatzsteuer, Provisionen, Maklergebühren und durch den An- oder Verkauf entstehende Bankspesen, nicht um abziehbare Werbungskosten.[619]

Der Grundsatz der Abzugsfähigkeit der Werbungskosten wird beim privaten Anteilseigner jedoch bei den Abzugsverboten des § 3c Abs. 1 und Abs. 2 EStG durchbro-

---

614 *PriceWaterhouseCoopers*, Die Novellierung des Investmentrechts, S. 180.

615 Gesetzesbegründung zum InvestmG, BT-Drucks. 15/1944, S. 18; BMF-Schreiben, S. 14; *Ramackers*, in: Littmann/Bitz/Pust, EStG, § 2 InvStG, Rn. 42.

616 Gesetzesbegründung zum InvestmG, BT-Drucks. 15/1944, S. 18; *Carlé*, KÖSDL 2004, 14300, 14304.

617 *Baur*, Investmentgesetze, Vor § 37a KAGG, Rn. 58; *Lübbehausen*, in: Brinkhaus/Scherer, KAGG/AuslInvestmG, § 39 KAGG, Rn. 65; *Lindemann*, Besteuerung von Aktienfonds, S. 196.

618 *Förster/Hertrampf*, Das Recht der Investmentfonds, Rn. 591 ff.; *Baur*, Investmentgesetze, Vor § 37a KAGG, Rn. 58 ff.; *Lindemann*, Besteuerung von Aktienfonds, S. 196.

619 *Förster/Hertrampf*, Das Recht der Investmentfonds, Rn. 598; *Baur*, Investmentgesetze, Vor § 37a KAGG, Rn. 59; *Lindemann*, Besteuerung von Aktienfonds, S. 196; *Birk*, Steuerrecht, Rn. 917; *von Beckerath*, in: Kirchhof, EStG, § 9 Rn. 42 f. u. § 20 Rn. 480.

chen. Nach § 3c Abs. 1 EStG sind Werbungskosten, welche mit steuerfreien ausgeschütteten Erträgen i.S.d. § 2 Abs. 3 S. 1 Nr. 1 erster Hs. InvstG in *unmittelbaren wirtschaftlichen Zusammenhang* stehen, nicht abzugsfähig.[620] Da ein unmittelbarer wirtschaftlicher Zusammenhang zwischen den persönlichen Aufwendungen des Privatanlegers und den steuerfreien ausgeschütteten Investmenterträgen nur selten vorliegen wird, wird das Abzugsverbot des § 3c Abs. 1 EStG bei der Ermittlung der Einkünfte des Anlegers kaum praktische Relevanz entfalten. Nach dem Abzugsverbot des § 3c Abs. 2 EStG dürfen Werbungskosten, die mit Investmenterträgen in Form von Dividendeneinnahmen, welche beim Privatanleger gem. § 2 Abs. 2 InvStG dem Halbeinkünfteverfahren unterliegen, im (möglicherweise auch nur mittelbaren) Zusammenhang stehen, bei der Ermittlung der Einkünfte nur zur Hälfte abgezogen werden.[621] Bei Werbungskosten, die sich nicht unmittelbar den Halbeinkünfteverfahren unterliegenden Investmenterträgen zuordnen lassen, sondern auf sämtliche Investmenterträge der Investmentbeteiligung entfallen (z.B. Depotgebühren, Kosten der Erträgnisaufstellung, Beratungsgebühren), ist nach Auffassung der Finanzverwaltung, um die Anwendung des § 3c Abs. 2 EStG sicherzustellen, eine Aufteilung der Werbungskosten auf Investmenterträge, die dem Halbeinkünfteverfahren unterliegen, und auf die sonstigen Investmenterträge vorzunehmen. Die Aufteilung der Werbungskosten erfolgt in dem Regelfall, in dem der Steuerpflichtige die Zusammensetzung des Investmentvermögens nicht kennt, nach dem Verhältnis der Dividendeneinnahmen zu den sonstigen Erträgen.[622]

Werden im Einzelfall nicht höhere Werbungskosten geltend gemacht, ist beim Privatanleger gem. § 9a S. 1 Nr. 2 EStG von seinen Einnahmen aus Kapitalvermögen ein *Werbungskosten-Pauschbetrag* in Höhe von 51 €, bei Zusammenveranlagung mit seinem Ehegatten in Höhe von 102 € abzuziehen.[623]

Über den Werbungskostenabzug hinaus kann bei der Ermittlung der Einkünfte aus Kapitalvermögen gem. § 20 Abs. 4 EStG ein sog. Sparerfreibetrag in Höhe von 1370 € bzw. bei gemeinsamer Veranlagung mit dem Ehegatten in Höhe von 2740 € abgezogen werden.

### *b) Anteile im Betriebsvermögen*

#### *aa) Betriebsvermögensvergleich bzw. Gewinnermittlung nach § 4 Abs. 3 EStG und Zeitpunkt der steuerlichen Erfassung der Investmenterträge*

Wird der Anteil von einer natürlichen Person oder einer Kapitalgesellschaft im Betriebsvermögen gehalten, werden die Investmenterträge innerhalb einer der Gewinn-

---

620 *Zeller*, Investmentfonds, S. 31; *ders.*, DStR 2005, 899, 901; *Lübbehausen*, in: Brinkhaus/Scherer, KAGG/AuslInvestmG, § 39 KAGG, Rn. 65. Zu der Frage, wann ein unmittelbarer wirtschaftlicher Zusammenhang vorliegt, siehe oben Kapitel 4 § 1 A III 1 b) aa) (1).

621 *Zeller*, Investmentfonds, S. 32; *ders.*, DStR 2005, 899, 901 f.; *Lübbehausen*, in: Brinkhaus/Scherer, KAGG/AuslInvestmG, § 39 KAGG, Rn. 65; *Lindemann*, Besteuerung von Aktienfonds, S. 197.

622 Vgl. BMF-Schreiben v. 12.06.2002 - IV A 6 - S 2240 - 70/02, DB 2002, 1295.

623 Vgl. *Lübbehausen*, in: Brinkhaus/Scherer, KAGG/AuslInvestmG, § 39 KAGG, Rn. 65; *Förster/Hertrampf*, Das Recht der Investmentfonds, S. 599.

einkunftsarten (Einkünfte aus Land- und Forstwirtschaft, Gewerbebetrieb und selbständiger Arbeit) erfasst.[624] Indem die Investmenterträge den Gewinneinkunftsarten zugerechnet werden, sind Einkünfte eines betrieblichen Anlegers aus der Beteiligung an der Investment-AG nach der allgemeinen Regel des § 2 Abs. 2 Nr. 1 EStG der *Gewinn*. Letzterer wird bei buchführungspflichtigen (§§ 140 u. 141 AO) und freiwillig Buch führenden betrieblichen Anlegern durch *Betriebsvermögensvergleich aufgrund Bilanzierung nach § 4 Abs. 1 i.V.m. § 5 Abs. 1 EStG* (i.V.m. § 8 Abs. 1 KStG bei körperschaftsteuerpflichtigen Anlegern) ermittelt; Gewinn ist danach der Unterschiedsbetrag zwischen dem Betriebsvermögen am Schluss des Wirtschaftsjahres und dem Betriebsvermögen am Schluss des vorangegangenen Wirtschaftsjahres, vermehrt um den Wert der Entnahmen und vermindert um den Wert der Einlagen. Betriebliche Anleger, die weder aufgrund gesetzlicher Verpflichtung noch freiwillig Bücher führen (z.B. Freiberufler und Kleingewerbetreibende), können nach *§ 4 Abs. 3 EStG* als Gewinn den *Überschuss der Betriebseinnahmen über die Betriebsausgaben* ansetzen.

Bei beiden Gewinnermittlungsarten sind die ausgeschütteten bzw. ausschüttungsgleichen Investmenterträge als Betriebseinnahmen zu erfassen.[625] Die Steuerbefreiung von bestimmten Investmenterträgen aufgrund des Halbeinkünfteverfahrens oder des Beteiligungsprivilegs (vgl. § 2 Abs. 2 u. Abs. 3 S. 1 Nr. 1 InvStG) wird bei der Gewinnermittlung dadurch berücksichtigt, dass die entsprechenden durch die Erträge erzielten Betriebsvermögensmehrungen vom Gewinn (außerbilanziell) wieder abgezogen werden.[626]

#### (1) Zeitliche Erfassung ausgeschütteter Erträge

Der Zeitpunkt der steuerlichen Erfassung ausgeschütteter Erträge ist beim betrieblichen Anleger davon abhängig, ob die Einkünfte beim Anleger anhand eines Betriebsvermögensvergleichs gem. § 4 Abs. 1 i.V.m. § 5 Abs. 1 EStG (i.V.m. § 8 Abs. 1 KStG bei körperschaftsteuerpflichtigen Anlegern) oder eines Überschusses der Betriebseinnahmen über die Betriebsausgaben gem. § 4 Abs. 3 EStG ermittelt werden. Wird der Gewinn im Wege der Einnahmen-Überschuss-Rechnung nach § 4 Abs. 3 EStG ermittelt, werden die ausgeschütteten Erträge – wie beim Privatanleger – gem. *§ 11 Abs. 1 Satz 1 EStG im Kalenderjahr des Zuflusses* erfasst.[627] Der Zufluss erfolgt dabei im Zeitpunkt der Gutschrift der ausgeschütteten Erträge auf dem Konto des Anlegers.[628] Dieser Zeitpunkt wird regelmäßig im auf die Periode, in der die ausgeschütteten Erträge erwirtschaftet worden sind, folgenden Geschäftsjahr liegen. Denn die Gewinnausschüttung der Investment-AG verlangt stets die Feststellung des Jahresabschlusses und

---

[624] Vgl. oben Kapitel 4 § 1 A II 2 a) aa).

[625] Vgl. § 2 Abs. 1 S. 1 InvStG.

[626] Vgl. *Birk*, Steuerrecht, Rn. 856-859.

[627] Vgl. BMF-Schreiben v. 2.6.2005 zum InvStG, BStBl I 2005, 728, Rz. 28; zur alten Rechtslage *Lübbehausen*, in: Brinkhaus/Scherer, KAGG/AuslInvestmG, § 39 KAGG, Rn.28; *Thorn/Otto/Geese*, Handbuch für die Besteuerung von Fondsvermögen, S. 63.

[628] Vgl. zur alten Rechtslage *Lübbehausen*, in: Brinkhaus/Scherer, KAGG/AuslInvestmG, § 39 KAGG, Rn.28.

einen Gewinnverwendungsbeschluss (§ 99 Abs. 1 i.V.m. §§ 172 S. 1, 174 AktG), die zeitlich gesehen erst nach Abschluss des Geschäftsjahres möglich sind.

Bei Gewinnermittlung durch Betriebsvermögensvergleich wird bei der zeitlichen Erfassung der ausgeschütteten Erträge *nicht* auf den Zufluss der Einnahmen, sondern auf die allgemeinen steuerbilanzrechtlichen Grundsätze abgestellt.[629] Danach ist die aus dem Investmentanteil erwachsende Dividendenforderung gegenüber der Investment-AG beim betrieblichen Anleger zu dem Bilanzstichtag zu aktivieren, zu dem der Gewinnverwendungsbeschluss auf Ebene der Investment-AG gefasst worden und somit der Anspruch auf Investmenterträge *rechtlich entstanden* ist.[630]

Eine frühere Aktivierung des Gewinnanspruches des betrieblichen Anlegers bereits zum Ende des Geschäftsjahres, in dem die Erträge bei der Investment-AG erwirtschaftet werden, zu einem Zeitpunkt also, in dem der Anspruch rechtlich noch nicht entstanden ist, wäre nur dann möglich, wenn die für seine Entstehung *wesentlichen wirtschaftlichen Ursachen* bereits im abgelaufenen Geschäftsjahr gesetzt worden wären und der Eintritt der übrigen rechtlichen Entstehungsvoraussetzungen mit Sicherheit erwartet werden könnte.[631]

Diese Form der früheren Aktivierung einer Dividendenforderung, der sog. „phasengleichen Aktivierung", hat der Große Senat des BFH allerdings im Rahmen der steuerlichen Gewinnermittlung grundsätzlich verboten.[632] Als Begründung wurde u.a. angeführt, dass eine Dividendenforderung nicht schon zum Geschäftsjahresende wirtschaftlich realisiert sei, da der ausschüttungsfähige Bilanzgewinn mit Feststellung des Jahresabschlusses aufgrund der noch auszuübenden Bilanzierungswahlrechte (z.B. anzuwendende Methode AfA) einige Änderungen erfahren kann und erst dann überhaupt feststeht, inwieweit eine Ausschüttung vorgenommen werden kann.[633] Es bleibt also dabei: der Dividendenanspruch des betrieblichen Anlegers gegenüber der Investment-AG darf erst mit seiner rechtlichen Entstehung durch die Fassung des Gewinnverwendungsbeschlusses in der Bilanz aktiviert werden.

#### (2) Zeitliche Erfassung ausschüttungsgleicher Erträge und einer Teilausschüttung

Die bereits im Zusammenhang mit dem privaten Anleger dargestellten Regelungen des § 2 Abs. 1 Satz 2-4 InvStG[634] betreffend die zeitliche Erfassung steuerbarer ausschüt-

---

[629] Vgl. zur Rechtslage nach dem KAGG, *Lübbehausen,* in: Brinkhaus/Scherer, KAGG/AuslInvestmG, § 39 KAGG, Rn. 29.

[630] Vgl. BMF-Schreiben v. 2.6.2005 zum InvStG, BStBl I 2005, 728, Rz. 28; zur Rechtslage unter dem KAGG, *Lübbehausen,* in: Brinkhaus/Scherer, KAGG/AuslInvestmG, § 39 KAGG, Rn. 29.

[631] Vgl. BGH, Urt. v. 12.1.1998 - II ZR 82/93, BGHZ 137, 378, 380; BFH, Urt. v. 12.4.1984 - IV R 112/81, BStBl. II 1984, 554, 555; BFH, Urt. v. 8.11.2000 - I R 10-98, DStR 2001, 567, 578; *Hennrichs,* in: MüKo zum AktG, § 246 HGB, Rn. 42; *Weber-Grellet,* in: Schmidt, EStG, § 5 Rn. 99.

[632] BFH, Beschluss v. 7.8.2000 - GrS 2/99, BStBl. II 2000, 631 = DStR 2000, 1682.

[633] BFH, Beschluss v. 7.8.2000 - GrS 2/99, DStR 2000, 1682, 1685; *Hennrichs,* in: MüKo zum AktG, § 246 HGB, Rn. 42.

[634] Vgl. Kapitel 4 § 1 A III 2 a) aa) (2).

tungsgleicher Erträge[635] und einer Teilausschüttung gelten in der gleichen Weise bei betrieblichen Anlegern (und dies unabhängig davon, ob sie ihren Gewinn durch Betriebsvermögensvergleich (§ 4 Abs. 1 i.V.m. § 5 Abs. 1 EStG) oder Einnahmen-Überschuss-Rechnung ermitteln (§ 4 Abs. 3 EStG)).[636] Vorausgesetzt, dass die Investment-AG in einem Geschäftsjahr eine *vollständige Thesaurierung* sämtlicher Erträge vornimmt, sind demzufolge die ausschüttungsgleichen Erträge nach § 2 Abs. 1 Satz 2 InvStG beim betrieblichen Anleger *mit dem Ablauf des Geschäftsjahres der Investment-AG, in dem sie erzielt worden sind*, als Ertrag zu erfassen.[637]

In Bezug auf den bilanzierenden Investmentanleger ist dabei *im Rahmen der Steuerbilanz* die Besonderheit zu beachten, dass gleichzeitig mit der Ausweisung der thesaurierten Erträge als "Ertrag" *ein sog. aktiver Ausgleichsposten in der Höhe der steuerbaren thesaurierten Erträge* zu bilden ist.[638]

Der Buchungssatz lautet "per Ausgleichsposten Investmentanteil an Ertrag/Kapital".

Dadurch wird sichergestellt, dass die bereits versteuerten thesaurierten Erträge bei Veräußerung oder Rückgabe des Anteils an der Investment-AG nicht ein zweites Mal der Besteuerung unterworfen werden;[639] denn bei späterer Veräußerung/Rückgabe des Anteils wird der aktive Ausgleichsposten durch Abzug vom Veräußerungspreis aufgelöst.

Im Rahmen der Handelsbilanz findet im Falle der vollständigen Thesaurierung der Erträge auf Ebene der Investment-AG mangels Zuflusses keine ergebniswirksame Vereinnahmung statt. Ein Wahlrecht bzw. eine Pflicht zur Zuschreibung in Höhe der thesaurierten Erträge auf die Anschaffungskosten des Investmentanteils ist wegen eines darausfolgenden Verstoßes gegen das Realisations- und Anschaffungskostenprinzip abzulehnen.[640]

Soweit die Investment-AG die Investmenterträge nicht vollständig thesauriert, sondern *teilweise ausschüttet und teilweise thesauriert*, modifizieren die Regelungen des § 2

---

635 Selbstverständlich betrifft die zeitliche Zurechnungsregelung nur die thesaurierten Erträge, die auch steuerbar sind, also z.B. Zinsen, Dividenden und sonstige Erträge, nicht aber Veräußerungsgewinne aus Termingeschäften oder Wertpapieren.

636 Zur vergleichbaren Lage unter dem KAGG, *Lübbehausen*, in: Brinkhaus/Scherer, KAGG/AuslInvestmG, § 39 KAGG, Rn. 39; *Baur*, Investmentgesetze, § 39 KAGG, Rn. 49; *Häuselmann*, BB 1992, 312, 320.

637 Vgl. BMF-Schreiben v. 2.6.2005 zum InvStG, BStBl I 2005, 728, Rz. 29; *Ramackers*, in: Littmann/Bitz/Pust, EStG, § 2 InvStG, Rn. 41.

638 BMF-Schreiben v. 2.6.2005 zum InvStG, BStBl I 2005, 728, Rz. 29; *Lindemann*, FR 2003, 890, 901; so zur vergleichbaren Lage unter dem KAGG, *Lübbehausen*, in: Brinkhaus/Scherer, KAGG/AuslInvestmG, § 39 KAGG, Rn. 39; *Häuselmann*, BB 1992, 312, 320; *Thorn/Otto/Geese*, Handbuch für die Besteuerung von Fondsvermögen, S. 63.

639 *Petersen*, DStR 2006, 1674, 1677; zur vergleichbaren Lage unter dem KAGG, *Lübbehausen*, in: Brinkhaus/Scherer, KAGG/AuslInvestmG, § 39 KAGG, Rn. 39; *Häuselmann*, BB 1992, 312, 320; *Thorn/Otto/Geese*, Handbuch für die Besteuerung von Fondsvermögen, S. 63.

640 So zur vergleichbaren Lage unter dem KAGG, *Lübbehausen*, in: Brinkhaus/Scherer, KAGG/AuslInvestmG, § 39 KAGG, Rn. 39; *Häuselmann*, BB 1992, 312, 321 mit Hinweisen auf die Gegenansicht, die eine Zuschreibung zuläßt.

Abs. 1 Satz 3 und 4 InvStG die zeitliche Erfassung der Erträge dahingehend, dass die ausgeschütteten und ausschüttungsgleichen Erträge dem betrieblichen Anleger *zu einem einheitlichen Zeitpunkt* zugerechnet werden. Im "Normalfall" der Teilausschüttung bedeutet dies, dass nach § 2 Abs. 1 Satz 3 InvStG die thesaurierten Erträge beim betrieblichen Anleger nicht am jeweiligen Ende des Geschäftsjahres der Investment-AG, sondern erst später zusammen mit den ausgeschütteten Erträgen zu erfassen sind; beim bilanzierenden Anleger demnach mit dem Tage des Ausschüttungsbeschlusses,[641] bei anderen betrieblichen Anlegern mit dem Zufluss der ausgeschütteten Erträge (§ 11 EStG).[642]

### *bb) Abziehbarkeit von Betriebsausgaben*

Aufwendungen, die einem betrieblichen Anleger durch die Beteiligung an der Investment-AG erwachsen, sind nach der allgemeinen Regel des § 4 Abs. 4 EStG als Betriebsausgaben abzugsfähig.[643] Wie beim privaten Investmentanleger müssen jedoch auch beim betrieblichen Anleger die Abzugsverbote des § 3c Abs. 1 und Abs. 2 EStG beachtet werden.

Allerdings entfaltet das Abzugsverbot des § 3c Abs. 1 EStG bei der Ermittlung der Einkünfte der betrieblichen Anleger keine Relevanz. Bei korporierten Anteilseignern gelten gem. § 2 Abs. 2 u. Abs. 3 S. 1 Nr. 1 zweiter Hs. InvStG i.V.m. § 8b Abs. 3 S. 1 und Abs. 5 S. 1 KStG pauschal fünf Prozent der Dividendenerträge bzw. Veräußerungsgewinne aus Anteilen an Kapitalgesellschaften als nicht abziehbare Betriebsausgaben, mit der Folge, dass nur jeweils 95% der Investmenterträge in Gestalt von Dividenden und Veräußerungsgewinne aus Anteilen an Kapitalgesellschaften steuerfrei gestellt werden. Zugleich sehen § 8b Abs. 3 S. 2 und Abs. 5 S. 2 KStG im Gegenzug vor, dass eine Anwendung des § 3c Abs. 1 EStG im Zusammenhang mit den letzteren Investmenterträgen ausscheidet. Dies bedeutet, dass bei körperschaftsteuerpflichtigen Anlegern sämtliche durch die Beteiligung an der Investment-AG verursachten Aufwendungen steuerlich in voller Höhe abzusetzen sind.[644]

Bei einkommensteuerpflichtigen Anlegern kommt wegen ausschließlicher Begünstigung der Investmenterträge durch das Halbeinkünfteverfahren gem. § 2 Abs. 2 u. Abs. 3 S. 1 Nr. 1 InvStG folgerichtig nur das hälftige Abzugsverbot des § 3c Abs. 2 EStG von Betriebsausgaben im Zusammenhang mit dem Halbeinkünfteverfahren unterliegenden Investmenteinnahmen zur Anwendung.[645] Greift letzteres ein, muss im

---

641 Ebenso wie im Falle der Vollthesaurierung ist auch bei Teilausschüttung in der Steuerbilanz ein aktiver Ausgleichsposten in Höhe der ausschüttungsgleichen Erträge zu bilden. Der einzige Unterschied zur Vollthesaurierung besteht darin, dass der Ausgleichsposten aufgrund der einheitlichen zeitlichen Zurechnung mit den ausgeschütteten Erträgen zu einem späteren Zeitpunkt aktiviert wird.

642 Vgl. BMF-Schreiben v. 2.6.2005 zum InvStG, BStBl I 2005, 728, Rz. 28.

643 Welche Betriebsausgaben denkbar sind, vgl. Kapitel 4 § 1 A III 2 a) bb).

644 Vgl. *Zeller*, Investmentfonds, S. 32; *ders.*, DStR 2005, 899, 902.

645 Zu der Frage, wie die Anwendung des § 3c Abs. 2 EStG bei Betriebsausgaben, die sich nicht unmittelbar den begünstigten Dividendenerträgen sowie Veräußerungsgewinnen aus Anteilen an Kapitalgesellschaften zuordnen lassen, vorzunehmen ist, siehe oben Kapitel 4 § 1 A III 2 a) bb).

Rahmen der Ermittlung der Erträge des jeweiligen Anlegers die entsprechende Betriebsvermögensminderung aufgrund der Betriebsausgaben dem Gewinn wieder hälftig hinzugerechnet werden.[646]

### 3. Zusammenfassung

Zusammenfassend kann festgehalten werden, dass sich die Ermittlung der steuerpflichtigen Investmenterträge auf zwei Ebenen (der Ebene der Investment-AG und der Ebene der Anteilseigner) abspielt, die es zu trennen gilt. Während auf Ebene der Investment-AG vom InvStG eine systemwidrige Einnahmen-Überschuss-Rechnung angeordnet wird, hängt die Ermittlung der Erträge auf Ebene der Anteilseigner davon ab, ob der Anleger seinen Anteil an der Investment-AG im Privatvermögen oder Betriebsvermögen hält und ob der Anleger bilanzierungspflichtig ist.

## IV. Kapitalertragsteuerabzug

Die Investment-AG selbst ist auf der sog. Eingangsseite der AG neben der Befreiung von der Körperschaft- und Gewerbesteuer auch von einem sog. inländischen Kapitalertragsteuerabzug befreit.[647] Auf der sog. Ausgangsseite der AG, wo eine Weiterleitung der Investmenterträge an die Aktionäre der AG stattfindet, unterliegen jedoch die an die Aktionäre der AG ausgeschütteten und ausschüttungsgleichen Erträge einem solchen Kapitalertragsteuerabzug *als Vorauszahlung auf die Einkommen- bzw. Körperschaftsteuerschuld* der Aktionäre. Während für Direktanleger für bestimmte Kapitalerträge der Kapitalertragsteuerabzug in §§ 43 ff. EStG normiert ist, wird dieser für den Investmentanleger in dem *spezielleren § 7 InvStG* geregelt. Soweit § 7 InvStG keine Regelungen für den Einzelfall enthält, wird allerdings eine entsprechende Anwendung der Regelungen des EStG angeordnet (z.B. § 7 Abs. 1 Satz 2 InvStG). Obschon dies nicht ausdrücklich in § 7 InvStG zur Sprache kommt, besteht die in § 7 InvStG geregelte Abzugspflicht nicht nur bei Investmenterträgen, die einem privaten Investment-Aktionär zuzurechnen sind, sondern in der gleichen Weise, wenn der Anteil an der AG zu einem Betriebsvermögen gehört, die Erträge beim Anleger also Betriebseinnahmen darstellen.[648] Insofern ist die in § 43 Abs. 4 EStG für den Direktanleger zugrunde gelegte Klarstellung auf den Investmentanleger übertragbar.[649]

### 1. Umfang und Höhe der steuerabzugspflichtigen Erträge

Ausgangspunkt zur Bildung der Bemessungsgrundlage für den Kapitalertragsteuerabzug sind zunächst sämtliche *steuerbaren* ausgeschütteten und ausschüttungsgleichen Erträge i.S.d. § 2 Abs. 1 Satz 1 i.V.m. § 1 Abs. 3 Satz 2 und 3 InvStG *in voller Höhe*,[650] unabhängig davon, ob Teile der Investmenterträge auf Ebene der Gesellschafter

---

646 Vgl. *Birk*, Steuerrecht, Rn. 856-859.

647 Dazu siehe oben Kapitel 3 § 2.

648 *Harenberg/Irmer*, in: Herrmann/Heuer/Raupach, EStG/KStG, § 43 EStG, Anm. 19.

649 Vgl. *Harenberg/Irmer*, in: Herrmann/Heuer/Raupach, EStG/KStG, § 43 EStG, Anm. 19.

650 So unterliegen Erträge, die z.B. gem. § 1 Abs. 3 Satz 3 InvStG nicht zu den steuerbaren ausschüttungsgleichen Erträgen gehören wie Gewinne aus Termingeschäften oder Wertpapieren, nach § 7

steuerbefreit (Fälle des § 2 Abs. 3 Nr. 1 InvStG beim Privatanleger) oder steuerbegünstigt sind (z.B. nach § 2 Abs. 2 InvStG).[651] In Abhängigkeit von der Herkunft der einzelnen Investmenterträge wird aber die Bemessungsgrundlage der Kapitalertragsteuer bzw. der Zinsabschlagsteuer[652] im Rahmen des § 7 InvStG um einige Bestandteile reduziert.

### *a) bei ausgeschütteten Erträgen*

§ 7 Abs. 1 Nr. 1 erster Hs. InvStG bestätigt zunächst in *Bezug auf ausgeschüttete Erträge* die *globale Unterwerfung unter den Kapitalertragsteuerabzug*. Gleich danach wird in § 7 Abs. 1 Nr. 1 zweiter Hs. InvStG dennoch erklärt, dass ein Steuerabzug nach § 7 Abs. 1 InvStG nicht zu erheben ist, soweit in den ausgeschütteten Investmenterträgen in- und ausländische Kapitalerträge i.S.d. § 43 Abs. 1 Nr. 1 und Satz 2 EStG, also *insbesondere Dividenden*, und *Veräußerungsgewinne aus Wertpapieren und Termingeschäften i.S.d. § 2 Abs. 3 Nr. 1 InvStG*[653] enthalten sind.[654]

Obwohl sämtliche ausgeschütteten Erträge nach § 2 Abs. 1 Satz 1 InvStG als Einnahmen aus Kapitalvermögen i.S.d. § 20 Abs. 1 Nr. 1 EStG qualifiziert werden, ist über § 7 Abs. 1 Satz 2 InvStG ein Steuerabzug nicht nach § 43 Abs. 1 Satz 1 Nr. 1 EStG, sondern wie bei den *Erträgen i.S.d. § 43 Abs. 1 Satz 1 Nr. 7 und 8 sowie Satz 2 EStG* (Zinsabschlag) vorzunehmen. Demzufolge werden ausgeschüttete Erträge der Investment-AG beim Gesellschafter einkommensteuerlich als Ausschüttungen einer Kapitalgesellschaft, kapitalertragsteuerlich hingegen *als Zinserträge* behandelt.[655] Gem. § 7 Abs. 1 Satz 2 InvStG i.V.m. § 43a Abs. 1 Nr. 3 EStG ist somit von den ausgeschütteten Erträgen ein *30%iger (bzw. 35%iger bei Tafelgeschäften) Zinsabschlag* einzubehalten.[656]

Für den Dividendenanteil der ausgeschütteten Erträge gilt bei der inländischen Investment-AG allerdings statt des Zinsabschlagsteuerabzuges nach § 7 Abs. 1 Nr. 1 InvStG der *spezielle Kapitalertragsteuerabzug nach § 7 Abs. 3 Satz 1 InvStG*.[657] Da-

---

InvStG bei Thesaurierung auch keinem Kapitalertragsteuerabzug, vgl. *Weber-Grellet*, in: Schmidt, EStG, § 43 Rn. 15 zum Direktanleger.

[651] Vgl. auch § 43 Abs. 1 Satz 3 EStG. Hintergrund ist, dass praktische Probleme, die entstehen würden, wenn jeweils ermittelt werden müsste, ob die in Frage stehenden Erträge beim jeweiligen Anteilseigner evtl. steuerbefreit oder steuerbegünstigt sind, vermieden werden sollen.

[652] Als Zinsabschlagsteuer wird in der Regel die Kapitalertragsteuer bezeichnet, die auf Zinsen i.S.d. § 43 Abs. 1 Satz 1 Nr. 7 erhoben wird, vgl. *von Beckerath*, in: Kirchhof, EStG, § 43 Rn. 22.

[653] Die Begrifflichkeiten "Wertpapier" und "Termingeschäft" sind in dem oben näher dargestellten Sinne auszulegen, vgl. Kapitel 4 § 1 A II 1 a) cc).

[654] Ferner unterbleibt ein Steuerabzug bei Veräußerungsgewinnen von Immobilien außerhalb der 10-Jahresfrist (§ 7 Abs. 1 Nr. 1 b) InvStG). Diese Ausnahme ist hier aber wegen fehlender Relevanz bei der Investment-AG, die nicht in Immobilien investieren kann (vgl. § 2 Abs. 5 InvG), nicht näher zu erläutern.

[655] *Harenberg/Irmer*, in: Herrmann/Heuer/Raupach, EStG/KStG, § 43 EStG, Anm. 22.

[656] Vgl. *Weber-Grellet*, in: Schmidt, EStG, § 43 Rn. 66; *Harenberg/Irmer*, in: Herrmann/Heuer/Raupach, EStG/KStG, § 43 EStG, Anm. 22 u. 25; *Ramackers*, in: Littmann/Bitz/Pust, EStG, § 7 InvStG, Rn. 27.

[657] Vgl. BMF-Schreiben vom 2.6.2005 zum InvStG, BStBl I 2005, 728, Rz. 135.

nach unterliegen ausgeschüttete inländische Dividenden[658] der Investment-AG, unabhängig von einer eventuellen Steuerbegünstigung nach § 2 Abs. 2 InvStG, ungekürzt einer *20%igen Kapitalertragsteuer.*[659] Dies entspricht der Behandlung des Direktanlegers, bei dem in gleicher Weise nach § 43 a Abs. 1 Nr. 1 i.V.m. § 43 Abs. 1 Satz 1 Nr. 1 EStG bei Dividenden und ähnlichen Erträgen ein Kapitalertragsteuerabzug in Höhe von nur 20% (im Vergleich zu 30% bei Zinsen) stattfindet.[660]

Das Absehen von der Einbehaltung eines Kapitalertragsteuerabzugs bei Veräußerungsgewinnen aus Wertpapieren und Termingeschäften läßt sich einerseits dadurch erklären, dass diese Gewinne zumindest beim Privatanleger nach § 2 Abs. 3 Nr. 1 InvStG komplett steuerfrei gestellt sind und insofern ein Kapitalertragsteuerabzug als Vorauszahlung auf eine Einkommensteuerschuld entbehrlich ist.[661] Dadurch, dass die für den Abzug verantwortliche Stelle regelmäßig die Anteilseigner nicht kennt und daher nicht zwischen privaten und betrieblichen Anlegern unterscheiden kann, erlaubt § 7 Abs. 1 Nr. 1 b) InvStG insoweit *generell, d.h. sowohl beim privaten als auch beim betrieblichen Anleger*, obschon beim letzteren es nicht zwingend zu einer Steuerbefreiung kommt, die Herausnahme aus der Bemessungsgrundlage für den Kapitalertragsteuerabzug.[662] Gleichfalls wird auf diesem Wege eine *Gleichbehandlung mit dem Direktanleger* bewirkt, bei dem ebenso Kapitalerträge in Form von Veräußerungsgewinnen aus Wertpapieren und Termingeschäften nicht dem Steuerabzug nach § 43 EStG unterliegen.[663]

Abgesehen von den geschilderten Gleichbehandlungen, ist der Umfang der steuerabzugspflichtigen ausgeschütteten Erträge nach § 7 Abs. 1 und § 7 Abs. 3 Satz 1 InvStG nicht vollständig identisch mit dem Umfang der abzugspflichtigen Erträge des Direktanlegers nach § 43 EStG. So sind insbesondere die Zinsabschlagsteuerpflicht für sonstige Erträge und für Veräußerungsgewinne, die nicht unter die Ausnahme nach § 7 Abs. 1 Nr. 1 b) InvStG fallen, beim Anteilseigner einer Investment-AG ein Beweis für eine *Durchbrechung des Transparenzgrundsatzes.*

---

658 Auf den Dividendenanteil der ausgeschütteten Erträge aus ausländischen Körperschaften wird keine deutsche Kapitalertragsteuer erhoben, dazu später unter Kapitel 5 § 1 A II.

659 Vgl. *Weber-Grellet,* in: Schmidt, EStG, § 43 Rn. 67; *Harenberg/Irmer,* in: Herrmann/Heuer/Raupach, EStG/KStG, § 43 EStG, Anm. 22 u. 25; *Ramackers,* in: Littmann/Bitz/Pust, EStG, § 7 InvStG, Rn. 44; *Lübbehausen/Schmitt,* DB 2003, 1696, 1699.

660 Vgl. zur Vorgängervorschrift des § 38b KAGG *Harenberg,* in: Herrmann/Heuer/Raupach, EStG/KStG, Anm. R 20 zum KAGG.

661 Vgl. BMF-Schreiben vom 2.6.2006 zum InvStG, BStBl I 2005, 728, Rz. 136.

662 *Ramackers,* in: Littmann/Bitz/Pust, EStG, § 7 InvStG, Rn. 9.

663 Der Steuerabzug nach § 43 EStG in Bezug auf den Direktanleger ist auf nach § 20 EStG steuerpflichtige Einkünfte begrenzt (vgl. *Weber-Grellet,* in: Schmidt, EStG, § 43 Rn. 10). Veräußerungsgewinne aus Wertpapieren und Termingeschäften sind demgegenüber Einkünfte i.S.d. § 23 EStG.

### *b) bei ausschüttungsgleichen Erträgen*

Bei einer vollthesaurierenden Investment-AG[664] richten sich der Umfang und die Höhe des kapitalertragsteuerpflichtigen Abzugs nach § 7 Abs. 4 InvStG und nach einer entsprechenden Anwendung des § 7 Abs. 1 InvStG (§ 7 Abs. 4 Satz 3 InvStG).[665] Ausgenommen von diesem Steuerabzug sind – ohne dass dies explizit erwähnt werden muss, da der Kapitalertragsteuerabzug nur für steuerbare Erträge gilt[666] – zunächst die Erträge, die schon per definitionem gar nicht zu den steuerbaren ausschüttungsgleichen Erträgen i.S.d. § 1 Abs. 3 Satz 3 InvStG gehören, wie thesaurierte Gewinne aus privaten Veräußerungsgeschäften i.S.d. § 23 Abs. 1 Nr. 2 und Nr. 4 EStG und Gewinne aus Wertpapierleerverkäufen. Die ausdrückliche Normierung des Gesetzgebers in § 7 Abs. 4 Satz 1 InvStG, dass bei thesaurierten Gewinnen aus Wertpapierleerverkäufen vom Steuerabzug abzusehen ist, kann daher als überflüssig angesehen werden.[667]

Des Weiteren wird kein Steuerabzug nach § 7 Abs. 4 InvStG bei ausschüttungsgleichen Erträgen vorgenommen, die aus inländischen Dividenden-Einnahmen herrühren (§ 7 Abs. 4 Satz 1 InvStG). Für diese greift ebenso wie bei ausgeschütteten inländischen Dividenden die Sonderregelung des § 7 Abs. 3 InvStG mit einem *Steuerabzug in Höhe von 20%*. Von den übrigen ausschüttungsgleichen Erträgen ist ein *Zinsabschlag in Höhe von 30%* nach § 7 Abs. 4 Satz 3 i.V.m. § 7 Abs. 1 Satz 2 InvStG i.V.m. § 43a Abs. 1 Nr. 3 EStG einzubehalten. Etwaige Durchbrechungen des Transparenzprinzips im Zusammenhang mit dem Kapitalertragsteuerabzug bei ausschüttungsgleichen Erträgen können – vergleichbar den ausgeschütteten Erträgen – z.B. bei sonstigen Erträgen oder steuerbaren Veräußerungsgewinnen (z.B. Leerverkäufen) auftreten.

## 2. Verfahren des Kapitalertragsteuerabzugs

### *a) bei ausgeschütteten Erträgen*

Im Fall der Ausschüttung im Rahmen der Regelbesteuerung seitens der Investment-AG ist hinsichtlich des Verfahrens des Kapitalertragsteuerabzugs zwischen den Erträgen, bei denen nach § 7 Abs. 1 InvStG eine *Zinsabschlagsteuer in Höhe von 30%* abzuziehen ist, und den Dividendenerträgen, die nach § 7 Abs. 3 Satz 1 InvStG einem *nur 20%igen Kapitalertragsteuerabzug* unterliegen, zu differenzieren.

Bei den zinsabschlagsteuerpflichtigen ausgeschütteten Erträgen ist abzugsverpflichtet gem. § 7 Abs. 1 Satz 2 InvStG i.V.m. § 44 Abs. 1 Satz 3 und 4 EStG die *auszahlende inländische Stelle,* d.h. ein inländisches Kreditinstitut oder ein inländisches Finanzdienstleistungsinstitut, das die Verwahrung der Anteilsscheine vornimmt.[668]

---

664 Auf den Sonderfall einer teilthesaurierenden Investment-AG wird weiter unten bei "Verfahren des Kapitalertragsteuerabzugs" eingegangen.

665 Damit unterliegen auch thesaurierte Erträge einem Kapitalertragsteuerabzug, obwohl hier gar keine Zahlungen erfolgen, bei denen ein Abzug im technischen Sinne gemacht werden kann, vgl. *Förster/Hertrampf,* Das Recht der Investmentfonds, Rn. 547.

666 Vgl. *Weber-Grellet,* in: Schmidt, EStG, § 43 Rn. 15.

667 Ähnlich auch *Ramackers,* in: Littmann/Bitz/Pust, EStG, § 7 InvStG, Rn. 55.

668 Für den Fall, dass ein ausländisches Kredit- oder Finanzdienstleistungsinstitut die Depotverwahrung übernimmt, ist diese nicht zum Abzug der Zinsabschlagsteuer als auszahlende Stelle ver-

Entstehungszeitpunkt der Zinsabschlagsteuer ist nach § 7 Abs. 1 Satz 2 InvStG i.V.m. § 44 Abs. 1 Satz 2 EStG der *Zeitpunkt des Zuflusses der ausgeschütteten Kapitalerträge beim Investmentanleger*. Mangels sicherer Information der auszahlenden Stelle über die Verhältnisse der einzelnen Anteilseigner der Investment-AG ist der Zufluss bei allen Anlegern, und damit auch bei betrieblichen bilanzierenden Anlegern, einheitlich i.S.d. § 11 EStG auszulegen.[669] Eine entsprechende Anwendung der Zuflussfiktion des § 44 Abs. 2 EStG, nach dem *Dividendenerträge* an dem Tag als zugeflossen gelten, der im Ausschüttungsbeschluss als Tag der Auszahlung festgesetzt wurde, verbietet sich dagegen, obschon die Investment-AG als Körperschaft die Ausschüttung der Erträge im Rahmen eines Ausschüttungsbeschlusses festlegt.[670] Dies ergibt sich daraus, dass (der Großteil) der ausgeschütteten Erträge der Investment-AG über § 7 Abs. 1 Satz 2 InvStG *kapitalertragsteuerlich nicht als Dividenden, sondern als Zinserträge* behandelt werden.[671] Die innerhalb eines Kalendermonats einbehaltene Zinsabschlagsteuer ist bis zum 10. des Folgemonats an das für die Besteuerung der auszahlenden Stelle zuständige Finanzamt abzuführen (§ 7 Abs. 1 Satz 2 InvStG i.V.m. § 44 Abs. 1 Satz 5 EStG). Von dem Einbehalt der Zinsabschlagsteuer kann nach § 7 Abs. 1 Satz 2 InvStG i.V.m. § 44 a EStG u.a. wegen *eines Freistellungsauftrags* (§ 44a Abs. 2 Nr. 1 EStG) oder *einer NV-Bescheinigung für steuerpflichtige Personen* (§ 44a Abs. 2 Nr. 2 EStG) Abstand genommen werden.[672]

Soweit die ausgeschütteten Erträge inländische Dividenden und ähnliche Bezüge speisen, ist die Kapitalertragsteuer in Höhe von 20%[673] gem. § 7 Abs. 3 Satz 2 InvStG i.V.m. § 44 Abs. 1 Satz 3 EStG *von der Investment-AG* als Schuldner der Kapitalerträge einzubehalten. Für den Zeitpunkt des insoweit zu erhebenden Kapitalertragsteuerabzugs ist wiederum auf den Zufluss der Erträge beim Anleger abzustellen (§ 7 Abs. 3 Satz 2 InvStG i.V.m. § 44 Abs. 1 Satz 2 EStG); jedoch muss hier - anders als bei den zinsabschlagsteuerpflichtigen ausgeschütteten Erträgen - die Zuflussfiktion bei Ausschüttungsbeschluss des § 44 Abs. 2 EStG berücksichtigt werden, da diese auf Dividendenerträge zugeschnitten ist.[674] Ist der Zuflusszeitpunkt danach bestimmt, muss die Investment-AG gem. § 7 Abs. 3 Satz 3 i.V.m. Abs. 4 Satz 3 InvStG die Kapitalertragsteuer innerhalb eines Monats an das Finanzamt abführen. Eine Abstandnahme nach § 44a EStG - wie für die zinsabschlagsteuerpflichtigen Erträge- ist für die Kapitalertragsteuer auf Dividendenerträge nicht vorgesehen. Demgegenüber ist eine *Erstat-*

---

pflichtet. Hier fällt also kein Zinsabschlag an, vgl. *Ramackers,* in: Littmann/Bitz/Pust, EStG, § 7 InvStG, Rn. 28; *Harenberg/Irmer,* in: Herrmann/Heuer/Raupach, EStG/KStG, § 43 EStG, Anm. 25.

669 *Ramackers*, in: Littmann/Bitz/Pust, EStG, § 7 InvStG, Rn. 28.

670 *Ramackers,* in: Littmann/Bitz/Pust, EStG, § 7 InvStG, Rn. 28.

671 Vgl. siehe oben Kapitel 4 § 1 A IV 1 a).

672 Zu weiteren verfahrensrechtlichen Aspekten, wie z.B. dem Verfahren zur Korrektur der Kapitalertragsteuer-Anmeldung, siehe *Ramackers,* in: Littmann/Bitz/Pust, EStG, § 7 InvStG, Rn. 29 ff.

673 Vgl. § 7 Abs. 3 Satz 1 InvStG.

674 *Ramackers*, in: Littmann/Bitz/Pust, EStG, § 7 InvStG, Rn. 52; BMF-Schreiben vom 2.6.2005 zum InvStG, BStBl I 2005, 728, Rz. 151.

*tung durch das Bundesamt für Finanzen* u.a. bei Freistellungsauftrag (§ 7 Abs. 3 Satz 2 InvStG i.V.m. § 44 b i.V.m. § 44a Abs. 1 Nr. 1 und Abs. 2 EStG) möglich.[675]

Dadurch, dass eine etwaige einbehaltene und abgeführte Kapitalertragsteuer nach § 7 Abs. 3 InvStG und der Zinsabschlag nach § 7 Abs. 1 InvStG nur eine Vorauszahlung auf die endgültige Steuererhebung darstellen, werden diese bei der Veranlagung der Anteilseigner der Investment-AG in entsprechender Anwendung des § 36 Abs. 2 Nr. 2 EStG ggf i.V.m. § 31 Abs. 1 KStG auf die endgültige Steuer angerechnet, soweit keine Erstattung beantragt oder durchgeführt worden ist (§ 7 Abs. 7 InvStG).[676]

*b) bei ausschüttungsgleichen Erträgen*

In gleicher Weise wie bei vollausschüttenden Investment-AGs ist der Ablauf des Verfahrensvorganges des Kapitalertragsteuerabzugs im Falle einer Vollthesaurierung davon abhängig, ob es sich bei den thesaurierten Erträgen um Dividendenerträge mit einem Steuerabzug in Höhe von 20% oder um zinsabschlagsteuerpflichtige Erträge (30%) handelt. In Bezug auf ausschüttungsgleiche Dividendenerträge kann im Grundsatz auf das zum Steuerabzug bei ausgeschütteten Dividendenerträgen verwiesen werden,[677] mit dem einzigen Unterschied, dass sich der Entstehungszeitpunkt der Kapitalertragsteuer nicht nach dem im Ausschüttungsbeschluss bestimmten Tag richtet (vgl. § 44 Abs. 2 EStG), sondern nach der Zuflussfiktion des § 2 Abs. 1 Satz 2 InvStG, die auch für Zwecke des Kapitalertragsteuerabzugs Anwendung findet.[678] Die Kapitalertragsteuer ist folglich zum Ende des jeweiligen Geschäftsjahres der Investment-AG zu erheben.

Bei den übrigen zinsabschlagsteuerpflichtigen thesaurierten Erträgen hat nach § 7 Abs. 4 Satz 1 InvStG *die Investment-AG* den Zinsabschlag vorzunehmen. Ein Rückgriff auf eine auszahlende Stelle wie bei ausgeschütteten Erträgen ist insoweit nicht denkbar, da bei thesaurierenden Investment-AGs keine Auszahlung von Erträgen erfolgt und damit auch keine Zahlstelle existiert, die den Steuerabzug vornehmen könnte.[679] Die Abführung des Zinsabschlags ans Finanzamt hat innerhalb eines Monats ab Entstehung der Zinsabschlagsteuer stattzufinden (§ 7 Abs. 4 Satz 4 InvStG). Aufgrund der insoweit geltenden Zuflussfiktion des § 2 Abs. 1 Satz 2 InvStG entsteht der Zinsabschlag zum Ende des Geschäftsjahres (§ 7 Abs. 4 Satz 3 i.V.m. Abs. 1 Satz 2 InvStG

---

675 Vgl. dazu und zu weiteren verfahrensrechtlichen Aspekten, *Ramackers*, in: Littmann/Bitz/Pust, EStG, § 7 InvStG, Rn. 41 ff.; BMF-Schreiben vom 2.6.2005 zum InvStG, BStBl I 2005, 728, Rz. 150.

676 Die Kapitalertragsteuer auf die Dividendenerträge wird dabei wie bei der Direktanlage voll angerechnet, obwohl die ausgeschütteten Dividendenerträge nach § 2 Abs. 2 InvStG beim Anleger dem Halbeinkünfteverfahren oder dem Beteiligungsprivileg unterliegen, vgl. BMF-Schreiben vom 2.6.2005 zum InvStG, BStBl I 2005, 728, Rz. 161; *Ramackers*, in: Littmann/Bitz/Pust, EStG, § 7 InvStG, Rn. 83.

677 Vgl. oben Kapitel 4 § 1 A IV 2 a).

678 *Ramackers*, in: Littmann/Bitz/Pust, EStG, § 7 InvStG, Rn. 52.

679 Vgl. *Stotz*, Besteuerung von Wertpapier-Investmentfonds, S. 148.

i.V.m. § 44 Abs. 1 Satz 2 EStG).[680] Ein Absehen von der Zinsabschlagsteuer i.S.d. § 44 a EStG ist nach § 7 Abs. 4 Satz 2 InvStG ausdrücklich verboten; stattdessen kann *die Investment-AG*[681] den einbehaltenen Zinsabschlag unter den Voraussetzungen des § 7 Abs. 5 InvStG an bestimmte Anleger erstatten. Zu dem Kreis der Erstattungsberechtigten gehören danach u.a. unbeschränkt einkommensteuerpflichtige Gläubiger. Obgleich unbeschränkt körperschaftsteuerpflichtige Gläubiger nicht ausdrücklich als Erstattungsberechtigte in § 7 Abs. 5 Satz 1 InvStG aufgeführt werden, sind diese über den Wortlaut hinaus aus Gründen des Gleichheitssatzes des Art. 3 Abs. 1 GG mit in den Personenkreis des § 7 Abs. 5 Satz 1 InvStG miteinzubeziehen.[682] Dem berechtigten Personenkreis ist der einbehaltene Zinsabschlag zu erstatten, wenn sie einen Freistellungsauftrag nach § 44a Abs. 2 Satz 1 Nr. 1, eine NV-Bescheinigung nach § 44a Abs. 2 Satz 1 Nr. 2 EStG oder eine Überzahler-Bescheinigung nach § 44a Abs. 5 EStG vorlegen.[683]

Die einbehaltene allgemeine Kapitalertragsteuer auf die thesaurierten Dividendenerträge sowie der Zinsabschlag werden in der gleichen Weise wie bei den ausgeschütteten Erträgen bei der Steuerveranlagung der Gesellschafter der Investment-AG als Steuerabzugsbetrag angerechnet (§ 7 Abs. 7 InvStG i.V.m. § 36 Abs. 2 Nr. 2 EStG ggf. i.V.m. § 31 Abs. 1 KStG).

#### c) Sonderfall: teilweise ausgeschüttete Erträge und teilweise ausschüttungsgleiche Erträge

In dem Sonderfall, dass die Investment-AG die Investmenterträge teilweise an die Gesellschafter ausschüttet und teilweise thesauriert, richtet sich *im Regelfall* das Verfahren des Steuerabzugs für den Teil der thesaurierten Erträge nicht nach § 7 Abs. 4 InvStG, sondern nach den Verfahrensvorschriften für ausgeschüttete Erträge nach § 7 Abs. 1 InvStG (§ 7 Abs. 2 Satz 1 InvStG).[684] Die Regelung des § 7 Abs. 2 InvStG muss dabei im Zusammenhang mit den Vorschriften des § 2 Abs. 1 Satz 3 und 4 InvStG über die zeitliche Zurechnung bei Teilausschüttungen gesehen werden,[685] die allesamt zum Ziel haben, in Fällen der Teilausschüttung eine einheitliche Behandlung sowohl der ausgeschütteten als auch der ausschüttungsgleichen Erträge zu bewirken. Somit ist auch bezüglich der ausschüttungsgleichen Erträge seitens der *auszahlenden Stelle* im Zeitpunkt des Zuflusses der Erträge bei den Anlegern ein Zinsabschlag in Höhe von 30% zu erheben (§ 7 Abs. 2 Satz 1 i.V.m. Abs. 1 Satz 2 InvStG i.V.m. § 44

---

680 *Ramackers*, in: Littmann/Bitz/Pust, EStG, § 7 InvStG, Rn. 56; BMF-Schreiben vom 2.6.2005 zum InvStG, BStBl I 2005, 728, Rz. 155.

681 Nicht etwa das Bundesministerium für Finanzen wie bei § 44 b Abs. 2 EStG.

682 *Ramackers*, in: Littmann/Bitz/Pust, EStG, § 7 InvStG, Rn. 62 mwN.

683 Zu weiteren Formalitäten des Erstattungsverfahrens ist auf *Ramackers*, in: Littmann/Bitz/Pust, EStG, § 7 InvStG, Rn. 64 ff.; BMF-Schreiben vom 2.6.2005 zum InvStG, BStBl I 2005, 728, Rz. 156 ff. zu verweisen.

684 Abgesehen von thesaurierten Dividendenerträgen, bei denen sich auch im Falle der Teilausschüttung der Kapitalertragsteuerabzug weiterhin nach § 7 Abs. 3 InvStG richtet.

685 Dazu schon oben Kapitel 4 § 1 A III 2 a) aa) (2).

S. 2 ff. EStG).[686] Nach § 7 Abs. 2 Satz 2 InvStG ist der insoweit auf die ausschüttungsgleichen Erträge anfallende Zinsabschlag von dem ausgeschütteten Betrag einzubehalten.[687]

Reichen die gesamten ausgeschütteten Erträge für den Einbehalt sowohl des Zinsabschlags auf die ausgeschütteten Erträge als auch des Zinsabschlags auf die ausschüttungsgleichen Erträge nicht aus, unterbleibt insgesamt ein Zinsabschlag-Abzug durch die auszahlende Stelle. Vielmehr sind in diesem – in der Praxis wohl selten vorkommenden – Fall[688] nicht mehr die Verfahrensregeln für vollausschüttende Investmentvermögen, sondern für sämtliche Erträge diejenigen für den Fall der Vollthesaurierung anwendbar (vgl. § 2 Abs. 1 Satz 4 InvStG). Der Zinsabschlagsteuerabzug richtet sich daher nach § 7 Abs. 4 InvStG, so dass die Verpflichtung zum Einbehalt der Zinsabschlagsteuer von der auszahlenden Stelle auf die Investment-AG verlagert wird.[689]

---

686 Für die übrigen Verfahrensregelungen ist auf das bereits oben Gesagte zur vollausschüttenden Investment-AG (Kapitel 4 § 1 A IV 2 a)) zu verweisen.

687 Die damit einhergehende Folge ist, dass der Anleger auf der Liquiditätsseite überproportional belastet wird, vgl. *Carlé*, KÖSDI, 2004, 14300, 14308.

688 Ein solcher Fall wird in der Praxis idR dadurch vermieden, dass mindestens eine Ausschüttung in Höhe der Zinsabschlagsteuer vorgenommen wird, vgl. *PriceWaterhouseCoopers*, Die Novellierung des Investmentrechts, S. 199.

689 Vgl. *Ramackers*, in: Littmann/Bitz/Pust, EStG, § 7 InvStG, Rn. 37; *PriceWaterhouseCoopers*, Die Novellierung des Investmentrechts, S. 198 f.; zur Vorgängervorschrift des § 38b KAGG, *Lübbehausen*, in: Brinkhaus/Scherer, KAGG/AuslInvestmG, § 38b KAGG, Rn. 182.

## B. Pauschale Strafbesteuerung

Die bisher dargestellten Besteuerungsgrundsätze bezogen sich auf die Regelbesteuerung der §§ 2 ff. InvStG, die Anwendung findet, wenn die Investment-AG die Besteuerungsgrundlagen ordnungsgemäß i.S.d. § 5 Abs. 1 InvStG nachweist. Für den Fall, dass die Investment-AG dies aber versäumt, wird der Investmentanleger abweichend von der Regelbesteuerung der sog. pauschalen Strafbesteuerung nach § 6 InvStG unterworfen.

### I. Zweck und Wirkung des § 6 InvStG

Die Vorschrift des § 6 InvStG ist der bisherigen pauschalen Besteuerung von Erträgen aus sog. „schwarzen Auslandsfonds" nach *§ 18 Abs. 3 S. 1 AuslInvestmG* nachgebildet. In diesem Fall erfolgte bei Anlegern eines ausländischen Investmentfonds, der die Besteuerungsgrundlagen nicht nachgewiesen oder keinen inländischen Vertreter bestellt hatte, eine Besteuerung der Ausschüttung zuzüglich einer Besteuerung von 90% des Mehrbetrags zwischen dem ersten und dem letzten im Kalenderjahr festgesetzten Rücknahmepreis. Mindestens waren aber 10% des letzten im Kalenderjahr festgesetzten Rücknahmepreises beim Anleger zu versteuern. Mit der Einführung der Pauschalbesteuerung in § 18 Abs. 3 AuslInvestmG wollte der Gesetzgeber verhindern, dass inländische Anleger insbesondere ausländischer thesaurierender Investmentvermögen, welche sich einer deutschen Aufsicht entziehen wollen, *nicht sachgerecht, d.h. zu niedrig,* besteuert werden.[690] Gleichzeitig sollte die Pauschalbesteuerung den Anleger schützen, indem er bei einer Anlageentscheidung die Folgen des § 18 Abs. 3 AuslInvestmG mitbedenkt und so im Zweifel sich für die "sichere Anlage" in inländischen oder registrierten ausländischen Investmentvermögen entscheidet, bei der nicht die Steuernachteile des § 18 Abs. 3 AuslInvestmG drohen.[691]

In § 6 InvStG, der im Gegensatz zu seiner Vorbildvorschrift nicht nur bestimmte ausländische Investmentvermögen, sondern alle Arten von Publikums-Investmentvermögen, d.h. inländische als auch ausländische,[692] erfasst, die nicht die Bekanntmachungspflichten i.S.d. § 5 InvStG erfüllen (sog. intransparente Investmentvermögen), setzen sich die Rechtfertigungsgründe für eine Pauschalbesteuerung fort. Ebenso wie § 18 Abs. 3 AuslInvestmG dient § 6 InvStG der Sicherstellung einer sachgerechten Besteuerung des Anlegers intransparenter Investmentvermögen als auch dem Anlegerschutz.[693] Des Weiteren ist zu vermuten, dass § 6 InvStG mittelbar eine disziplinatorische Wirkung auf die Investmentgesellschaften selbst, wie die Investment-AG, haben soll und haben wird. Dies ergibt sich daraus, dass eine Investment-AG, welche nicht

690 Gesetzesbegründung zum AuslInvestmG, BT-Drucks. V/3494, S. 26; *Brinkhaus,* in: Brinkhaus/Scherer, KAGG/AuslInvestmG, § 18 AuslInvestmG, Rn. 6 u. 41; *Baur,* Investmentgesetze, § 18 AuslInvestmG, Rn. 29.

691 *Baur,* Investmentgesetze, § 18 AuslInvestmG, Rn. 2.

692 Vgl. zum Anwendungsbereich des § 6 InvStG, von dem in- und ausländische Spezialvermögen ausgeschlossen sind, *Ramackers,* in: Littmann/Bitz/Pust, § 6, Rn. 5 f.

693 *Harenberg/Intemann,* in: Herrmann/Heuer/Raupach, EStG/KStG, § 6 InvStG, Anm. J 03.

den Bekanntmachungspflichten nachkommt, eine für den Anleger finanziell unattraktive Anlageform darstellt. Denn die Verletzung der Mitteilungspflichten durch die Investment-AG führt sowohl dazu, dass eine steuerrechtliche Gleichstellung mit dem Direktanleger entfällt, als auch, dass den Anleger eine Strafsteuer für ein Fehlverhalten der Investment-AG trifft, ohne dass er selbst Einfluss auf die Erfüllung der Mitteilungspflichten hat.

Auf einem anderen Blatt steht die gesellschaftsrechtliche Frage, inwieweit der Anleger für das Fehlverhalten der Gesellschaft sich bei der Gesellschaft bzw. bei den Verwaltungsmitgliedern schadlos halten kann.

Deshalb wird die Investment-AG schon aus eigenem Renditeinteresse angehalten sein, das Pflichtenprogramm des § 5 Abs. 1 InvStG zu erfüllen.

## II. Nichterfüllung der Bekanntmachungspflichten nach § 5 Abs. 1 InvStG

Voraussetzung für die Anwendung der sog. pauschalen Strafbesteuerung des § 6 InvStG bei Anteilseignern der Investment-AG ist, dass die Investment-AG den Bekanntmachungspflichten des § 5 Abs. 1 InvStG nicht genügt (vgl. § 6 Satz 1 erster Hs. InvStG). Allerdings kommt es nicht bei jeder Abweichung von den Bekanntmachungspflichten des § 5 Abs. 1 InvStG sofort zur Pauschalbesteuerung. Aus § 5 Abs. 1 Satz 2 InvStG ergibt sich, dass, wenn die Investment-AG *lediglich die Angaben gem. § 5 Abs. 1 Satz 1 Nr. 1 Buchst. c und f InvStG,* die hauptsächlich steuerentlastende Tatsachen betreffen, nicht nachweist, aber die übrigen Anforderungen des § 5 Abs. 1 InvStG erfüllt, dies nicht mit der Besteuerung nach § 6 InvStG sanktioniert wird.[694] Das Fehlen dieser Angaben führt aber dazu, dass sämtliche Investmenterträge bei den Anlegern in voller Höhe nach § 2 Abs. 1 Satz 1 InvStG besteuert werden, mit der Konsequenz, dass Steuerbegünstigungsvorschriften wie § 2 Abs. 2 InvStG, die die Anwendung des Halbeinkünfteverfahrens und des Beteiligungsprivilegs vorsehen, oder die Steuerbefreiung bestimmter Veräußerungsgewinne nach § 2 Abs. 3 InvStG nicht eingreifen.[695]

Abgesehen von diesem Ausnahmefall hat nach dem Gesetzeswortlaut jede Nichterfüllung der *sonstigen* Bekanntmachungspflichten i.S.d. § 5 Abs. 1 InvStG seitens der Investment-AG die Pauschalbesteuerung des § 6 InvStG beim Anteilseigner zur Konsequenz. Nicht eindeutig wird jedoch die Frage geregelt, ob § 6 InvStG nur bei einer

---

694 BMF-Schreiben vom 2.6.2005 zum InvStG, BStBl I 2005, 728, Rz. 94 u. 103; *Köndgen/Schmies*, WM 2004, Sonderbeil. Nr. 1, S. 23; *Ramackers*, in: Littmann/Bitz/Pust, EStG, § 5 InvStG, Rn. 100 ff.; *Storg*, NWB 2004, Fach 3, S. 12999, 13008; *Lübbehausen/Schmidt*, DB 2004, 268, 269; *Sradj/Mertes*, DStR 2004, 201, 205.

695 Zu beachten ist aber, dass, soweit nur ein Teil der Angaben der § 5 Abs. 1 Satz 1 Nr. 1 Buchst. c oder f InvStG nicht nachgewiesen wird, nur die jeweils damit im Zusammenhang stehenden Begünstigungsnormen nicht angewandt werden und diese Erträge voll versteuert werden. Anders herum bedeutet dies, dass die jeweilige steuerentlastende Wirkung der entsprechenden Vorschrift in Anspruch genommen werden kann, soweit diesbezüglich die Besteuerungsgrundlagen angegeben worden sind. Dies ergibt sich aus der Einschränkung des "insoweit" in § 5 Abs. 1 Satz 2 InvStG, vgl. *Ramackers* in Littmann/Bitz/Pust, EStG, § 5 InvStG, Rn. 104; *Lübbehausen/Schmidt*, DB 2004, 268, 269.

vollständigen Nichterfüllung oder auch bei einer unvollständigen oder grob falschen Erfüllung der Bekanntmachungspflichten Anwendung finden soll.[696] Für die Beantwortung dieser Frage müssen der Sinn und Zweck des § 6 InvStG, der u.a. darin besteht, eine sachgerechte Besteuerung des Anlegers zu gewährleisten,[697] und der Grundsatz der Verhältnismäßigkeit herangezogen werden. Angesichts des nachteiligen Charakters der Pauschalbesteuerung des § 6 InvStG gebietet eine verhältnismäßige Anwendung, dass nicht vorschnell auf die § 6 InvStG innewohnende harsche Sanktion zurückgegriffen wird. Wenn es also auch in Fällen z.B. unvollständiger Bekanntmachung der Besteuerungsgrundlagen dennoch möglich ist, eine richtige Besteuerung herzustellen, u.a. dadurch, dass die zuständige Finanzbehörde des Anteilseigners bei der Investment-AG nachfragt, sollte auf eine Anwendung des § 6 InvStG verzichtet werden; denn in diesem Fall kann das Ziel des § 6 InvStG einer sachgerechten Besteuerung auch ohne die Pauschalsteuer erreicht werden. Demzufolge sollte § 6 InvStG nur in den Fällen anwendbar sein, in denen die Investment-AG die Bekanntmachungspflichten überhaupt nicht oder in einer für die Besteuerung völlig untauglichen Weise erfüllt.[698]

### III. Bemessungsgrundlage und Einkünftequalifikation der Pauschalsteuer

Bestandteil der Bemessungsgrundlage der Pauschalsteuer gem. § 6 InvStG sind grundsätzlich zunächst die vom Anleger empfangenen *Ausschüttungen* auf den jeweiligen Anteil an der Investment-AG. Unter Ausschüttungen sind dabei nicht etwa "ausgeschüttete Erträge" i.S.d. § 2 Abs. 1 Satz 1 i.V.m. § 1 Abs. 3 Satz 2 InvStG, sondern nach § 1 Abs. 3 Satz 1 InvStG die dem Anleger tatsächlich gezahlten oder gutgeschriebenen Beträge einschließlich der einbehaltenen Kapitalertragsteuer zu verstehen.[699] Im Gegensatz zu den ausgeschütteten Erträgen umfassen die nach § 6 InvStG zu besteuernden Ausschüttungen auch ausgeschüttete thesaurierte Erträge der Vorjahre und Kapitalrückzahlungen.[700] Dies führt dazu, dass Teile der in den Vorjahren thesaurierten und jetzt ausgeschütteten Erträge *doppelt besteuert* werden; das erste Mal in den Vorjahren im Rahmen einer Regelbesteuerung (als ausschüttungsgleiche Erträge) oder auch einer Pauschalbesteuerung nach § 6 InvStG (über den Mindest- oder Mehrbetrag)[701] und das zweite Mal über die Erfassung als "Ausschüttung" nach § 6 InvStG.[702]

Der in § 6 InvStG aufgeführte zweite Berechnungsfaktor, der Zwischengewinn, wird lediglich im Falle einer unterjährigen Veräußerung bzw. Erwerb des Anteils an

---

696 So auch *PriceWaterhouseCoopers*, Novellierung des Investmentrechts, S. 196; *Sradj/Mertes*, DStR 2004, 201, 205.

697 Vgl. Kapitel 4 B I.

698 I.E. auch *PriceWaterhouseCoopers*, Novellierung des Investmentrechts, S. 196.

699 Vgl. BMF-Schreiben v. 2.6.2005 zum InvStG, BStBl I 2005, 728, Rz. 124; *Ramackers*, in: Littmann/Bitz/Pust, EStG, § 6 InvStG, Rn. 16; *Wassermeyer*, DB 2003, 2085, 2089.

700 *Ramackers*, in: Littmann/Bitz/Pust, EStG, § 1 InvStG, Rn. 57.

701 Zu diesen Begriffen sogleich mehr.

702 So zum bisherigen § 18 AuslInvestmG, *Brinkhaus*, in: Brinkhaus/Scherer, KAGG/AuslInvestmG, § 18 AuslInvestmG, Rn. 48.

einer Investment-AG durch einen Anleger relevant und soll daher erst im Zusammenhang mit der Veräußerung bzw. Rückgabe eines Anteils an einer Investment-AG näher untersucht werden.[703]

Zusätzlich zur Ausschüttung sind *70% des sog. Mehrbetrages* als steuerpflichtig anzusetzen.[704] Der Mehrbetrag ergibt sich bei einer Investment-AG mit veränderlichem Kapital, die nach § 105 Abs. 2 Satz 1 InvG rückerwerbbare Aktien ausgibt, aus der Differenz zwischen dem letzten und dem ersten im Kalenderjahr festgelegten Rücknahmepreis der Aktien, der nach § 6 Satz 1 erster Hs. InvStG i.V.m. § 105 Abs. 3 Satz 1 InvG jeweils dem Inventarwert abzüglich eines in der Satzung festzusetzenden Abschlags für Transaktionskosten entspricht. Demgegenüber ermittelt sich der Mehrbetrag bei einer Investment-AG mit fixem Kapital, bei der die Anteile mangels Rückgaberecht der Aktionäre nur an der Börse gehandelt werden können,[705] gem. § 6 Satz 2 InvStG aus dem Unterschiedsbetrag zwischen dem ersten und dem letzten im jeweiligen Kalenderjahr gegebenen Börsenpreis.[706]

Sollte die Summe aus Ausschüttungen zuzüglich 70% des Mehrbetrages kleiner sein als *6% des letzten Rücknahmepreises bzw. des letzten Börsenpreises des zu besteuernden Kalenderjahres*, ist beim Investment-Aktionär letzterer als *sog. Mindestbetrag* zu versteuern, § 6 S. 1 letzter Hs., S.2 InvStG.[707] Anders gewendet bedeutet dies, dass Bemessungsgrundlage der Pauschalsteuer i.S.d. § 6 InvStG der jeweils höhere der folgenden Beträge ist: a) sämtliche Ausschüttungen im Kalenderjahr zuzüglich 70% des Mehrbetrages zwischen 1.1. und 31.12. *oder* b) 6% des Rücknahme- bzw. Börsenpreises (sog. Mindestbetrag) zum 31.12.[708]

Der hier vorgeschlagene Berechnungsweg, der die Mindestbetragsbesteuerung als eigenständige Alternative gegenüber der Summe aus Ausschüttungen und Mehrbetrag auffasst, wird jedoch nicht immer eingeschlagen. Andere wollen stattdessen, wenn der Mindestbetrag höher als die Summe aus Ausschüttungen und Mehrbetrag ist, die Ausschüttungen zuzüglich eines um die Ausschüttungen gekürzten Mindestbetrags ansetzen.[709] M.E. erscheint aber die erste Berechnungsmethode insoweit richtiger, da sie den letzten Hs. des § 6 S. 1 InvStG als Alternative zu dem gesamten Vorherigen interpretiert und sich dadurch an die Syntax des Gesetzes hält.[710] Wel-

---

[703] Siehe unten Kapitel 4 § 2 III 3 b).

[704] § 6 S. 1 InvStG. Im Rahmen der früheren Strafsteuerregelung des § 18 AuslInvestmG waren dagegen noch 90% des Mehrbetrags in die Bemessungsgrundlage einzubeziehen.

[705] Siehe oben Kapitel 1 Kapitel 1 § 3 C III 1.

[706] Unter dem Börsenpreis ist der an einer amtlich anerkannten Börse amtlich notierte oder im geregelten Markt festgestellte Preis zu verstehen; vgl. BMF-Schreiben v. 2.6.2005 zum InvStG, BStBl I 2005, 728, Rz. 129; *Ramackers*, in: Littmann/Bitz/Pust, EStG, § 6 InvStG, Rn. 21; *Brinkhaus*, in: Brinkhaus/Scherer, KAGG/AuslInvestmG, § 18 AuslInvestmG, Rn. 51.

[707] Unter Geltung des § 18 Abs. 3 AuslInvestmG waren noch 10% des letzten im Kalenderjahr festgesetzten Rücknahmepreises anzusetzen.

[708] Zu dieser Berechnungsweise, vgl. *Brinkhaus*, in: Brinkhaus/Scherer, KAGG/AuslInvestmG, § 18 AuslInvestmG, Rn. 47 u. 50; *Schmitt*, DStR 2002, 2193, 2194; *IDW*, Wpg 2003, 946, 957; *Lindemann*, FR 2003, 890, 902.

[709] BMF-Schreiben v. 2.6.2005 zum InvStG, BStBl I 2005, 728, Rz. 127; *Baur*, Investmentgesetze, § 18 AuslInvestmG, Rn. 34; *Beckmann/Scholtz*, Investment-Handbuch, 445, § 18 AuslInvestmG, Rn. 64.

[710] Vgl. auch *Brinkhaus*, in: Brinkhaus/Scherer, KAGG/AuslInvestmG, § 18 AuslInvestmG, Rn. 50.

che Methode angewandt wird, ist letztlich deswegen nicht so entscheidend, weil sie beide zur gleichen Bemessungsgrundlage führen.
Zu beachten ist allerdings, dass in dem Fall, in dem im Kalenderjahr ein Wechsel des Anlegers stattgefunden hat und der Mindestbetrag anzusetzen ist, auch die hier bevorzugte Berechnungsmethode den Mindestbetrag kürzt, jedoch nur um die Ausschüttungen des Kalenderjahres aus der Zeit vor Erwerb des Anteils. Somit hat dann der erste Anleger die Ausschüttungen zu versteuern, die er erhalten hat, und der Anteilserwerber den um die Ausschüttungen vor Erwerb gekürzten Mindestbetrag.[711] Nur auf diese Weise kann erreicht werden, dass die dem früheren Anleger zugeflossenen Ausschüttungsbeträge steuerlich nicht doppelt erfasst werden.[712]

Die nach § 6 InvStG zu ermittelnde Bemessungsgrundlage wird, unabhängig davon, ob die Beteiligung an der Investment-AG im Privat- oder im Betriebsvermögen gehalten wird, in der gleichen Weise auf jeden Investmentanleger angewandt. Obschon der Gesetzeswortlaut keine Aussage darüber trifft, welchen Einkunftsarten die nach § 6 InvStG anzusetzenden Beträge (Ausschüttungen, Mehrbetrag oder Mindestbetrag) zuzuordnen sind, ist davon auszugehen, dass die Erträge im Gleichklang mit § 2 Abs. 1 Satz 1 InvStG beim Privatanleger als Einkünfte aus Kapitalvermögen i.S.d. § 20 Abs. 1 Nr.1 EStG und beim betrieblichen Anleger als Betriebseinnahmen im Rahmen der jeweiligen Gewinneinkunftsart zu erfassen sind.[713] Dies erschließt sich daraus, dass § 6 InvStG im Falle der Nichterfüllung der Bekanntmachungspflichten des § 5 Abs. 1 InvStG ein Ersatztatbestand für die Regelbesteuerung des § 2 InvStG ist.[714] Aus einem Umkehrschluss aus § 5 Abs. 1 Satz 1 und Satz 2 InvStG, der die Anwendung des § 2 InvStG und damit auch der Steuerbegünstigungen des § 2 Abs. 2 und Abs. 3 InvStG von den Bekanntmachungspflichten abhängig macht, ergibt sich, dass im Rahmen der Strafbesteuerung die Erträge beim Anleger der *vollen Besteuerung* mit keinerlei Begünstigung unterliegen.[715]

**Berechnungsbeispiele für die pauschale Strafbesteuerung nach § 6 InvStG:**

| | |
|---|---|
| Rücknahmepreis am 1.1.2005: | 99 |
| Rücknahmepreis am 31.12.2005: | 100 |
| Mehrbetrag: | 1 |
| 70% des Mehrbetrags: | 0,7 |
| Mindestbetrag=6% des Rücknahmepreises vom 31.12.2005: | 6 |

[711] Dazu *Brinkhaus*, in: Brinkhaus/Scherer, KAGG/AuslInvestmG, § 18 AuslInvestmG, Rn. 50 und Fallbeispiel D.

[712] *Brinkhaus*, in: Brinkhaus/Scherer, KAGG/AuslInvestmG, § 18 AuslInvestmG, Rn. 50.

[713] Vgl. BMF-Schreiben v. 2.6.2005 zum InvStG, BStBl I 2005, 728, Rz. 130; *Ramackers*, in: Littmann/Bitz/Pust, EStG, § 6 InvStG Rn. 15.

[714] So schon zum früher geltenden § 18 Abs. 3 AuslInvestmG, *Beckmann/Scholtz*, Investment-Handbuch, 445, § 18 AuslInvestG, Rn. 79.

[715] *Ramackers*, in: Littmann/Bitz/Pust, EStG, § 6 InvStG, Rn. 30; BMF-Schreiben v. 2.6.2005 zum InvStG, BStBl I 2005, 728, Rz. 130.

| | | | Steuerpflichtig |
|---|---|---|---|
| Bsp. 1: Ausschüttung | 10 | | |
| zzgl. 70% des Mehrbetrags | 0,7 | | |
| Summe | 10,7 | > Mindestbetrag 6 | → 10,7 |
| Bsp. 2: Ausschüttung | 5 | | |
| zzgl. 70% des Mehrbetrages | 0,7 | | |
| Summe | 5,7 | < Mindestbetrag 6 | → 6 |

## IV. Verfassungsmäßigkeit des § 6 InvStG

Die konkrete Ausgestaltung der Pauschalbesteuerung, insbesondere die pauschale Mindestbetragsbesteuerung,[716] wurde bereits unter Geltung des § 18 Abs. 3 AuslInvestmG von einem großen Teil der Literatur wegen Verstoßes gegen Art. 3 Abs. 1 GG als verfassungswidrig erachtet.[717] Kritisiert wurde vor allem, dass eine Mindestbetragsbesteuerung in Höhe von 10% des letzten Rücknahmepreises des Jahres selbst in einem solchen Falle vorgesehen ist, in dem der Investmentanteil im zu besteuernden Kalenderjahr keinen Ertrag abgeworfen hat und der Wert des Investmentanteils im Laufe des Kalenderjahres gesunken ist.[718]

Obgleich der Gesetzgeber des InvStG im Hinblick auf diese Kritik die Mindestbetragsbesteuerung von 10% auf 6% herabgesenkt hat bei gleichzeitiger Ausdehnung der Anwendung auf inländische Investmentgesellschaften, hält der Gesetzgeber trotz der Abmilderung im Vergleich zur bisherigen Regelung immer noch an einer Mindestbetragsbesteuerung im Verlustfall fest. Dies führt dazu, dass die schon bisher bestehende Kritik an § 18 Abs. 3 AuslInvestmG in gleicher Weise bei § 6 InvStG Bedeutung erlangt.[719] Daher gilt es an dieser Stelle zu prüfen, inwieweit die Anknüpfung an eine

---

[716] Die Mehrbetragsbesteuerung wurde hingegen regelmäßig als verfassungsgemäß angesehen, vgl. *Plewka/Watrin*, DB 2001, 2264, 2266 mwN.

[717] *Hundertmark*, BB 1969, 1262, 1264; *Plewka/Watrin* DB 2001, 2264, 2267; *Brinkhaus*, in: Brinkhaus/Scherer, KAGG/AuslInvestmG, § 18 AuslInvestmG, Rn. 41 ff.; *Baur*, Investmentgesetze, § 18 AuslInvestmG, Rn. 30; *Schmitt*, DStR 2002, 2193, 2197 f.; *Rutkowsky*, NJW 1971, 1348, 1349; *Stotz*, Besteuerung von Wertpapier-Investmentfonds, S. 251; a.A. *Scholtz/Beckmann*, Investment, Band 2, 445 § 18 AuslInvestmG, Rn. 69 f.; FG Köln, Urt. v. 22.8.2001- 14 K 35/99 (rkr), EFG 2002, 144, 145 f. Einige Vertreter (u.a. *Plewka/Watrin*, DB 2001, 2264, 2267; *Baur*, Investmentgesetze, § 18 AuslInvestmG, Rn. 30) wollen zudem einen Verstoß gegen Art. 14 GG annehmen.

[718] U.a. *Baur*, Investmentgesetze, § 18 AuslInvestmG, Rn. 30; *Plewka/Watrin*, DB 2001, 2264, 2267.

[719] So auch *Sradj/Mertes*, DStR 2003, 1681, 1684; *Harenberg/Intemann*, in: Herrmann/Heuer/Raupach, EStG/KStG, § 6 InvStG, Anm. J 03-19; wohl auch *Ramackers*, in Littmann/Bitz/Pust, EStG, § 6 InvStG, Rn. 25. Auch die bisher bestehenden europarechtlichen Bedenken in Bezug auf § 18 Abs. 3 AuslInvestmG (vgl. u.a. FG Berlin, Urt. v. 8.2.2005 - 7 K 7396/02, IStR 2005, 342, 343 f.; *Plewka/Watrin*, DB 2001, 2264, 2267 f.; *Schmitt*, DStR 2002, 2193, 2198 f.; *Brinkhaus*, in: Brinkhaus/Scherer, KAGG/AuslInvestmG, § 18 AuslInvestmG, Rn. 45; a.A. FG Köln, Urt. v. 22.8.2001- 14 K 35/99 (rkr), EFG 2002, 144, 146 f.) im Hinblick auf intransparente ausländische Fonds bestehen trotz der Einbeziehung auch inländischer Fonds auch unter Geltung des § 6

pauschale Mindestbetragsbesteuerung in § 6 InvStG gegen den allgemeinen Gleichheitssatz des Art. 3 Abs. 1 GG verstößt.

### 1. Verstoß der Mindestbetragsbesteuerung in § 6 InvStG gegen den allgemeinen Gleichheitssatz des Art. 3 Abs. 1 GG in Gestalt des Leistungsfähigkeitsprinzips

Der allgemeine Gleichheitssatz des Art. 3 Abs. 1 GG ist dann verletzt, wenn *ungerechtfertigt wesentlich Gleiches ungleich*[720] *bzw. wesentlich Ungleiches gleich*[721] *behandelt wird.* Danach muss zunächst eine Ungleichbehandlung von wesentlich Gleichem bzw. eine Gleichbehandlung von wesentlich Ungleichem vorliegen. Besteht eine solche, führt diese zur Verfassungswidrigkeit, wenn sie nicht durch einen sachlichen Grund gerechtfertigt werden kann.[722] Dabei ist zu beachten, dass für den Bereich des Steuerrechts das *Leistungsfähigkeitsprinzip* Art. 3 Abs. 1 GG insoweit konkretisiert, als dass daraus abgeleitet wird, in welchen Fällen eine steuerliche Ungleichbehandlung von wesentlich Gleichem bzw. eine Gleichbehandlung von wesentlich Ungleichem gegeben ist:[723] Steuerpflichtige mit gleicher Leistungsfähigkeit, d.h. Bürger mit gleich hohem disponiblen Einkommen, müssen steuerlich gleich belastet werden, wohingegen Steuerpflichtige mit unterschiedlicher Leistungsfähigkeit, d.h. Bürger mit unterschiedlich hohem Einkommen, steuerlich unterschiedlich belastet werden müssen.[724]

Die Anwendung des § 6 InvStG führt dazu, dass die Mindestbetragsbesteuerung in Höhe von 6% des letzten Rücknahmepreises bzw. Börsen- oder Marktpreises (im Folgenden wird dafür einheitlich nur der Begriff des Rücknahmepreises verwendet) sowohl Investmentanteile, bei denen Erträge in Höhe von mindestens 6% des letzten Rücknahmepreises ausgeschüttet oder thesauriert werden, als auch Investmentanteile trifft, auf die Erträge in Höhe von weniger als 6% des Rücknahmepreises oder sogar gar keine Erträge entfallen (d.h. Verlustfall).[725] Daraus folgt, dass diejenigen Investmentanleger, denen Investmenterträge zugerechnet werden, daraus die pauschale Mindeststeuer zahlen können, während diejenigen, die geringe Erträge bzw. nichts erhalten

---

InvStG, da auch dieser Sonderpflichten für ausländische Fonds aufstellt, dazu *Eicker*, IStR 2005, 344, 346; *Carlé*, KÖSDL 2004, 13999, 14308 mwN.

720 BVerfG, Urt. v. 23.10.1951- 2 BvG 1/51, BVerfGE 1, 14, 52; BVerfG, Urt. v. 21.1.1970 -2 BvL 27/63, BVerfGE 27, 364, 371 f.; BVerfG, Beschl. v. 8.6.1988 - 2 BvL 9/85, BVerfGE 78, 249, 287; *Jarass*, in: Jarass/Pieroth, GG, Art. 3 Rn. 4.

721 BVerfG, Beschl. v. 15.7.1998 - 1 BvR 1554/89, 1 BvR 963/94, 1 BvR 964/94, BVerfGE 98, 365, 385; *Jarass*, in: Jarass/Pieroth, GG, Art. 3 Rn. 5.

722 Vgl. *Pieroth/Schlink*, Grundrechte, Rn. 430.

723 Vgl. die ausführliche Darstellung zum Leistungsfähigkeitsprinzip als Maßstab zur Feststellung einer Ungleichbehandlung, *Desens*, Das Halbeinkünfteverfahren, S. 346 ff.

724 BVerfG, Beschl. v. 29.5.1990 - 1 BvL 20/84, 1 BvL 26/84, 1 BvL 4/86, BVerfGE 82, 60, 89; *Jarass*, in: Jarass/Pieroth, GG, Art. 3, Rn. 47; *Osterloh*, in: Sachs, GG, Art. 3 Rn. 134; *Kannengießer*, in: Schmidt-Bleibtreu/Klein, GG, Art. 3 Rn. 32; *Gubelt* in: von Münch/Kunig, GG, Art. 3 Rn. 51; *Tipke*, Die Steuerrechtsordnung, Bd. I, S. 481; *Birk*, Steuerrecht, Rn. 155; *Desens*, Das Halbeinkünfteverfahren, S. 350; *Lang*, in: Tipke/Lang, Steuerrecht, § 4 Rn. 81.

725 Vgl. *Sradj/Mertes*, DStR 2003, 1681, 1684.

haben, die Strafsteuer (zumindest zum Teil) aus ihrer Substanz finanzieren müssen.[726] Darin liegt eine Durchbrechung des Leistungsfähigkeitsprinzips und damit ein Verstoß gegen den Gleichheitsgrundsatz des Art. 3 Abs. 1 GG, da weniger Leistungsfähige steuerlich genauso behandelt werden wie mehr Leistungsfähige, also wesentlich Ungleiches gleich behandelt wird.

## 2. Rechtfertigung des Verstoßes gegen Art. 3 Abs. 1 GG durch sachlichen Grund

Notwendige Voraussetzung für die Rechtfertigung des Gleichheitsverstoßes ist das *Vorliegen eines sachlichen Grundes.*[727] Der sachliche Grund für den Gleichheitsverstoß könnte darin zu sehen sein, dass die lückenlose Anknüpfung an den relativ einfach feststellbaren letzten Rücknahmepreis eine Vereinfachung der Anwendung des § 6 InvStG für die Finanzbehörden nach sich zieht. Gleichzeitig könnten aufgrund dieser Pauschalisierung etwaige steuerliche Manipulationen von vorneherein ausgeschlossen werden.[728] Andererseits kann die prinzipiell akzeptable Vereinfachung der Anwendungspraxis nur dann einen sachlichen Grund darstellen, wenn das typisierende Kriterium, an das angeknüpft wird (6% des letzten Rücknahmepreises), nicht *völlig untauglich bzw. willkürlich* erscheint. Andernfalls muss davon ausgegangen werden, dass die dem Steuergesetzgeber gewährte Typisierungsbefugnis[729] überschritten wäre.[730]

Das Kriterium ist als untauglich einzustufen, da aufgrund der Anknüpfung an den letzten Rücknahmepreis eine Besteuerung beim Anleger unabhängig von tatsächlichen Wertzuwächsen auf Ebene der Investmentgesellschaft vorgenommen wird.[731] Denn der letzte Rücknahmepreis eines Investmentanteils steht in keinerlei funktionalem Zusammenhang mit dem Ertrag einer Investmentgesellschaft.[732] Der Rücknahmepreis ist lediglich der Quotient aus der Summe des Investmentvermögens und der Anzahl der ausgegebenen Anteilsscheine zu einem bestimmten Zeitpunkt.[733] Die Untauglichkeit

---

[726] Ähnlich zum früheren § 18 AuslInvestmG, *Plewka/Watrin*, DB 2001, 2264, 2267; *Baur*, Investmentgesetze, § 18 AuslInvestmG, Rn. 30.

[727] Vgl. *Jarass*, in: Jarass/Pieroth, GG, Art. 3 Rn. 14. Das Vorliegen eines sachlichen Grundes bzw. eines Differenzierungsgrundes verlangt sowohl die sog. Willkürformel als auch die sog. Neue Formel, mit dem einzigen Unterschied, dass die Neue Formel erhöhte Anforderungen an den sachlichen Grund stellt. Ein Eingehen auf die Unterschiede erübrigt sich an dieser Stelle mangels Erheblichkeit für die Darstellung. Zu den Unterschieden der zwei Formeln, *Jarass*, in: Jarass/Pieroth, GG, Art. 3 Rn. 17 ff.; *Desens*, Das Halbeinkünfteverfahren, S. 361 ff.

[728] So zum früheren vergleichbaren § 18 AuslInvestmG, *Beckmann/Scholtz*, Investment-Handbuch, 445, § 18 AuslInvestmG, Rn. 70.

[729] Vgl. BVerfG, Urt. v. 20.12.1966 - 1 BvR 320/57, 1 BvR 70/63, BVerfGE 21, 12, 27 f.; BVerfG, Beschl. v. 26.10.1976 - 1 BvR 191/74, BVerfGE 43, 58, 71 f.; *Jarass*, in: Jarass/Pieroth, GG, Art. 3 Rn. 46.

[730] Vgl. *Plewka/Watrin*, DB 2001, 2264, 2267 mwN.

[731] Vgl. *Plewka/Watrin*, DB 2001, 2264, 2267.

[732] So zu § 18 AuslInvestmG, *Hundertmark*, BB 1969, 1262, 1264; *Plewka/Watrin*, DB 2001, 2264, 2267.

[733] Vgl. *Plewka/Watrin*, DB 2001, 2264, 2267.

des Kriteriums sieht man auch daran, dass 6% des letzten Rücknahmewertes selbst dann als ein bei den Anlegern zu besteuernder Ertrag fingiert wird, wenn die Investmentgesellschaft in einem Kalenderjahr keine oder nur geringe Erträge hatte.[734]

Nimmt man demzufolge eine Untauglichkeit der Anknüpfung an 6% des Rücknahmepreises an, ist ein sachlicher Grund, der den Verstoß gegen Art. 3 Abs. 1 GG rechtfertigen könnte, zu verneinen. Die pauschale Mindestbetragsbesteuerung § 6 InvStG ist damit wegen ungerechtfertigten Verstoßes gegen Art. 3 Abs. 1 GG als verfassungswidrig anzusehen.

Um die Verfassungswidrigkeit der Norm zu vermeiden, könnte der Gesetzgeber den § 6 InvStG dergestalt ergänzen, dass der Mindestansatz von 6% des letzten Rücknahmepreises in dem Fall ausgeschlossen ist, in dem die Investmentgesellschaft nachweislich einen Verlust erwirtschaftet hat.

## V. Zeitliche Erfassung

Hinsichtlich der zeitlichen Erfassung im Rahmen des § 6 InvStG ist zwischen den Ausschüttungen und dem Mehrbetrag bzw. Mindestbetrag zu differenzieren. Für die Erfassung der Ausschüttungen gelten die Grundsätze zur zeitlichen Zurechnung der ausgeschütteten Erträge entsprechend.[735] Demnach hat der bilanzierende betriebliche Anleger den Betrag der Ausschüttung zu dem Zeitpunkt in seiner Bilanz zu aktivieren, in dem der diesbezügliche Gewinnverwendungsbeschluss auf Ebene der Investment-AG gefasst worden ist.[736] Bei den übrigen Investment-Aktionären werden die Ausschüttungen im Zeitpunkt des Zuflusses gem. § 11 EStG, d.h. mit Gutschrift auf dem Konto, steuerlich erfasst.[737] Der anzusetzende Teil des Mehrbetrags bzw. der Mindestbetrag[738] gelten hingegen sowohl beim privaten als auch beim betrieblichen Anleger mit Ablauf des jeweiligen Kalenderjahres als ausgeschüttet und zugeflossen (§ 6 Satz 3 InvStG).[739] [740]

---

734 Vgl. dazu *Hundertmark*, BB 1969, 1262, 1264.

735 Vgl. *Brinkhaus*, in: Brinkhaus/Scherer, KAGG/AuslInvestmG, § 18 AuslInvestmG, Rn. 52.

736 Vgl. BMF-Schreiben v. 2.6.2005 zum InvStG, BStBl I 2005, 728, Rz. 131; *Ramackers*, in: Littmann/Bitz/Pust, EStG, § 6 InvStG, Rn. 35; siehe auch oben Kapitel 4 § 1 A III 2 b) aa) (1).

737 Vgl. BMF-Schreiben v. 2.6.2005 zum InvStG, BStBl I 2005, 728, Rz. 131; *Ramackers*, in: Littmann/Bitz/Pust, EStG, § 6 InvStG, Rn. 35; siehe auch oben Kapitel 4 § 1 A III 2 a) aa) (1) und b) aa) (1).

738 Auch wenn § 6 Satz 3 InvStG vom Wortlaut her lediglich den Zufluss des anteiligen Mehrbetrags regelt, ist einhellige Meinung, dass dadurch auch der Zufluss des Mindestbetrags normiert werden soll, vgl. BMF-Schreiben v. 2.6.2005 zum InvStG, BStBl I 2005, 728, Rz. 131; *Ramackers*, in: Littmann/Bitz/Pust, EStG, § 6 InvStG, Rn. 36.

739 Vgl. BMF-Schreiben v. 2.6.2005 zum InvStG, BStBl I 2005, 728, Rz. 131; *Ramackers*, in: Littmann/Bitz/Pust, EStG, § 6 InvStG, Rn. 36; zum früheren § 18 AuslInvestmG, *Beckmann/Scholtz*, Investment-Handbuch, 445, § 18 AuslInvestmG, Rn. 71; *Brinkhaus*, in: Brinkhaus/Scherer, KAGG/AuslInvestmG, § 18 AuslInvestmG, Rn. 52.

740 Auf die Möglichkeit der Bildung eines aktiven Ausgleichspostens in der Steuerbilanz bei bilanzierenden betrieblichen Anlegern in Höhe des Mehrbetrags bzw. des Mindestbetrags weisen das BMF-Schreiben v. 2.6.2005 zum InvStG, BStBl I 2005, 728, Rz. 130; *PriceWaterhouseCoopers*,

Sofern die Ausschüttung nicht zum Ende des Jahres hin vorgenommen wird, sind daher im Rahmen der Pauschalbesteuerung des § 6 InvStG zwei Zeitpunkte maßgebend, an denen steuerpflichtige Erträge entstehen können. Dies hat zur Konsequenz, dass bei einem Wechsel im Anteilsbesitz im Laufe eines Kalenderjahres die nach § 6 InvStG anzusetzenden Beträge verschiedenen Empfängern zuzurechnen sind: der Anteilsinhaber, welcher den Anteil an der Investment-AG am Kalenderjahresende hält, hat den Mehrbetrag bzw. den an die Stelle von Mehrbetrag und Ausschüttungen tretenden Mindestbetrag[741] zu versteuern, während beim Anteilsinhaber, der im Laufe des Kalenderjahres seinen Anteil veräußert bzw. an die Investment-AG zurückgegeben hat, die ihm selbst zugeflossenen Ausschüttungen sowie ggf. der Gewinn aus der Veräußerung des Anteils besteuert wird.[742]

### VI. Kapitalertragsteuerabzug

Den Kapitalertragsteuerabzug bei der Pauschalbesteuerung i.S.d. § 6 InvStG regelt § 7 Abs. 1 Satz 1 Nr. 2 i.V.m. § 7 Abs. 1 Satz 2 InvStG. Danach unterliegen die ungekürzten *Ausschüttungen* bei allen Anlegern einem *Zinsabschlag in Höhe von 30%* durch die auszahlende Stelle.[743] Der Begriff der Ausschüttungen in § 7 Abs. 1 Satz 1 Nr. 2 InvStG wird dabei ebenso wie im Rahmen des § 6 InvStG i.S.d. § 1 Abs. 3 Satz 1 InvStG, also als die dem Anleger tatsächlich gezahlten oder gutgeschriebenen Beträge, ausgelegt.[744] Aufgrund der Begrenzung auf die "Ausschüttungen" gehen in die Bemessungsgrundlage für den Zinsabschlag nicht der Anteil am Mehrbetrag bzw. der Mindestbetrag ein.[745] Diese Beträge sind bei den Anlegern einer Investment-AG daher erst bei der Veranlagung zu berücksichtigen.

## § 2 Veräußerung bzw. Rückgabe von Anteilen an der Investment-AG seitens der Anteilseigner

Nachdem bisher untersucht wurde, wie und in welchem Umfang die von der Investment-AG laufend erzielten Erträge bei den verschiedenen Anteilseignern besteuert werden, wird im Folgenden erörtert, welche steuerlichen Folgen die Veräußerung bzw. Rückgabe von Anteilen an der Investment-AG seitens der Anteilseigner auslösen. Im Rahmen dessen muss dabei – wie schon bei der laufenden Besteuerung der inländi-

---

Die Novellierung des Investmentrechts, S. 197; *Lindemann*, FR 2003, 890, 902 hin. Siehe zu der Bildung eines aktiven Ausgleichspostens auch oben Kapitel 4 § 1 A III 2 b) aa) (2).

741 Diesen allerdings abzüglich etwaiger Ausschüttungen an frühere Anteilsinhaber, siehe dazu oben Kapitel 4 § 1 B III.

742 *PriceWaterhouseCoopers*, Die Novellierung des Investmentrechts, S. 197; zum früheren § 18 AuslInvestmG *Brinkhaus*, in: Brinkhaus/Scherer, KAGG/AuslInvestmG, § 18 AuslInvestmG, Rn. 52; *Baur*, Investmentgesetze, § 18 AuslInvestmG, Rn. 36.

743 Bezüglich weiterer verfahrensrechtlicher Aspekte kann nach oben auf Kapitel 4 § 1 IV 2 a) verwiesen werden.

744 BMF-Schreiben v. 2.6.2005 zum InvStG, BStBl I 2005, 728, Rz. 138; *Ramackers*, in: Littmann/Bitz/Pust, EStG, § 6 InvStG, Rn. 16.

745 BMF-Schreiben v. 2.6.2005 zum InvStG, BStBl I 2005, 728, Rz. 138; *Ramackers*, in: Littmann/Bitz/Pust, EStG, § 6 InvStG, Rn. 16.

schen Investmenterträge – danach unterschieden werden, ob die Anteile im Privatvermögen oder im Betriebsvermögen gehalten werden.

## A. Anteile im Privatvermögen

Resultierend aus dem Dualismus der Einkunftsarten sowie der Konzeption der Quellentheorie, welcher Privatvermögen immer unterliegt, sind Veräußerungen von Gegenständen des Privatvermögens mit daraus erzielten Gewinnen im Grundsatz nicht steuerbar.[746] Dieser Grundsatz der Nichtsteuerbarkeit von privaten Veräußerungsgewinnen wird in § 23 EStG und § 17 EStG durchbrochen.[747] Demnach unterliegt u.a. ein Direktanleger, der einen Anteil an einer Aktiengesellschaft im Privatvermögen hält, der Besteuerung nach §§ 22 Nr. 2, 23 Abs. 1 S. 1 Nr. 2 i.V.m. § 3 Nr. 40 S. 1 Buchst. j) EStG, wenn er seine Beteiligung innerhalb von einem Jahr nach der Anschaffung veräußert und damit zugleich einen Gewinn realisiert. Der Tatbestand des § 17 EStG regelt die steuerliche Erfassung von Gewinnen aus der Veräußerung im Privatvermögen gehaltener Anteile an einer Kapitalgesellschaft (insb. AG und GmbH), wenn der Steuerpflichtige innerhalb der letzten fünf Jahre am Kapital der betreffenden Kapitalgesellschaft mit mindestens 1% beteiligt gewesen ist.[748]

§ 23 Abs. 2 S. 2 EStG enthält eine Konkurrenzregel zu § 17 EStG, nach welcher der Tatbestand des § 23 EStG dem § 17 EStG vorgeht, wenn Anteile an einer Kapitalgesellschaft innerhalb eines Jahres nach Anschaffung wieder veräußert werden. Demnach sind in den Fällen, in denen die Veräußerung innerhalb eines Jahres nach Anteilserwerb erfolgt, die Veräußerungsgewinne sowohl von Anteilseignern mit mehr als 1% als auch von Anteilseignern mit weniger als 1% an einer Kapitalgesellschaft steuerpflichtig, und zwar nach § 23 Abs. 1 Nr. 2 EStG. Erst nach Ablauf der Behaltensfrist von einem Jahr greift der Tatbestand des § 17 EStG.

In Frage steht, inwieweit die Veräußerung bzw. Rückgabe von im Privatvermögen gehaltenen Anteilen an der Investment-AG überhaupt steuerbar ist, insbesondere ob die bezüglich des Direktanlegers dargestellten Tatbestände des § 22 Nr. 2 i.V.m. § 23 EStG und § 17 EStG in gleicher Weise auf den privaten Investmentanleger Anwendung finden oder das InvStG insoweit einen spezielleren Tatbestand enthält. Des Weiteren muss gefragt werden, inwieweit die Regelungen des Halbeinkünfteverfahrens nach § 3 Nr. 40 EStG gelten.

### I. Anwendbarkeit von §§ 22 Nr. 2, 23 EStG und seine Voraussetzungen

Vor Einfügung des § 8 Abs. 5 InvStG durch das EURLUmsG vom 09.12.2004[749] enthielt das InvStG wie schon das frühere KAGG keine Spezialregelung hinsichtlich der Frage der Steuerpflicht der Veräußerung bzw. Rückgabe von Investmentanteilen durch Privatanleger. Die Vorschrift des § 8 InvStG in der Fassung bis zum EURLUmsG, welche als einzige im Zusammenhang mit der Besteuerung von Veräußerungen von

[746] *Birk*, Steuerrecht, Rn. 541; siehe schon oben Kapitel 4 § 1 A I 2.

[747] *Weber-Grellet*, in: Schmidt, EStG, § 17 Rn. 2; *Gosch*, in: Kirchhof, EStG, § 17 Rn. 1; *Birk*, Steuerrecht, Rn. 716.

[748] Vgl. § 17 Abs. 1 S. 1 EStG.

[749] BGBl. I 2004, 3310.

Investmentanteilen stand, regelte lediglich die Anwendung des Halbeinkünfteverfahrens bzw. des Beteiligungsprivilegs bei der Rückgabe oder Veräußerung von Investmentanteilen im Betriebsvermögen, ohne aber auf die Frage der grundsätzlichen Steuerpflicht des Veräußerungsvorgangs näher einzugehen. Mangels spezieller Regelung im InvStG wurde überwiegend angenommen, dass ein Rückgriff auf die allgemeinen Vorschriften des EStG und KStG zulässig und daher die Steuerpflicht von Veräußerungsvorgängen nach den allgemeinen Vorschriften zu prüfen war.[750] Begründet wurde dies u.a. damit, dass der Gesetzgeber offenbar selber bei der Normierung des § 8 InvStG bzw. des § 40a Abs. 2 KAGG von dem Eingreifen der allgemeinen Regeln hinsichtlich der Veräußerung von Investmentanteilen auszugehen schien, da diese Vorschriften eine mögliche Steuerpflicht der Veräußerung bzw. Rückgabe von Investmentanteilen nach den allgemeinen Vorschriften voraussetzten.[751] Demzufolge war schon vor Einfügung des § 8 Abs. 5 InvStG die Vorschrift des § 22 Nr. 2 i.V.m. § 23 Abs. 1 S. 1 Nr. 2 EStG bei der Veräußerung bzw. Rückgabe von im Privatvermögen gehaltenen Anteilen an der Investment-AG dem Grunde nach anwendbar.[752]

Durch Aufnahme des § 8 Abs. 5 Halbs. 1 InvStG in das InvStG durch das EURLUmsG stellt der Gesetzgeber nunmehr die Anwendbarkeit des § 23 Abs. 1 S. 1 Nr. 2 EStG auf die Veräußerung bzw. Rückgabe von im Privatvermögen gehaltenen Anteilen an der Investment-AG explizit klar. In Hinblick auf das Transparenzprinzip ist diese ausdrückliche Klarstellung zu begrüßen.

Nachdem die Anwendbarkeit des § 23 Abs. 1 S. 1 Nr. 2 EStG als solche feststeht, müssen für die Besteuerung zudem seine *Voraussetzungen* erfüllt sein. Zunächst muss es sich bei der Veräußerung bzw. Rückgabe von Anteilen an der Investment-AG also um ein Veräußerungsgeschäft bei anderen Wirtschaftsgütern, insbesondere Wertpapieren, handeln. Da die Anteile an der Investment-AG Aktien sind und damit gem. § 10 AktG Wertpapiercharakter besitzen,[753] ist der verlangte Veräußerungsgegenstand gegeben. Neben der Veräußerung der Anteile an der Investment-AG erfasst § 23 Abs. 1 S. 1 Nr. 2 EStG über seinen Wortlaut hinaus auch die Rückgabe der Anteile an die Investment-AG. Dies ergibt sich aus § 8 Abs. 5 Hs. 1 InvStG, der den Anwendungsbereich des § 23 Abs. 1 S. 1 Nr. 2 EStG ausdrücklich um die Rückgabe erweitert.[754]

---

750 *Witt/Tiede*, DStR 2004, 1021, 1021 f.; *Kayser/Steinmüller*, FR 2004, 137, 141; *Intemann*, in: Herrmann/Heuer/Raupach, EStG/KStG, § 8 InvStG, Anm. J 03-21; *Ebner*, DB 2004, 2495, 2498; a.A. hinsichtlich der vergleichbaren Rechtslage unter dem KAGG *Buciek*, DStZ 2001, 52, 53; *Meinhardt*, DStR 2003, 1234, 1235 unter Hinweis auf BFH, Urteil v. 11.10.2000, I R 99/96, BStBl II 2001, 22 und BFH, Urteil v. 27.3.2001, I R 120/98, BFH/NV 2001, 1539.

751 *Witt/Tiede*, DStR 2004, 1021, 1022; *Ebner*, DB 2004, 2495, 2498.

752 *Witt/Tiede*, DStR 2004, 1021, 1021 f.; *Kayser/Steinmüller*, FR 2004, 137, 141; *Intemann*, in: Herrmann/Heuer/Raupach, EStG/KStG, § 8 InvStG, Anm. J 03-21; *Ramackers*, in: Littmann/Bitz/Pust, EStG/KStG, § 8 InvStG, Rn. 5; *Köndgen/Schmies*, WM 2004, Sonderbeil. Nr. 1, S. 23; *Sradj/Mertes*, DStR 2004, 201, 206; *Carlé*, KÖSDL 2004, 14300, 14309; *Desens*, Das Halbeinkünfteverfahren, S. 252; *Storg*, NWB 2004, Fach 3, S. 12999, 13003; vgl. zur früheren Rechtslage unter dem KAGG *Lübbehausen*, in: Brinkhaus/Scherer, KAGG/AuslInvestmG, § 39 KAGG, Rn. 67; *Thorn/Otto/Geese*, Handbuch für die Besteuerung von Fondsvermögen, S. 57; *Schultze*, DStR 2003, 1475, 1475 f.; *Tibo*, DB 2000, 2291, 2292.

753 Vgl. *Hüffer*, AktG, § 10 Rn. 3; *Hueck/Canaris*, Recht der Wertpapiere, § 2 II 3. u. § 25 I.

754 Vgl. *Zeller*, Investmentfonds, S. 53.

Zudem spricht für eine Einbeziehung der Rückgabe, dass diese in wirtschaftlicher Hinsicht mit der Veräußerung der Anteile vergleichbar ist, da in beiden Fällen eine entgeltliche Übertragung der Anteile an einen anderen unter Realisierung der stillen Reserven stattfindet.[755] In zeitlicher Hinsicht erfordert der Tatbestand des § 23 Abs. 1 S. 1 Nr. 2 EStG, dass der Zeitraum zwischen Anschaffung und Veräußerung bzw. Rückgabe der Investmentanteile nicht mehr als ein Jahr beträgt.[756]

## II. Mangelnde Umsetzung des Transparenzprinzips

### 1. Nichtanwendbarkeit des Halbeinkünfteverfahrens

Sofern man eine steuerpflichtige Veräußerung von Anteilen an der Investment-AG durch einen Privatanleger gem. § 23 Abs. 1 S.1 Nr. 2 EStG bejaht, müsste an sich getreu der Systematik des EStG nach § 3 Nr. 40 S. 1 Buchst. j) EStG das Halbeinkünfteverfahren Anwendung finden, da eine Veräußerung von Anteilen an einer Kapitalgesellschaft gegeben ist und der Anleger gem. § 2 Abs. 1 S. 1 InvStG durch seine Beteiligung an der Investment-AG Einkünfte i.S.d. § 20 Abs. 1 Nr. 1 EStG vermittelt bekommt. Dem hälftigen Veräußerungspreis wären danach die hälftigen Anschaffungskosten und die hälftigen Veräußerungskosten (§ 3c Abs. 2 EStG) gegenüberzustellen.[757] Dies wurde in der Tat von Teilen der Literatur nach Inkrafttreten des InvStG zum 1.1.2004 wegen fehlender Spezialregelung im InvStG vertreten.[758] Dieser Ansicht wurde jedoch durch die Einfügung des § 8 Abs. 5 Hs. 2 InvStG durch das EURLUmsG der Boden entzogen, indem nunmehr ausdrücklich ein *Anwendungsverbot hinsichtlich des Halbeinkünfteverfahrens* normiert wurde, mit der Konsequenz, dass ein etwaiger Veräußerungsgewinn –abgesehen von der Freigrenze des § 23 Abs. 3 S. 6 EStG – in vollem Umfang der Besteuerung unterliegt.[759] Damit schließt sich der Gesetzgeber der bislang bestehenden Gegenansicht an, welche unter Berufung auf den Bericht des BT-Finanzausschusses zum InvStG[760] die Auffassung vertrat, dass der Gesetzgeber eine Fortwirkung des geltenden Rechts (§ 40a KAGG) bewirken wollte und

---

[755] *Witt/Tiede*, DStR 2004, 1021, 1023; *Zeller*, Investmentfonds, S. 53; a.A. (also gegen eine Einbeziehung der Rückgabe in den Tatbestand des § 23 EStG) unter Geltung des früheren KAGG, welches allerdings noch keine § 8 Abs. 5 Hs. 1 InvStG vergleichbare Vorschrift enthielt, *Lübbehausen*, in: Brinkhaus/Scherer, KAGG/AuslInvestmG, § 39 KAGG, Rn. 80; *Baur*, Investmentgesetze, Vor § 37a KAGG, Rn. 99; *Oho/Remmel*, BB 2002, 1449, 1456.

[756] Ohne dass § 8 Abs. 5 Hs. 1 InvStG ausdrücklich darauf hinweist, kann die Veräußerung bzw. Rückgabe der im Privatvermögen gehaltenen Anteile an der Investment-AG auch nach § 23 Abs. 1 S. 1 Nr. 3 EStG steuerpflichtig sein, wenn die Veräußerung der Anteile vor deren Erwerb erfolgt (Leerverkauf), vgl. BMF-Schreiben v. 2.6.2005 zum InvStG, BStBl I 2005, 728, Rz. 195.

[757] *Kube*, in: Kirchhof, EStG, § 23 Rn. 7.

[758] *Witt/Tiede*, DStR 2004, 1021, 1023 f.; *Intemann*, in: Herrmann/Heuer/Raupach, EStG/KStG, § 8 InvStG, Anm. J 03-21; *Ebner*, DB 2004, 2495, 2498; wohl auch *Carlé*, ErbStB 2005, 108, 110.

[759] Vgl. auch Gesetzesbegründung zum EURLUmsG, BT-Drucks. 15/3677, S: 49; BMF-Schreiben v. 2.6.2005 zum InvStG, BStBl I 2005, 728, Rz. 195.

[760] Vom 05.11.2003, BT-Drucks. 15/1944, S: 18.

daher in Anlehnung an § 40a Abs. 2 KAGG bei Veräußerung eines Investmentanteils durch einen Privatanleger die Anwendung des § 3 Nr. 40 EStG ausgeschlossen sei.[761]

Trotz der nunmehr eindeutigen Gesetzeslage stellt sich die Frage, inwieweit dieses Anwendungsverbot mit dem *Transparenzprinzip* vereinbar ist. Eine gravierende Ungleichbehandlung des Investmentanlegers gegenüber dem Direktanleger liegt im Falle einer Anlage in Kapitalgesellschaftsanteile vor.[762] Der Direktanleger wird hier, wenn er seinen Anteil an einer Kapitalgesellschaft innerhalb der Veräußerungsfrist des § 23 Abs. 1 S. 1 Nr. 2 EStG veräußert, durch die hälftige Steuerbefreiung des § 3 Nr. 40 S. 1 Buchst. j) EStG begünstigt. Demgegenüber muss der private Investmentanleger den Veräußerungsgewinn aus seiner Beteiligung an einer Investment-AG, welche nur in Aktien bzw. GmbH-Anteilen investiert, innerhalb der zeitlichen Grenze des § 23 Abs. 1 S. 1 Nr. 2 EStG nach § 8 Abs. 5 InvStG in vollem Umfang versteuern. Konzentriert sich die Anlage der Investment-AG als auch beim Direktanleger auf Gegenstände, welche beim Direktanleger im Rahmen einer Veräußerung nicht dem Halbeinkünfteverfahren unterliegen (z.B. reinen Rentenpapieren), liegt hingegen eine Gleichbehandlung vor; hier unterliegen sowohl der Direktanleger als auch der Investmentanleger, wenn dieser seine Beteiligung an der Investment-AG veräußert, der vollen Besteuerung. In der dritten denkbaren Konstellation, in der die Investment-AG in Anteile an Kapitalgesellschaften, aber gleichzeitig auch in andere Gegenstände ihre Gelder anlegt, wird im Falle der Veräußerung der Beteiligung an der Investment-AG durch den Privatanleger zumindest insoweit eine Schlechterstellung des Investmentanlegers hervorgerufen, als dass nur beim Direktanleger die Veräußerungserlöse, die auf Kapitalgesellschaftsbeteiligungen beruhen, wegen der Anwendung des Halbeinkünfteverfahrens begünstigt würden. Ein Verstoß gegen das Transparenzprinzip liegt also – nach Darstellung der drei möglichen Konstellationen – darin, dass beim Investmentanleger die Teile des Veräußerungserlöses, die auf Anteile an Kapitalgesellschaften beruhen, nicht vom Halbeinkünfteverfahren gem. § 3 Nr. 40 S. 1 Buchst. j) EStG erfasst werden.

Dieser Systembruch hätte vermieden werden können, wenn der Gesetzgeber die ursprüngliche Fassung des § 8 InvStG[763], welcher die Ermittlung eines hälftig steuerfreien Aktiengewinns auch für Privatanleger vorsah, im weiteren Gesetzgebungsverfahren des InvStG nicht dahingehend abgeändert hätte, dass § 8 InvStG nur auf betriebliche Anleger begrenzt bleibt.[764] Der Grund für die Abänderung war nach der Gesetzesbegründung Steuervereinfachung; insbesondere sollten Schwierigkeiten bei der Ermitt-

---

761 *Ramackers*, in: Littmann/Bitz/Pust, EStG/KStG, § 8 InvStG, Rn. 5; *Sradj/Mertes*, DStR 2004, 201, 206.

762 *Geißelmeier/Gemmel*, DStR 2005, 45, 48; *Harenberg/Intemann*, NWB 2005, Fach 3, 13529, 13541; *Intemann*, in: Herrmann/Heuer/Raupach, EStG/KStG, Anm. J 04-21 zum InvStG; *Zeller*, Investmentfonds, S. 54; *Ebner*, DB 2004, 2495, 2498; zur Vorgängervorschrift unter dem KAGG, *Lübbehausen*, in: Brinkhaus/Scherer, KAGG/AuslInvestmG, § 40a KAGG, Rn. 44; *Tibo*, DB 2000, 2291, 2292.

763 Vgl. Gesetzesbegründung zum Entwurf des InvStG, BT-Drucks. 15/1553, S. 127.

764 Vgl. *Zeller*, Investmentfonds, S. 54. Zu dem Konzept des Aktiengewinns noch eingehend unten beim betrieblichen Anleger, vgl. Kapitel 4 § 2 B I.

lung des Aktiengewinns im Zusammenhang mit Privatanlegern vermieden werden.[765] Der Gesetzgeber hat also im Ergebnis eine Steuervereinfachung um den Preis eines Verstoßes gegen das Transparenzprinzip vorgenommen.

Der in vollem Umfang nach § 23 Abs. 1 S. 1 Nr. 2, Abs. 3 S. 1 EStG steuerpflichtige Gewinn aus der Veräußerung bzw. Rückgabe der Beteiligung an der Investment-AG, der sich aus der Differenz zwischen den Anschaffungskosten und dem Veräußerungserlös ermittelt, ist in sinngemäßer Anwendung des § 23 Abs. 2 S. 1 EStG um die bereits beim Privatanleger versteuerten ausschüttungsgleichen Erträge i.S.d. § 1 Abs. 3 S. 3 InvStG, welche noch werterhöhend im Veräußerungspreis des Investmentanteils enthalten sind, zu kürzen.[766] Dadurch wird eine Doppelbesteuerung der von der Investment-AG erzielten Erträge verhindert.[767]

## 2. Nichtanwendbarkeit des § 17 EStG

Der Tatbestand des § 17 EStG ist gem. § 8 Abs. 5 Hs. 2 InvStG in der Fassung des EURLUmsG auf die Einnahmen aus der Veräußerung bzw. Rückgabe von Investmentanteilen des Privatvermögens nicht anzuwenden. Ohne dieses speziell geregelte Anwendungsverbot im InvStG wäre unter Rückgriff auf den Wortlaut der allgemeinen Regel des § 17 EStG jedenfalls bei Veräußerung bzw. Rückgabe der im Privatvermögen gehaltenen Beteiligung an der Investment-AG eine Steuerpflicht zu bejahen gewesen, vorausgesetzt, dass der Veräußerer innerhalb der letzten fünf Jahre zu mindestens 1% an der Investment-AG beteiligt gewesen und der Tatbestand des § 23 Abs. 1 S. 1 Nr. 2 EStG nicht einschlägig wäre (vgl. § 23 Abs. 2 S. 2 EStG).[768]

Die Nichtanwendbarkeit des § 17 EStG ist darin begründet, dass verhindert werden soll, dass einerseits die Veräußerung bzw. Rückgabe eines Anteils an der Investment-AG unter den Voraussetzungen des § 17 EStG steuerbar sein kann, während die Veräußerung bzw. Rückgabe von Anteilen an Sondervermögen angesichts fehlenden Kapitalgesellschaftscharakters des Sondervermögens den Tatbestand des § 17 EStG generell nicht erfüllen würde. Der Gesetzgeber kommt insofern seinem Anliegen nach, Investment-AG und Sondervermögen hinsichtlich der Besteuerung grundsätzlich gleich zu behandeln.[769]

Die Gleichbehandlung der Investmentaktiengesellschaft und des Sondervermögens hinsichtlich der Nichtanwendbarkeit des § 17 EStG fügt sich systemgerecht in das *Subsystem des InvStG* ein, welches in § 11 Abs. 1 InvStG sowohl die Ebene der In-

765 Vgl. Bericht des Finanzausschusses v. 5.11.2003, BT-Drucks. 15/1944, S. 18.

766 BMF-Schreiben v. 2.6.2005 zum InvStG, BStBl I 2005, 728, Rz. 195; *Kayser/Steinmüller*, FR 2004, 137, 141; *Zeller*, Investmentfonds, S. 54; *Witt/Tiede*, DStR 2004, 1021, 1023; *Lübbehausen*, in: Brinkhaus/Scherer, KAGG/AuslInvestmG, § 39 KAGG, Rn. 80; *Lohr/Graetz*, DB 1999, 1341, 1343.

767 *Kayser/Steinmüller*, FR 2004, 137, 141; *Witt/Tiede*, DStR 2004, 1021, 1023.

768 So *Witt/Tiede*, DStR 2004, 1021, 1023 u. *Zeller*, Investmentfonds, S. 54 bis zur Einfügung des § 8 Abs. 5 InvStG durch das EURLUmsG, da eine spezielle Regelung im InvStG zur Veräußerung des Investmentanteils fehlte.

769 Vgl. Gesetzesbegründung zum EURLUmsG, BT-Drucks. 15/3677, S. 49; *Fock*, BB 2006, 2371, 2375.

vestmentaktiengesellschaft als auch die des Sondervermögens von der Belastung mit der Körperschaftsteuer und der Gewerbesteuer befreit und dadurch eine steuerliche Gleichstellung bewirkt.[770] Zudem werden im Rahmen der laufenden Besteuerung der Investmenterträge bei den Anteilseignern der Investmentaktiengesellschaften einerseits und denjenigen der Sondervermögen andererseits identische Besteuerungsregeln angewandt (§§ 2 ff. InvStG).

Auf der anderen Seite führt die Nichtanwendbarkeit des § 17 EStG dazu, dass der private Investmentanleger, der zu mindestens 1% an einer Investment-Aktiengesellschaft beteiligt ist, gegenüber einem privaten Direktanleger, der eine mindestens 1%ige Beteiligung in den letzten 5 Jahren an einer Aktiengesellschaft gehalten hat, bei der Veräußerung der Beteiligung außerhalb der Einjahresfrist des § 23 Abs. 1 S. 1 Nr. 2 EStG besser gestellt wird. In diesem Fall erzielt der Investmentanleger einen steuerfreien Veräußerungsgewinn, während der Direktanleger der Besteuerung nach § 17 EStG i.V.m. § 3 Nr. 40 S. 1 Buchst. c) EStG unterliegt. So gesehen wäre dem potentiellen größeren Anleger, welcher ausschließlich vermögensrechtliche Interessen verfolgt, aus steuerlicher Perspektive zu raten, anstelle einer Direktanlage Aktien an einer bestimmten Aktiengesellschaft mittelbar über eine Beteiligung an einer Investment-AG zu beziehen, um im Falle der Veräußerung (außerhalb der Einjahresfrist) in den Genuss eines steuerfreien Veräußerungsgewinns zu kommen.

### III. Besteuerung des Zwischengewinns

Nachdem die Besteuerung des sog. Zwischengewinns, die durch das Steuermissbrauchsbekämpfungsgesetz vom 21.12.1993[771] Eingang in das KAGG und das AuslInvestmG gefunden hatte, zunächst durch das InvestmG[772] mit Wirkung zum 1.1.2004 vor allem aus Gründen der Vereinfachung des Investmentsteuerrechts abgeschafft worden war,[773] wurde die Zwischengewinnbesteuerung durch das EURLUmsG[774] zum 1.1.2005 wieder eingeführt.[775]

---

770 *Bacmeister*, IStR 2004, 176, 179; *Ramackers*, in: Littmann/Bitz/Pust, EStG, § 8 InvStG, Rn. 7.

771 BGBl. I 1993, 2310 ff.

772 Gesetz zur Modernisierung des Investmentwesens und zur Besteuerung von Investmentvermögen v. 15.12.2003, BGBl I 2003, 2676.

773 Gesetzesbegründung zum InvestmG, BT-Drucks. 15/1553, S. 121.

774 Vom 9.12.2004, BGBl. I 2004, 3310, 3325.

775 Dies stellt § 18 Abs. 3 InvStG klar, nach dem die Regelungen über den Zwischengewinn erstmals auf Rückgaben, Veräußerungen oder Erwerbe von Fondsanteilen anzuwenden sind, die nach dem 31.12.2004 stattfinden. Des weiteren bestimmt das BMF über den Gesetzeswortlaut des § 18 Abs. 3 InvStG hinaus, dass der Zwischengewinn per 1.1.2005 bei allen Investmentvermögen, also auch bei solchen mit einem vom Kalenderjahr abweichenden Geschäftsjahr, mit Null anzusetzen ist, so dass nur Erträge anzusetzen sind, die nach dem 31.12.2004 anfallen, vgl. BMF-Schreiben v. 2.6.2005 zum InvStG, BStBl I 2005, 728, Rz. 284.

## 1. Zielsetzung der Zwischengewinnbesteuerung: Gleichbehandlung von Investmentanleger und Direktanleger

Ein Grund für die Wiedereinführung der Zwischengewinnbesteuerung, der ebenso ausschlaggebend für die ursprüngliche Einführung dieser Besteuerung war, ist die *Gleichstellung des Investmentanlegers mit dem Direktanleger hinsichtlich der Besteuerung von Zinseinnahmen.*[776] Denn ohne eine Zwischengewinnbesteuerung könnte der private Investmentanleger durch eine Veräußerung seiner Investmentbeteiligung nach Ablauf der Einjahresfrist des § 23 Abs. 1 S. 1 Nr. 2 EStG und vor Zurechnung der Investmenterträge zu einem Geschäftsjahresende (bei Thesaurierung) bzw. Ausschüttungsbeschluss (bei Ausschüttung) die im Jahresverlauf aufgelaufenen, aber noch nicht zugerechneten Zinserträge als Bestandteil des Veräußerungs- bzw. Rücknahmeerlöses steuerfrei vereinnahmen.[777] Demgegenüber muss der Direktanleger von zinsträchtigen Wertpapieren bei Veräußerung die mitvergüteten auf den Zeitraum bis zur Veräußerung entfallenden Zinsen des laufenden Zinszahlungszeitraums (sog. Stückzinsen, § 20 Abs. 2 Nr. 3 EStG) bzw. den Kapitalertrag (§ 20 Abs. 2 Nr. 4 EStG) versteuern.[778] Die daraus resultierende steuerliche Besserstellung des Anlegers eines Investmentvermögens, welches in Zinsinstrumente investiert, gegenüber einer Direktanlage in zinstragende Wertpapiere zeigt sich besonders gravierend in dem Fall des sog. *"Zinsenstrippings"*, in welchem ein Privatanleger aus bewußten Steuergestaltungsgründen einen Anteil an einer Investment-AG bzw. Investmentvermögen unmittelbar nach Beginn eines Geschäftsjahres bzw. unmittelbar nach Ausschüttungsbeschluss erwirbt und seinen Anteil kurz vor Ende des übernächsten Geschäftsjahres bzw. unmittelbar vor dem übernächsten Ausschüttungsbeschluss veräußert. Hier vermeidet der Steuerpflichtige die Veräußerungsgewinnbesteuerung des § 23 Abs. 1 S. 1 Nr. 2 EStG und erhält gleichzeitig den Steuervorteil, die Zinserträge des gesamten zweiten Jahres steuerfrei zu vereinnahmen.[779]

---

776 Gesetzesbegründung zum EURLUmsG, BT-Drucks. 15/3677, S. 48; siehe schon Gesetzesbegründung zum Missbrauchsbekämpfungs- und Steuerbereinigungsgesetz - StMBG, BT-Drucks. 12/5630, S. 77. – Ein weiterer Grund für die Wiedereinführung des Zwischengewinns ist, dass eine Besteuerung der Gewinne aus der Veräußerung von Kapitalanlagen im Rahmen eines allgemeinen Besteuerungstatbestandes (Abgeltungssteuer), die der Gesetzgeber ursprünglich vorhatte einzuführen und von welcher auch die Investmentanteile betroffen gewesen wären, so dass eine Besteuerung des Zwischengewinns obsolet geworden wäre, in naher Zukunft nicht realisiert wird, vgl. Gesetzesbegründung zum EURLUmsG, BT-Drucks. 15/3677, S. 48. Gegen eine Wiedereinführung des Zwischengewinns hatte sich allerdings der Bundesrat im Laufe des Gesetzgebungsverfahrens gewandt und dies mit der zu erwartenden Steuermehrbelastung und dem Vertrauensverlust der Anleger sowie dem Postulat der Rechtskontinuität und den Nachteilen für den Finanzplatz Deutschland begründete, vgl. Stellungnahme des Bundesrats, BT-Drucks. 15/3789, S. 3.

777 Vgl. *Ebner*, DB 2004, 2495, 2495; *Häuselmann/Ludemann*, FR 2005, 415, 417; *Kempf/Lauterfeld*, BB 2005, 631, 631; *Lübbehausen*, in: Brinkhaus/Scherer, KAGG/AuslInvestmG, § 39 KAGG, Rn. 75; *Baur*, Investmentgesetze, § 39 KAGG, Rn. 53.

778 Vgl. *Weber-Grellet*, in: Schmidt, EStG, § 20 Rn. 177; *Ebner*, DB 2004, 2495, 2495; *ders.*, StuB 2005, 870, 870; *Lübbehausen*, in: Brinkhaus/Scherer, KAGG/AuslInvestmG, § 39 KAGG, Rn. 75; *Scheurle*, DStZ 1995, 646, 646.

779 *Ebner*, DB 2004, 2495, 2495; *Wengenroth/Maier*, EStB 2005, 110, 111.

Beispiel:[780] A erwirbt am 2.1.2004 10.000 Anteile an einer Geldmarkt-Investment-AG, welche ihre Erträge immer zum Jahresende thesauriert.

| | |
|---|---|
| Anschaffungspreis: | 90 € je Anteil |
| Thesaurierung zum 31.12.2004 | 2 € je Anteil |
| Thesaurierung zum 31.12.2005 | 2 € je Anteil |

A veräußert die Anteile am 20.12.2005 für 93 € je Anteil.

Im Jahr 2004 muss A steuerpflichtige Zinseinnahmen (§ 1 Abs. 3 S. 3 i.V.m. § 2 Abs. 1 S. 1 InvStG) in Höhe von je 2 € je Anteil, also 2 x 10.000 Anteile = 20.000 €, versteuern.
Im Jahre 2005 werden A keine Zinseinnahmen zugerechnet, da die Veräußerung der Anteile vor dem Jahresende erfolgt. Ein privates Veräußerungsgeschäft nach § 23 Abs. 1 S. 1 Nr. 2 EStG liegt nicht vor, da die Haltedauer vom 2.1.2004 bis 20.12.2005 mehr als ein Jahr beträgt. Der Veräußerungsgewinn in Höhe von 3 € je Anteil bleibt demnach steuerfrei.

Der Beseitigung der dargestellten Steuervorteile des Investmentanlegers dient die nun wiedereingeführte Zwischengewinnbesteuerung, indem sie die im Veräußerungs- bzw. Rückgabepreis des Investmentanteils enthaltenen Entgelte für – seit dem letzten Ausschüttungstermin bzw. Geschäftsjahresende angesammelten und bisher noch beim Anleger unversteuerten – Zinsen und Zinsansprüche als "Zwischengewinn" steuerpflichtig stellt.[781]

Spiegelbildlich zu der Steuerpflicht beim Veräußerer kann der Erwerber des Anteils an der Investment-AG – vergleichbar dem Direktanleger – den mit dem Veräußerungspreis gezahlten Zwischengewinn als negative Einnahme steuermindernd berücksichtigen.[782] Damit wird erreicht, dass der Erwerber, welchem im Jahr der Anschaffung die gesamten in den Investmenterträgen enthaltenen Zinsen wegen des Haltens des Anteils am Ausschüttungstag bzw. Geschäftsjahresende zugerechnet werden, tatsächlich nur die Zinsanteile versteuern muss, die während seiner anteiligen Besitzzeit angefallen sind.[783]

---

780 Angelehnt an *Storg*, NWB 2004, Fach 3, S. 12999, 13000. Weitere Gestaltungsmöglichkeiten bei fehlender Zwischengewinnbesteuerung zeigt *Hilbertz*, NWB 2004, Fach 3, S. 12935 auf.

781 *Kempf/Lauterfeld*, BB 2005, 631, 631; *Wengenroth/Maier*, EStB 2005, 110, 111; vgl. schon hier die Definition des Zwischengewinns in § 1 Abs. 4 InvStG.

782 BMF-Schreiben zum InvStG v. 2.6.2005, BStBl I 2005, 728, Rz. 21; *Kempf/Lauterfeld*, BB 2005, 631, 631; *Lübbehausen*, in: Brinkhaus/Scherer, KAGG/AuslInvestmG, § 39 KAGG, Rn. 93; *Philipowski*, DStR 1994, 1593, 1593; vgl. zum Direktanleger *Harenberg*, in: Herrmann/Heuer/Raupach, EStG/KStG, § 20 EStG, Anm. 1071; *Weber-Grellet*, in: Schmidt, EStG, § 20 Rn. 178.

783 *Kempf/Lauterfeld*, BB 2005, 631, 631 sehen darin eine stärkere Verwirklichung des aus Art. 3 Abs. 1 GG abgeleiteten Grundsatzes der Besteuerung nach der wirtschaftlichen Leistungsfähigkeit.

## 2. Steuerpflichtiger Umfang und Ermittlung des Zwischengewinns sowie Einkünftequalifikation – Keine vollständige Umsetzung des Transparenzprinzips?

Wie bereits angedeutet, ist das Ausmaß der Zwischengewinnbesteuerung begrenzt. Den konkreten Umfang des steuerpflichtigen Zwischengewinns bestimmt § 1 Abs. 4 (Nr. 1) InvStG. Danach umfaßt der Zwischengewinn das (im Veräußerungs- bzw. Rücknahmepreis) enthaltene Entgelt für die dem Anleger noch nicht zugeflossenen oder als zugeflossen geltenden Einnahmen der Investment-AG i.S.d. § 20 Abs. 1 Nr. 7 und Abs. 2 (mit Ausnahme der Nummer 2 Buchst. a) EStG, also u.a. Zinsen aus Bankguthaben, aus der Einlösung oder Veräußerung von Wandelanleihen und Erträge der Investment-AG aus der Einlösung oder Veräußerung von Zinskupons und Zero-Bonds,[784] sowie die Ansprüche der Investment-AG auf derartige Einnahmen.[785] Mithin ist die Zwischengewinnbesteuerung auf Kapitaleinkünfte mit Zinscharakter beschränkt, welche aufgrund mangelnden Zuflusses (bei Ausschüttung) bzw. fiktiven Zuflusses (bei Thesaurierung der Erträge) bisher noch nicht steuerpflichtig waren.[786]

Nicht von der Zwischengewinnbesteuerung erfasst werden demzufolge z.B. im Anteilswert enthaltene und mangels Ausschüttung oder Thesaurierung (seitens der Investment-AG) noch unversteuerte Dividenden sowie sonstige Erträge.[787] Letztere im Anteilswert enthaltene Einnahmen kann also der private Anteilseigner, wenn die Einjahresfrist des § 23 Abs. 1 Nr. 2 EStG abgelaufen ist, steuerfrei vereinnahmen, wohingegen der Direktanleger, bei dem diese Erträge nicht bei einer zwischengeschaltenen Investment-AG bis zur Ausschüttung bzw. Thesaurierung "gespeichert" werden, steuerpflichtige Einnahmen erzielt. Insoweit ist also in Bezug auf bestimmte "Zwischengewinne" das Transparenzprinzip nicht verwirklicht worden.[788] Die im InvStG festgelegte Zwischengewinnbesteuerung stellt folglich nur eine teilweise Umsetzung des Transparenzprinzips, und zwar hinsichtlich der Besteuerung von Zinseinnahmen, dar.

---

784 Genaueres zum Umfang des § 20 Abs. 1 Nr. 7 EStG und zu § 20 Abs. 2 Nr. 2b-4d EStG bei *Lübbehausen*, in: Brinkhaus/Scherer, KAGG/AuslInvestmG, § 38b Rn. 26 ff. u. § 38b Rn. 62 ff. KAGG.

785 Die weiteren Regelungen zum Zwischengewinn in § 1 Abs. 4 InvStG (§ 1 Abs. 4 Nr. 2 -4 InvStG) beziehen sich auf die Vereinnahmung von Zwischengewinnen bei Dachfondskonstellationen. Da die Dachfondskonstellationen jedoch aus dem Untersuchungsgegenstand ausgeklammert wurden, werden auch die in diesem Bereich relevanten Regelungen zur Zwischengewinnbesteuerung nicht näher erörtert.

786 Vgl. *Kempf/Lauterfeld*, BB 2005, 631, 632; *Wengenroth/Maier*, EStB 2005, 110, 111.

787 Damit sind insbesondere Erträge solcher Art gemeint, die seit dem letzten Ausschüttungstag bzw. Geschäftsjahresende auf Seiten der Investment-AG bis zum Zeitpunkt der Veräußerung bzw. Rückgabe des Anteils durch den Anleger erzielt wurden, vgl. *Kempf/Lauterfeld*, BB 2005, 631, 633. Zur früheren Zwischengewinnbesteuerung unter dem KAGG, die der aktuellen weitestgehend gleicht (früher gehörten allerdings noch Einnahmen aus Termingeschäften i.S.d. § 23 Abs. 1 Nr. 4 EStG zum steuerpflichtigen Zwischengewinn), *Lübbehausen*, in: Brinkhaus/Scherer, KAGG/AuslInvestmG, § 39 KAGG, Rn. 86; *Scheurle*, DStZ 1995, 646, 647.

788 Ähnlich *Scheurle*, DStZ 1995, 646, 647 unter Geltung des KAGG.

Die *Ermittlung* des steuerpflichtigen Zwischengewinns richtet sich angesichts fehlender Spezialregelung zur Ermittlung des Zwischengewinns nach § 3 InvStG.[789] Der Zwischengewinn wird damit gem. § 3 Abs. 1 InvStG i.V.m. § 2 Abs. 2 Nr. 2 EStG anhand eines Überschusses der Zinseinnahmen und angewachsenen Ansprüche der Investment-AG über die Werbungskosten berechnet. Die den Zinseinnahmen direkt zuzuordnenden Werbungskosten (z.B. Finanzierungsaufwendungen) sind in vollem Umfang abzugsfähig,[790] während von den in einem zweiten Schritt abzuziehenden Allgemeinkosten gem. § 3 Abs. 3 Nr. 2 InvStG 10% nicht abzugsfähig sind.[791] Ergibt sich bei dieser Ermittlung aufgrund eines Werbungskostenüberschusses ein negativer Betrag, sind nach dem Abzugsverbot des § 3 Abs. 4 S. 1 InvStG, welches aus Gründen einer steuerlichen Gleichbehandlung der Anleger sowie einer systematisch gleichlaufenden Verfahrensweise nicht nur auf die Ermittlung sonstiger laufender Erträge, sondern auch auf die Ermittlung des Zwischengewinns[792] anzuwenden ist, die Werbungskosten nur bis zur Höhe der Zinseinnahmen mit diesen zu verrechnen.[793] Daraus folgt, dass der Zwischengewinn höchstens mit Null ausgewiesen werden, niemals aber ein negativer Zwischengewinn entstehen kann.[794] Die nicht ausgeglichenen Werbungskosten sind auf Ebene der Investment-AG gem. § 3 Abs. 4 S. 2 InvStG vorzutragen und mit künftigen Zinseinnahmen zu verrechnen, mit der Konsequenz, dass letztlich der Erwerber von Verlusten profitiert, die zu Zeiten erwirtschaftet wurden, als der Veräußerer die Anteile inne hatte.[795]

Überwiegen die Zinseinnahmen die Werbungskosten und entsteht damit ein positiver steuerpflichtiger Zwischengewinn i.S.d. § 1 Abs. 4 Nr. 1 InvStG, gehört dieser ebenso wie alle ausgeschütteten und ausschüttungsgleichen Erträge gem. § 2 Abs. 1 S. 1 InvStG bei dem Privatanleger, der seinen Anteil an der Investment-AG veräußert, zu den Einkünften aus Kapitalvermögen i.S.d. § 20 Abs. 1 Nr. 1 EStG. Diese Zuordnung ist im Subsystem des InvStG folgerichtig, da Bestandteil des Zwischengewinns laufende Zinseinnahmen sind, die bei einer späteren Ausschüttung bzw. Thesaurierung nach § 2 Abs. 1 S. 1 InvStG ebenfalls als Einkünfte aus Kapitalvermögen i.S.d. § 20 Abs. 1 Nr. 1 EStG zu qualifizieren wären. Korrespondierend dazu hat der Erwerber den mit dem Veräußerungspreis gezahlten positiven Zwischengewinn als negative

---

789 *Kempf/Lauterfeld*, BB 2005, 631, 633; wohl auch *Wengenroth/Maier*, EStB 2005, 110, 111; BMF-Schreiben v. 2.6.2005 zum InvStG, BStBl I 2005, 728, Rz. 23.

790 Vgl. schon oben Kapitel 4 § 1 A III 1 b) aa) (1).

791 *Kempf/Lauterfeld*, BB 2005, 631, 633; *Wengenroth/Maier*, EStB 2005, 110, 111.

792 Dieser umfasst letztlich laufende Zinserträge.

793 *Ebner*, DB 2004, 2495, 2496; *Kempf/Lauterfeld*, BB 2005, 631, 634.

794 Vgl. BMF-Schreiben v. 2.6.2005 zum InvStG, BStBl I 2005, 728, Rz. 21. Unter Geltung des KAGG war die Entstehung eines negativen Zwischengewinns hingegen möglich. Dieser war vom Veräußerer als negative Einnahme steuermindernd zu berücksichtigen. Der Erwerber musste den negativen Zwischengewinn im Erwerbsjahr als Einnahmen versteuern, vgl. *Lübbehausen*, in: Brinkhaus/Scherer, KAGG/AuslInvestmG, § 39 KAGG, Rn. 92; *Thorn/Otto/Geese*, Handbuch für die Besteuerung von Fondsvermögen, S. 73.

795 Zu dem daraus folgenden Verstoß gegen Art. 3 Abs. 1 GG, schon oben Kapitel 4 § 1 A III 1 c) bb).

Einnahme aus Kapitalvermögen zu berücksichtigen.[796] Dadurch, dass der Zwischengewinn Teil des Veräußerungserlöses oder Rückgabepreises bzw. der Anschaffungskosten ist, ist dieser in zeitlicher Hinsicht zum Zeitpunkt der Veräußerung/Rückgabe bzw. Anschaffung zu erfassen.[797]

Beispiel: Privatanleger A erwirbt am 1.5.2005 einen Anteil an einer Investment-AG zu 90 € und veräußert diesen am 1.10.2007 zu 100 €. Die Investment-AG ist eine thesaurierende AG, deren Geschäftsjahr dem Kalenderjahr entspricht. Bei Anschaffung und Veräußerung beläuft sich der Zwischengewinn auf jeweils 3 €. A kann im VZ 2005 negative Einnahmen aus Kapitalvermögen in Höhe von 3 € geltend machen. Im VZ 2007 muss A 3 € als Zwischengewinn gem. §§ 2 Abs. 1 S. 1, 1 Abs. 4 Nr. 1 InvStG versteuern.

### 3. Pauschale Strafbesteuerung im Zusammenhang mit dem Zwischengewinn bei Verletzung von Ermittlungs- und Veröffentlichungspflichten

Die bisherigen Darstellungen bezüglich des steuerpflichtigen Umfangs und der Ermittlung des Zwischengewinns gelten nur dann, wenn die Investment-AG gem. § 5 Abs. 3 S. 1 InvStG den Zwischengewinn bewertungstäglich ermittelt und zusammen mit dem *Rücknahmepreis* veröffentlicht. Fraglich ist allerdings, was das InvStG mit der *"Veröffentlichung des Rücknahmepreises"* bei der Investment-AG meint. Nach Auffassung der Finanzverwaltung soll insoweit auf die aufsichtsrechtlichen Vorgaben des InvG zurückgegriffen werden.[798] Das InvG sieht jedoch eine Veröffentlichung des Rücknahmepreises in § 36 Abs. 6 S. 2 lediglich für Sondervermögen vor. Für Investment-Aktiengesellschaften wird an Stelle dessen die Veröffentlichung eines *Inventarwertes* in dem für alle Arten von Investment-Aktiengesellschaften geltenden § 103 Abs. 3 InvG normiert, was vermutlich darauf zurückzuführen ist, dass zumindest bei Investment-Aktiengesellschaften mit fixem Kapital eine Rücknahme der Aktien durch die Investment-AG ausgeschlossen und damit auch die Veröffentlichung eines Rücknahmepreises sinnlos ist. Daraus folgt, dass der in § 5 Abs. 3 S. 1 InvStG enthaltende Passus "Veröffentlichung des Rücknahmepreises" in Bezug auf Investment-AG unpräzise ist und ins Leere führt.

Damit besteht eine Regelungslücke: Es ist nämlich nicht klar, zu welchem Zeitpunkt und zu welchem Ort der Zwischengewinn zu veröffentlichen ist, da ja nicht an den zeitlichen Turnus sowie den Ort der Veröffentlichung des Rücknahmepreises i.S.d. § 36 Abs. 6 S. 2 InvG anknüpfen werden kann. Diese Lücke kann m.E. jedoch geschlossen werden, wenn hinsichtlich der Veröffentlichung des Zwischengewinns bei der Investment-AG an Stelle des Rücknahmepreises an die Veröffentlichung des Inventarwertes angeknüpft wird. Letzterer ist gem. § 103 Abs. 3 InvG unverzüglich nach einer mindestens wöchentlichen Ermittlung im elektronischen Bundesanzeiger sowie darüber hinaus in den im Verkaufsprospekt genannten elektronischen Informationsmedien oder einer hinreichend verbreiteten Wirtschafts- oder Tageszeitung zu veröffent-

---

[796] Vgl. BMF-Schreiben v. 2.6.2005 zum InvStG, BStBl I 2005, 728, Rz. 21 und schon oben Kapitel 4 § 2 A III 1.

[797] § 2 Abs. 1 S. 5 InvStG.

[798] Vgl. BMF-Schreiben v. 2.6.2005 zum InvStG, BStBl I 2005, 728, Rz. 120.

lichen. Im Zusammenhang mit der Veröffentlichung des Inventarwerts muss dann auch der Zwischengewinn aufgeführt werden.

### *a) Pauschalbesteuerung gem. § 5 Abs. 3 S. 2 InvStG*

Erfüllt die Investment-AG die Ermittlungs- und Veröffentlichungspflichten des § 5 Abs. 3 S. 1 InvStG nicht, findet keine reguläre Besteuerung des Zwischengewinns (§ 1 Abs. 4 Nr. 1 i.V.m. § 2 Abs. 1 InvStG) beim Anleger statt. Die Pflichtverletzung führt vielmehr dazu, dass beim veräußernden Anleger pauschaliert 6% des Entgelts für die Rückgabe oder Veräußerung des Anteils an der Investment-AG als Zwischengewinn anzusetzen sind (sog. *Ersatzwert* nach § 5 Abs. 3 S. 2 InvStG). Von der Struktur her ist die Pauschalierung des Zwischengewinns nach § 5 Abs. 3 S. 2 InvStG mit der Regelung in § 5 Abs. 1 S. 2 InvStG[799] vergleichbar, da in beiden Fällen der Verstoß gegen bestimmte Nachweispflichten keine vollumfängliche Pauschalbesteuerung nach § 6 InvStG hervorruft, sondern die "Strafwirkung" auf die nicht konkret nachgewiesenen Besteuerungsgrundlagen reduziert ist.[800]

In der pauschalierten Erfassung von 6% des Entgelts für die Veräußerung bzw. Rückgabe des Investmentanteils ist – wie bei der Pauschalbesteuerung nach § 6 InvStG – ein Verstoß gegen das aus Art. 3 Abs. 1 GG abzuleitende Prinzip der Besteuerung nach der wirtschaftlichen Leistungsfähigkeit zu sehen, da ungerechtfertigterweise von der Regelung sowohl Anleger, bei denen ein Zwischengewinn von mindestens 6% des Veräußerungs- bzw. Rücknahmepreises gegeben ist, als auch Anleger betroffen sind, bei denen sich der Anteilswert während der Besitzzeit rückläufig entwickelt hat bzw. der Zwischengewinn unter 6% liegt. Während die erstgenannte Anlegergruppe den pauschalierten Zwischengewinn aus dem Ertragszuwachs zahlen kann, führt die Pauschalbesteuerung bei der letzten Anlegergruppe zu einer Substanzbesteuerung.[801] Der Gefahr einer Substanzbesteuerung scheint das BMF dadurch entgegentreten zu wollen, dass es den Ersatzwert i.S.d. § 5 Abs. 3 S. 2 InvStG entgegen dem Gesetzeswortlaut abmildernd mittels eines per-anno-Wertes berechnet. Danach ermittelt sich der Ersatzwert, indem das Produkt aus 6% des Veräußerungs- bzw. Rücknahmepreises durch 360 geteilt und mit der Anzahl der Tage der tatsächlichen Dauer der Anlage seit dem Ende des letzten Geschäftsjahres (oder Kalenderjahres im Falle des § 6 InvStG) multipliziert wird.[802] Aber selbst bei Zugrundelegung dieses sich nicht unmittelbar aus dem Gesetz ergebenden per-anno-Ersatzwerts ist eine gegen den Art. 3 Abs. 1 GG verstoßende Substanzbesteuerung bei Ertragslosigkeit sowie bei niedrigen Zinssätzen nicht ausgeschlossen.[803]

Fraglich ist zudem, wie sich die Pauschalbesteuerung gem. § 5 Abs. 3 S. 2 InvStG beim *Erwerber* des Investmentanteils auswirkt. Da eine Anknüpfung an einen konkret ermittelten Zwischengewinn mangels Veröffentlichung des Zwischengewinns nicht

---

[799] Siehe zu dieser Regelung schon oben Kapitel 4 § 1 B II.

[800] *Ebner*, DB 2004, 2495, 2497.

[801] Ausführlich zu der vergleichbaren Problematik bei § 6 InvStG, siehe oben Kapitel 4 § 1 B IV.

[802] BMF-Schreiben v. 2.6.2005 zum InvStG, BStBl I 2005, 728, Rz. 121; BMF-Schreiben v. 9.9.2005 zum InvStG, StuB 2005, 857, 858.

[803] Vgl. *Ebner*, StuB 2005, 870, 875.

möglich ist, könnte man der Ansicht sein, dass beim Erwerber genauso wie beim Veräußerer der Ersatzwert des § 5 Abs. 3 S. 2 InvStG anzusetzen ist, der Erwerber also 6% des Veräußerungspreises als negative Einnahme berücksichtigen kann. Dagegen spricht auf den ersten Blick der Gesetzeswortlaut des § 5 Abs. 3 S. 2 InvStG *"... Rückgabe oder Veräußerung des Investmentanteils..."*, der den Schluss zulässt, dass der Gesetzgeber nur bei Veräußerung und Rückgabe den Ersatzwert ansetzen lassen wollte. Als zusätzliches Argument gegen den Ansatz des Ersatzwertes beim Erwerber wird angebracht, dass eine etwaige Pauschalbesteuerung des Zwischengewinns beim Erwerber aufgrund der im Verhältnis höheren negativen Einnahmen regelmäßig günstiger als die Regelbesteuerung wäre, was jedoch angesichts der Zielsetzung der Pauschalierung, die tendenziell eher eine zu niedrige Besteuerung vermeiden will, fragwürdig sei.[804]

Die Gegenauffassung[805] führt an, dass die Anwendungsvorschrift des § 18 Abs. 3 InvStG die Anwendung von *"Bestimmungen über den Zwischengewinn auf Rückgaben, Veräußerungen oder Erwerbe"* vorsehe. Da der in § 5 Abs. 3 S. 2 InvStG anzusetzende Ersatzwert nach der Gesetzesbegründung zum EURUmsG[806] als pauschal ermittelter Zwischengewinn anzusehen sei und damit zu den "Bestimmungen über den Zwischengewinn" zu zählen sei, ergebe sich aus § 18 Abs. 3 InvStG, dass der Ersatzwert auch beim Erwerber anzusetzen sei.[807] Zwar ist diese Auslegung hinsichtlich des § 18 Abs. 3 InvStG nicht unbedingt zwingend, weil sie so verstanden werden kann, dass sie nur die grundsätzlichen Anwendungsmöglichkeiten der Bestimmungen über den Zwischengewinn aufzählt, ohne sich aber ausdrücklich darauf zu beziehen, dass die Bestimmungen immer sowohl auf Rückgaben, Veräußerungen als auch Erwerbe anwendbar sind. Andererseits spricht das InvStG an anderen Stellen, wie z.B. bei § 2 Abs. 1 S. 5 InvStG, auch nur von "Rückgabe" und "Veräußerung", obschon die Vorschrift über den Wortlaut hinaus in sinngemäßer Weise auf die zeitliche Erfassung des Zwischengewinns beim Erwerb angewendet werden kann.[808] Daher sperrt sich m.E. der Wortlaut des § 5 Abs. 3 S. 2 InvStG nicht von vorneherein einer Anwendung auf den Erwerber.

Des Weiteren läßt sich für einen Ansatz des Ersatzwerts beim Erwerber anführen, dass die Prämisse der Gegenansicht, die diesen wegen einer daraus resultierenden Überbegünstigung des Erwerbers ablehnt, nicht ganz stimmig ist.[809] Richtig ist zwar, dass, wenn man ausschließlich die Situation des Erwerbs betrachtet, der Erwerber mit einem pauschal ermittelten Zwischengewinn wegen der höheren negativen Einnahmen besser als der regelbesteuerte Erwerber stehen würde. Zieht man jedoch auch die Veräußerungssituation mit in die Betrachtung ein, zeigt sich, dass dem höheren pauschalierten negativen Ersatzwert bei Erwerb regelmäßig ein höherer positiver Ersatzwert bei Veräußerung gegenübersteht, während der regelbesteuerte Veräußerer lediglich der

---

[804] *Kempf/Lauterfeld*, BB 2005, 631, 634.

[805] *Ebner*, StuB 2005, 870, 875 f.

[806] BT-Drucks. 15/3677, S. 49.

[807] *Ebner*, StuB 2005, 870, 875.

[808] Vgl. oben Kapitel 4 § 2 A III 2.

[809] Vgl. *Ebner*, StuB 2005, 870, 875 f.

Regelbesteuerung des Zwischengewinns unterliegt. Eine Besserstellung des pauschalbesteuerten Erwerbers gegenüber dem regelbesteuerten Erwerber liegt somit bei einer Gesamtschau nicht vor. Letztlich erfordert auch die Systematik des Zwischengewinns, die dadurch gekennzeichnet ist, dass der Besteuerung des Zwischengewinns im Verkaufsjahr eine Kürzung verausgabter Zwischengewinne im Erwerbsjahr gegenübersteht, den Ansatz des negativen Ersatz-Zwischengewinns bei Erwerb.[810] Mit dieser läßt es sich nämlich nicht vereinbaren, dass der Erwerber einseitig nur bei Veräußerung bzw. Rückgabe einen positiven Ersatzwert versteuern muss, ihm aber auf der anderen Seite die Geltendmachung von verausgabten Zwischengewinnen bei Erwerb wegen fehlender Veröffentlichung des Zwischengewinns versperrt bleibt. Im Ergebnis ist der Ersatzwert i.S.d. § 5 Abs. 3 S. 2 InvStG in negativer Höhe damit auch bei dem Erwerber anzusetzen.

### *b) Pauschalbesteuerung gem. § 6 InvStG*

Die Pauschalbesteuerung gem. § 6 InvStG wurde schon ausführlich weiter oben untersucht. An dieser Stelle soll sich die Erörterung daher auf die Fälle einer unterjährigen Veräußerung bzw. Rückgabe des Anteils an einer Investment-AG beschränken, in dessen Rahmen der Anleger Zwischengewinne realisiert. Ein Schwerpunkt soll dabei auf das Verhältnis der Pauschalierung des Zwischengewinns nach § 5 Abs. 3 S. 2 InvStG und der Pauschalbesteuerung des § 6 S. 1 InvStG gelegt werden.

Voraussetzung für die Anwendung des § 6 S. 1 InvStG ist im Gegensatz zu § 5 Abs. 3 S. 2 InvStG, dass die Investment-AG die Bekanntmachungs- und Veröffentlichungspflichten des § 5 Abs. 1 InvStG nicht erfüllt. Liegt eine solche Pflichtverletzung vor und veräußert der Anleger unterjährig seinen Anteil bzw. gibt ihn an die AG zurück, sind nach dem Wortlaut des § 6 S. 1 InvStG die bis zu diesem Zeitpunkt getätigten Ausschüttungen, der Zwischengewinn sowie 70% des sog. Mehrbetrags, mindestens aber der Mindestbetrag anzusetzen. Indem aber sowohl Mehrbetrag als auch Mindestbetrag an den letzten im Kalenderjahr festgesetzten Rücknahmepreis bzw. Börsenpreis anknüpfen und auch § 6 S. 3 InvStG die zeitliche Erfassung des Mehrbetrags erst zum Ende eines jeweiligen Kalenderjahres vorsieht, zu welchem Zeitpunkt der veräußernde Anleger aufgrund seiner unterjährigen Veräußerung aber gar nicht mehr beteiligt ist, scheidet der Ansatz des Mehrbetrags bzw. des Mindestbetrags bei Anteilseignern, die im Laufe des Jahres ihren Anteil veräußern, aus.[811] Die Bemessungsgrundlage der Pauschalbesteuerung nach § 6 S. 1 InvStG ist bei einer unterjährigen Veräußerung des Anlegers daher auf die dem Anleger bis zu diesem Zeitpunkt zugeflossenen Ausschüttungen und den Zwischengewinn begrenzt.[812] Der Zwischengewinn ist im Falle der Erfüllung der Pflichten des § 5 Abs. 3 S. 1 InvStG mit seinem regulären Wert, bei Nichterfüllung mit dem Ersatzwert i.S.d. § 5 Abs. 3 S. 2 InvStG anzusetzen.[813] In der Konstellation, in der die Investment-AG sowohl den Pflichten des § 5 Abs. 1 als auch

---

810 Vgl. *Ebner*, StuB 2005, 870, 875;

811 Vgl. *Mensching/Strobl*, BB 2005, 635, 638.

812 Vgl. BMF-Schreiben v. 2.6.2005 zum InvStG, BStBl I 2005, 728, Rz. 123 u. 128.

813 Vgl. BMF-Schreiben v. 2.6.2005 zum InvStG, BStBl I 2005, 728, Rz. 123; *Ebner*, DB 2004, 2495, 2497; *ders.*, StuB 2005, 870, 876.

denen des § 5 Abs. 3 S. 1 InvStG nicht nachkommt, treffen also die Pauschalbesteuerung des § 6 InvStG sowie diejenige des § 5 Abs. 3 S. 2 InvStG zusammen.

Eine ähnliche Problematik wie bei § 5 Abs. 3 S. 2 InvStG stellt sich im Zusammenhang mit der Pauschalbesteuerung i.S.d. § 6 S. 1 InvStG des Erwerbers des unterjährig veräußerten Investmentanteils. Unstrittig hat dieser, da er den Investmentanteil zum Ende des Kalenderjahres hält, die ihm zugeflossenen Ausschüttungen und den Mehrbetrag bzw. den an Stelle von Mehrbetrag und Ausschüttungen tretenden Mindestbetrag, allerdings abzüglich etwaiger Ausschüttungen an frühere Anteilseigner, zu versteuern.[814] In Frage steht jedoch, ob der Erwerber zusätzlich den von ihm bezahlten Zwischengewinn als sog. negativen Zwischengewinn steuermindernd geltend machen kann.[815] Für eine Einbeziehung des negativen Zwischengewinns spricht die bereits im Rahmen des § 5 Abs. 3 S. 2 InvStG erörterte Systematik des Zwischengewinns. Andererseits ist jedoch zu beachten, dass, auch wenn man den Ansatz eines negativen Zwischengewinns zulässt, nach dem Gesetzeswortlaut des § 6 S. 1 InvStG der Mindestbetrag mit der Summe aus Ausschüttungen, (negativen) Zwischengewinn und 70% des Mehrbetrages zu vergleichen ist, was aufgrund des negativen Zwischengewinns regelmäßig dazu führen wird, dass der Mindestbetrag der Besteuerung unterliegt und damit der negative Zwischengewinn im Ergebnis jedes Mal verpuffen wird.[816] Festzuhalten bleibt daher, dass im Rahmen der Pauschalbesteuerung gem. § 6 S. 1 InvStG der Zwischengewinn sich nur beim Veräußerer eines Investmentanteils tatsächlich auf die Bemessungsgrundlage auswirkt.

### 4. Kapitalertragsteuerabzug

Der in der Veräußerung bzw. Rückgabe enthaltene Zwischengewinn unterliegt gem. § 7 Abs. 1 S. 1 Nr. 4, S. 2 InvStG i.V.m. §§ 43a Abs. 1 Nr. 3, 44 Abs. 1 S. 3 EStG bei allen Anlegern einem Zinsabschlag in Höhe von 30% (bzw. 35% bei Tafelgeschäften) durch die auszahlende Stelle.[817]

Die vom Erwerber eines Investmentanteils an die auszahlende Stelle gezahlten Zwischengewinne werden nach der sog. Topflösung, die gem. § 7 Abs. 1 S. 2 InvStG i.V.m. § 43a Abs. 3 EStG auch bei Zwischengewinnen Anwendung findet, mit Einnahmen i.S.d. § 43a Abs. 1 S. 1 Nr. 7a u. Nr. 8 und S. 2 EStG verrechnet. Erst von einem etwaigen positiven Saldo ist der Zinsabschlag zu erheben.[818]

Da das InvStG in § 7 Abs. 1 S. 1 Nr. 4 lediglich von "Zwischengewinn" spricht, ist es vom Wortlaut her nicht ganz eindeutig, ob vom Zinsabschlag nur der nach §§ 2 Abs. 1 S. 1, 5 Abs. 3 S. 1 InvStG regulär ermittelte und veröffentlichte Zwischengewinn oder auch der pauschalierte Zwischengewinn i.S.d. § 5 Abs. 3 S. 2 InvStG betroffen ist. Da-

---

814 Siehe oben Kapitel 4 § 1 B III und V.

815 So *Mensching/Strobl*, BB 2005, 635, 638; a.A. wohl BMF-Schreiben v. 2.6.2005 zum InvStG, BStBl I 2005, 728, Rz. 128.

816 Vgl. *Mensching/Strobl*, BB 2005, 635, 638, die allerdings entgegen dem Gesetzeswortlaut den Zwischengewinn bei dem Vergleich außer Acht lassen wollen.

817 Zu weiteren verfahrensrechtlichen Fragen, siehe oben Kapitel 4 § 1 A IV 2 a).

818 *Weber-Grellet*, in: Schmidt, EStG, § 43a, Rn. 25 ff.; *Kempf/Lauterfeld*, BB 2005, 631, 635.

für, dass nur der regulär ermittelte und veröffentlichte Zwischengewinn vom Zinsabschlag umfasst wird, spricht die Tatsache, dass die auszahlende Stelle ansonsten aufgrund fehlender Veröffentlichung des Ersatzwertes übermäßige Anstrengungen unternehmen müsste, um für Zwecke des Zinsabschlags den Ersatzwert zu ermitteln.[819] Letzterer sollte daher erst im Veranlagungsverfahren der Besteuerung unterliegen.

### 5. Verhältnis der Zwischengewinnbesteuerung zur Veräußerungsgewinnbesteuerung nach § 23 EStG

Die Wiedereinführung der Zwischengewinnbesteuerung zielt hauptsächlich darauf ab, die Besserstellung des Investmentanlegers gegenüber dem Direktanleger in Bezug auf Zinseinnahmen nach Ablauf der Einjahresfrist i.S.d. § 23 Abs. 1 S. 1 Nr. 2 EStG zu verhindern.[820] Dadurch, dass die Zwischengewinnbesteuerung unabhängig von Veräußerungsfristen eingreift, findet aber bei einer Veräußerung bzw. Rückgabe einer Beteiligung an der Investment-AG durch einen Privatanleger innerhalb eines Jahres nach Anschaffung auf einen Veräußerungsgewinn neben der Besteuerung nach § 8 Abs. 5 erster Hs. InvStG i.V.m. § 23 Abs. 1 S. 1 Nr. 2 EStG ebenfalls die Zwischengewinnbesteuerung nach §§ 2 Abs. 1 S. 1, 1 Abs. 4 Nr. 1 InvStG Anwendung. Um eine Doppelbesteuerung des in dem Veräußerungserlös enthaltenen Zwischengewinns zu vermeiden, ist nach § 23 Abs. 2 S. 1 EStG nur der um den Zwischengewinn gekürzte Veräußerungserlös der Besteuerung nach § 23 Abs. 1 Nr. 2 EStG zu unterwerfen.[821]

## B. Anteile im Betriebsvermögen

Im Gegensatz zum Privatvermögen sind Gewinne und Verluste aus der Veräußerung von Gegenständen, die einem Betriebsvermögen zuzuordnen sind und damit zur Erzielung von Gewinneinkünften eingesetzt werden, bei einem Direktanleger nach § 4 Abs. 1 S. 1 EStG, der auf der Reinvermögenszugangstheorie beruht, generell steuerbar.[822] Allerdings werden Gewinne und Verluste aus der Veräußerung von Anteilen an Körperschaften seit der Einführung des Halbeinkünfteverfahrens und dem damit verbundenen Ziel der Vermeidung von Doppel- und Mehrfachbelastung der Gewinne von Körperschaften[823] teilweise steuerfrei gestellt. So sieht § 8b Abs. 2 S. 1 i.V.m. Abs. 3 S. 1 KStG eine 95%ige Steuerfreistellung der von einer Körperschaft erzielten Gewin-

---

819 Vgl. *Ebner*, DB 2004, 2495, 2497; *ders.*, StuB 2005, 870, 876; a.A. wohl BMF-Schreiben v. 9.9.2005 zum InvStG, StuB 2005, 857, 858.

820 Siehe ausführlich oben Kapitel 4 § 2 A III 1.

821 *Kempf/Lauterfeld*, BB 2005, 631, 635; *Harenberg*, in: Herrmann/Heuer/Raupach, EStG/KStG, Anm. J 04-9 zum InvStG (mit sehr anschaulichem Berechnungsbeispiel); *Ebner*, DB 2004, 2495, 2498; *Wengenroth/Maier*, EStB 2005, 110, 112; zum früheren Recht unter dem KAGG, *Lübbehausen*, in: Brinkhaus/Scherer, KAGG/AuslInvestmG, § 39 KAGG, Rn. 80; *Henning/Bengard*, BB 1999, 1901, 1902.

822 *Birk*, Steuerrecht, Rn. 540; *Lang*, in: Tipke/Lang, Steuerrecht, § 9 Rn. 181; *Grabbe/Lübbehausen*, DStR 2004, 981, 983.

823 Begründung zum Entwurf eines Gesetzes zur Senkung der Steuersätze und zur Reform der Unternehmensbesteuerung (Steuersenkungsgesetz - StSenkG) v. 15.2.2000, BT-Drucks. 14/2683, S. 120.

ne aus der Veräußerung von Anteilen an Körperschaften vor. Werden Anteile an einer Körperschaft von einer natürlichen Person veräußert, die diese Anteile im Betriebsvermögen hält, sind die Einnahmen aus dieser Veräußerung nach § 3 Nr. 40 S. 1 Buchst. a EStG hälftig steuerfrei. Veräußert eine Mitunternehmerschaft, an der sowohl natürliche und juristische Personen beteiligt sind, Anteile an Körperschaften, so ist der auf die natürlichen Personen entfallende Gewinn gem. § 3 Nr. 40 S. 1 Buchst. a EStG zur Hälfte, der auf die juristischen Personen entfallende Gewinn gem. § 8b Abs. 6 i.V.m. Abs. 2, 3 S. 1 KStG in Höhe von 95% steuerfrei.

## I. Anwendung des § 8 InvStG (sog. Aktiengewinn) auf den Veräußerungsgewinn bzw. -verlust

### 1. Umsetzung des Transparenzprinzips

Da die Investment-AG eine Körperschaft ist, wären ohne Spezialregelung im InvStG die Vorschriften des § 8b Abs. 2, 3 KStG und § 3 Nr. 40 S. 1 Buchst. a EStG in der gleichen Weise auf den gesamten Gewinn aus der Veräußerung bzw. Rückgabe der im Betriebsvermögen gehaltenen Anteile an der Investment-AG anzuwenden. Dieser steuerlichen Behandlung schiebt jedoch § 8 Abs. 1 S. 1 InvStG einen Riegel vor, indem er lediglich eine partielle Anwendung des § 8b KStG und des § 3 Nr. 40 EStG ("...soweit...") vorsieht und im Umkehrschluss davon auszugehen scheint, dass der Rest des Gewinns aus der Veräußerung bzw. Rückgabe des im Betriebsvermögen gehaltenen Anteils an der Investment-AG der vollen Steuerpflicht unterliegt.

Hintergrund der nur partiellen Anwendung des Halbeinkünfteverfahrens und des Beteiligungsprivilegs in § 8 Abs. 1 S. 1 InvStG ist die Verwirklichung des Transparenzprinzips.[824] Es sollen nur die Bestandteile des Gewinns aus der Veräußerung bzw. Rückgabe des Investmentanteils dem Halbeinkünfteverfahren bzw. dem Beteiligungsprivileg unterliegen, die auch bei einer Direktanlage eines betrieblichen Anlegers diesen Steuerbegünstigungen unterliegen würden. Dies ergibt sich aus folgender Überlegung: Würde man die Steuerbegünstigungen auf den gesamten Gewinn erstrecken, wäre der betriebliche Investmentanleger gegenüber dem betrieblichen Direktanleger besser gestellt, da u.a. in dem Gewinn des Investmentanlegers enthaltene Wertsteigerungen, die auf zinsträchtige Wertpapiere entfallen, ebenfalls von den Begünstigungen profitieren würden, während beim Direktanleger nur die Anlage in Aktien und GmbH-Anteilen und deren Veräußerung nach dem Halbeinkünfteverfahren bzw. dem Beteiligungsprivileg begünstigt wäre. Aus dem Grunde der Gleichstellung mit dem betrieblichen Direktanleger ist daher die Anwendung der 95%igen Steuerfreistellung nach § 8b Abs. 2 i.V.m. Abs. 3 S. 1 KStG (bei körperschaftsteuerpflichtigen Anlegern) sowie der hälftigen Steuerfreistellung nach § 3 Nr. 40 S. 1 Buchst. a EStG (bei einkommensteuerpflichtigen betrieblichen Anlegern) im Rahmen der Veräußerung bzw. Rückgabe des Investmentanteils in § 8 Abs. 1 S. 1 zweiter Hs. InvStG auf

---

824 *PriceWaterhouseCoopers*, Novellierung des Investmentrechts, S. 200; *Harenberg/Intemann*, NWB 2005, Fach 3, 13529, 13536; *Köndgen/Schmies*, WM 2004, Sonderbeil. Nr. 1, S. 24; *Desens*, Das Halbeinkünfteverfahren, S. 250; *Zeller*, Investmentfonds, S. 58; *Ebner*, NWB 2005, Fach 3, S. 13611, 13613; *Grabbe/Lübbehausen*, DStR 2004, 981, 983; *Wengenroth*, ErbStB 2004, 319, 321.

den sog. *positiven Aktiengewinn* begrenzt, d.h. auf den Teil des Veräußerungsgewinns, der auf den von der Investment-AG gehaltenen Anteilen an Kapitalgesellschaften beruht.[825]

Des Weiteren stellt § 8 Abs. 1 InvStG i.V.m. § 4 Abs. 1 InvStG nach einem DBA in Deutschland steuerbefreite ausländische Mieterträge und Veräußerungsgewinne aus ausländischen Immobilien bei Rückgabe bzw. Veräußerung eines Investmentanteils steuerfrei (sog. Immobiliengewinn). Da der Investment-AG jedoch nach § 96 Abs. 2 i.V.m. § 2 Abs. 4 InvG die Anlage in Immobilien verwehrt ist, wird auf diese Steuerfreistellung im Rahmen dieser Arbeit nicht näher eingegangen.

Neben der Verwirklichung des Transparenzprinzips bei einer positiven Wertentwicklung der Investment-AG wird dieses zudem im Fall des Verlusts aus der Veräußerung bzw. Rückgabe des Anteils an der Investment-AG sowie bei einer nur negativen Wertentwicklung der von der Investment-AG gehaltenen Anteile an Kapitalgesellschaften mittels des sog. *negativen Aktiengewinns* in § 8 Abs. 2 S. 1 InvStG umgesetzt. Demnach sind Vermögensminderungen des Investmentanteils, soweit sie auf Anteilen an Kapitalgesellschaften beruhen, – vergleichbar der Behandlung beim betrieblichen Direktanleger – bei natürlichen Personen als betrieblichen Anleger nach § 3c Abs. 2 EStG nur zur Hälfte und bei körperschaftsteuerpflichtigen Investmentanlegern gem. § 8b Abs. 3 S. 3 i.V.m. Abs. 2 KStG vollständig nicht abziehbar.

## 2. Definition und Ermittlung des Aktiengewinns sowie des steuerpflichtigen Teils bei der Veräußerung bzw. Rückgabe von Anteilen an einer Investment-AG

### *a) Unterscheidung des positiven vom negativen Aktiengewinn*

Wie bereits kurz dargestellt, regelt § 8 InvStG in seinem Abs. 1 einen *positiven* und in Abs. 2 den Fall eines *negativen Aktiengewinns*. Aus dem Wortlaut dieser beiden Absätze läßt sich nicht eindeutig entnehmen, ob negativer und positiver Aktiengewinn sich gegenseitig ausschließen oder diese auch derart parallel nebeneinander stehen können, dass der positive Aktiengewinn nur Dividenden und positive Wertsteigerungen von Anteilen an Kapitalgesellschaften umfasst, während sich der negative Aktiengewinn ausschließlich aus negativen Wertentwicklungen von Anteilen an Kapitalgesellschaften zusammensetzt. Darauf, dass negativer und positiver Aktiengewinn sich gegenseitig ausschließen, weist § 5 Abs. 2 InvStG hin, der die Ermittlung und Veröffentlichung des Aktiengewinns durch die Investment-AG normiert.[826] Nach dem Wortlaut des § 5 Abs. 2 InvStG hat die Investment-AG den Aktiengewinn bewertungstäglich als positiven *oder* negativen Vomhundertsatz des Wertes des Investmentanteils zu ermitteln, der auf die Bestandteile im Sinne des § 8 InvStG entfällt, was für eine Ausschließlichkeit spricht.[827]

---

[825] Fallen die betrieblichen Investmentanleger unter die Vorschrift des § 8b Abs. 7 u. 8 KStG sind die Steuerbegünstigungen aber wie beim Direktanleger ausgeschlossen.

[826] Dazu im Einzelnen noch näher unter Kapitel 4 § 2 B I 2 d).

[827] Vgl. *Ebner*, NWB 2005, Fach 3, S. 13611, 13614.

Aus der Tatsache, dass die Investment-AG immer nur *eine* Größe ermitteln soll, folgt zugleich, dass der positive oder negative Aktiengewinn jeweils nur das Ergebnis einer Rechenoperation zu einem bestimmten Zeitpunkt sein kann, deren Inhalt die Summierung von noch nicht zugeflossenen oder als zugeflossen geltenden (1) Gewinnanteilen (Dividenden), (2) realisierten Gewinnen oder Verlusten der Investment-AG aus der Veräußerung von Anteilen an Kapitalgesellschaften sowie (3) Kursgewinnen und Kursverlusten der Investment-AG aus Anteilen an Kapitalgesellschaften ist.[828] Je nachdem, welches Vorzeichen das Ergebnis dieser Addition hat, ergibt sich ein positiver oder negativer Aktiengewinn. Im Ergebnis ist damit festzuhalten, dass sowohl der positive als auch der negative Aktiengewinn eine Saldierungsgröße darstellen, die nicht gleichzeitig gegeben sein können.

#### *b) Abzugsfähigkeit von Werbungskosten*

Des weiteren schließt sich die Frage an, ob in die oben dargestellte Berechnung des positiven bzw. negativen Aktiengewinns zusätzlich Werbungskosten, welche im unmittelbaren oder mittelbaren Zusammenhang mit den Bestandteilen des Aktiengewinns stehen, einzubeziehen sind. Diesbezüglich werden angesichts fehlender eindeutiger Gesetzeslage mehrere Ansichten vertreten.

Einer Auffassung zufolge ist der Aktiengewinn ohne einen Werbungskostenabzug, also brutto, zu ermitteln.[829] Dabei stützt sie sich hauptsächlich auf den Wortlaut "Einnahmen" in § 8 Abs. 1 S. 1 InvStG. Die Berufung auf den Wortlaut des § 8 Abs. 1 S. 1 InvStG kann jedoch m.E. nicht überzeugen, da dieser in mehreren Hinsichten nicht ganz eindeutig ist, wie schon bei der Abgrenzung vom positiven zum negativen Aktiengewinn aufgezeigt wurde.[830] Zudem spricht gegen diese Auffassung, dass sie in allen Konstellationen die Zielsetzung des Aktiengewinns, eine Gleichbehandlung mit dem Direktanleger herzustellen, in Hinblick auf die Kosten nicht umsetzt, da hiernach nur der Direktanleger im Zusammenhang mit der Anlage in Anteile in Kapitalgesellschaften stehende Kosten zu berücksichtigen hätte.

Denkbar wäre es auch, den Aktiengewinn entsprechend der Ermittlung der laufenden Erträge nach § 3 InvStG, also u.a. unter Berücksichtigung der Regelung über die nach § 3 Abs. 3 S. 2 InvStG abzugsfähigen Allgemeinkosten, zu berechnen.[831] Zwar läßt sich dieser Ansicht zu Gute halten, dass sie einen Gleichlauf zwischen der Ermittlung der laufenden Erträge und dem Aktiengewinn herbeiführt, was vor dem Hintergrund, dass der Aktiengewinn letztlich nur die Vorschriften zur laufenden Besteuerung der Erträge im Vorfeld der Ausschüttung bzw. Thesaurierung ergänzt, sinnvoll erscheint. Gegen diese Ansicht läßt sich jedoch zum einen anführen, dass sie die im Zusammenhang mit der Ermittlung der laufenden Erträge aufgezeigten systemwidrigen Konsequenzen des § 3 Abs. 3 S. 2 InvStG auf die Ermittlung des Aktiengewinns über-

---

828 *Ebner*, NWB 2005, Fach 3, S. 13611, 13614; *Thorn/Otto/Geese*, Handbuch für die Besteuerung von Fondsvermögen, S. 27; wohl auch *Intemann*, in: Herrmann/Heuer/Raupach, EStG/KStG, Anm. J 03-22 zum InvStG; *Harenberg/Intemann*, NWB 2005, Fach 3, S. 13529, 13538.

829 *Bacmeister*, IStR 2004, 176, 180; *ders.*, BB 2004, 2787, 2789.

830 Zu der Unschärfe des Wortlauts des § 8 Abs. 1 S. 1 InvStG auch noch unter Kapitel 4 § 2 B I 2 c).

831 Wohl *Sradj/Mertes*, DStR 2004, 201, 202 f.

trägt. So wären auch bei der Berechnung des Aktiengewinns die Regelung über die 10%ige pauschale Nichtabzugsfähigkeit der Allgemeinkosten (§ 3 Abs. 3 S. 2 Nr. 2 InvStG) sowie die Abzugsbeschränkungen bei den den Dividenden zuzuordnenden Werbungskosten zu beachten (§ 3 Abs. 3 S. 2 Nr. 3 u. Nr. 4 InvStG), was einige Verstöße gegen das Transparenzprinzip mit sich bringen würde.[832] Zum anderen würde diese Berechnungsmethode dazu führen, dass die Investment-AG unterjährig wiederholt detaillierte Kostenanalysen mit der Zuordnung von Werbungskosten zu bestimmten Erträgen aufstellen und aufgrund der abweichenden Regelungen in § 3 Abs. 3 S. 2 Nr. 3 u. Nr. 4 InvStG unterschiedliche Aktiengewinne für einkommen- und körperschaftsteuerpflichtige Anleger veröffentlichen müsste.[833]

Um den immensen Verwaltungsaufwand auf Seiten der Investment-AG zu verhindern, sollte m.E. der Auffassung gefolgt werden, welche den Aktiengewinn unter Abzug der ungekürzten, dem Aktienvermögen zuzuordnenden anteiligen Werbungskosten (Nettomethode) ermittelt.[834] Vorteilhaft an dieser Ermittlungsmethode ist zunächst, dass sie einfach durchzuführen ist, weil sie auf komplizierte Abzugsbeschränkungen verzichtet und nur die Veröffentlichung eines einzigen für sämtliche betriebliche Anleger geltenden Aktiengewinns erforderlich macht. Zudem verlangt der funktionale Berechnungszusammenhang des Aktiengewinns mit dem Wert des Investmentanteils in § 5 Abs. 2 S. 1 InvStG, wo der Aktiengewinn als positiver oder negativer Prozentsatz des Werts eines Investmentanteils auszudrücken ist, eine Nettoermittlung. Mit Wert eines Investmentanteils ist m.E. bei Investment-Aktiengesellschaften der anteilige Inventarwert, welcher sich gem. § 103 Abs. 2 S. 2 InvG durch Teilung des Wertes des Gesellschaftsvermögens (gesamter Inventarwert) durch die Zahl der in den Verkehr gelangten Aktien ermittelt, gemeint. Der Wert eines Investmentanteils repräsentiert somit einen Teil des Gesellschaftsvermögens, welches gem. § 103 Abs. 2 S. 3 i.V.m. § 36 Abs. 1 S. 2 InvG eine Nettogröße ist. Da der Aktiengewinn sich auf diese Nettogröße bezieht, erscheint es logisch konsequent, auch den Aktiengewinn als Nettogröße aufzufassen.[835] Unter dem Gesichtspunkt des Transparenzprinzips führt die Nettomethode jedenfalls bei den einkommensteuerpflichtigen betrieblichen Anlegern zu einer Gleichbehandlung mit dem Direktanleger. Eine Benachteiligung des körperschaftsteuerpflichtigen Investmentanlegers gegenüber dem Direktanleger läßt sich hingegen bei der Einbeziehung von Kosten nicht vermeiden, muss aber wohl angesichts der sonst überzeugenden Argumente für die Nettoermittlung und einer fehlenden sachgerechteren Alternative hingenommen werden.

Beispiel: Die Investment-AG Solar wird neu gegründet. Anleger A erwirbt einen Anteil an dieser für 120 mit einem Aktiengewinn von 0.[836] Zwei Jahre später veräußert A den Anteil für 180. Dar-

---

832 Siehe dazu eingehend oben Kapitel 4 § 1 A III 1 b) bb).

833 *Grabbe/Lübbehausen*, DStR 2004, 981, 983; *Bacmeister*, BB 2004, 2787, 2789.

834 *Grabbe/Lübbehausen*, DStR 2004, 981, 983 f.; *Ebner*, NWB 2005, Fach 3, S. 13611, 13614; wohl auch *Bonin*, BB 2003, 2545, 2546; zum früheren § 40a KAGG, *Hammer*, DStZ 2002, 519, 520; *Lübbehausen*, in: Brinkhaus/Scherer, KAGG/AuslInvestmG, § 40a KAGG, Rn. 33.

835 *Grabbe/Lübbehausen*, DStR 2004, 981, 983.

836 Der Aktiengewinn wurde an dieser Stelle bewußt mit 0 angesetzt, um den Begriff des besitzzeitanteiligen Aktiengewinns, der erst im nächsten Abschnitt besprochen wird, zunächst auszusparen.

in sind noch nicht zugeflossene oder als zugeflossen geltende Gewinne aus Dividendenpapieren i.H.v. 60 enthalten. Die damit zusammenhängenden Werbungskosten belaufen sich auf 20.

a) Ein betrieblicher einkommensteuerpflichtiger *Direktanleger* (Einzel- oder Mitunternehmer) müsste nach § 3 Nr. 40 S. 1 Buchst. a i.V.m. § 3c II EStG jeweils die Hälfte der Gewinne (1/2 x 60 = 30) und jeweils die Hälfte der Werbungskosten (1/2 x 20 = 10) berücksichtigen. Die Differenz daraus (30 ./. 10 = 20) unterläge der Besteuerung. Die *Steuerlast* würde bei einem Steuersatz von 40% *8* betragen.

Im Vergleich dazu wären bei der Berechnung des Aktiengewinns für den einkommensteuerpflichtigen betrieblichen Anleger A nach der *Nettomethode* die Werbungskosten in voller Höhe von den Gewinnen zu subtrahieren, was zu einem Aktiengewinn i.H.v. (60 ./. 20 =) 40 führt. Nach § 8 Abs. 1 S. 1 InvStG i.V.m. § 3 Nr. 40 S. 1 Buchst. a EStG sind nur die Hälfte von 40, also 20, der Besteuerung zu unterwerfen. Die *Steuerlast* beträgt also wie beim Direktanleger *8* (Steuersatz 40%).

b) Bei einem körperschaftsteuerpflichtigen *Direktanleger* wären 5% der Gewinne aus Dividendenpapieren (5% x 60 = 3) gem. § 8b Abs. 2 i.V.m. Abs. 3 S. 1 KStG anzusetzen. Gleichzeitig könnte er nach § 8b Abs. 3 S. 2 KStG die Werbungskosten in voller Höhe abziehen, was zu einer steuerpflichtigen Bemessungsgrundlage i.H.v. (3 ./. 20 =) -17 führen würde. Bei einem Steuersatz von 40% würde dies zu einer *Steuererstattung i.H.v. 6,8* führen.

Bei einem körperschaftsteuerpflichtigen *Investmentanleger* läge der Aktiengewinn - wie beim estpflichtigen Investmentanleger (s.o.) - bei 40. Nach § 8 Abs. 1 S. 1 InvStG i.V.m. § 8b Abs. 2, 3 S. 1 KStG sind 5% des Aktiengewinns steuerpflichtig, also (5% x 40 = ) 2. Bei einem Steuersatz von 40% beträgt die *Steuerlast 0,8*.

### *c) Abgrenzung des Fonds-Aktiengewinns vom Anleger-Aktiengewinn*

Obschon in den Vorschriften des § 8 Abs. 1 S. 1 erster Hs. und Abs. 2 S. 1 erster Hs. InvStG die steuerlichen Folgen für den betrieblichen Investmentanleger in Bezug auf den Aktiengewinn normiert werden, wird in den gleichen Sätzen nicht etwa der für die Anleger letztlich steuerlich relevante sog. *Anleger-Aktiengewinn*, sondern der schon ausführlich dargestellte sog. *Fonds-Aktiengewinn,* den die Investment-AG nach § 5 Abs. 2 S. 1 InvStG zu ermitteln und zu veröffentlichen hat und welcher die Grundlage für die Ermittlung des *Anleger-Aktiengewinns* bildet, festgeschrieben. Das Gesetz vermischt also in einer systemwidrigen Weise in den Abs. 1 und 2 die Besteuerungsebene des Anlegers mit derjenigen der Investment-AG.[837] Dass in der Tat ein Systembruch in den Abs. 1 und 2 enthalten ist, ergibt sich aus § 8 Abs. 3 S. 1 InvStG, der klarstellt, dass bei der Besteuerung der Anleger über den Inhalt des § 8 Abs. 1 und 2 InvStG hinaus ein besitzzeitanteiliger Anleger-Aktiengewinn zugrunde zu legen ist. Dieser berechnet sich als Differenzbetrag zwischen dem Fonds-Aktiengewinn zum Zeitpunkt der Veräußerung bzw. Rückgabe und dem Fonds-Aktiengewinn zum Zeitpunkt des Erwerbs des Investmentanteils. Zur Ermittlung des entscheidenden Anleger-Aktiengewinns muss also der Anleger den von der Investment-AG nach § 5 Abs. 2 S. 1 InvStG ausgewiesenen Vomhundertsatz auf den Rücknahmepreis zum Zeitpunkt der

---

Zudem wurde auf die prozentuale Ausweisung des Aktiengewinns im Verhältnis zum Wert des Investmentanteils verzichtet.

837 *Bacmeister*, BB 2004, 2787, 2790; *Harenberg/Intemann*, NWB 2005, Fach 3, S. 13529, 13536 f.

Veräußerung bzw. Rückgabe des Investmentanteils einerseits und zum Zeitpunkt des Erwerbs andererseits gegenüberstellen.[838] Unpräzise ist das InvStG in § 8 Abs. 3 S. 1 InvStG insofern, als es für Anleger einer Investment-AG auf den Rücknahmepreis abstellt, da es jedenfalls bei einer Investment-AG mit fixem Kapital keinen Rücknahmepreis als solchen gibt.[839] Im letzteren Fall sollte im Einklang mit § 6 S. 2 InvStG, der bei Nichtfestsetzung eines Rücknahmepreises auf den Börsen- oder Marktpreis ausweicht, ebenfalls an den Börsen- oder Marktpreis der Investment-AG-Aktie angeknüpft werden.

Je nachdem, ob der Fonds-Aktiengewinn zum Zeitpunkt der Veräußerung bzw. Rückgabe höher oder niedriger als der Fonds-Aktiengewinn zum Zeitpunkt des Erwerbs ist, ergibt sich ein *positiver oder negativer besitzzeitanteiliger Anleger-Aktiengewinn.*[840] Demnach kann sowohl der Fonds-Aktiengewinn, wie schon weiter oben dargestellt, als auch der Anleger-Aktiengewinn einen positiven oder negativen Betrag annehmen.

Ergibt sich nach der Ermittlung des Anleger-Aktiengewinns nach § 8 Abs. 3 S. 1 InvStG ein positiver Anleger-Aktiengewinn, ist wiederum auf die in § 8 Abs. 1 S. 1 erster Hs. InvStG normierten steuerlichen Regeln zurückzugreifen.[841] Nach dessen Wortlaut wären von den *"Einnahmen aus der Rückgabe oder Veräußerung"* der Anleger-Aktiengewinn freizustellen, bei körperschaftsteuerpflichtigen Anlegern in Höhe von 95% (§ 8b Abs. 2 i.V.m. Abs. 3 S. 1 KStG) und bei einkommensteuerpflichtigen betrieblichen Anlegern in Höhe von 50% (§ 3 Nr. 40 S. 1 Buchst. a EStG). Entgegen dem an sich anders zu interpretierenden Wortlaut[842] will der Gesetzgeber mit "Einnahmen" nicht den Veräußerungs- bzw. den Rückgabepreis, sondern den Veräußerungs- bzw. Rückgabegewinn, der sich aus der Differenz zwischen Veräußerungs- bzw. Rückgabepreis und Anschaffungspreis nach Berücksichtigung von Veräußerungskosten ergibt,[843] erfassen.[844] Diese Interpretation, die sich nicht direkt aus dem Gesetzeswortlaut erschließt, ist systemgerecht, da damit sowohl beim Anleger-Aktiengewinn als auch beim Ergebnis der Veräußerung bzw. Rückgabe eine Differenzbildung zwischen dem Zeitpunkt der Veräußerung bzw. Rückgabe und dem Erwerb erfolgt.

Beispiel (angelehnt an Gesetzesbegründung zum InvestmG, BT-Drucks. 15/1553, S. 127): Anleger A, der im Fall a) körperschaftsteuerpflichtiger und im Fall b) einkommensteuerpflichtiger betrieblicher Anleger ist, kauft einen Anteil an einer Investment-AG für 100 € mit einem Aktiengewinn von 20%. Er gibt den Anteil an die Investment-AG zurück zu 150 €. Der Aktiengewinn beläuft sich bei der Rückgabe auf 30%.

---

[838] Vgl. BMF-Schreiben v. 2.6.2005 zum InvStG, BStBl I 2005, 728, Rz. 166.

[839] Zu der problematischen Verwendung des Begriffes "Rücknahmepreis" bei der Investment-Aktiengesellschaft schon oben Kapitel 4 § 2 A III 3.

[840] *Bonin*, BB 2003, 2545, 2546.

[841] *Bacmeister*, BB 2004, 2787, 2790.

[842] Nach § 8 Abs. 1 EStG sind Einnahmen alle Güter, die in Geld oder Geldeswert bestehen und dem Steuerpflichtigen im Rahmen einer der Einkunftsarten zufließen.

[843] *Bacmeister*, BB 2004, 2787, 2790.

[844] Gesetzesbegründung zum InvestmG, BT-Drucks. 15/1553, S. 127.

| | | |
|---|---|---|
| Ermittlung des Anleger-Aktiengewinns (§ 8 Abs. 3 S. 1 InvStG): | | |
| Fonds-Aktiengewinn im Zeitpunkt der Rückgabe | (30% x 150 € =) | 45 € |
| ./. Fonds-Aktiengewinn im Zeitpunkt des Erwerbs | (20% x 100 € =) | 20 € |
| = Anleger-Aktiengewinn | | 25 € |
| | | |
| Ermittlung des Veräußerungs- bzw. Rückgabegewinns: | | |
| Rückgabepreis | | 150 € |
| ./. Anschaffungskosten | | 100 € |
| Rückgabegewinn | | 50 € |
| | | |
| Ermittlung des steuerpflichtigen Betrages: | | |
| Rückgabegewinn | | 50 € |
| ./. Anleger-Aktiengewinn (Fall a) 95%) | | 23,75 € |
| Steuerpflichtiger Teil | | 26,25 € |
| | | |
| Rückgabegewinn | | 50 € |
| ./. Anleger-Aktiengewinn (Fall b) 50%) | | 12,5 € |
| Steuerpflichtiger Teil | | 37,5 € |

Das Beispiel zeigt, dass sich mit § 8 Abs. 1 S. 1 i.V.m. Abs. 3 S. 1 InvStG die Fälle lösen lassen, in denen beim Anleger ein positiver Anleger-Aktiengewinn sowie ein Veräußerungs- bzw. Rückgabegewinn vorliegen. Zweifelhaft ist insbesondere wegen des Begtiffes "Einnahmen", ob § 8 Abs. 1 S. 1 InvStG auch die Fälle erfasst, in denen zwar aufgrund einer positiven Wertentwicklung der Anteile an Kapitalgesellschaften ein positiver Anleger-Aktiengewinn gegeben ist, der Anleger durch Veräußerung bzw. Rückgabe seiner Beteiligung an der Investment-AG aber wegen einer überwiegend negativen Entwicklung des Investmentvermögens einen Veräußerungs- bzw. Rückgabeverlust erzielt. Trotz Ungenauigkeit des Gesetzes an dieser Stelle sollte diese Konstellation allein schon aus dem Grunde einer vollständigen Umsetzung des Transparenzprinzips, was wie bereits erörtert die Zielsetzung des § 8 InvStG ist, von der Vorschrift mitumfasst werden. Anderenfalls würde die positive Wertentwicklung der Anteile an Kapitalgesellschaften beim Investmentanleger im Gegensatz zur Direktanlage nicht den Vorschriften des Halbeinkünfteverfahrens und des Beteiligungsprivilegs unterliegen.

Liegt nach Ermittlung des Anleger-Aktiengewinns nach § 8 Abs. 3 S. 1 InvStG hingegen ein *negativer Betrag* vor, sind nach § 8 Abs. 2 S. 1 InvStG bei einkommensteuerpflichtigen Anlegern das *Halbabzugsverbot nach § 3c Abs. 2 EStG* und bei körperschaftsteuerpflichtigen Anlegern das *Abzugsverbot nach § 8b Abs. 3 S. 3 KStG* auf den negativen Anleger-Aktiengewinn anzuwenden.[845] Da die Vorschrift des § 8 Abs. 2 S. 1 InvStG im Gegensatz zu § 8 Abs. 1 S. 1 InvStG nicht explizit z.B. auf den Verlust aus der Rückgabe oder Veräußerung des Investmentanteils seitens des Anlegers, sondern ausschließlich auf Vermögensminderungen auf Ebene der Investment-AG beruhend auf Anteilen an Kapitalgesellschaften abstellt, können die Abzugsverbote mangels einschränkenden Wortlauts sowohl in dem Fall, in dem der Anleger neben dem negativen Anleger-Aktiengewinn einen Veräußerungs- bzw. Rückgabeverlust

[845] Vgl. *Bacmeister*, BB 2004, 2787, 2791.

durch die Veräußerung bzw. Rückgabe des Anteils an der Investment-AG erzielt, als auch, wenn insgesamt ein Veräußerungs- bzw. Rückgabegewinn eintritt, zum Zuge kommen. Voraussetzung für die Anwendung des § 8 Abs. 2 S. 1 InvStG ist demnach nur, dass ein negativer Anleger-Aktiengewinn vorliegt.

Beispiel: Anleger A, der im Fall a) körperschaftsteuerpflichtiger und im Fall b) einkommensteuerpflichtiger betrieblicher Anleger ist, erwirbt im Jahre 2005 einen Anteil an einer Investment-AG für 120 €, den er im Betriebsvermögen hält. Er gibt den Anteil für 95 € im Jahre 2007 zurück. Der Fonds-Aktiengewinn im Zeitpunkt des Erwerbs belief sich auf 4,167 %, im Zeitpunkt der Rückgabe dagegen auf -10,52632%.

| | |
|---|---|
| <u>Ermittlung des Anleger-Aktiengewinns (§ 8 Abs. 3 S. 1 InvStG):</u> | |
| Fonds-Aktiengewinn im Zeitpunkt der Rückgabe | -10 € |
| ./. Fonds-Aktiengewinn im Zeitpunkt des Erwerbs | 5 € |
| = Anleger-Aktiengewinn | -15 € |
| | |
| <u>Ermittlung des Veräußerungs- bzw. Rückgabeergebnisses:</u> | |
| Rückgabepreis | 95 € |
| ./. Anschaffungskosten | 120 € |
| Rückgabeverlust | -25 € |
| | |
| <u>Ermittlung des steuerpflichtigen Betrages:</u> | |
| Rückgabeverlust | -25 € |
| ./. Anleger-Aktiengewinn (Fall a)) | -15 € |
| Steuerpflichtiger Teil | -10 € |
| | |
| Rückgabeverlust | -25 € |
| ./. Anleger-Aktiengewinn (Fall b) ) | -7,5 € |
| Steuerpflichtiger Teil | -17,5 € |

### *d) Ermittlung und Veröffentlichung des Aktiengewinns durch die Investment-AG nach § 5 Abs. 2 InvStG*

Die in § 8 InvStG geregelten und ausführlich untersuchten steuerlichen Konsequenzen des positiven und negativen Anleger-Aktiengewinns für die betrieblichen Anleger greifen gem. § 5 Abs. 2 S. 1 InvStG nur unter der Voraussetzung ein, dass die Investment-AG bewertungstäglich den positiven oder negativen Fonds-Aktiengewinn als *Prozentsatz* des Wertes des Investmentanteils ermittelt und zusammen mit dem *Rücknahmepreis* veröffentlicht.[846] Eine Pflicht hinsichtlich der Ermittlung und Veröffentlichung des Fonds-Aktiengewinns seitens der Investment-AG kann daraus nicht abgeleitet werden. Vielmehr hat die Investment-AG ein *Wahlrecht*, ob sie den Aktien-

[846] Obschon § 5 Abs. 2 InvStG nicht ausdrücklich zwischen Fonds-Aktiengewinn und Fonds-Immobiliengewinn unterscheidet und auch der Fonds-Immobiliengewinn bei der Investment-AG wegen der fehlenden Anlagemöglichkeit in Immobilien für die Besteuerung bei den Anlegern keine Relevanz hat (s.o.), hat die Investment-AG nach Auffassung der Finanzverwaltung den Fonds-Immobiliengewinn separat vom Fonds-Aktiengewinn mit "Null" zu veröffentlichen, vgl. BMF-Schreiben v. 9.9.2005 zum InvStG, StuB 2005, 857, 858.

gewinn ermittelt sowie veröffentlicht und dadurch die Anwendung des § 8 InvStG auf Seiten der Anleger herbeiführt oder darauf verzichtet.[847]

Für Spezial-Sondervermögen i.S.d. § 91 InvG bzw. eine Spezial-Investment-AG gem. § 99 Abs. 3 i.V.m. § 91 InvG besteht allerdings gem. § 15 Abs. 1 S. 2 InvStG die Pflicht, den Aktiengewinn zu ermitteln; eine Veröffentlichungspflicht entfällt.

Die Investment-AG muss dieses Wahlrecht aber bei der ersten Ausgabe von Investmentanteilen bindend in eine Richtung ausüben.[848] Damit soll verhindert werden, dass die Investmentvermögen den Aktiengewinn über einen bestimmten Zeitraum ermitteln und in einem anderen Zeitraum jedoch davon absehen und dadurch Schwierigkeiten bei der Besteuerung der betrieblichen Investmentanleger hervorrufen.[849]

Für den Fall, dass die Investment-AG das Wahlrecht zunächst positiv dahingehend ausübt, dass sie den Aktiengewinn ermittelt und veröffentlicht, später aber davon abläßt und folglich gegen die Bindung des § 5 Abs. 2 S. 3 InvStG verstößt, normiert § 8 Abs. 4 InvStG, dass der von einem betrieblichen Anleger gehaltene Anteil als zu dem zum Zeitpunkt der letzten Aktiengewinnermittlung veröffentlichten Rücknahmepreis zurückgegeben gilt und gleichzeitig fiktiv eine Neuanschaffung stattfindet. Von der Erhebung auf den Veräußerungs- bzw. Rückgabegewinn entfallenden Einkommen- oder Körperschaftsteuer, die unter Anwendung des § 8 InvStG berechnet wird, wird bis zum Zeitpunkt der tatsächlichen Veräußerung- bzw. Rückgabe abgesehen (§ 8 Abs. 4 S. 2 InvStG). Die als angeschafft geltenden Investmentanteile unterliegen bei Veräußerung bzw. Rückgabe nicht dem Halbeinkünfteverfahren bzw. dem Beteiligungsprivileg. Für den umgekehrten Fall, dass die Investment-AG den Aktiengewinn zunächst nicht ermittelt und veröffentlicht, zu einem späteren Zeitpunkt aber damit anfängt, enthält das Gesetz keine Regelung. Konsequent wäre es gewesen, wenn der Gesetzgeber auch hier eine dem § 8 Abs. 4 InvStG vergleichbare Vorschrift geschaffen hätte, etwa mit dem Inhalt, dass die Investmentanteile zum Zeitpunkt des Tages vor dem Beginn der Aktiengewinnermittlung als zurückgegeben und wieder angeschafft gelten. Damit könnte ebenso wie im Fall des § 8 Abs. 4 InvStG erreicht werden, dass nur der Aktiengewinn, der öffentlich ausgewiesen wurde, den Bestimmungen des § 8 InvStG unterliegt.

Ebenso wie bei der Veröffentlichung des Zwischengewinns[850] soll sich der Turnus und der Ort einer etwaigen Veröffentlichung des Aktiengewinns mangels spezieller investmentsteuerlicher Vorschrift nach den aufsichtsrechtlichen Regelungen über die Bekanntmachung des Rücknahmepreises i.S.d. § 36 Abs. 6 S. 2 InvG richten, mit welchem zusammen der Aktiengewinn zu veröffentlichen ist.[851] In diesem Zusammenhang ergibt sich das gleiche Problem wie bei der Veröffentlichung des Zwischengewinns, nämlich, dass bei der Investment-AG anstelle der Veröffentlichung eines Rücknahmepreises die Veröffentlichung eines Inventarwertes nach § 103 Abs. 3 InvG vorgesehen ist und somit der Verweis in § 5 Abs. 2 S. 1 InvStG auf die Veröffentlichung des Rücknahmepreises bei Investment-Aktiengesellschaften ins Leere

[847] BMF-Schreiben zum InvStG v. 2.6.2005, BStBl I 2005, 728, Rz. 110; *PriceWaterhouseCoopers*, Novellierung des Investmentrechts, S. 195; *Bacmeister*, BB 2004, 2787, 2790.

[848] § 5 Abs. 2 S. 3 InvStG.

[849] *Geißelmeier/Gemmel*, DStR 2005, 45, 47.

[850] Vgl. dazu oben Kapitel 4 § 2 A III 3.

[851] *Ramackers*, in: Littmann/Bitz/Pust, EStG, § 5 InvStG, Rn. 123.

führt. Im Wege einer erweiternden Auslegung muss daher bei Investment-Aktiengesellschaften die Veröffentlichung des Fonds-Aktiengewinns von dem Turnus und dem Ort der Veröffentlichung des Inventarwerts abhängig gemacht werden.

## II. Exkurs: Bilanzierung von Anteilen an einer Investment-AG in der Handels- und Steuerbilanz

Anteile an einer Investment-AG sind Aktien und stellen damit mitgliedschaftliche Wertpapiere dar.[852] Im Rahmen der Bilanzierung von bilanzierungspflichtigen betrieblichen Investmentanlegern sind die Anteile an der Investment-AG als *Wertpapiere* des Anlage- oder Umlaufvermögens (vgl. § 266 HGB) anzusetzen und zu bewerten.[853] Für die Behandlung als Wertpapiere spricht, dass die Anteile an einem Sondervermögen, die nach § 33 Abs. 1 InvG Wertpapiercharakter besitzen, für Zwecke der Bilanzierung ebenfalls als Wertpapiere angesehen werden.[854] Insofern wäre ein Gleichlauf bei der Bilanzierung zwischen Anteilen an einer Investment-AG und Anteilen an einem Sondervermögen hergestellt. Gegen die ansonsten denkbare Erfassung als *Beteiligung* i.S.d. § 271 Abs. 1 HGB lässt sich anführen, dass dafür nach h.M.[855] mehr als eine reine Kapitalanlageabsicht, auf die sich die Anlage an der Investment-AG aber regelmäßig beschränkt, gegeben sein muss.

### 1. Erwerb von Anteilen an einer Investment-AG

Beim Erwerb der Anteile an einer Investment-AG sind diese als Wertpapiere in Abhängigkeit von der beabsichtigten Haltedauer entweder dem Anlage- oder dem Umlaufvermögen zuzuordnen und mit den *Anschaffungskosten* zu aktivieren.[856] Nach der Abgrenzungsdefinition in § 247 Abs. 2 HGB sind die Anteile dem *Anlagevermögen* zuzuordnen, wenn sie bestimmt sind, dauernd dem Geschäftsbetrieb des Investmentanlegers zu dienen; ansonsten liegt *Umlaufvermögen* vor. Die handelsrechtliche Unterscheidung zwischen Anlage- und Umlaufvermögen gilt in der gleichen Weise für die Steuerbilanz.[857] Die Bewertung der Wertpapiere mit den Anschaffungskosten ergibt sich für die Handelsbilanz aus §§ 253 Abs. 1 Satz 1, 255 Abs. 1 HGB und für die Steuerbilanz mangels spezialgesetzlicher Regelung im InvStG aus § 6 Abs. 1 Nr. 2 Satz 1 EStG. Zu den Anschaffungskosten zählen neben dem Ausgabe- bzw. Kaufpreis

---

852 *Hueck/Canaris*, Recht der Wertpapiere, § 25 I 1.

853 Wohl auch *Wengenroth*, ErbStB 2004, 319, 319.

854 *Hoyos/Gutike*, in: Beck´scher Bilanzkommentar, § 266 HGB Rn. 80; *Beater*, in: MünchKomm, HGB, § 266 Rn. 32; *Häuselmann*, BB 1992, 312, 315; *Wengenroth*, ErbStB 2004, 319, 319.

855 *Hoyos/Gutike*, in: Beck´scher Bilanzkommentar, § 271 HGB, Rn. 16; *Adler/Düring/Schmaltz*, § 271 HGB Rn. 17 f.; *Beater*, in: MünchKomm, HGB, § 271 Rn. 8; *von Keitz*, in: Baetge/Kirsch/Thiele, Bilanzrecht, § 271 HGB, Rn. 24 ff.; a.A. *Bieg/Küting*, in: Handbuch der Rechnungslegung, § 271 HGB, Rn. 14 ff.

856 *Karrenbauer/Döring/Buchholz*, in: Handbuch der Rechnungslegung, § 253 HGB, Rn. 40 u. 68; *Richter*, in: Herrmann/Heuer/Raupach, EStG/KStG, § 6 EStG, Anm. 1092 u. 1094.; *Häuselmann*, BB 1992, 312, 316; *Zeller*, Investmentfonds, S. 56; *Stoschek/Peter/Bittner*, FR 2003, 941, 946.

857 *Adler/Düring/Schmalz*, § 253 HGB, Rn. 9; *Häuselmann*, BB 1992, 312, 318.

auch die Anschaffungsnebenkosten, wie z.B. Provisionen und Bankspesen (vgl. § 255 Abs. 1 Satz 2 HGB).[858]

Der Investmentanleger zahlt einen *Ausgabepreis*, wenn die Investment-AG neue Anteile ausgibt und der Anleger solche bezieht, vgl. § 103 Abs. 1 und 2 InvG. Mit dem Ausgabepreis zahlt der Erwerber jedoch nicht nur den Anteilswert, sondern auch den in der Satzung der AG vorgesehenen Aufschlag für die Transaktionskosten (§ 103 Abs. 2 Satz 1 InvG). Dieser Ausgabeaufschlag ist rechtlich unselbständiger Teil des Ausgabepreises und damit Bestandteil des Kaufpreises der Beteiligung an der Investment-AG.[859]
Anteile an einer Investment-AG können aber auch am Sekundärmarkt erworben werden, der Anleger zahlt dann einen Kaufpreis, der sich nach den Marktverhältnissen richtet. Die Frage des Ausgabeaufschlags stellt sich in diesem Zusammenhang nicht. Maßgebend für den Ansatz der Anschaffungskosten ist hier allein der gezahlte Kaufpreis.[860]

## 2. Folgebewertung von Anteilen an einer Investment-AG

Wert*steigerungen* bei Wertpapieren, wie den Anteilen an einer Investment-AG, können vor der Veräußerung oder Rückgabe in der Bilanz nicht berücksichtigt werden, weil nach dem aus dem Vorsichtsprinzip (vgl. § 252 Abs. 1 Nr. 4 HGB) herzuleitenden Realisationsprinzip, welches sowohl im Rahmen der Handels- als auch im Rahmen der Steuerbilanz seine Wirkung entfaltet (hier über § 5 Abs. 1 Satz 1 EStG), Wertpapiere höchstens mit den Anschaffungskosten angesetzt werden dürfen.[861] Demgegenüber können Wert*minderungen* der Wertpapiere bei der Bilanzierung durchaus berücksichtigungsfähige Auswirkungen haben. Dies richtet sich u.a. danach, ob die Anteile an der Investment-AG dem *Anlage- oder dem Umlaufvermögen* zuzuordnen sind.

### *a) Bewertung von Anteilen im Anlagevermögen*

#### *aa) Handelsbilanz*

Befinden sich die Anteile an der Investment-AG im Anlagevermögen, *kann* gem. §§ 253 Abs. 2 Satz 3 1. Hs., 279 Abs. 1 Satz 2 HGB in der Handelsbilanz ein niedrigerer Wert als die Anschaffungskosten angesetzt werden, wenn die Wertminderung des Investmentanteils *vorübergehend* ist. Beispielsweise liegt eine (nur) vorübergehende Wertminderung vor, wenn der Börsenpreis einer Investment-AG-Aktie zum Bilanzstichtag unter den bisherigen Buchwert gesunken ist.[862]

---

858 *Häuselmann*, BB 1992, 312, 318; *Lindemann*, Aktienfonds, S. 218; *Stotz*, Besteuerung von Wertpapier-Investmentfonds, S. 175.

859 Vgl. BFH, Urt. v. 22.3.1972- I R 199/69, BStBl II 1972, 489, 489 f.; *Häuselmann*, BB 1992, 312, 316; *Stotz*, Besteuerung von Wertpapier-Investmentfonds, S. 175; *Wengenroth*, ErbStB 2004, 319, 320.

860 *Häuselmann*, BB 1992, 312, 316.

861 *Hoyos/Schramm/M. Ring*, in: Beck'scher Bilanzkommentar, § 253 HGB, Rn. 1; *Ballwieser*, in: MünchKomm, HGB, § 253 Rn. 8; *Häuselmann*, BB 1992, 312, 318; *Lindemann*, Aktienfonds, S. 227; *Stoschek/Peter/Bittner*, FR 2003, 941, 946 f.

862 Vgl. *Adler/Düring/Schmaltz*, § 253 HGB, Rn. 473; BMF-Schreiben v. 25.2.2000, DStR 2000, 470, Rz. 11 u. 17 ff. Zumindest die Aktien der Investment-AG mit fixem Kapital müssen gem. § 101 Abs. 3 InvG börsennotiert sein.

Der niedrigere Wert *muss* angesetzt werden, wenn die Wertminderung *voraussichtlich von Dauer* ist, § 253 Abs. 2 Satz 3 2. Hs. HGB. Eine dauerhafte Wertminderung ist dann denkbar, wenn der Erwerb der Beteiligung an einer Investment-AG sich als Fehlinvestition herausstellt, da der Anteilseigner für die Aufwendungen betreffend den Erwerb keinen gleich hohen wirtschaftlichen Gegenwert erlangt, z.B. wenn die Investment-AG nachhaltig nicht mit Gewinn arbeiten kann.[863]

Liegt eine dauerhafte bzw. vorübergehende Wertminderung vor, schließt sich die Frage an, wie der "niedrige Wert", der für die Anteile an der Investment-AG in der Handelsbilanz in diesem Fall anzusetzen ist bzw. angesetzt werden kann, ermittelt wird. Mangels gesetzlicher Regelung ist insoweit auf die aktuellen Verhältnisse am *Beschaffungsmarkt* (Käufersicht) abzustellen,[864] d.h. bei über die Börse gehandelten Aktien der Investment-AG auf den Börsenpreis der Investment-AG-Aktie zum Abschlussstichtag zuzüglich Nebenkosten und beim Erwerb der Aktie von der Investment-AG auf den gesunkenen Ausgabepreis i.S.d. § 103 Abs. 2 S. 1 InvG einschließlich eines Ausgabeaufschlags und zuzüglich Nebenkosten.[865] Im Ausnahmefall, wenn der Anteil an der Investment-AG in näherer Zukunft veräußert bzw. zurückgegeben werden soll, ist der erzielbare *Veräußerungswert* zur Bestimmung des niedrigeren Werts maßgebend.[866]

Tritt in den folgenden Jahren wiederum eine Wertsteigerung bei den Investmentanteilen ein, besteht *handelsrechtlich* für Einzelunternehmer und reine Personengesellschaften kein Zwang, wohl aber die Möglichkeit zur *Vornahme von Zuschreibungen* bis zur Höhe der Anschaffungskosten (Obergrenze), § 253 Abs. 5 HGB. Demgegenüber besteht für Kapitalgesellschaften nach § 280 Abs. 1 HGB ein Wertaufholungsgebot, wenn die Gründe für eine Abschreibung nach § 253 Abs. 2 Satz 3 HGB nicht mehr vorliegen.

#### *bb) Steuerbilanz*

##### (1) Teilwertabschreibung nach § 6 Abs. 1 Nr. 1 S. 2, Nr. 2 S. 2 EStG

In der Steuerbilanz *können* die im Anlagevermögen gehaltenen Wirtschaftsgüter und damit auch die Investment-AG-Aktien mangels spezieller Bewertungsvorschrift im InvStG gem. § 6 Abs. 1 Nr. 1 Satz 2, Nr. 2 Satz 2 EStG nur bei einer *voraussichtlich dauernden Wertminderung* mit dem *sog. niedrigeren Teilwert* angesetzt werden. Aufgrund des Maßgeblichkeitsgrundsatzes nach § 5 Abs. 1 Satz 1 EStG besteht allerdings in den Fällen einer voraussichtlich dauernden Wertminderung eine *Pflicht zum Ansatz des niedrigeren Wertes.*[867] Liegt jedoch nur eine vorübergehende Wertminderung bei

---

[863] Vgl. *Richter*, in: Herrmann/Heuer/Raupach, EStG/KStG, § 6 EStG, Anm. 811.

[864] *Hoyos/Schramm//M. Ring*, in: Beck´scher Bilanzkommentar, § 253 HGB, Rn. 288.

[865] Vgl. *Adler/Düring/Schmaltz*, § 253 HGB, Rn. 459; *Häuselmann*, BB 1992, 312, 318; *Lindemann*, Besteuerung von Aktienfonds, S. 227 ähnlich in Bezug auf Investmentanteile an einem Sondervermögen.

[866] *Adler/Düring/Schmaltz*, § 253 HGB, Rn. 460 f.; *Hoyos/Schramm//M. Ring*, in: Beck´scher Bilanzkommentar, § 253 HGB, Rn. 289; *Thiele/Breithaupt*, in: Baetge/Kirsch/Thiele, Bilanzrecht, § 253 HGB, Rn. 312.

[867] *Birk*, Steuerrecht, Rn. 825.

der Beteiligung vor, darf aufgrund der abschließenden steuerlichen Spezialregelung trotz § 253 Abs. 2 Satz 3 zweiter Hs. HGB keine Teilwertabschreibung erfolgen.[868]

Der Teilwert ist gem. § 6 Abs. 1 Nr. 1 S. 3 EStG der Betrag, den ein Erwerber des ganzen Betriebs im Rahmen des Gesamtkaufpreises für das einzelne Wirtschaftsgut ansetzen würde, wobei davon ausgegangen wird, dass der Erwerber den Betrieb fortführt. Nach den sog. *Teilwertvermutungen*, welche von der Rechtsprechung zur Vereinfachung der Teilwertermittlung aufgestellte allgemeine Erfahrungssätze darstellen,[869] besteht bei *betriebsnotwendigen Wirtschaftsgütern* eines Betriebs die Vermutung dafür, dass ein gedachter Erwerber des Betriebs den Wiederbeschaffungswert ansetzen würde. Handelt es sich hingegen um nicht betriebsnotwendige, d.h. um *für den Betrieb entbehrliche Wirtschaftsgüter*, für die keine Wiederbeschaffungsabsicht des gedachten Betriebserwerbers angenommen werden kann, wird vermutet, dass der Veräußerungswert der zutreffende Teilwert ist.[870] Die im Anlagevermögen gehaltenen Investment-AG-Aktien sind regelmäßig als betriebsnotwendig anzusehen, da unterstellt werden kann, dass sie als Anlagevermögen zur langfristigen Bindung von Eigenkapital dem Betrieb dienen und damit nicht entbehrlich sind.[871] Damit ist der Wiederbeschaffungswert, d.h. bei börsengehandelten Investment-AG-Aktien der aktuelle niedrigere Börsenpreis und bei von der Investment-AG bezogenen Aktien der Ausgabepreis jeweils zuzüglich Anschaffungsnebenkosten, maßgebend.

#### (2) Abzugsbeschränkungen in § 8 Abs. 2 S. 1 erster Hs. i.V.m. Abs. 3 S. 2 InvStG

Werden die Aktien der Investment-AG nach den dargestellten Grundsätzen mit einem niedrigeren Teilwert angesetzt, sind in Bezug auf den daraus resultierenden Verlust jedoch die für den betrieblichen Investmentanleger in § 8 Abs. 2 S. 1 erster Hs. i.V.m. Abs. 3 S. 2 InvStG geregelten *Abzugsbeschränkungen* des § 3c Abs. 2 EStG (bei einkommensteuerpflichtigen betrieblichen Anlegern) und § 8b Abs. 3 S. 3 KStG (bei körperschaftsteuerpflichtigen Anlegern) zu beachten. Letztere bewirken eine hälftige bzw. volle Zurechnung des Teils der Teilwertabschreibung außerhalb der Bilanz, welcher auf Minderungen des Werts der Investment-AG aus Anteilen an Kapitalgesellschaften beruht (negativer Aktiengewinn).[872] In systematischer Hinsicht wird dadurch das Transparenzprinzip verwirklicht, weil beim Direktanleger ebenfalls Teilwertabschrei-

---

868 *Birk*, Steuerrecht, Rn. 825.

869 *Thiele/Breithaupt*, in: Baetge/Kirsch/Thiele, Bilanzrecht, § 253 HGB, Rn. 327.

870 Vgl. *Hoyos/Schramm/M. Ring*, in: Beck'scher Bilanz-Kommentar, § 253 HGB, Rn. 315 f.; *Fischer*, in: Kirchhof, EStG, § 6 Rn. 94; *Glanegger*, in: Schmidt, EStG, § 6 Rn. 228. Diese Unterscheidung zwischen betriebsnotwendigen und entbehrlichen Wirtschaftsgütern nimmt der Bundesfinanzhof (BFH) auch bei der Teilwertermittlung von Investmentanteilen an einem Sondervermögen vor, vgl. BFH, Urt. v. 22.3.1972 I R 199/69, BStBl II 1972, 489, 490; Urt. v. 5.10.1972 IV R 118/70, BStBl II 1973, 207, 208.

871 Vgl. Lindemann, Aktienfonds, S. 228 zur Teilwertermittlung von Investmentanteilen an einem Sondervermögen.

872 Vgl. Bericht des Finanzausschusses v. 5.11.2003, BT-Drucks. 15/1944, S. 18; *Ramackers*, in: Littmann/Bitz/Pust, EStG, § 8 InvStG, Rn. 30.

bungen auf Anteile an Kapitalgesellschaften nach § 3c Abs. 2 EStG bzw. § 8b Abs. 3 S. 3 KStG nur beschränkt berücksichtigt werden dürfen.[873]

Obschon die für den Investmentanleger relevanten Abzugsbeschränkungen in § 8 Abs. 2 S. 1 erster Hs. InvStG normiert werden, ist der diesen Beschränkungen zu unterwerfende negative Anleger-Aktiengewinn wiederum erst in § 8 Abs. 3 S. 2 InvStG festgeschrieben. Danach berechnet sich der maßgebliche Anleger-Aktiengewinn aus der Differenz des Fonds-Aktiengewinns auf den Rücknahmepreis/Börsen- oder Marktpreis[874] zum Bewertungstag, auf den die Teilwertabschreibung vorgenommen wird, und dem Fonds-Aktiengewinn auf den Rücknahmepreis/Börsen- oder Marktpreis zum Anschaffungszeitpunkt. Zudem bestimmt § 8 Abs. 3 S. 2 letzter Hs. InvStG, dass nur der Teil des berechneten negativen Anleger-Aktiengewinns der Korrektur nach § 3c Abs. 2 EStG bzw. § 8b Abs. 3 S. 3 KStG unterliegt, der sich tatsächlich in einer Teilwertabschreibung niedergeschlagen hat.

Beispiel: Der betriebliche und bilanzierende Anleger A hat einen Anteil an der Investment-AG für 100 € erworben. Der Fonds-Aktiengewinn beträgt zu dem Anschaffungszeitpunkt 0. Der Wert der von der Investment-AG gehaltenen Anteilen an Kapitalgesellschaften sinkt in der Folgezeit um 20 €, während die festverzinslichen Anlageprodukte ihren Wert um 10 € steigern. Der Wert der Investment-AG-Aktie beträgt demnach am nächsten Bilanzstichtag nur noch 90 €. A schreibt die Aktie in der Steuerbilanz auf den niedrigen Teilwert von 90 € ab. Der Fonds-Aktiengewinn zum Bilanzstichtag beträgt ./. 20. Der nach § 8 Abs. 3 S. 2 InvStG zu ermittelnde Anleger-Aktiengewinn beträgt ./. 20. Letzterer hat sich aber nur in Höhe von 10 in der Teilwertabschreibung ausgewirkt. Im Ergebnis unterliegt nur dieser Teil des negativen Anleger-Aktiengewinns den Abzugsbeschränkungen des § 3c Abs. 2 EStG (wenn A einkommensteuerpflichtig ist) bzw. § 8b Abs. 3 S. 3 KStG (wenn A körperschaftsteuerpflichtig ist). Es kommt damit zu einer außerbilanziellen Hinzurechnung in Höhe von 5 (wenn A einkommensteuerpflichtig ist) bzw. 10 (wenn A körperschaftsteuerpflichtig ist).

Wird die Investment-AG-Aktie nach Vornahme einer Teilwertabschreibung in den Folgejahren veräußert oder an die Investment-AG zurückgegeben, ist in einem ersten Schritt der weiter oben beschriebene gesamte besitzzeitanteilige Anleger-Aktiengewinn nach § 8 Abs. 3 S. 1 InvStG zu ermitteln, also der Differenzbetrag aus dem Fonds-Aktiengewinn auf den Wert des Investmentanteils zum Zeitpunkt der Veräußerung und dem Fonds-Aktiengewinn auf den Wert des Investmentanteils zum Zeitpunkt der Anschaffung.[875] In einem zweiten Schritt ist dieser jedoch gem. § 8 Abs. 3 S. 4 InvStG in Höhe des negativen Anleger-Aktiengewinns, der bereits in den Vorjahren bei einer Teilwertabschreibung steuerwirksam berücksichtigt wurde, zu berichtigen, um eine mehrfache Berücksichtigung des negativen Anleger-Aktiengewinns zu vermeiden.[876]

---

[873] Vgl. *Intemann*, in: Herrmann/Heuer/Raupach, EStG/KStG, Anm. J 03-23 zum InvStG.

[874] Bei Investment-AG mit fixem Kapital ist anstelle des "Rücknahmepreises" auf den Börsen- oder Marktpreis abzustellen, siehe oben Kapitel 4 § 2 B I 2 c).

[875] Siehe oben Kapitel 4 § 2 B I 2 c).

[876] Das Gesetz ist an dieser Stelle leider erneut etwas ungenau, da es scheinbar davon ausgeht, dass die Teilwertabschreibung grundsätzlich im Vorjahr vor der Veräußerung bzw. Rückgabe stattfindet, was aber nicht zwangsläufig der Fall sein muss. Der Gesetzeswortlaut muss daher dergestalt ausgelegt werden, dass der negative Anleger-Aktiengewinn von der Berichtigung erfasst wird, der

### (3) Zuschreibung

Fallen die Gründe für die Vornahme einer Teilwertabschreibung in späteren Geschäftsjahren weg, schreibt § 6 Abs. 1 Nr. 2 Satz 3 i.V.m. Nr. 1 S. 4 EStG zwingend eine Rückgängigmachung der Abschreibung durch eine Zuschreibung bis zur Höhe der Anschaffungskosten vor.[877] Soweit die Zuschreibung auf Wertsteigerungen im Aktiengewinn zurückzuführen ist, bleibt sie nach § 8 Abs. 1 S. 3 InvStG gem. § 3 Nr. 40 S. 1 Buchst a) EStG bei einkommensteuerpflichtigen hälftig und bei körperschaftsteuerpflichtigen Anlegern gem. § 8b Abs. 2 S. 3, Abs. 3 S. 1 KStG zu 95% steuerfrei.[878]

#### *b) Bewertung von Anteilen im Umlaufvermögen*

##### *aa) Handelsbilanz*

Sind die Anteile an der Investment-AG dem Umlaufvermögen zuzuordnen, schreibt § 253 Abs. 3 Satz 1 und 2 HGB bei einer Wertminderung, unabhängig davon, ob es sich dabei um eine dauernde oder vorübergehende handelt, für die Handelsbilanz *zwingend den Ansatz des niedrigeren Werts* als die Anschaffungskosten vor (sog. strenges Niederstwertprinzip). Abzuschreiben sind die als Wertpapiere einzuordnenden Anteile an der Investment-AG nach § 253 Abs. 3 S. 1 HGB auf den Börsen- oder Marktpreis. Die Höhe des Börsen- und Marktpreises hängt nach der h.M. bei Wertpapieren davon ab, ob mit einer baldigen Veräußerung des Wertpapiers zu rechnen ist oder noch keine Veräußerungsabsicht für das Wertpapier besteht.[879] Im Falle der baldigen Veräußerung sollen der Börsen- und Marktpreis aus dem *Absatzmarkt* abgeleitet werden. Dies bedeutet, dass bei börsengehandelten Investment-AG-Aktien der um die zu erwartenden Verkaufsspesen geminderte Börsenkurs als niedriger Wert anzusetzen ist, während bei von einer Investment-AG ausgegebenen rückerwerbbaren Aktien der sog. Rücknahmepreis, welcher nach § 105 Abs. 3 S. 1 InvG dem anteiligen Inventarwert abzüglich eines in der Satzung festzusetzenden Abschlags für die Transaktionskosten entspricht, maßgebend ist. Ist davon auszugehen, dass die Wertpapiere zunächst noch im Umlaufvermögen verbleiben, wird hingegen der *Beschaffungsmarktpreis* (Käuferperspektive) als Bewertungsmaßstab genommen. Demnach sind die Investment-AG-Aktien entweder mit dem gesunkenen Börsenkurs zuzüglich der Anschaffungsnebenkosten oder mit dem Ausgabepreis zuzüglich Nebenkosten zu bewerten. In Bezug auf eine Wertaufholung kann auf das zum Anlagevermögen Gesagte verwiesen werden.

---

sich in den Vorjahren in einer Teilwertabschreibung niedergeschlagen hat, vgl. auch *Bacmeister*, BB 2004, 2787, 2791 mit Beispiel zu einer Berichtigung auf S. 2792.

877 Vgl. *Richter*, in: Herrmann/Heuer/Raupach, EStG/KStG, § 6 EStG, Anm. 812.

878 Die Einbeziehung der Zuschreibung in die 5%ige Pauschalbesteuerung nach § 8b Abs. 3 S. 3 KStG bewirkt beim körperschaftsteuerpflichtigen Investmentanleger ebenso wie beim Direktanleger, dass die Summe einer Teilwertabschreibung und -zuschreibung nicht steuerneutral ist und es insoweit zu einer systemwidrigen 5%igen Doppelbesteuerung kommt, vgl. *Desens*, Das Halbeinkünfteverfahren, S. 294 mwN.

879 *Adler/Düring/Schmaltz*, § 253 HGB Rn. 502; *Thiele/Prigge*, in: Baetge/Kirsch/Thiele, Bilanzrecht, § 253 HGB, Rn. 438; *Ellrot/St.Ring*, in: Beck´scher Bilanzkommentar, § 253 HGB, Rn. 609 f.; *Karrenbauer/Döring/Buchholz*, in: Handbuch der Rechnungslegung, § 253 HGB, Rn. 191.

*bb) Steuerbilanz*

Steuerrechtlich kann gem. § 6 Abs. 1 Nr. 2 Satz 2 EStG nur bei einer *voraussichtlich dauernden Wertminderung* eine Teilwertabschreibung auf die Anteile an der Investment-AG vorgenommen werden, wobei das steuerliche Wahlrecht aufgrund des Maßgeblichkeitsprinzips auch hier eine Pflicht zur Abschreibung begründet.[880] Abgesehen von der problematischen Frage, wann bei Wirtschaftsgütern im Umlaufvermögen eine dauernde Wertminderung vorliegt,[881] ist für die Bestimmung des Teilwerts – wie beim Anlagevermögen – entscheidend, ob die Investment-AG-Aktien als betriebsnotwendig oder als betriebsentbehrlich einzustufen sind. Dabei wird bei zum Umlaufvermögen gehörenden Investmentanteilen grundsätzlich vermutet, dass sie entbehrlich seien.[882] Damit ist der zutreffende Teilwert der Investment-AG-Aktien der Veräußerungswert, d.h. bei börsengehandelten Investment-AG-Aktien der um die zu erwartenden Verkaufsspesen geminderte Börsenkurs und bei von einer Investment-AG mit veränderlichem Kapital ausgegebenen rückerwerbbaren Aktien der Rücknahmepreis i.S.d. § 105 Abs. 3 S. 1 InvG.[883] In Bezug auf die Abzugsbeschränkungen des § 8 Abs. 2 S. 1 erster Hs. i.V.m. § 8 Abs. 3 S. 2 InvStG sowie die Zuschreibung gilt entsprechend das, was zu den Investment-AG-Aktien ausgeführt wurde, die sich im Anlagevermögen befinden.

## III. Zwischengewinnbesteuerung

Als nächstes soll der Frage nachgegangen werden, inwieweit die im Rahmen der Veräußerung bzw. Rückgabe von im Privatvermögen gehaltenen Anteilen an der Investment-AG bereits ausführlich untersuchte Zwischengewinnbesteuerung bei im Betriebsvermögen gehaltenen Investmentanteilen zur Anwendung kommt. Dabei markiert die verschiedenartig ausgestaltete Besteuerung von Veräußerungs- bzw. Rückgabegewinnen bei Privatanlegern einerseits und derjenigen bei betrieblichen Anlegern andererseits den Ausgangspunkt. Bei Privatanlegern ist ein Veräußerungs- bzw. Rückgabegewinn aus der Beteiligung an der Investment-AG nur innerhalb der einjährigen Veräußerungsfrist des § 23 Abs. 1 S. 1 Nr. 2 EstG steuerpflichtig, so dass an sich außerhalb der Veräußerungsfrist erzielte Veräußerungs- bzw. Rückgabegewinne mit darin enthaltenen Zinserträgen nicht der Besteuerung unterliegen. Demnach wäre aber der private Investmentanleger gegenüber dem Direktanleger von zinsträchtigen Wertpapieren bessergestellt, da nur letzterer bei Veräußerung unabhängig von einer Haltefrist die mitvergüteten auf den Zeitraum bis zur Veräußerung entfallenden Zinsen des laufenden Zinszahlungszeitraums (sog. Stückzinsen, § 20 Abs. 2 Nr. 3 EStG) bzw. den Kapitalertrag (§ 20 Abs. 2 Nr. 4 EStG) versteuern müsste.[884] Der Beseitigung eben

---

880 Vgl. *Birk*, Steuerrecht, Rn. 829.

881 *Hoyos/Schramm/M. Ring*, in: Beck'scher Bilanzkommentar, § 253 HGB, Rn. 20.

882 *Häuselmann*, BB 1992, 312, 319; *Lindemann*, Aktienfonds, S. 229; *Stotz*, Besteuerung von Wertpapier-Investmentfonds, S. 177; *Stoschek/Peter/Bittner*, FR 2003, 941, 947.

883 Vgl. zur Teilwertermittlung bei Investmentanteilen an einem Sondervermögen, BFH, Urt. v. 22.3.1972 I R 199/69, BStBl II 1972, 489, 490; Urt. v. 5.10.1972 IV R 118/70, BStBl II 1973, 207, 208; *Lindemann*, Aktienfonds, S. 229 u. 232; *Häuselmann*, BB 1992, 312, 319.

884 Siehe oben Kapitel 4 § 2 A III 1.

dieses Verstoßes gegen das Transparenzprinzip dient die Normierung einer Zwischengewinnbesteuerung, indem sie die im Veräußerungs- bzw. Rückgabepreis seit dem letzten Ausschüttungs- bzw. Thesaurierungstermin enthaltenen Zinserträge als Zwischengewinn steuerpflichtig stellt.[885]

Demgegenüber ist bei betrieblichen Investmentanlegern der Veräußerungs- bzw. Rückgabegewinn, der sich mangels spezialgesetzlicher Regelung nach den allgemeinen Vorschriften der § 4 und § 5 EStG ermittelt, abgesehen von dem darin enthaltenen Aktiengewinn i.S.d. § 8 InvStG generell steuerpflichtig und umfasst dabei automatisch auch mitvergütete Zinserträge.[886] An einer Besteuerungslücke wie bei privaten Investmentanlegern, die durch eine gesonderte Besteuerung des Zwischengewinns geschlossen werden müsste, fehlt es daher von vorneherein. Demzufolge ist für eine konstitutive Besteuerung des Zwischengewinns nach § 1 Abs. 4 i.V.m. § 2 Abs. 1 S. 1 erster Hs. InvStG und § 5 Abs. 3 S. 2 InvStG bei betrieblichen Anlegern kein Raum.[887] Die gesonderte Besteuerung des Zwischengewinns ist aufgrund ihrer beschriebenen Zielsetzung vielmehr ausschließlich auf Privatanleger anzuwenden.[888]

Für Zwecke des Zinsabschlags ist jedoch ausnahmsweise auch bei betrieblichen Anlegern die Zwischengewinnregelung des § 7 Abs. 1 S. 1 Nr. 4 InvStG zu berücksichtigen.[889] Dies ist darauf zurückzuführen, dass bei Erhebung des Zinsabschlags mangels Kenntnis der zuständigen Stelle über die Zuordnung der Investmentanteile zu einem Privat- oder Betriebsvermögen nur einheitlich bei allen Investmentanlegern ein Zinsabschlag auf die in dem Veräußerungs- bzw. Rückgabepreis enthaltenen Zinseinnahmen, ergo Zwischengewinn, erhoben werden kann.[890]

### IV. Gewerbesteuer

Zusätzlich zur Belastung durch Einkommen- bzw. Körperschaftsteuer tritt bei der Veräußerung bzw. Rückgabe von Anteilen an der Investment-AG noch die Gewerbesteuerbelastung hinzu, wenn der veräußernde bzw. rückgebende Anteilseigner eine Kapitalgesellschaft, ein Einzelunternehmer oder eine Mitunternehmerschaft ist, wobei

---

885 Gesetzesbegründung zum EURLUmsG, BT-Drucks. 15/3677, S. 48; siehe schon Gesetzesbegründung zum StMBG, BT-Drucks. 12/5630, S. 77; Begründung der Bundesregierung zum StMBG, BT-Drucks. 12/5764, S. 38.

886 *Häuselmann/Ludemann*, FR 2005, 415, 418.

887 *Häuselmann/Ludemann*, FR 2005, 415, 418 u. 420; wohl auch BMF-Schreiben v. 2.6.2005 zum InvStG, BStBl I 2005, 728, Rz. 26, indem es erklärt: „Der Zwischengewinn ist bei Fondsanteilen im Betriebsvermögen nicht neben dem Ergebnis der Veräußerung oder Rückgabe des Investmentanteils anzusetzen, sondern in diesem enthalten."; zur vergleichbaren Besteuerung des Zwischengewinns unter dem KAGG, *Baur*, Investmentgesetze, § 39 KAGG, Rn. 54.

888 *Häuselmann/Ludemann*, FR 2005, 415, 418; zur vergleichbaren Besteuerung des Zwischengewinns unter dem KAGG und dem AuslInvestmG, *Baur*, Investmentgesetze, § 39 KAGG, Rn. 54; *Lübbehausen*, in: Brinkhaus/Scherer, KAGG/AuslInvestmG, § 39 KAGG, Rn. 77; *Brinkhaus*, in: Brinkhaus/Scherer, KAGG/AuslInvestmG, § 17 AuslInvestmG, Rn. 98.

889 *Häuselmann/Ludemann*, FR 2005, 415, 421; BMF-Schreiben v. 2.6.2005 zum InvStG, BStBl I 2005, 728, Rz. 26; zum Zinsabschlag auf den Zwischengewinn schon ausführlich siehe oben Kapitel 4 § 2 A III 4.

890 *Häuselmann/Ludemann*, FR 2005, 415, 421.

bei den beiden letzteren eine gewerbliche Tätigkeit i.S.d. § 15 Abs. 2 EStG vorliegen muss.[891] Da der Gewerbeertrag i.S.d. § 7 S. 1 GewStG an den nach dem EStG oder KStG (mit Verweis auf das EStG) zu ermittelnden Gewinn aus dem Gewerbebetrieb anknüpft, schlagen die nach § 8 InvStG auf den Anleger-Aktiengewinn anzuwendenden §§ 3 Nr. 40, 3c Abs. 2 EStG und § 8b KStG auch auf die Ermittlung der Gewerbesteuer durch.[892] Veräußert bzw. gibt eine Mitunternehmerschaft ihren Anteil an der Investment-AG zurück, stellt § 7 S. 4 GewStG klar, dass bei der Ermittlung des Gewerbeertrags der Mitunternehmerschaft der auf beteiligte natürliche Personen entfallende Aktiengewinn aus der Veräußerung bzw. Rückgabe den Vorschriften des §§ 3 Nr. 40, 3c Abs. 2 EStG, der auf beteiligte Kapitalgesellschaften entfallende Aktiengewinn hingegen dem § 8b KStG unterliegt.

## C. Zusammenfassung

Zusammenfassend kann festgehalten werden, dass bei Veräußerung bzw. Rückgabe eines Anteils an einer Investment-AG durch einen Privatanleger dieser Vorgang nach § 8 Abs. 5 Hs. 1 InvStG i.V.m. § 23 Abs. 1 S. 1 Nr. 2 EStG steuerbar ist, wenn der Zeitraum zwischen Anschaffung und Veräußerung bzw. Rückgabe des Investmentanteils nicht mehr als ein Jahr beträgt. Eine Ungleichbehandlung gegenüber dem Direktanleger besteht insoweit darin, dass die Teile des Erlöses, die auf Aktien beruhen, nicht dem Halbeinkünfteverfahren gem. § 3 Nr. 40 S. 1 Buchst. j) EStG unterworfen werden. Eine Gleichstellung von Investmentanleger und Direktanleger wird allerdings in Bezug auf die Zinseinnahmen durch die Besteuerung des Zwischengewinns hergestellt, indem die im Veräußerungs- bzw. Rückgabepreis des Investmentanteils enthaltenen Entgelte für bisher unversteuerte Zinsen und Zinsansprüche steuerpflichtig gestellt werden. Eine reguläre Besteuerung des Zwischengewinns beim privaten Investmentanleger findet jedoch nur dann statt, wenn die Investment-AG den Zwischengewinn bewertungstäglich ermittelt und zusammen mit dem Inventarwert veröffentlicht. Anderenfalls greift die Pauschalbesteuerung nach § 5 Abs. 3 S. 2 InvStG. Beim betrieblichen Investmentanleger spielt die Zwischengewinnbesteuerung keine Rolle, da es an einer zu schließenden Besteuerungslücke von vorneherein fehlt. Denn hier ist der Veräußerungs- bzw. Rückgabegewinn generell auch außerhalb einer Einjahresfrist steuerpflichtig und umfasst automatisch mitvergütete Zinserträge. Um eine Gleichstellung mit dem betrieblichen Direktanleger zu bewirken, wird auf den Teil des Gewinns, der auf von der Investment-AG gehaltenen Anteilen an Kapitalgesellschaften beruht (sog. positiver Aktiengewinn), gem. § 8 Abs. 1 S. 1 zweiter Hs. InvStG die 95%ige Steuerfreistellung nach § 8b Abs. 2 i.V.m. Abs. 3 S. 1 KStG (bei körperschaftsteuerpflichtigen Anlegern) bzw. die hälftige Steuerfreistellung nach § 3 Nr. 40 S. 1 Buchst. a) EStG (bei einkommensteuerpflichtigen betrieblichen Anlegern) angewandt. Die rechnerische Ermittlung des Aktiengewinns wie auch die Normierung im Gesetz sind nur unbefriedigend geregelt und werfen dadurch viele offene Fragen, wie z.B. die Abzugsfähigkeit von Werbungskosten, auf.

---

891 Siehe oben Kapitel 4 § 1 A II 2 c).

892 Vgl. *v. Twickel,* in: Blümich, EStG/KStG/GewStG, § 7 GewStG, Rn. 112.

# Fünftes Kapitel: Internationale Aspekte bei der Besteuerung der Investment-AG

Investment-AG investieren je nach ihrer Anlagepolitik in inländische, möglicherweise aber auch in ausländische Vermögensgegenstände i.S.d. § 99 Abs. 2 S. 2 i.V.m. § 2 Abs. 4 Nr. 1 bis 4 und 7 bis 9 InvG (sog. Outbound-Investition). Die Outbound-Investition ist dadurch gekennzeichnet, dass die Investment-AG und ihre Anleger in Deutschland ansässig sind, wohingegen die Investitionen der Investment-AG im Ausland getätigt werden. Im Gegensatz dazu steht eine sog. Inbound-Investition, die vorliegt, wenn sich ausländische Investoren an einer inländischen Investment-AG beteiligen.

Im Folgenden wird in einem ersten Abschnitt die Besteuerung der Outbound-Investition untersucht, wobei allerdings nicht jede einzelne denkbare Konstellation betrachtet wird. An Stelle dessen soll ein besonderes Augenmerk auf ausländische Zins- und Dividendenerträge der Investment-AG gerichtet werden. In einem zweiten Abschnitt wird die Besteuerung der Inbound-Investition betrachtet, wobei der Umfang der in Deutschland steuerbaren laufenden Investmenterträge auf Ebene der ausländischen Investoren sowie die eventuelle Steuerpflicht der Veräußerung bzw. Rückgabe des Anteils an der Investment-AG durch die gebietsfremden Anleger in den Mittelpunkt gerückt wird. Die Untersuchung beschränkt sich in diesem Zusammenhang auf den ausländischen Anteilseigner, der keinen inländischen Betrieb (z.B. in Gestalt einer Betriebsstätte i.S.d. § 12 AO) unterhält und damit die Investmenterträge der Investment-AG außerhalb eines inländischen Betriebs erzielt.

## § 1 Investment-AG mit Einkünften im Ausland (Outbound-Investition)

Inländische Anteilseigner einer Investment-AG, die nach § 1 Abs. 1 S. 1, Abs. 2, Abs. 3 EStG, §§ 2, 5 AStG oder § 1 Abs. 1 KStG in Deutschland unbeschränkt steuerpflichtig sind, unterliegen mit ihrem gesamten Welteinkommen, d.h. sowohl mit inländischen als auch ausländischen Einkünften, der Besteuerung.[893] Vor diesem Hintergrund unterscheidet das InvStG nicht zwischen in- und ausländischen Investmenterträgen der Investment-AG, sondern unterwirft sämtliche ausgeschüttete sowie ausschüttungsgleiche Erträge der Besteuerung bei den Anteilseignern, unabhängig davon, ob die Erträge ihren Ursprung im In- oder Ausland haben (vgl. § 1 Abs. 3 S. 2, 3 i.V.m. § 2 Abs. 1 S. 1 InvStG).[894] Ausländische Investmenterträge aus Investitionen der Investment-AG im Ausland werden also in Deutschland aufgrund des Welteinkommensprinzips auf Ebene der inländischen Anteilseigner zur Steuer herangezogen. Da die Steuerbefreiung der Investment-AG nach § 11 Abs. 1 S. 3 i.V.m. S. 2 InvStG nur im Inland Wirkung entfaltet, werden die von der Investment-AG im Ausland erzielten Erträge daneben regelmäßig auch in dem ausländischen Staat, in dem die Quelle der Erträge liegt (sog. Quellenstaat), besteuert. Die Investment-AG unterliegt dabei

---

[893] Vgl. *Frotscher*, Internationales Steuerrecht, § 4 Rn. 100.

[894] Vgl. *Baur*, Investmentgesetze, § 40 KAGG, Rn. 24 zur Besteuerung von ausländischen Investmenterträgen unter Geltung des KAGG.

im Ausland mit den dort erzielten Einkünften – vergleichbar den inländischen Regelungen in (§ 1 Abs. 4 EStG bzw. §§ 2, 31 KStG i.V.m.) § 49 EStG – einer beschränkten Steuerpflicht, da nur die aus dem Ausland stammenden Einkünfte und nicht das Welteinkommen der Investment-AG besteuert wird.[895]

Dadurch, dass sowohl Deutschland als auch der Quellenstaat steuerliche Forderungen an die durch einen grenzüberschreitenden Sachverhalt erzielten (ausländischen) Investmenterträge knüpft, kommt es zu einer Doppelbesteuerung dieser Investmenterträge.[896]

Von der Struktur gesehen ist die Doppelbesteuerung als sog. *wirtschaftliche Doppelbesteuerung* einzuordnen, bei welcher mehr als ein Staat dasselbe wirtschaftliche Ergebnis (ausländische Investmenterträge) steuerlich belastet, die Erfassung aber bei verschiedenen Steuersubjekten (Anteilseigner/Investment-AG) erfolgt.[897]

Eine (wirtschaftliche) Doppelbesteuerung wird jedoch regelmäßig durch *bilaterale und unilaterale Maßnahmen* vermieden. Zu den bilateralen Maßnahmen gehören insbesondere die Abkommen zur Vermeidung der Doppelbesteuerung (DBA). DBA sind völkerrechtliche Verträge zwischen zwei Staaten, die nach Art. 59 Abs. 2 GG durch ein Zustimmungsgesetz zum nationalen Recht werden und die das Ziel verfolgen, die durch die Kollision der Besteuerungsansprüche der beteiligten Staaten hervorgerufene Doppelbesteuerung zu beseitigen oder wenigstens zu mindern.[898] Durch ein Doppelbesteuerungsabkommen werden keine Besteuerungsansprüche begründet, sondern nur die bestehenden innerstaatlichen Besteuerungsrechte beschränkt. Dies geschieht dergestalt, dass das DBA jeweils für die einzelnen Sachverhaltsgruppen bestimmt, welcher Vertragsstaat von seinem innerstaatlichen Besteuerungsrecht Gebrauch machen kann und welcher darauf verzichten muss.[899] Als unilaterale Maßnahmen werden demgegenüber Regelungen der nationalen Steuergesetzgebung (z.B. § 34c EStG) bezeichnet, in denen die Bundesrepublik Deutschland einseitig, d.h. unabhängig vom Vorgehen des anderen Staates, ihre Besteuerungsansprüche hinsichtlich des grenzüberschreitenden Sachverhalts normiert.[900]

---

895 Vgl. *Lübbehausen*, in: Brinkhaus/Scherer, KAGG/AuslInvestmG, § 40 KAGG, Rn. 81 f.; *Zeller*, Investmentfonds, S. 37; *Kronat*, Internationale Besteuerung von Wertpapier-Investmentfonds, S. 92.

896 *Baur*, Investmentgesetze, § 40 KAGG, Rn. 24; *Zeller*, Investmentfonds, S. 37 f.; *Kronat*, Internationale Besteuerung von Wertpapier-Investmentfonds, S. 92.

897 Vgl. *Schaumburg*, Internationales Steuerrecht, § 12, 12.5; *Frotscher*, Internationales Steuerrecht, § 1 Rn. 6; *Tillmanns/Mössner*, in: Mössner, Steuerrecht international tätiger Unternehmen, B 226. Im Gegensatz dazu steht die sog. juristische Doppelbesteuerung, welche gegeben ist, wenn derselbe Steuerpflichtige von mehr als einem Staat für denselben Steuergegenstand im selben Zeitraum zu gleichen oder vergleichbaren Steuern herangezogen wird, vgl. *Frotscher*, Internationales Steuerrecht, § 1 Rn. 5.

898 *Frotscher*, Internationales Steuerrecht, § 2 Rn. 44 u. 47.

899 *Frotscher*, Internationales Steuerrecht, § 2 Rn. 44; *Jacobs*, Internationale Unternehmensbesteuerung, S. 82.

900 *Schaumburg*, Internationales Steuerrecht, 16.3; *Frotscher*, Internationales Steuerrecht, § 2 Rn. 41.

DBA nehmen im Verhältnis zu den rein innerstaatlichen unilateralen Doppelbesteuerungsausgleichsmaßnahmen regelmäßig den Rang eines lex specialis ein und gehen daher letzteren vor (vgl. § 2 AO).[901] Aus diesem Grunde muss im Zusammenhang mit der Doppelbesteuerung der ausländischen Investmenterträge zunächst immer die Vermeidung der Doppelbesteuerung durch ein DBA geprüft werden, bevor in einem zweiten Schritt (wenn ein DBA nicht eingreift) auf unilaterale Maßnahmen als lex generalis zurückgegriffen werden kann.

## A. Vermeidung der Doppelbesteuerung der ausländischen Zins- und Dividendenerträge durch ein Doppelbesteuerungsabkommen

Die Vermeidung der Doppelbesteuerung der ausländischen Investmenterträge durch ein DBA – im Folgenden wird dabei, wie bereits angedeutet, die Untersuchung auf ausländische Zinserträge und Dividenden begrenzt – bedingt freilich, dass zwischen Deutschland als dem Ansässigkeitsstaat der Investment-AG und dem Quellenstaat ein DBA über Steuern vom Einkommen abgeschlossen wurde. Ist dies zu bejahen, hängt die Anwendung eines DBA zunächst davon ab, ob die Investment-AG bzw. ihre Anteilseigner dem persönlichen Anwendungsbereich des DBA unterfallen oder anders ausgedrückt, ob diese berechtigt sind, sich auf das DBA zu berufen (sog. Abkommensberechtigung).

### I. Abkommensberechtigung der Investment-AG

Nach Art. 1 OECD-Musterabkommen (OECD-MA)[902] sind solche *Personen abkommensberechtigt, die in einem Vertragsstaat oder in beiden Vertragsstaaten ansässig sind.* Der Begriff *"Personen"* i.S.d. Art. 1 OECD-MA umfasst gem. Art. 3 Abs. 1 Buchst. a OECD-MA *"natürliche Personen, Gesellschaften und andere Personenvereinigungen"*.

Zunächst ist zu klären, ob bei der Prüfung der Abkommensberechtigung auf die Investment-AG oder auf die einzelnen inländischen Anteilseigner abzustellen ist. Gegen ein Abstellen auf die Anteilseigner spricht die Tatsache, dass es für den einzelnen Anteilseigner sehr zeitaufwendig ist, im Falle einer in mehreren Quellenländern investierenden Investment-AG die jeweils maßgeblichen Abkommensbeschränkungen (insbesondere Quellensteuerreduktion)[903] selbst geltend zu machen. Zu dem Zeitaufwand kommen die mit der Geltendmachung der Abkommensbeschränkungen einhergehenden Kosten, die regelmäßig höher sind als die aus den DBA resultierende steuerliche Besserstellung.[904] Auf Grundlage dieser Erwägungen, die dazu führen

---

[901] *Frotscher*, Internationales Steuerrecht, § 2 Rn. 48; *Kruse/Drüen*, in: Tipke/Kruse, AO, § 2 Rn. 38; die zudem darauf hinweisen, dass im Falle des sog. "Treaty overriding" kein Vorrang des DBA besteht.

[902] DBA basieren häufig auf dem Musterabkommen der Organisation für wirtschaftliche Zusammenarbeit und Entwicklung (OECD-MA), vgl. *Frotscher*, Internationales Steuerrecht, § 2 Rn. 43. Im Folgenden stellt daher das Musterabkommen die Basis für die weitere Untersuchung dar.

[903] Dazu näher unten Kapitel 5 § 1 A II.

[904] Vgl. *Lindemann*, Aktienfonds, S. 355 f.; *Kronat*, Internationale Besteuerung von Wertpapier-Investmentfonds, S. 95.

könnten, Investment-AG mit ausländischen Investments für die Anleger unattraktiv zu machen, ist es vorzuziehen, dass die Investment-AG selbst und ausschließlich für ihre ausländischen Vermögensgegenstände die jeweiligen Abzugsbeschränkungen geltend macht und daher auch auf sie bei der Frage der Abkommensberechtigung abzustellen ist.

Voraussetzung für die Abkommensberechtigung der Investment-AG ist als Erstes, dass sie von dem bereits definierten Personenbegriff i.S.d. Art. 3 Abs. 1 Buchst. a OECD-MA umfasst wird. Die Investment-AG könnte als Gesellschaft im Sinne dieser Vorschrift anzusehen sein. *"Gesellschaften"* werden in Art. 3 Abs. 1 Buchst. b OECD-MA näher definiert als *"juristische Personen oder Rechtsträger, die für die Besteuerung wie juristische Personen behandelt werden"*. Für die Frage, ob ein Rechtsgebilde die Qualität einer juristischen Person hat, kommt es nicht auf die zivilrechtliche Beurteilung, sondern darauf an, ob das Rechtsgebilde als eigenständiges Steuersubjekt anerkannt wird.[905] Keine Bedeutung für die Qualifikation als juristische Person hat eine eventuelle persönliche oder sachliche Steuerbefreiung aufgrund innerstaatlicher oder abkommensrechtlicher Vorschriften.[906] Strittig ist in diesem Zusammenhang allerdings, ob die Steuersubjekteigenschaft aus Sicht des Quellenstaates (Anwendestaates)[907] oder aus Sicht des Gründungsstaates des Rechtsgebildes[908] zu beurteilen ist; darauf kommt es jedoch bei der Investment-AG nicht an, da diese als Kapitalgesellschaft grundsätzlich, d.h. bei inländischer als auch ausländischer Perspektive, als eigenständiges Steuersubjekt beurteilt wird[909] und damit abkommensrechtlich juristische Person (Gesellschaft) und damit Person i.S.d. Art. 3 Abs. 1 Buchst. a OECD-MA ist.

Nach inländischer Sichtweise, d.h. aus Sicht des Sitz- und Gründungsstaates der Investment-AG (Deutschland), ist die Investment-AG als Aktiengesellschaft eine Kapitalgesellschaft i.S.d. § 1 Abs. 1 Nr. 1 KStG und damit grundsätzlich ein (körperschaftsteuerpflichtiges) Steuersubjekt. Die Tatsache, dass die Investment-AG gem. § 11 Abs. 1 S. 3 i.V.m. S. 2 InvStG von der Körperschaftsteuer persönlich befreit ist, hat für die Qualifizierung als juristische Person i.S.d. Abkommensrechts, wie oben bereits angesprochen wurde, keine Bedeutung. Der Quellenstaat wird die Investment-AG ebenfalls regelmäßig als eigenständiges körperschaftliches Gebilde mit Steuersubjekteigenschaft betrachten, da Aktiengesellschaften weltweit als von den Gesellschaftern unabhängige Rechtspersonen angesehen werden.

Neben der Personeneigenschaft ist weitere Voraussetzung für die Abkommensberechtigung der Investment-AG, dass sie mindestens in einem der beiden Vertragsstaaten

---

905 *Wassermeyer*, in: Debatin/Wassermeyer, Doppelbesteuerung, Art. 1 MA Rn. 21 u. Rn. 27 sowie Art. 3 MA Rn. 18; *Lindemann*, Aktienfonds, S. 352; *Kluge*, Das Internationale Steuerrecht, S. 735; *Kronat*, Internationale Besteuerung von Wertpapier-Investmentfonds, S. 124; a.A. *Vogel*, in: Vogel/Lehner, DBA, Art. 3 Rn. 13, der maßgeblich auf eine nach der Rechtsordnung verliehene Rechtsfähigkeit abstellt.

906 *Wassermeyer*, in: Debatin/Wassermeyer, Doppelbesteuerung, Art. 1 MA Rn. 23 u. Art. 3 MA Rn. 18; *Lindemann*, Aktienfonds, S. 353.

907 Dafür *Wassermeyer*, in: Debatin/Wassermeyer, Doppelbesteuerung, Art. 1 MA Rn. 21 u. Art. 3 MA Rn. 18; *Lindemann*, Aktienfonds, S. 352; *Kluge*, Das Internationale Steuerrecht, S. 735.

908 So *Sorgenfrei*, IStR 1994, 465, 472 unter Berufung auf Art. 3 Ziff. 3 OECD-MA-Kommentar.

909 Vgl. *Henkel*, in: Mössner, Steuerrecht international tätiger Unternehmen, E 224; *Hey*, in: Tipke/Lang, Steuerrecht, § 18 Rn. 500.

des DBA *ansässig* ist (vgl. Art. 1 OECD-MA). Nach Art. 4 Abs. 1 S. 1 OECD-MA liegt eine Ansässigkeit einer Person in einem Vertragsstaat vor, wenn sie dort auf Grund des Wohnsitzes, ständigen Aufenthalts, Ortes der Geschäftsleitung oder einem ähnlichen Merkmal steuerpflichtig ist. Entscheidend für die Steuerpflicht in einem Vertragsstaat ist, dass die Person, hier also die Investment-AG, aufgrund der verschiedenen in Art. 4 Abs. 1 S. 1 OECD-MA genannten ortsbezogenen Merkmale abstrakt einer sog. Inländerbesteuerung (unbeschränkten Steuerpflicht) unterliegt.[910] Nicht erforderlich für die Steuerpflicht i.S.d. Art. 4 Abs. 1 S. 1 OECD-MA und damit für die Ansässigkeit ist hingegen, dass die Person einer Besteuerung tatsächlich unterworfen wird; eine persönliche Steuerbefreiung ist daher unerheblich.[911] Die Investment-AG hat ihre Geschäftsleitung in Deutschland (vgl. § 97 Abs. 1 Nr. 2 InvG). Daraus folgt, dass sie gem. § 1 Abs. 1 Nr. 1 KStG grundsätzlich einer unbeschränkten (Körperschaft-) Steuerpflicht in Deutschland unterliegt. Da die persönliche Steuerbefreiung der Investment-AG nach § 11 Abs. 1 S. 3 i.V.m. S. 2 InvStG keine Rolle spielt, ist sie in Deutschland ansässig i.S.d. Art. 4 Abs. 1 S. 1 OECD-MA. Im Ergebnis ist die Investment-AG also abkommensberechtigt.

## II. Abkommensrechtliche Beschränkungen bei ausländischen Zins- und Dividendenerträgen

*Ausländische Zinserträge* der Investment-AG gehören, unabhängig davon, ob sie ausgeschüttet oder thesauriert werden, im Inland gem. § 1 Abs. 3 S. 2 f. i.V.m. § 2 Abs. 1 S. 1 InvStG in voller Höhe bei den inländischen Privatanlegern zu den Einkünften aus Kapitalvermögen und bei inländischen betrieblichen Anlegern zu den Betriebseinnahmen im Rahmen der jeweiligen Gewinneinkunftsart.[912] Aufgrund der dem InvStG zugrundeliegenden wirtschaftlichen Betrachtungsweise des Zinsbegriffes sind von der Steuerpflicht nicht nur laufende Zinszahlungen, sondern auch ausländische Zinsen, die durch Veräußerung vereinnahmt werden, erfasst.[913] Nach Art. 11 Abs. 1 OECD-MA ist die Besteuerung von ausländischen Zinserträgen grundsätzlich in Deutschland als Ansässigkeitsstaat der Investment-AG erlaubt.[914] Daneben weist jedoch Art. 11 Abs. 2

---

[910] *Wassermeyer*, in: Debatin/Wassermeyer, Doppelbesteuerung, Art. 4 MA Rn. 25; *Lindemann*, Aktienfonds, S. 354; *Frotscher*, Internationales Steuerrecht, § 6 Rn. 214; *Tillmanns/Mössner*, in: Mössner, Steuerrecht international tätiger Unternehmen, B 410; *Lehner*, in: Vogel/Lehner, DBA, Art. 4 Rn. 25.

[911] *Lehner*, in: Vogel/Lehner, Doppelbesteuerungsabkommen, Art. 4 MA, Rn. 26; *Wassermeyer*, in: Debatin/Wassermeyer, Doppelbesteuerung, Art. 4 MA Rn. 25; *Kronat*, Internationale Besteuerung von Wertpapier-Investmentfonds, S. 139 f.

[912] Die ausländischen Zinserträge unterliegen ebenfalls auf der Ausgangsseite der Investment-AG dem Kapitalertragsteuerabzug gem. § 7 Abs. 1 u. Abs. 4 InvStG, dazu siehe oben Kapitel 4 § 1 A IV 1.

[913] Siehe oben Kapitel 4 § 1 A I 3 a).

[914] Hierbei wird unterstellt, dass die Investment-AG keine ausländische Betriebsstätte im Abkommenssine unterhält, was im Einzelfall beim Unterhalten eines Büros im Ausland denkbar wäre. Besteht eine solche, steht ausschließlich dem ausländischen Quellenstaat das Besteuerungsrecht für alle Einkünfte ausländischer Quellen in voller Höhe zu, soweit letztere der ausländischen Betriebsstätte zuzurechnen sind (Art. 7, Art. 5 OECD-MA). Nach dem Betriebsstättenvorbehalt be-

OECD-MA auch dem Quellenstaat das Recht zu, eine Quellensteuer in Höhe von höchstens 10% des Bruttobetrages der Zinsen zu erheben.[915]

Diese im OECD-MA vorgesehene Quellensteuerbegrenzung (oder auch Quellensteuerreduktion) wird in der Praxis auf zwei verschiedenen Wegen durchgesetzt:[916] Der erste Weg zeichnet sich dadurch aus, dass der Quellenstaat auf die Zinsen zunächst den nach seinem innerstaatlichen Recht geltenden höheren Steuersatz anwendet, anschließend den Differenzbetrag zwischen dem innerstaatlichen Steuersatz und dem niedrigen Abkommenssteuersatz im Rahmen eines besonderen Verfahrens dem Abkommensberechtigten (Investment-AG) erstattet. Die zweite verfahrenstechnische Möglichkeit besteht darin, dass der Quellenstaat bei Erhebung der Quellensteuer sogleich den nach dem DBA ermäßigten Steuersatz bei der Besteuerung der Zinsen zu Grunde legt. Voraussetzung dafür ist, dass die Investment-AG dem Quellenstaat bereits vor Erhebung der Quellensteuer ihre Abkommensberechtigung nachweist.

Die von der Investment-AG im Ausland erzielten *Dividendenerträge* unterliegen ebenfalls einerseits im Inland der Besteuerung: bei Privatanlegern und Einzelunternehmern bzw. Mitunternehmern sind sie gem. § 2 Abs. 2 InvStG i.V.m. § 3 Nr. 40 EStG hälftig einkommensteuerpflichtig; bei körperschaftsteuerpflichtigen betrieblichen Anlegern sind die in den ausgeschütteten und ausschüttungsgleichen enthaltenen ausländischen Dividendenerträge gem. § 2 Abs. 2 InvStG i.V.m. § 8b Abs. 1, Abs. 5 S. 1 KStG zu 5% körperschaftsteuerpflichtig.[917] Art. 10 Abs. 1 OECD-MA läßt diese Besteuerung in Deutschland als Ansässigkeitsstaat zu. Andererseits sieht Art. 10 Abs. 2 Buchst. b) OECD-MA vor, dass auch der Quellenstaat, in dem die die Dividenden zahlende Gesellschaft ansässig ist, eine 15%ige Quellensteuer auf den Bruttobetrag der Dividenden erheben darf.

Das sog. abkommensrechtliche Schachtelprivileg gem. Art. 10 Abs. 2 Buchst. a) OECD-MA, welches bei einer Beteiligung von mindestens 25% am Nennkapital der ausländischen Gesellschaft eine Quellensteuer in Höhe von nur 5% vorsieht, kommt regelmäßig jedenfalls bei einer Investment-AG, die nicht die Voraussetzungen der §§ 112 ff. InvG erfüllt, nicht zur Anwendung, da die Investment-AG gem. § 99 Abs. 3 i.V.m. § 64 Abs. 1 S. 4, Abs. 2 S. 1 InvG nur maximal zu 10% an einer ausländischen Kapitalgesellschaft beteiligt sein darf. Aus dem gleichen Grunde

---

steht dann ein Vorrang gegenüber den anderen Einkunftsarten (Art. 10 Abs. 4, Art. 11 Abs. 4 OECD-MA u.a.). Diese Konstellation soll allerdings im Rahmen dieser Arbeit nicht näher untersucht werden. Ausführungen dazu bei *Lindemann*, Aktienfonds, S. 360 f.; *Kronat*, Internationale Besteuerung von Wertpapier-Investmentfonds, S. 234 ff.

915 Zu beachten ist, dass ausländische Zinsen, die durch Veräußerung erzielt werden, nur dann der 10%igen Quellensteuer unterliegen, wenn das innerstaatliche Recht des Quellenstaates den Tatbestand der Nutzungsüberlassung von Kapital besteuert. Ordnet der Quellenstaat hingegen die Veräußerungszinsen als Veräußerungsgewinne ein, greift nicht die Doppelbesteuerungsregel für Zinsen, sondern für Veräußerungsgewinne in Art. 13 OECD-MA, vgl. *Lindemann*, Aktienfonds, S. 358 f.

916 Vgl. *Zeller*, Investmentfonds, S. 66 f.; *Kronat*, Internationale Besteuerung von Wertpapier-Investmentfonds, S. 93; *Henkel*, in: Mössner, Steuerrecht international tätiger Unternehmen, E 242.

917 Auf einen Kapitalertragsteuerabzug auf der Ausgansseite der Investment-AG wird bei ausländischen Dividenden – im Gegensatz zu ausländischen Zinserträgen – verzichtet, vgl. § 7 Abs. 1 Nr. 1 Buchst. a) i.V.m. Abs. 3 InvStG.

scheitert auch die Anwendung der sog. Mutter-Tochter-Richtlinie der EG[918], welche bei einer Gewinnausschüttung von einer in einem EG-Staat ansässigen Körperschaft an eine in einem anderen EG-Staat ansässigen Körperschaft, wobei letztere an der ausschüttenden Gesellschaft zu mindestens 25% beteiligt ist, einen Quellensteuersatz von 0% vorsieht.

## III. Anrechnung ausländischer Quellensteuer auf die Steuerschuld der inländischen Anteilseigner

### 1. Übertragung der Anrechnungsmöglichkeit aus dem DBA auf die Anteilseigner

Um eine Doppelbesteuerung sowohl der ausländischen Zinsen als auch der ausländischen Dividenden zu vermeiden, sieht Art. 23A Abs. 2 OECD-MA die Möglichkeit der Anrechnung der ausländischen Quellensteuer auf die inländische Steuerschuld vor. Von dieser Anrechungsmöglichkeit könnte nur die Investment-AG unmittelbar Gebrauch machen, da sie allein abkommensberechtigt ist. Die Investment-AG selbst ist aber gem. § 11 Abs. 1 S. 3 i.V.m. S. 2 InvStG persönlich steuerbefreit, so dass eine Anrechnung nach DBA ins Leere gehen würde.[919] Aus diesem Grunde überträgt § 4 Abs. 2 InvStG die Anrechnungsmöglichkeit aus dem DBA auf die inländischen (privaten und betrieblichen) Investmentanleger, bei denen die ausländischen (ausgeschütteten sowie thesaurierten) Zins- und Dividendenerträge zu einer inländischen Besteuerung herangezogen werden.[920]

Durch § 4 Abs. 2 InvStG wird jedoch nur eine Anrechnungsmöglichkeit für die Einkommen- bzw. Körperschaftsteuerschuld der Anleger übertragen. Eine Anrechnung der ausländischen Quellensteuer auf die Gewerbesteuer bei betrieblichen Investmentanlegern wird hingegen – wie beim Direktanleger – in der Praxis nicht vorgenommen.[921]

### 2. Endgültigkeit der ausländischen Quellensteuer

Voraussetzung für die Anrechnung der ausländischen Quellensteuer auf die Steuerschuld der inländischen Anteilseigner ist zunächst, dass die ausländische Steuer festgesetzt und gezahlt wurde und keinem Ermäßigungsanspruch unterliegt.[922] Mit dieser

---

918 Richtlinie 90/435/EWG des Rates v. 23.7.1990, ABl. EG Nr. L 225, S. 6 und Richtlinie 2003/123/EG des Rates zur Änderung der Richtlinie 90/435/EWG. Die Mutter-Tochter-Richtlinie geht in ihrem Anwendungsbereich den völkerrechtlichen Doppelbesteuerungsabkommen vor, siehe *Schaumburg*, Internationales Steuerrecht, 16.49.

919 Vgl. *Lindemann*, Aktienfonds, S. 363.

920 Vgl. *Zeller*, Investmentfonds, S. 45. Die Vorschrift des § 4 Abs. 1 InvStG, welche die Steuerfreistellung in Deutschland von ausländischen Investmenterträgen aufgrund eines DBA auf die inländischen Investmentanleger überträgt, kommt im Zusammenhang mit der Investment-AG nicht zur Anwendung, da diese vor allem ausländische Mieterträge sowie Gewinne aus der Veräußerung von im Ausland belegenen Immobilien betrifft, die aber von der Investment-AG wegen ihres begrenzten Anlagehorizonts gem. § 96 Abs. 2 S. 2 i.V.m. § 2 Abs. 4 Nr. 1-4 u. 7-9 InvG von vorneherein nicht erzielt werden können. Daher wird auf diese Vorschrift nicht weiter eingegangen.

921 *Wassermeyer*, in: Debatin/Wassermeyer, Doppelbesteuerung, Art. 23A MA, Rn. 104; *Tillmanns/Mössner*, in: Mössner, Steuerrecht international tätiger Unternehmen, B 494; *Frotscher*, Internationales Steuerrecht, § 5 Rn. 185.

922 Vgl. § 4 Abs. 2 S. 1 InvStG.

Bedingung soll verhindert werden, dass die inländischen Anteilseigner eine Steuerminderung zu Lasten des deutschen Steuerfiskus erhalten, ohne dass eine entsprechende Steuerbelastung im Ausland tatsächlich eingetreten ist. Der Gläubiger der ausländischen Einkünfte, in diesem Fall die Investment-AG, muss alle ihm zustehenden Ermäßigungsmöglichkeiten gegenüber dem ausländischen Staat, insbesondere auch die sich aus einem DBA wegen eines zu hohen innerstaatlichen Steuersatzes ergebenden Erstattungsansprüche,[923] ausgeschöpft haben.[924]

Eine Ausnahme von dem Erfordernis der "festgesetzten und gezahlten und keinem Ermäßigungsanspruch unterliegenden ausländischen Steuer" wird bei sog. fiktiven ausländischen Quellensteuern gemacht. Darunter versteht man Quellensteuern, die im Quellenstaat nicht oder nicht in voller Höhe einbehalten wurden, die aber dennoch nach dem Inhalt eines DBA mit bestimmten weniger entwickelten Staaten (z.B. Art. 24 II Buchst. b, c DBA China) in bestimmter Höhe angerechnet werden dürfen.[925] Bei Investmentanlegern ergibt sich die Möglichkeit der Anrechnung einer fiktiven ausländischen Quellensteuer aus § 4 Abs. 2 S. 4 InvStG i.V.m. § 34c Abs. 6 EStG.[926] Hintergrund der Anrechnung der fiktiven ausländischen Quellensteuern ist, dass dadurch Investitionen in Entwicklungsländern einen besonderen steuerlichen Anreiz erhalten sollen.[927]

### 3. Berechnung der anrechenbaren ausländischen Quellensteuer

Des Weiteren ist die Anrechnung der ausländischen Quellensteuer beim Anteilseigner auf den Betrag der deutschen Einkommen- bzw. Körperschaftsteuer begrenzt, der anteilig auf diese ausländischen (Zins- und Dividenden-) Einkünfte entfällt. Für die Ermittlung dieses *Anrechnungshöchstbetrags* sind in einem ersten Schritt die ausländischen Einkünfte, die mangels ausdrücklicher Regelung nach deutschem Steuerrecht zu ermitteln sind,[928] um die auf sie entfallende ausländische Quellensteuer zu erhöhen.[929] In einem zweiten Schritt ist die *deutsche Einkommen- bzw. Körperschaftsteuer* auf das gesamte Welteinkommen des jeweiligen Anteilseigners einschließlich der ausländischen Einkünfte unter Berücksichtigung der allgemeinen Tarifregeln (§§ 32a, 32b, 34 und 34b EStG oder § 23 KStG jeweils i.V.m. § 4 Abs. 2 S. 2 InvStG) zu ermitteln. Anschließend ist die deutsche Einkommen- bzw. Körperschaftsteuer nach

---

923 Siehe dazu oben Kapitel 5 § 1 A II.

924 *Frotscher*, Internationales Steuerrecht, § 5 Rn. 179; *Baur*, Investmentgesetze, § 40 KAGG, Rn. 47; *Lindemann*, Aktienfonds, S. 368.

925 *Frotscher*, Internationales Steuerrecht, § 5 Rn. 183.

926 Gesetzesbegründung zum InvStG, BT-Drucks. 15/1553, S. 125; BMF-Schreiben v. 2.6.2005 zum InvStG, BStBl I 2005, 728, Rz. 77; *Zeller*, Investmentfonds, S. 52; *Lindemann*, Aktienfonds, S. 369.

927 *Frotscher*, Internationales Steuerrecht, § 5 Rn. 183.

928 *Frotscher*, Internationales Steuerrecht, § 5 Rn. 180; *Schaumburg*, Internationales Steuerrecht, 15.78.; *Wassermeyer*, in: Debatin/Wassermeyer, Doppelbesteuerung, Art. 23A MA Rn. 110; *Henkel*, in: Mössner, Steuerrecht international tätiger Unternehmen, E 262.

929 Vgl. § 4 Abs. 2 S. 1 a.E. Durch die rechnerische Erhöhung der ausländischen Einkünfte um die ausländische Quellensteuer wird erreicht, dass die ausländische Quellensteuer sich nur einmal steuerermäßigend, nämlich bei der Steueranrechnung, auswirkt. Ohne die Erhöhung würde die ausländische Quellensteuer zudem auch noch die Bemessungsgrundlage mindern und sich daher doppelt steuerermäßigend auswirken, vgl. *Baur*, Investmentgesetze, § 40 KAGG, Rn. 49.

dem *Verhältnis der ausländischen Einkünfte zur Summe der Einkünfte* aufzuteilen.[930] Der sich daraus ergebende Betrag stellt den Höchstbetrag dar, bis zu dem die ausländische Quellensteuer angerechnet werden darf; eine über den Höchstbetrag hinausgehende ausländische Steuer (sog. Anrechnungsüberhang) kann weder vergütet noch vor- oder zurückgetragen werden:[931]

$$\textbf{Anrechnungshöchstbetrag} = \text{deutsche ESt bzw. KSt auf das Welteinkommen} * \frac{\text{ausländische Einkünfte}}{\text{Summe der Einkünfte}}$$

Der Anrechnungshöchstbetrag ist dabei gem. § 4 Abs. 2 S. 3 InvStG in dem Fall, in dem die Investment-AG ausländische Einkünfte aus mehreren Staaten bezieht, nicht – wie beim Direktanleger – für jeden ausländischen Staat gesondert (sog. per-country-limitation)[932], sondern für alle ausländischen Staaten zusammengefasst zu berechnen (sog. overall-limitation bzw. all-country-limitation)[933]. Dies bedeutet, dass in der oben aufgeführten Formel von der Größe "ausländische Einkünfte" sämtliche Einkünfte aus allen ausländischen Staaten, für die die Steueranrechnung in einem DBA angeordnet wird, erfasst werden.

## 4. Besonderheiten bei ausländischen Dividendenerträgen

Im Zusammenhang mit der Anrechnung der ausländischen Quellensteuer nehmen ausländische Dividendenerträge eine *Sonderstellung* ein. Indem die ausländischen Einkünfte bei der Berechnung des Anrechnungshöchstbetrags nach deutschem Steuerrecht zu ermitteln sind,[934] sind nach h.M. nur solche ausländischen Einkünfte in die Berechnung einzubeziehen, die in Deutschland steuerbar und nicht steuerbefreit sind.[935] Demnach sind die ausländischen ausgeschütteten sowie ausschüttungsgleichen Dividendenerträge der Investment-AG, welche bei den Anteilseignern den Steuerbegünstigungen des § 2 Abs. 2 InvStG unterliegen, bei der Ermittlung des Anrechnungshöchstbetrags, genauer gesagt bei den einzelnen Berechnungskomponenten, jeweils nur zur Hälfte (bei einkommensteuerpflichtigen privaten sowie betrieblichen Anle-

---

930 Vgl. § 4 Abs. 2 S. 2 InvStG.

931 *Schaumburg*, Internationales Steuerrecht, 15.73.; *Jacobs*, Internationale Unternehmensbesteuerung, S. 48.

932 Dazu *Frotscher*, Internationales Steuerrecht, § 5, Rn. 177; *Jacobs*, Internationale Unternehmensbesteuerung, S. 45 ff.; *Schaumburg*, Internationales Steuerrecht, 15.71.

933 Dazu *Jacobs*, Internationale Unternehmensbesteuerung, S. 45; *Baur*, Investmentgesetze, § 40 KAGG, Rn. 52; *Schaumburg*, Internationales Steuerrecht, 15.72.

934 Siehe oben Kapitel 5 § 1 A III 3.

935 Vgl. BFH, Urt. v. 20.12.1995 I R 57/94, BStBl II 1996, 261, 263; *Wassermeyer*, in: Debatin/Wassermeyer, Doppelbesteuerung, Art. 23A MA Rn. 110; *Wied*, in: Blümich, EStG/KStG/GewStG, § 34c EStG, Rn. 140; *Henkel*, in: Mössner, Steuerrecht international tätiger Unternehmen, E 262; *Lieber*, in: Herrmann/Heuer/Raupach, EStG/KStG, § 26 KStG, Rn. 22.

gern) bzw. zu 5% (bei körperschaftsteuerpflichtigen Anlegern) anzusetzen.[936] Dies führt dazu, dass der Anrechnungshöchstbetrag, bis zu dem ausländische Steuern angerechnet werden können, insgesamt geringer ausfällt.

Darüber hinaus sieht § 4 Abs. 3 InvStG vor, dass der Teil der ausländischen Quellensteuern, der auf gem. § 2 Abs. 2 InvStG steuerfrei gestellte ausländische Dividendenerträge entfällt, von der Steueranrechnung von vorneherein, unabhängig vom Anrechnungshöchstbetrag, ausgeschlossen ist. Bei einkommensteuerpflichtigen Anlegern kann damit aufgrund der hälftigen Dividendenfreistellung nur die Hälfte der auf die Dividenden entfallenden ausländischen Quellensteuern angerechnet werden.[937] Bei körperschaftsteuerpflichtigen Anlegern ist die Anrechnung der ausländischen Quellensteuern, die auf die zu 95% steuerbefreiten ausländischen Dividenden entfallen, m.E. auf 5% des Steuerbetrages beschränkt. Die Gegenmeinung,[938] welche bei körperschaftsteuerpflichtigen Anlegern von einem 100%igem Anrechnungsverbot ausgeht, übersieht hingegen die Vorschrift des § 8b Abs. 5 S. 1 KStG, welche ebenfalls über § 2 Abs. 2 InvStG zur Anwendung kommt und bewirkt, dass die Freistellung der Dividende auf faktisch 95% der Dividende reduziert wird.

*Abschließendes Beispiel zur Anrechnung der ausländischen Quellensteuer bei Zins- und Dividendenerträgen:*[939] Eine Investment-AG, an der sowohl einkommensteuerpflichtige als auch körperschaftsteuerpflichtige Anleger beteiligt sind, legt ihre Gelder ausschließlich in Auslandswerte an. Im Jahr 2005 nimmt sie eine Ausschüttung in Höhe von 3,73 € je Investmentanteil vor. Die in der Ausschüttung enthaltenen Erträge setzen sich wie folgt zusammen:

936 Vgl. *Zeller*, Investmentfonds, S. 47 u. 69; zum Direktanleger *Frotscher*, Internationales Steuerrecht, § 5 Rn. 180; *Desens*, Das Halbeinkünfteverfahren, S. 191; *Schnitger*, IStR 2003, 298, 303; *Henkel*, in: Mössner, Steuerrecht international tätiger Unternehmen, E 263; *Wied*, in: Blümich, EStG/KStG/GewStG, § 34c EStG, Rn. 17; *Jacobs*, Internationale Unternehmensbesteuerung, S. 47.

937 BMF-Schreiben v. 2.6.2005 zum InvStG, BStBl I 2005, 728, Rz. 82; *PriceWaterhouseCoopers*, Novellierung des Investmentrechts, S. 190; *Zeller*, Investmentfonds, S. 69.

938 BMF-Schreiben v. 2.6.2005 zum InvStG, BStBl I 2005, 728, Rz. 82; *PriceWaterhouseCoopers*, Novellierung des Investmentrechts, S. 190; *Zeller*, Investmentfonds, S. 69.

939 Angelehnt an *Zeller*, Investmentfonds, S. 47.

| Staat | Erträge | Nettozufluss in € | Quellensteuer | Bruttoerträge in € | BMG Steueranrechnung in € für Anleger ESt/ KSt | |
|---|---|---|---|---|---|---|
| A | Dividende | 2,38 | 0,42 (15%) | 2,80 | 1,4 | 0,14 |
| B | Zinsen | 1,35 | 0,15 (10%) | 1,50 | 1,50 | 1,50 |
| Gesamt | | 3,73 | 0,57 | 4,30 | 2,9 | 1,64 |

Für die Ermittlung des Anrechnungshöchstbetrags nach § 4 Abs. 2 InvStG ist in einem ersten Schritt die Ausschüttung um die ausländische Quellensteuer zu erhöhen (Bruttoerträge, insgesamt also 4,30 €). In einem nächsten Schritt sind je nach Anleger die deutsche Einkommensteuer bzw. Körperschaftsteuer auf die Einkünfte des Anlegers zu ermitteln, wobei im Rahmen der Bemessungsgrundlage der besondere Ansatz der ausländischen Dividenden zu berücksichtigen ist. Bei einer Bemessungsgrundlage von 2,9 für einkommensteuerpflichtige Anleger ergibt sich bei einem angenommenen Steuersatz von 40% eine Einkommensteuer von (2,9 x 0,4=) 1,16. Für körperschaftsteuerpflichtige Anleger ergibt sich eine Körperschaftsteuer von (1,64 x 0,25=) 0,41.

Anrechnungshöchstbetrag für einkommensteuerpflichtige Anleger: 1,16 x 2,9/2,9= 1,16
Anrechnungshöchstbetrag für körperschaftsteuerpflichtige Anleger: 0,41 x 1,64/1,64= 0,41

Nach § 4 Abs. 3 InvStG nicht anrechenbare ausländische Quellensteuer:
bei einkommensteuerpflichtigen Anlegern: 0,5 x 0,42 =0,21
bei körperschaftsteuerpflichtigen Anlegern: 0,95 x 0,42 =0,4

Anrechenbare Quellensteuer demnach:
bei einkommensteuerpflichtigen Anlegern: 0,57 - 0,21 =0,36
bei körperschaftsteuerpflichtigen Anlegern: 0,57 - 0,4 = 0,17

Festzusetzende Einkommensteuer: 1,16 - 0,36= 0,8
Festzusetzende Körperschaftsteuer: 0,41 - 0,17= 0,24

## 5. Wahrung des Transparenzprinzips?

Durch die in § 4 Abs. 2 InvStG normierte Anrechnungsmöglichkeit der Anteilseigner in Bezug auf die nach einem DBA anfallende Quellensteuer wird das Transparenzprinzip in wesentlichen, aber nicht in allen Zügen umgesetzt.[940] In Parallelität zum (privaten und betrieblichen) Investmentanleger ist beim Anleger, der direkt in auslän-

[940] Zur Vorgängerregelung des § 40 Abs. 4 KAGG, *Kronat*, Internationale Besteuerung von Wertpapier-Investmentfonds, S. 41; *Täske*, in: Festschrift Flick, 587, 597; *Baur*, Investmentgesetze, § 40 KAGG, Rn. 27 u. 41.

dische Zinsinstrumente und ausländische Beteiligungen investiert, die ausländische Quellensteuer nach Art. 23 A Abs. 2 S. 1 OECD-MA auf seine inländische Steuerschuld anzurechnen, wobei für die Durchführung der Anrechnung aufgrund der nicht hinreichend bestimmten Anrechnungsregelung des Art. 23 B Abs. 1 S. 2 OECD-MA auf die Höchstbetragsrechnung des § 34c Abs. 1 S. 1 f. EStG (i.V.m. § 26 Abs. 6 S. 1 KStG) zurückgegriffen wird.[941] In Übereinstimmung mit dem Investmentanleger beeinflussen das Halbeinkünfteverfahren und das Schachtelprivileg die Ermittlung des Anrechnungshöchstbetrags des Direktanlegers dergestalt, dass ausländische Dividenden nur zur Hälfte (bei einkommensteuerpflichtigen Anlegern) bzw. zu 5% (bei körperschaftsteuerpflichtigen Anlegern) angesetzt werden dürfen.[942]

Vom Transparenzgrundsatz abgewichen wird jedoch in § 4 Abs. 2 S. 3 InvStG, indem dort die sog. overall-limitation-Methode für den Höchstbetrag normiert wird, während beim Direktanleger gem. § 34c Abs. 1 S. 1 EStG, § 26 Abs. 1 KStG die per-country-limitation-Methode angewandt wird.[943] Von der steuerlichen Wirkungsweise betrachtet ist die overall-limitation regelmäßig günstiger, da sie aufgrund der einheitlichen Ermittlung des Anrechnungshöchstbetrages für sämtliche ausländische Staaten Anrechnungsüberhänge faktisch reduziert und dadurch insgesamt im Vergleich zur per-country-limitation ein höheres Anrechnungspotential ermöglicht.[944] Daraus ergibt sich eine Besserstellung des Investmentanlegers gegenüber dem Direktanleger.[945] Diese Durchbrechung des Transparenzprinzips zugunsten der Investmentanleger ist jedoch mit Vereinfachungs- und Praktikabilitätsaspekten zu rechtfertigen.[946] Die Anwendung der per-country-limitation-Methode bei Investmentanlegern würde einen zu hohen Verwaltungsaufwand erfordern, da die ausländischen Einkünfte und anrechenbare Steuerbeträge für jeden ausländischen Staat einzeln ermittelt und den Anlegern bekannt gemacht werden müssten.

Eine weitere Durchbrechung erfährt der Transparenzgrundsatz in § 4 Abs. 3 InvStG, diesmal allerdings zulasten des Investmentanlegers.[947] Beim Direktanleger ist – im Gegensatz zum Investmentanleger – die Anrechnung der ausländischen Quellensteuer, die auf steuerfreie Dividenden entfällt, nicht auf die Hälfte (beim einkommensteuerpflichtigen Anleger) bzw. auf 5% (beim körperschaftsteuerpflichtigen Anleger) begrenzt.[948] Der Direktanleger ist vielmehr in den Grenzen des Anrechnungshöchstbetrags, der freilich durch den nur hälftigen bzw. 5%igen Ansatz der aus-

---

941 Vgl. *Wassermeyer*, in: Debatin/Wassermeyer, Doppelbesteuerung, Art. 23A MA, Rn. 107.

942 *Frotscher*, Internationales Steuerrecht, § 5 Rn. 180; *Desens*, Das Halbeinkünfteverfahren, S. 191; *Schnitger*, IStR 2003, 298, 303.

943 Siehe schon oben Kapitel 5 § 1 A III 3.

944 Vgl. *Jacobs*, Internationale Unternehmensbesteuerung, S. 53.

945 *Baur*, Investmentgesetze, Vor § 37a KAGG, Rn. 40; *Thorn/Otto/Geese*, Handbuch für die Besteuerung von Fondsvermögen, S. 69; *Lindemann*, Aktienfonds, S. 373; *Täske*, in: Festschrift Flick, 587, 599.

946 Vgl. *Lübbehausen*, in: Brinkhaus/Scherer, KAGG/AuslInvestmG, § 40 KAGG, Rn. 111; *Baur*, Investmentgesetze, § 40 KAGG, Rn. 53; *Lindemann*, Aktienfonds, S. 373.

947 *Intemann*, in: Herrmann/Heuer/Raupach, EStG/KStG, § 4 InvStG Anm. J 03-16.

948 Vgl. zum Investmentanleger siehe oben Kapitel 5 § 1 III 4.

ländischen Dividenden in seiner Höhe beeinflusst wird, zur unbeschränkten Anrechnung der ausländischen Quellensteuer auf die Dividendenerträge berechtigt.[949] Zwar ist es gut möglich, dass es beim Direktanleger angesichts des in der Höhe geminderten Anrechnungshöchstbetrags sowie der per-country-Methode bei ausländischen Dividenden leicht zu Anrechnungsüberhängen kommen wird,[950] mit der Folge, dass der steuerliche Vorteil gegenüber dem Investmentanleger eher gering ausfällt. Ungeachtet dessen ist die Regelung des § 4 Abs. 3 InvStG insbesondere vor dem Hintergrund des Gesetzgebungsverfahrens zum Steuersenkungsgesetz[951] nicht nachvollziehbar. In dessen Rahmen hatte der Gesetzgeber ein hälftiges Anrechnungsverbot hinsichtlich ausländischer Quellensteuern auf Dividenden (bei einkommensteuerpflichtigen (Direkt-) Anlegern) noch ausdrücklich als nicht sachgerecht bezeichnet.[952] Aus welchen Gründen er nun im Zusammenhang mit dem InvStG von dieser Überzeugung abkehrt, bleibt mangels Erklärung in der Gesetzesbegründung offen. Gegen die Regelung des § 4 Abs. 3 InvStG ist zudem vorzubringen, dass sie dazu führt, dass Auslandsinvestitionen in Anteile an Kapitalgesellschaften im Vergleich zu Inlandsinvestitionen einer höheren Steuerbelastung unterworfen werden.[953]

## B. Vermeidung der Doppelbesteuerung von ausländischen Zins- und Dividendenerträgen durch unilaterale Maßnahmen

Neben der Vermeidung der Doppelbesteuerung von ausländischen Zins- und Dividendenerträgen durch ein DBA als bilaterale Maßnahme sind ebenfalls unilaterale Doppelbesteuerungsausgleichsmechanismen zu erörtern. Besteht kein DBA zwischen Deutschland als Ansässigkeitsstaat der Investment-AG und dem Quellenstaat, kann eine ausländische Quellensteuer, die auf ausländische Zins- und Dividendenerträge entfällt, gem. § 4 Abs. 2 S. 1 bis 3 InvStG i.V.m. § 34c Abs. 1 EStG bzw. § 26 Abs. 1 KStG auch *einseitig* bei unbeschränkt steuerpflichtigen Investmentanlegern in den Grenzen des Anrechnungshöchstbetrags sowie des § 4 Abs. 3 InvStG auf die deutsche Einkommen- oder Körperschaftsteuer angerechnet werden.[954]

---

949 *Frotscher*, Internationales Steuerrecht, § 5 Rn. 180 u. § 10 Rn. 399; *Nacke*, in: Herrmann/Heuer/Raupach, EStG/KStG, § 3 Nr. 40 EStG, Rn. 71; *Intemann*, in: Herrmann/Heuer/Raupach, EStG/KStG, § 4 InvStG Anm. J 03-16; *Henkel*, in: Mössner, Steuerrecht international tätiger Unternehmen, E 263.

950 Vgl. *Desens*, Das Halbeinkünfteverfahren, S. 191; *Wied*, in: Blümich, EStG/KStG/GewStG, § 34c EStG, Rn. 17.

951 Gesetz zur Senkung der Steuersätze und zur Reform der Unternehmensbesteuerung (Steuersenkungsgesetz - StSenkG) v. 23.10.2000, BGBl. I 2000, S. 1433.

952 Vgl. Beschlussempfehlung des Finanzausschusses v. 16.5.2000 zum StSenkG, BT-Drucks. 14/3366, S. 119. Dagegen war im Entwurf eines Gesetzes zur Senkung der Steuersätze und zur Reform der Unternehmensbesteuerung (StSenkG), BT-Drucks. 14/2683, S. 6 u. 116, noch eine Begrenzung der Anrechnung der ausländischen Steuer auf die Hälfte vorgesehen.

953 *Maiterth/Semmler*, BB 2000, 1377, 1385.

954 Zu den Einzelheiten bezüglich des Anrechnungshöchstbetrags, des § 4 Abs. 3 InvStG sowie den damit einhergehenden Durchbrechungen des Transparenzprinzip sei auf das bereits oben Gesagte verwiesen, vgl. Kapitel 5 § 1 A III.

Als Alternative zur Anrechnung der ausländischen Quellensteuer kann der Investmentanleger – ebenso wie der Direktanleger – auf seinen Antrag hin gem. § 4 Abs. 2 S. 4 InvStG i.V.m. § 34c Abs. 2 EStG ggf. i.V.m. § 26 Abs. 6 S. 1 KStG die ausländische Quellensteuer *wie Werbungskosten bzw. Betriebsausgaben bei der Einkunftsermittlung von der Bemessungsgrundlage abziehen.*[955] Das Wahlrecht zwischen der Anrechnungsmethode und der bloß innerstaatlich normierten *sog. Abzugsmethode* besteht nicht nur in den Fällen, in denen kein DBA zwischen Deutschland und dem Quellenstaat gegeben ist, sondern auch bei Vorliegen eines DBA, welches nur die Anrechnungsmethode vorsieht (§ 4 Abs. 2 S. 4 InvStG i.V.m. § 34c Abs. 6 S. 2 EStG ggf. i.V.m. § 26 Abs. 6 S. 1 KStG).[956] Dies rechtfertigt sich vor dem Hintergrund, dass die DBA Schrankenrecht verkörpern und es daher dem innerstaatlichen Gesetzgeber erlaubt ist, außerhalb der konkreten Begrenzungen eines DBA zusätzliche Kompensationsmöglichkeiten durch innerstaatliches Recht zu schaffen.[957] Die Ausübung des Wahlrechts in Richtung der Abzugsmethode ist regelmäßig ungünstiger als die Anrechnung ausländischer Quellensteuern und lohnt sich u.a. nur dann, wenn ausnahmsweise die ausländische Quellensteuer erheblich über dem nach § 4 Abs. 2 S. 2 f. InvStG ermittelten Höchstbetrag der anrechenbaren Steuer liegt und damit eine Anrechnung teilweise ins Leere ginge.[958]

Ein weiterer Gesichtspunkt, der bei der Ausübung des Wahlrechts auf Seiten von betrieblichen Anlegern zu bedenken ist, ist der, dass bei Wahl der Abzugsmethode die ausländischen Steuern grundsätzlich ebenfalls die gewerbesteuerliche Bemessungsgrundlage nach § 7 GewStG mindern,[959] wohingegen im Zusammenhang mit der Anrechnungsmethode eine Anrechnung ausländischer Steuern auf die Gewerbesteuer ausgeschlossen ist.[960]

Ebenso wie bei der Anrechnungsmethode werden die ausländischen Dividendenerträge bei der Abzugsmethode einer besonderen Behandlung unterworfen. Demnach werden sie einerseits bei der Einkunftsermittlung des Investmentanlegers gem. § 2 Abs. 2

---

[955] Vgl. BMF-Schreiben v. 2.6.2005 zum InvStG, BStBl I 2005, 728, Rz. 81; *Zeller*, Investmentfonds, S. 49 f.; *Ramackers*, in: Littmann/Bitz/Pust, EStG/KStG, § 4 InvStG, Rn. 66; *Lindemann*, Aktienfonds, S. 374 f.; *Frotscher*, Internationales Steuerrecht, § 5 Rn. 185.

[956] Ausgeschlossen ist die Abzugsmethode jedoch bei fiktiven ausländischen Quellensteuern, vgl. § 4 Abs. 2 S. 4 InvStG i.V.m. § 34c Abs. 6 S. 2 zweiter Hs. EStG ggf. i.V.m. § 26 Abs. 6 S. 1 KStG.

[957] *Jacobs*, Internationale Unternehmensbesteuerung, S. 77.

[958] *Frotscher*, Internationales Steuerrecht, § 5 Rn. 185; *Schaumburg*, Internationales Steuerrecht, 15.89.; *Tillmanns/Mössner*, in: Mössner, Steuerrecht international tätiger Unternehmen, B 295; *Lübbehausen*, in: Brinkhaus/Scherer, KAGG/AuslInvestmG, § 40 KAGG, Rn. 113.

[959] *Frotscher*, Internationales Steuerrecht, § 5 Rn. 185; *Hofmeister*, in: Blümich, EStG/KStG/GewStG, § 8 GewStG, Rn. 250. Der Abzug der ausländischen Steuern von der gewerbesteuerlichen Bemessungsgrundlage wird i.d.R. nicht von dem Abzugsverbot des § 8 Nr. 12 GewStG eingeschränkt, da letzteres nur eine Hinzurechnung von ausländischen Steuern vorsieht, die auf Gewinne entfallen, die bei der Ermittlung des Gewerbeertrags außer Ansatz bleiben bzw. nach § 9 GewStG gekürzt werden. Ausländische Zinsen als auch Dividendenerträge, die nach § 8 Nr. 5 GewStG aufgrund von Streubesitz auf Seiten der Investment-AG (siehe oben Kapitel 4 § 1 A II 2 c) cc)) bei den Anlegern regelmäßig dem Gewerbeertrag hinzugerechnet werden, sind aber gerade Teil des Gewerbeertrags.

[960] Siehe dazu schon oben Kapitel 5 § 1 A III 1.

InvStG nur hälftig (bei einkommensteuerpflichtigen Anlegern) bzw. zu 5% (bei körperschaftsteuerpflichtigen Anlegern) angesetzt.[961] Des Weiteren kann die auf ausländische Dividenden entfallende Quellensteuer aufgrund § 4 Abs. 3 InvStG nur hälftig (bei einkommensteuerpflichtigen Investmentanlegern) bzw. zu 5% (bei körperschaftsteuerpflichtigen Anlegern) von der Bemessungsgrundlage abgezogen werden.[962] Daraus resultiert – wie bei der Anrechnungsmethode – eine Schlechterstellung gegenüber dem einkommen- sowie körperschaftsteuerpflichtigen Direktanleger, bei welchem die ausländische Quellensteuer auf Dividendenerträge zur Gänze abzugsfähig ist.[963]

Die letzte in Betracht kommende unilaterale Maßnahme, die in einem Alternativverhältnis zu den schon beschriebenen Maßnahmen steht, besteht darin, dass die Investment-AG selbst die ausländische Quellensteuer bei der Ermittlung der Erträge nach § 3 InvStG unter Beachtung des § 4 Abs. 3 InvStG als Werbungskosten berücksichtigt.[964] Diese Maßnahme bezweckt auf möglichst einfachem Wege die Doppelbesteuerung der ausländischen Investmenterträge auf Seiten der Investmentanleger zu verhindern.[965]

## C. Bekanntmachungspflichten der Investment-AG

Die Investment-AG hat bezüglich der ausländischen Investmenterträge einige Angaben bekannt zumachen,[966] damit die Vorschrift des § 4 Abs. 2 InvStG mit sämtlichen dort vorgesehenen Doppelbesteuerungsausgleichsmaßnahmen bei ihren Anlegern eingreift. Nach § 5 Abs. 1 Nr. 1 c) jj) i.V.m. Nr. 2 InvStG muss sie bei jeder Ausschüttung und Thesaurierung den Anlegern den Betrag der ausländischen (Zins- und Dividenden-) Einkünfte i.S.d. § 4 Abs. 2 InvStG einschließlich der ausländischen Quellensteuer (Bruttobetrag) je Investmentanteil bekannt machen, vorausgesetzt, dass die Investment-AG für die ausländischen Einkünfte noch keinen Abzug als Werbungskosten nach § 4 Abs. 4 InvStG vorgenommen hat. Um dem Anleger eine korrekte Ermittlung des Anrechnungshöchstbetrags, genauer gesagt eine Berücksichtigung des Halbeinkünfteverfahrens bzw. des Schachtelprivilegs bei den ausländischen Einkünften, zu ermöglichen, bedarf es über den Gesetzeswortlaut hinaus einer Mitteilung über den Betrag der in den ausländischen Einkünften enthaltenen Dividendenerträge. Ferner hat die Investment-AG gem. § 5 Abs. 1 Nr. 1 f) i.V.m. Nr. 2 InvStG den Betrag für die grundsätzlich berücksichtigungsfähigen (anrechenbaren oder abzugsfähigen) ausländischen Quellensteuern anzugeben. Das Gesetz sieht an dieser Stelle nicht vor, dass die

---

961 Bei der Ermittlung des Gewerbeertrags ist demgegenüber die Hinzurechnung nach § 8 Nr. 5 GewStG zu beachten, vgl. oben Kapitel 4 § 1 A II 2 c) cc).

962 Das Abzugsverbot des § 4 Abs. 3 InvStG ist auf die Einkommen- und Körperschaftsteuer begrenzt. Eine Auswirkung auf die Gewerbesteuer scheitert schon daran, dass die Dividendenerträge wegen der Hinzurechnung nach § 8 Nr. 5 GewStG Teil des Gewerbeertrags und damit nicht steuerfrei sind.

963 *Desens*, Das Halbeinkünfteverfahren, S. 191 f.; *Menhorn*, DStR 2005, 1885, 1888 ff.

964 Vgl. § 4 Abs. 4 InvStG.

965 Vgl. Gesetzesbegründung zum InvStG, BT-Drucks. 15/1553, S. 121; *PriceWaterhouseCoopers*, Novellierung des Investmentrechts, S. 190.

966 Zu den Bekanntmachungspflichten der Investment-AG vgl. auch oben Kapitel 4 § 1 A I 1.

Investment-AG eine nähere Aufgliederung der ausländischen Quellensteuern in einzelne Einkunftsquellen zu veröffentlichen hat. Im Hinblick auf § 4 Abs. 3 InvStG, der u.a. ein Anrechnungs- und Abzugsverbot für ausländische Steuern auf steuerfreie Dividendenerträge normiert, muss aber der Anleger wissen, welcher Teil der ausländischen Quellensteuern auf Dividendenerträge entfällt. Die Angaben der Investment-AG müssen daher insoweit ergänzt werden.

Kommt die Investment-AG diesen Bekanntmachungspflichten nicht nach, ist eine Anwendung des § 4 Abs. 2 InvStG gem. § 5 Abs. 1 S. 2 InvStG ausgeschlossen, so dass keine Anrechung bzw. Abzug der ausländischen Quellensteuer bei den Investmentanlegern möglich ist und eine Doppelbesteuerung der ausländischen Erträge in voller Höhe erhalten bleibt. Erfüllt die Investment-AG darüber hinaus auch andere Bekanntmachungspflichten, insbesondere nach § 5 Abs. 1 Nr. 1 Buchst. a-b, d-e i.V.m. Nr. 2 InvStG, nicht, sind die gesamten ausgeschütteten und ausschüttungsgleichen Erträge des Investmentanlegers nach § 6 InvStG pauschal zu besteuern.[967]

## § 2 Beteiligung ausländischer Investoren an der Investment-AG (Inbound-Investition)

Die zweite zu erörternde internationale Sachverhaltskonstellation betrifft die Fälle, in denen sich ausländische bzw. gebietsfremde Investoren (Privatperson, Einzelunternehmer, Personengesellschaft oder Kapitalgesellschaft) an der (inländischen) Investment-AG beteiligen, wobei die Beteiligung an der Investment-AG nicht einem inländischen Betrieb zuzurechnen ist.[968] Soweit es sich bei den ausländischen Investoren um natürliche Personen handelt, unterliegen diese nach der allgemeinen Regel des § 1 Abs. 4 EStG, auf die wegen fehlender spezieller Regelung im InvStG zurückzugreifen ist, in Deutschland nur mit ihren inländischen Einkünften i.S.d. § 49 Abs. 1 EStG einer beschränkten Steuerpflicht. Sind die ausländischen Investoren Körperschaftsteuersubjekte, sind sie, da sie weder Geschäftsleitung noch Sitz im Inland haben, nach § 2 Nr. 1 KStG beschränkt steuerpflichtig. Der Umfang der Steuerpflichtigkeit ist aber ebenso wie bei den gebietsfremden natürlichen Personen auf die inländischen Einkünfte, die in §§ 2, 7 ff. KStG i.V.m. § 49 Abs. 1 EStG genannt werden, begrenzt. Ist eine ausländische Personengesellschaft an der Investment-AG beteiligt, unterliegt diese in Deutschland dem für Personengesellschaften geltenden Transparenzprinzip, so dass die der inländischen Aktivität zuzuordnenden Einkünfte der Personengesellschaft der beschränkten Steuerpflicht bei den Gesellschaftern gem. § 1 Abs. 4 EStG bzw. § 2 Nr. 1 KStG i.V.m. § 49 Abs. 1 EStG unterliegen, sofern diese im Ausland ansässig sind.[969]

---

967 Zur Pauschalbesteuerung nach § 6 InvStG, siehe oben Kapitel 4 § 1 B.

968 Zu der Eingrenzung des Untersuchungsgegenstandes schon siehe oben Kapitel 5 am Anfang.

969 Vgl. *Frotscher*, Internationales Steuerrecht, § 9 Rn. 339 u. 341.

# A. Umfang der in Deutschland steuerpflichtigen laufenden Investmenterträge

## I. Nach nationalem Recht

Zu den inländischen Einkünften gehören gem. § 49 Abs. 1 Nr. 5 Buchst. b) EStG in einem bestimmten Umfang laufende Investmenterträge der Investment-AG. Systematisch gehört letztere Vorschrift zu den Einkünften aus Kapitalvermögen. Ohne weiteres anzuwenden ist die Vorschrift auf private ausländische Investoren.

### 1. Anwendbarkeit des § 49 Abs. 1 Nr. 5 Buchst. b) EStG auf betriebliche ausländische Investoren?

Schwierigkeiten bereitet aber die Anwendung auf betriebliche Steuerausländer, welche die Investmentbeteiligung im Ausland im Betriebsvermögen halten, und daher die Investmenterträge *an sich* vorrangig, dem Subsidiaritätsprinzip des § 20 Abs. 3 EStG entsprechend,[970] z.B. den gewerblichen Einkünften zuzuordnen sind. In Deutschland liegen gem. § 49 Abs. 1 Nr. 2 EStG nur dann gewerbliche Einkünfte vor, wenn der betriebliche Steuerausländer hier einen inländischen Betrieb, z.B. in Gestalt einer Betriebsstätte, unterhält und die Investmenterträge dem inländischen Betrieb zuzurechnen sind. Das Halten einer Beteiligung an einer Investment-AG allein begründet keine Betriebsstätte im Inland.[971] Zudem wird in der hier zu untersuchenden Konstellation unterstellt, dass der ausländische Investor keinen inländischen Betrieb hat. Demnach erzielt der betriebliche ausländische Investor bezogen auf das Inland keine gewerblichen Einkünfte.

Um zu vermeiden, dass die Investmenterträge eines betrieblichen Steuerausländers insgesamt keiner beschränkten Steuerpflicht unterliegen, bestimmt die isolierende Betrachtungsweise des § 49 Abs. 2 EStG, dass die im Ausland verwirklichten Besteuerungsmerkmale, d.h. der Umstand, dass die Investmentbeteiligung zu einem ausländischen Betriebsvermögen gehört, nicht in die Beurteilung einbezogen wird. Stattdessen werden nur die im Inland verwirklichten Besteuerungsmerkmale berücksichtigt, so dass die Investmenterträge als Einkünfte aus Kapitalvermögen i.S.d. § 49 Abs. 1 Nr. 5 Buchst. b) EStG zu behandeln sind, obgleich sie zu einem ausländischen Betriebsvermögen gehören.[972]

### 2. Eingrenzung der Steuerpflicht auf inländische Dividendenbezüge und Tafelgeschäfte – Wahrung des Transparenzprinzips?

Der Umfang der beschränkten Steuerpflicht von Investmenterträgen in § 49 Abs. 1 Nr. 5 Buchst. b) EStG ist im Vergleich zu dem in § 2 ff. InvStG geregelten der unbe-

---

[970] § 20 Abs. 3 EStG entfaltet auch im Rahmen der beschränkten Steuerpflicht Wirkung, vgl. *Wied*, in: Blümich, EStG/KStG/GewStG, § 49 EStG, Rn. 154; *Heinicke*, in: Schmidt, EStG, § 49 Rn. 3; *M. Klein*, in: Herrmann/Heuer/Raupach, EStG/KStG, § 49 EStG, Rn. 805.

[971] Vgl. *Jacobs*, Internationale Unternehmensbesteuerung, S. 429; *Hidien*, in: Kirchhof/Söhn/Mellinghoff, EStG, § 49 Rn. E 483.

[972] Vgl. *Wied*, in: Blümich, EStG/KStG/GewStG, § 49 EStG, Rn. 154; *Frotscher*, Internationales Steuerrecht, § 4 Rn. 111; *Gosch*, in: Kirchhof, EStG, § 49 Rn. 161.

schränkten Steuerpflicht deutlich geringer. Erfasst werden von § 49 Abs. 1 Nr. 5 Buchst. b) aa) EStG wegen des Bezugs auf § 7 Abs. 3 InvStG in den ausgeschütteten und thesaurierten Erträgen der Investment-AG enthaltene inländische Erträge i.S.d. § 43 Abs. 1 S. 1 Nr. 1 sowie S. 2 EStG, d.h. *Dividenden und ähnliche Bezüge, die von einer inländischen Kapitalgesellschaft stammen*. Da somit inländische (und nicht auch ausländische) Dividendenbezüge der beschränkten Steuerpflicht unterfallen, unterliegen sie – ebenso wie beim unbeschränkt steuerpflichtigen Investmentanleger – dem 20%igen Kapitalertragsteuerabzug *seitens der Investment-AG* als Schuldner der Kapitalerträge (§ 7 Abs. 3 S. 1 f. InvStG i.V.m. § 44 Abs. 1 S. 3 EStG).[973] Bemessungsgrundlage für den Steuerabzug ist die volle Bruttodividende, ohne dass das Halbeinkünfteverfahren bzw. das Beteiligungsprivileg, welche grundsätzlich auch bei der beschränkten Steuerpflicht gelten,[974] berücksichtigt werden.[975] Vor dem Hintergrund, dass die Kapitalertragsteuer nach § 50 Abs. 5 S. 1 EStG bzw. § 32 Abs. 1 Nr. 2 KStG in Bezug auf die Einkommen- bzw. Körperschaftsteuer grundsätzlich abgeltende Wirkung hat,[976] wird den ausländischen Investoren die Steuerfreiheit nach dem Halbeinkünfteverfahren bzw. Beteiligungsprivileg, die nur im Rahmen einer Veranlagung geltend gemacht werden könnte, endgültig vorenthalten.[977] In Hinblick auf das Transparenzprinzip bedeutet die beschränkte Steuerpflicht der inländischen Dividendenbezüge beim gebietsfremden (privaten und betrieblichen) Investmentanleger eine Gleichstellung mit dem gebietsfremden Direktanleger, der keinen Betrieb im Inland unterhält, weil letzterer gem. § 49 Abs. 1 Nr. 5 Buchst. a) EStG ebenso mit seinen inländischen Dividendenbezügen der beschränkten Steuerpflicht und damit einhergehend einem 20%igen Kapitalertragsteuerabzug seitens seines inländischen Schuldners unterliegt (§ 43a Abs. 1 Nr. 1 i.V.m. § 44 Abs. 1 S. 3 EStG).[978]

Zu den steuerpflichtigen inländischen Einkünften ausländischer Investmentanleger gehören gem. § 49 Abs. 1 Nr. 5 Buchst. b) bb) EStG zudem Investmenterträge i.S.d.

---

973 *Lieber*, in: Herrmann/Heuer/Raupach, EStG/KStG, § 49 EStG, Anm. J 03-6; *Heinicke*, in: Schmidt, EStG, § 49 Rn. 61.

974 *Heinicke*, in: Schmidt, EStG, § 49 Rn. 60; *Wied*, in: Blümich, EStG/KStG/GewStG, § 49 EStG, Rn. 156; *M. Klein*, in: Herrmann/Heuer/Raupach, EStG/KStG, § 49 EStG, Rn. 807.

975 § 7 Abs. 3 S. 2 InvStG i.V.m. § 43 Abs. 1 S. 3 EStG.

976 Aufgrund der Bruttobesteuerung sowie der Abgeltungswirkung des Steuerabzugs können Betriebsausgaben bzw. Werbungskosten nicht abgezogen werden. Diese Nichtberücksichtigung der Kosten verstößt gegen Art. 56 EGV, soweit die Bruttoabzugsbesteuerung den Steuersatz übersteigt, der sich für den unbeschränkt Steuerpflichtigen aus der Anwendung des progressiven Steuertarifs auf die Nettoeinkünfte zzgl. des Grundfreibetrags ergeben würde, vgl. EuGH v. 12.6.2003, Rs C-234/01, BStBl. II 2003, 859 (Gerritse); *Frotscher*, Internationales Steuerrecht, § 4 Rn. 131; *Gosch*, in: Kirchhof, EStG, § 50 Rn. 19.

977 *Henkel*, in: Mössner, Steuerrecht international tätiger Unternehmen, F 196; *Gosch*, in: Kirchhof, EStG, § 50 Rn. 18; *Wied*, in: Blümich, EStG/KStG/GewStG, § 49 EStG, Rn. 156; *M. Klein*, in: Herrmann/Heuer/Raupach, EStG/KStG, § 49 EStG, Rn. 807; *Jacobs*, Internationale Unternehmensbesteuerung, S. 430; *Fock*, RIW 2001, 108, 111 u. 113. Auch darin wird eine Ungleichbehandlung gegenüber dem unbeschränkt Steuerpflichtigen gesehen, die einen ungerechtfertigten Verstoß gegen Art. 56 EGV darstellt, vgl. *Dautzenberg*, BB 2001, 2137, 2139 f.; *Reuter/Klein*, IStR 2003, 634, 636.

978 Vgl. *Lindemann*, Aktienfonds, S. 384.

§ 7 Abs. 1, 2 und 4 InvStG, soweit es sich um Erträge aus einem *Tafelgeschäft* i.S.d. § 44 Abs. 1 S. 4 Nr. 1 Buchst. a) bb) EStG handelt. Die beschränkte Steuerpflicht besteht also auch bei ausgeschütteten und ausschüttungsgleichen Investmenterträgen insb. in Form von Zinsen, sonstigen Erträgen und Zwischengewinnen, unter der Voraussetzung, dass diese von den ausländischen Investmentanlegern in einem sog. Tafelgeschäft erzielt werden. Ausgenommen von der beschränkten Steuerpflicht sind damit im Ergebnis mangels Aufzählung in § 49 Abs. 1 Nr. 5 Buchst. b) EStG von der Investment-AG erzielte ausländische Dividendenerträge, Veräußerungsgewinne von Wertpapieren und aus Termingeschäften sowie Zinsen, sonstige Erträge und Zwischengewinne *außerhalb eines Tafelgeschäfts*.

Um ein Tafelgeschäft handelt es sich, wenn ein inländisches Finanzinstitut, ohne den Investmentanteilsschein zu verwahren, die Kapitalerträge gegen Aushändigung der Zinsscheine oder der Teilschuldverschreibungen dem ausländischen Investor selbst auszahlt oder gutschreibt. Nicht ein Tafelgeschäft, sondern ein Depotfall ist hingegen gegeben, wenn der Anleger die Anteilsscheine bei einem inländischen Finanzinstitut verwahren lässt und dieses die Kapitalerträge auszahlt oder gutschreibt (§ 44 Abs. 1 S. 4 Nr. 1 Buchst. a) aa) EStG), wenn der Anleger die Kapitalerträge gegen Aushändigung der Zinsscheine oder Anteilsscheine einem ausländischen Finanzinstitut auszahlen oder gutschreiben lässt oder wenn der Anleger die Anteilsscheine bei einem ausländischen Finanzinstitut verwahren lässt, das sich die Kapitalerträge durch Einreichen der Ertragsscheine der Anleger auszahlen lässt. Ergibt sich nach dieser Abgrenzung, dass die Investmenterträge i.S.d. § 7 Abs. 1, 2 und 4 InvStG im Rahmen eines Tafelgeschäfts erzielt werden, so dass die beschränkte Steuerpflicht für die ausländischen Investoren gem. § 49 Abs. 1 Nr. 5 Buchst. b) bb) EStG greift, unterliegen die Zinsen, sonstigen Erträge sowie Zwischengewinne einem Zinsabschlag in Höhe von 35% (§ 7 Abs. 1 S. 2, Abs. 2 S. 1, Abs. 4 S. 3 InvStG i.V.m. § 43a Abs. 1 Nr. 3 EStG). Der Zinsabschlag hat nach § 50 Abs. 5 S. 1 EStG bzw. § 32 Abs. 1 Nr. 2 KStG abgeltende Wirkung. Indem die beschränkte Steuerpflicht bei Zinsen auf Tafelgeschäfte beschränkt wird, wird insofern eine Gleichbehandlung mit dem gebietsfremden Direktanleger, bei dem gem. § 49 Abs. 1 Nr. 5 Buchst. c) cc) EStG ebenfalls nur Zinsen aus Tafelgeschäften steuerpflichtig sind,[979] erreicht.[980] Keine Gleichbehandlung von gebietsfremden Investmentanleger und Direktanleger besteht jedoch hinsichtlich des Umfangs der Steuerpflicht bei sonstigen Erträgen in Depotfällen sowie bei Gewinnen aus der Veräußerung von Anteilen an Kapitalgesellschaften, die nur beim Direktanleger unter bestimmten Voraussetzungen steuerbar sind (vgl. § 49 Abs. 1 Nr. 2 Buchst. e), Nr. 8 ff. EStG).

### 3. Abstandnahme von bzw. Erstattung der Kapitalertragsteuer bei nicht steuerbaren Investmenterträgen

Der Begrenzung steuerbarer Inlandseinkünfte auf inländische Dividenden und bestimmter Erträge aus Tafelgeschäften wird dadurch Rechnung getragen werden, dass

---

979 Vgl. *Wied*, in: Blümich, EStG/KStG/GewStG, § 49 EStG, Rn. 167; *Gosch*, in: Kirchhof, EStG, § 49 Rn. 112 u. 129; *Heinicke*, in: Schmidt, EStG, § 49 Rn. 67.

980 *Lübbehausen*, in: Brinkhaus/Scherer, KAGG/AuslInvestmG, § 38b KAGG, Rn. 171.

der Kapitalertragsteuerabzug als bloße Erhebungsform bei ausländischen Investmentanlegern entsprechend eingeschränkt wird.[981] Eine Freistellung vom Kapitalertragsteuerabzug hat demnach bei Investmenterträgen in Form von Zinsen, sonstigen Erträgen sowie Zwischengewinnen in einem Depotfall zu erfolgen, für die an sich nach § 7 Abs. 1, 2 und 4 InvStG ein Abzug vorgesehen ist. Bei einer ausschüttenden sowie teilthesaurierenden Investment-AG wird die Freistellung im Wege einer Abstandnahme vorgenommen, wenn der ausländische Investmentanleger bis zum Zeitpunkt des Kapitalertragsteuerabzugs in Gestalt des Zinsabschlags seine Eigenschaft als Steuerausländer nachgewiesen hat.[982]

Wurde der Zinsabschlag wegen fehlenden Nachweises über die Steuerausländereigenschaft einbehalten und abgeführt, kann die auszahlende Stelle eine Berichtigung nach § 44 b Abs. 5 EStG durchführen und dem Steuerausländer die Kapitalertragsteuer erstatten, wenn der Steuerausländer einen Nachweis über seinen Status als Steuerausländer erbracht hat. Eine andere Möglichkeit besteht darin, dass der ausländische Investor nach § 37 II AO die zu Unrecht einbehaltene Steuer durch das Betriebsstättenfinanzamt des Abzugsverpflichteten erstattet bekommt, soweit er diesem gegenüber einen Nachweis über die einbehaltenen Steuern und seinen Ausländerstatus führt.[983]

Bei einer vollthesaurierenden Investment-AG wird zunächst ein Zinsabschlag auch bei Depotfällen seitens der Investment-AG erhoben.[984] In einem zweiten Schritt können jedoch die ausländischen Investoren selbst bzw. deren Kreditinstitut, welches die Investmentanteile für sie verwahrt, die Erstattung des Zinsabschlags nach Maßgabe des § 7 Abs. 6 InvStG bei der Investment-AG beantragen. Obschon das Gesetz nach seinem Wortlaut die Erstattungsberechtigung durch das Abstellen auf den inländischen Wohnsitz bzw. gewöhnlichen Aufenthalt auf natürliche Personen begrenzt, ist die Erstattungsberechtigung aus Gleichheitsgründen über den Wortlaut des § 7 Abs. 6 InvStG hinaus auf körperschaftliche Steuerausländer sowie ausländische Personengesellschaften auszudehnen.[985]

## II. Abkommensrechtliche Beschränkungen

Besteht ein Doppelbesteuerungsabkommen mit dem Ansässigkeitsstaat des ausländischen Investmentanlegers, können die beschränkte Steuerpflicht der Investmenterträge in Gestalt von inländischen Dividenden und Erträgen aus Tafelgeschäften nach (§ 2 Nr. 1 KStG i.V.m.) § 49 Abs. 1 Nr. 5 Buchst. b) EStG und der damit einhergehende Steuerabzug in Höhe von 20% bzw. 35% durch Bestimmungen des jeweiligen Abkommens begrenzt oder sogar ausgeschlossen werden.

---

981 Vgl. *Weber-Grellet*, in: Schmidt, EStG, § 43 Rn. 15; *Heinicke*, in: Schmidt, EStG, § 49 Rn. 68; *M. Klein*, in: Herrmann/Heuer/Raupach, EStG/KStG, § 49 EStG, Anm. 815 u. 822.

982 *Lindemann*, Aktienfonds, S. 390; *Thorn/Otto/Geese*, Handbuch für die Besteuerung von Fondsvermögen, S. 60.

983 *Lübbehausen*, in: Brinkhaus/Scherer, KAGG/AuslInvestmG, § 38b KAGG, Rn. 175; *Thorn/Otto/Geese*, Handbuch für die Besteuerung von Fondsvermögen, S. 60.

984 Vgl. § 7 Abs. 4 InvStG.

985 Näheres dazu bei *Ramackers*, in: Littmann/Bitz/Pust, EStG, § 7 InvStG, Rn. 70 ff.

## 1. Einordnung der Investmenterträge der Investment-AG im Abkommensrecht

Nach nationalem Recht werden die den Investmentanlegern seitens der Investment-AG zugerechneten Investmenterträge, obwohl es sich bei der Investment-AG um eine Aktiengesellschaft handelt, steuerlich nicht einheitlich als Dividenden, sondern aufgrund des Transparenzgrundsatzes je nach zugrundeliegender Quelle der Erträge als Zinsen, Dividenden, Veräußerungsgewinne oder andere Einkünfte behandelt.[986] Es stellt sich die Frage, ob diese Sichtweise auch der Anwendung der Bestimmungen des OECD-MA zugrunde zu legen ist. Wäre dies der Fall, dann wären die für die ausländischen Investoren in den Investmenterträgen enthaltenen steuerpflichtigen inländischen Dividenden den Begrenzungen des Art. 10 OECD-MA zu unterwerfen, während die steuerpflichtigen Erträge aus Tafelgeschäften abkommensrechtlich je nach Charakter der zugrundeliegenden Quelle einzuordnen wären, d.h., soweit z.B. bei der Investment-AG Zinsen anfallen und diese dem Anleger durch Tafelgeschäfte zugerechnet werden, wären die Begrenzungen des Art. 11 OECD-MA anzuwenden.[987] Gegen eine Übernahme der (innerstaatlichen) transparenten Beurteilung ins Abkommensrecht spricht jedoch, dass die Normen der Doppelbesteuerungsabkommen, um eine einheitliche Anwendung durch beide Vertragsstaaten zu ermöglichen, in erster Linie aus sich selbst heraus und nicht nach Maßgabe des jeweiligen innerstaatlichen Rechts ausgelegt werden sollen.[988] Gibt das jeweilige Doppelbesteuerungsabkommen sogar bereits eine Definition und läßt sich ein bestimmter Sachverhalt darunter subsumieren, dann ist grundsätzlich nur das Abkommen und nicht die innerstaatliche Begrifflichkeit maßgebend.[989]

Eine zum Teil eigenständige und damit aus dem Abkommen selbst heraus auszulegende Definition im Abkommensrecht hat u.a. der Begriff der *"Dividende"* erfahren,[990] worunter möglicherweise sämtliche Investmenterträge der Investment-AG zu subsumieren sind. Nach Art. 10 Abs. 3 OECD-MA sind Dividenden u.a. *Einkünfte aus Aktien*, wobei sich "Aktien" auf Anteile am Grundkapital einer Aktiengesellschaft

---

986 Siehe dazu u.a. oben Kapitel 4 § 1 A II 1 a).

987 In der Tat wird dies so für Investmenterträge eines Sondervermögens gesehen, wenn nicht aus Praktikabilitätsgründen sämtliche Investmenterträge pauschal ausdrücklich in die Dividendendefinition einbezogen sind, wie es in den zahlreichen Abkommen der Bundesrepublik Deutschland geschehen ist, vgl. *Tischbirek*, in: Vogel/Lehner, DBA, Art. 10 Rn. 213; *Wassermeyer*, in: Debatin/Wassermeyer, Doppelbesteuerung, Art. 11 MA Rn. 90; *Lindemann*, Aktienfonds, S. 397.

988 *Schaumburg*, Internationales Steuerrecht, 16.54.; *Strobl*, in: Festschrift Döllerer, S. 635, 642; *Debatin*, DB 1985, Beilage 23, S. 6; *Frotscher*, Internationales Steuerrecht, § 6 Rn. 208; *Henkel*, in: Becker/Höppner/Grotherr/Kroppen, DBA, Grundlagen Teil 1 Abschn. 4 Rn. 51.

989 *Schaumburg*, Internationales Steuerrecht, 16.58 ff.; *Wassermeyer*, in: Debatin/Wassermeyer, Doppelbesteuerung, Art. 3 MA Rn. 71 f. u. 81.; *Strobl*, in: Festschrift Döllerer, S. 635, 644; *Debatin*, DB 1985, Beilage 23, S. 5; *Vogel*, BB 1978, 1021, 1021; *Kluge*, Das Internationale Steuerrecht, S. 674.

990 *Schaumburg*, Internationales Steuerrecht, 116.328; *Portner*, in: Becker/Höppner/Grotherr/Kroppen, DBA, Art. 10 OECD-MA, Rn. 154; *Tischbirek*, in: Vogel/Lehner, DBA, Art. 10 Rn. 184 u. 186, der darauf hinweist, dass die beiden ersten Abschnitte der Definition in Art. 10 Abs. 3 OECD-MA aus dem Abkommen selbst heraus auszulegen sind, und nur der dritte Abschnitt aufgrund der Verweisung auf das innerstaatliche Recht des Quellenstaates unter Heranziehung des innerstaatlichen Rechts des Quellenstaats auszulegen ist.

beziehen, die mindestens eine Beteiligung am Gewinn und am Liquidationserlös der Gesellschaft vermitteln.[991] Beteiligt sich ein Anleger an einer Investment-AG, welche die Rechtsform einer Aktiengesellschaft besitzt, wird diesem ein Anteil an dem Grundkapital der Investment-AG sowie eine Beteiligung am Gewinn gewährt (vgl. § 96 Abs. 1 u. Abs. 2 S. 2 InvG), so dass eine Subsumtion unter den abkommensrechtlichen Begriff der "Aktie" unproblematisch gegeben ist. Die Reichweite des Begriffs *"Einkünfte"* soll sich mangels ausdrücklicher Definition im OECD-MA nach wohl herrschender Meinung ausschließlich nach dem Recht des Quellenstaates, hier also Deutschland, richten;[992] das deutsche Steuerrecht erfasst als "Einkünfte" der Aktionäre der Investment-AG sowohl ausgeschüttete als auch thesaurierte Erträge der Investment-AG sowie den Zwischengewinn (vgl. § 2 Abs. 1 S. 1 InvStG). Damit ist zusammenzufassen, dass abkommensrechtlich sämtliche den Anlegern zugeordneten Investmenterträge der Investment-AG einheitlich als "Dividenden" zu qualifizieren sind.

## 2. Begrenzung des nationalen Besteuerungsrechts aufgrund Art. 10 Abs. 2 OECD-MA

Für die Umgrenzung der deutschen Besteuerungsbefugnis in Bezug auf die Investmenterträge der gebietsfremden Investmentanleger bedeutet dies, dass ausschließlich die Verteilungsnorm des Art. 10 Abs. 2 OECD-MA eingreift.[993] Danach wird Deutschland als Quellenstaat ein Besteuerungsrecht auf die "Dividende", also die Investmenterträge, eingeräumt, allerdings regelmäßig begrenzt auf 15% des Bruttobetrags.

Die darüber hinaus in Art. 10 Abs. 2 OECD-MA vorgesehene spezielle Quellensteuerbegrenzung für Schachtelbeteiligungen auf 5% des Bruttobetrags der Dividende ist hingegen im Zusammenhang mit der Beteiligung ausländischer Anteilseigner an einer Investment-AG grundsätzlich nicht einschlägig. Denn nur in seltenen Fällen wird eine ausländische Gesellschaft zu mindestens 25% unmittelbar an der Investment-AG beteiligt sein. Denkbar wäre eine solche Konstellation bei der hier nicht näher betrachteten Spezial-Investment-AG gem. § 99 Abs. 3 i.V.m. § 91 Abs. 1 InvG, bei der die Anteile von nicht mehr als 30 Anlegern gehalten werden dürfen.

---

[991] *Wassermeyer*, in: Debatin/Wassermeyer, Doppelbesteuerung, Art. 10 OECD-MA Rn. 99; *Tischbirek*, in: Vogel/Lehner, DBA, Art. 10 Rn. 192; *Portner*, in: Bekker/Höppner/Grotherr/Kroppen, DBA, Art. 10 Rn. 175.

[992] *Tischbirek*, in: Vogel/Lehner, DBA, Art. 10 Rn. 186; *Schaumburg*, Internationales Steuerrecht, 16.330; *Portner*, in: Bekker/Höppner/Grotherr/Kroppen, DBA, Art. 10 Rn. 156; *Kluge*, Das Internationale Steuerrecht, S. 852; a.A. *Wassermeyer*, in: Debatin/Wassermeyer, Doppelbesteuerung, Art. 10 Rn. 93.

[993] Dies gilt zumindest für den Fall, dass der Betriebsstättenvorbehalt des Art. 10 Abs. 4 OECD-MA nicht eingreift, welcher bei einer Zugehörigkeit der Beteiligung, die Grundlage für das Erzielen der Dividende ist, zu einer Betriebsstätte im Quellenstaat normiert, dass die Dividende vorrangig der Rechtsfolge des Art. 7 Abs. 1 OECD-MA und nicht der des Art. 10 Abs. 2 OECD-MA unterstellt wird. Im Rahmen dieser Arbeit wird jedoch die Konstellation, dass der ausländische Anteilseigner der Investment-AG in Deutschland eine Betriebsstätte unterhält und die Investmentbeteiligung dieser zuzuordnen ist, aus der Untersuchung ausgeklammert, so dass sich ein näheres Eingehen auf Art. 10 Abs. 4 OECD-MA erübrigt. Zu dem Betriebsstättenvorbehalt *Wassermeyer*, in: Debatin/Wassermeyer, Doppelbesteuerung, Art. 10 MA Rn. 125 ff.

Aus gleichen Gründen wird in der Regel auch die Anwendung der Mutter-Tochter-Richtlinie, die in § 43b EStG in deutsches Recht umgesetzt wurde und welche im Verhältnis zum OECD-MA unter bestimmten Voraussetzungen sogar eine Befreiung von der inländischen Kapitalertragsteuer bei Gewinnausschüttungen vorsieht, scheitern, da diese eine Mindestbeteiligung von immerhin 20% einer EU-Muttergesellschaft an der Investment-AG als Tochtergesellschaft voraussetzt.

Im Vergleich zum nationalen Steuersatz von 20% für die in den Investmenterträgen enthaltenen steuerpflichtigen inländischen Dividenden sowie zum nationalen Steuersatz von 35% für Erträge aus Tafelgeschäften ergibt sich somit ein Unterschiedsbetrag. Den jeweiligen Differenzbetrag zum DBA-Höchstsatz von 15% kann der ausländische (private und betriebliche) Anleger allerdings nach § 50d Abs. 1 EStG vom Bundesamt für Finanzen erstattet verlangen.[994]

## B. Veräußerung bzw. Rückgabe des Anteils an der Investment-AG

Steuerpflichtige inländische Einkünfte i.S.d. § 49 EStG könnte der ausländische private sowie betriebliche Investmentanleger darüber hinaus erzielen, wenn er seinen Anteil an der Investment-AG veräußert bzw. an die Investment-AG zurückgibt. Bei Veräußerung bzw. Rückgabe der Beteiligung an der Investment-AG innerhalb eines Jahres nach Anschaffung wäre insoweit sowohl bei betrieblichen als auch privaten ausländischen Anlegern nach dem Gesetzeswortlaut eine beschränkte Steuerpflicht nach § 49 Abs. 1 Nr. 8 EStG, bei Veräußerung bzw. Rückgabe außerhalb der einjährigen Veräußerungsfrist von einem Jahr eine beschränkte Steuerpflicht nach § 49 Abs. 1 Nr. 2 Buchst. e) EStG in Erwägung zu ziehen.[995] Voraussetzung beider Tatbestände ist allerdings, dass der ausländische Anteilseigner im Sinne des § 17 Abs. 1 EStG zu mindestens 1% an der Investment-AG als inländischer Aktiengesellschaft beteiligt ist.

Innerhalb der einjährigen Veräußerungsfrist ist § 49 Abs. 1 Nr. 8 EStG vorrangig vor § 49 Abs. 1 Nr. 2 Buchst. e) EStG anzuwenden. Dies ergibt sich aus dem Verweis des § 49 Abs. 1 Nr. 8 EStG auf § 23 Abs. 2 S. 2 EStG. Wäre die Beteiligung an der Investment-AG einem inländischen Betrieb zuzurechnen, welche Konstellation im Rahmen dieser Arbeit allerdings nicht näher untersucht wird, so wären etwaige Veräußerungsgewinne vorrangig vor § 49 Abs. 1 Nr. 8 und Nr. 2 Buchst. e) EStG als inländische Einkünfte aus Gewerbebetrieb gem. § 49 Abs. 1 Nr. 2 Buchst. a) EStG zu qualifizieren.[996]

---

[994] Näheres zu den Voraussetzungen des Erstattungsverfahrens bei *Henkel,* in: Mössner, Steuerrecht international tätiger Unternehmen, F 204 ff.; *Heinicke,* in: Schmidt, EStG, § 50d Rn. 35 ff.

[995] Für die Anwendung des § 49 Abs. 1 Nr. 8 EStG sowohl auf private als auch betriebliche Anleger wegen der isolierenden Betrachtungsweise des § 49 Abs. 2 EStG, obwohl das Gesetz von "privaten Veräußerungsgeschäften" spricht, vgl. FG Hamburg, EFG 1998, 39, 40; *Heinicke,* in: Schmidt, EStG, § 49 Rn. 85; *Hidien,* in: Kirchhof/Söhn/Mellinghoff, EStG, § 49 Rn. J 27; a.A. *Wied,* in: Blümich, EStG/KStG/GewStG, § 49 EStG Rn. 184. Für die Anwendung des § 49 Abs. 1 Nr. 2 Buchst. e) EStG auf private sowie betriebliche Anleger, *Heinicke,* in: Schmidt, EStG, § 49 Rn. 37; *Wied,* in: Blümich, EStG/KStG/GewStG, § 49 EStG, Rn. 113; *Hidien,* in: Kirchhof/Söhn/Mellinghoff, EStG, § 49 Rn. E 481; *Kumpf,* in: Herrmann/Heuer/Raupach, EStG/KStG, § 49 EStG Rn. 579.

[996] *Heinicke,* in: Schmidt, EStG, § 49 Rn. 85; *Wied,* in: Blümich, EStG/KStG/GewStG, § 49 EStG, Rn. 112.

Würde man den ausländischen Anteilseigner der Investment-AG nach diesen Normen zur Besteuerung heranziehen, hätte dies den Vorteil, dass eine Gleichbehandlung mit dem gebietsfremden Direktanleger einer Aktiengesellschaft erreicht würde, der ebenfalls im Falle einer mindestens 1%igen Beteiligung an einer Aktiengesellschaft beschränkt steuerpflichtig nach den genannten Vorschriften wäre.

Gegen diese wortlautgetreue Anwendung der Tatbestände auf den ausländischen Anteilseigner der Investment-AG ist jedoch vorzubringen, dass sie nicht systemgerecht wäre. Der Systembruch zeigt sich darin, dass die Anwendung dem in § 8 Abs. 5 InvStG zum Ausdruck gebrachten Gedanken widersprechen würde.[997] Dort wird nämlich ausdrücklich die Anwendung des § 17 EStG auf die Veräußerung von Anteilen an der Investment-AG durch einen unbeschränkt steuerpflichten (privaten) Anteilseigner untersagt vor dem Hintergrund, dass eine Anwendung nicht im Gleichklang mit der steuerlichen Behandlung der Veräußerung bzw. Rückgabe von Anteilen an Sondervermögen stünde, bei denen wegen fehlenden Kapitalgesellschaftscharakters des Sondervermögens der Tatbestand des § 17 EStG von vorneherein nicht verwirklicht würde. Ziel der Nichtanwendung von § 17 EStG ist also, eine Gleichbehandlung von Anlegern einer Investment-AG und Anlegern eines Sondervermögens zu erreichen, die es hier prioritär zum Transparenzprinzip zu realisieren gilt.[998]

Bisher wäre nach dem reinem Gesetzeswortlaut der § 49 Abs. 1 Nr. 2 Buchst. e) und Nr. 8 EStG u.a. aufgrund der Anknüpfung an § 17 EStG ausschließlich eine Besteuerung der Veräußerung von Anteilen an einer inländischen Kapitalgesellschaft (Investment-AG) vorzunehmen, wohingegen die Veräußerung eines Anteils an einem Sondervermögen durch einen gebietsfremden Anleger angesichts des fehlenden Kapitalgesellschaftscharakters des Sondervermögens nicht steuerbar wäre.[999] Das ist vor dem Hintergrund der oben genannten Zielsetzung des Gesetzgebers kein wünschenswertes Ergebnis. Daher ist m.E. die Wertung des § 8 Abs. 5 InvStG auf die Tatbestände der beschränkten Steuerpflicht zu übertragen, mit der Konsequenz, dass § 49 Abs. 1 Nr. 2 Buchst. e) und des Nr. 8 EStG nicht auf die Veräußerung bzw. Rückgabe des Anteils an der Investment-AG durch einen gebietsfremden Anleger angewendet wird und somit insoweit keine beschränkte Steuerpflicht gegeben ist.

[997] Dazu bereits ausführlich, siehe oben Kapitel 4 § 2 A II 2.

[998] Vgl. Gesetzesbegründung zum EURLUmsG, BT-Drucks. 15/3677, S. 49.

[999] Vgl. *Lindemann*, Aktienfonds, S. 387.

# Sechstes Kapitel: Berechtigung und Praktikabilität der transparenten Besteuerung der Investment-Aktiengesellschaft

Hervorstechendes Merkmal bei der Besteuerung der Investment-AG im Unterschied zu derjenigen von anderen Aktiengesellschaften ist, dass die Investment-AG zwar Steuersubjekt ist, also dem Grunde nach § 1 Abs. 1 Nr. 1 KStG unterfällt, aber nach § 11 Abs. 1 S. 3 i.V.m. S. 2 InvStG von der Körperschaft- sowie Gewerbesteuer befreit wird.[1000] Die Ebene der Investment-AG wird demnach steuerlich freigestellt. Die gesamten (positiven) Erträge der Investment-AG werden stattdessen sowohl im Falle der Ausschüttung seitens der Investment-AG als auch bei Thesaurierung ausschließlich bei den Anteilseignern steuerlich erfasst, so als ob sie ihnen unmittelbar selbst als eigene Einkünfte zugeflossen wären (vgl. § 2 InvStG). Überwiegen jedoch negative Erträge, werden diese nicht, wie es eine konsequente Anwendung des Transparenzprinzips an sich erfordern würde, an die Anteilseigner weitergeleitet, sondern auf Ebene der Investment-AG gespeichert und mit positiven Erträgen in Folgejahren verrechnet (vgl. § 3 Abs. 4 InvStG).[1001] Das herkömmliche Trennungsprinzip bei Aktiengesellschaften, nach welchem sowohl eine eigenständige Steuerpflicht der Aktiengesellschaft als auch eine eigenständige Steuerpflicht der Anteilseigner gegeben ist,[1002] wird bei der Investment-AG folglich durch ein Transparenzprinzip (begrenzt auf positive Erträge) ersetzt.

Es lässt sich redlicherweise nicht von der Hand weisen, dass gewichtige Gründe *für* eine steuerrechtliche Ausblendung der Ebene der Investment-AG sprechen. Zu diesen Gründen zählt zunächst der Umstand, dass ohne eine Ausdehnung des Transparenzprinzips auf die (inländische) Investment-AG ein Verstoß gegen Diskrimierungsverbote aus dem EG-Vertrag vorliegen könnte, da lediglich bei inländischen Investmentvermögen eine steuerrechtliche Gestaltungswahl zwischen der Anwendung einer Steuerbefreiung auf der Ebene des Investmentvermögens mit ausschließlicher Besteuerung der Anteilseigner (bei Sondervermögen) und des Trennungsprinzips (bei Investment-AG) bestünde.[1003] Des Weiteren läßt sich für eine transparente Besteuerung der Investment-AG anführen, dass dadurch das Sondervermögen als alternative Anlageform und die Investment-AG steuerlich einer einheitlichen Behandlung unterliegen und somit keine etwaigen steuerlichen Nachteile, die bei Anwendung des Trennungsprinzips bestanden hätten (insb. Gewerbesteuerbelastung auf Ebene der Investment-AG sowie 25%ige Körperschaftsteuerdefinitivbelastung von Zinsen auf Ebene der Investment-AG und niedriger Steuersatz beim Anteilseigner[1004]), von vorneherein gegen eine Anlage in eine Investment-AG und für eine Anlage in ein Sondervermögen sprechen.[1005] Letztlich liegt der transparenten Besteuerung der Gedanke zugrunde, dass der Investmentanleger steuerlich genauso wie der Direktanleger in Fi-

---

[1000] Dazu schon ausführlich, oben Kapitel 3 § 1 f.

[1001] Ausführlich dazu oben Kapitel 4 § 1 A III 1 c) bb).

[1002] Vgl. *Birk*, Steuerrecht, Rn. 1093.

[1003] Begründung zum InvestmG, BT-Drucks. 15/1553, S. 122 f.

[1004] Vgl. *Schmitt*, in: Brinkhaus/Scherer, KAGG/AuslInvestmG, Vor §§ 51-67 KAGG, Rn. 12.

[1005] Siehe schon oben Kapitel 3 § 1 B.

nanzinstrumente gestellt werden soll, um die Attraktivität der Investmentanlage zu gewährleisten.[1006] Allen diesen Gründen ist gemeinsam, dass sie ihrer Natur nach allein mit der Förderung des Investmentsparens durch das Anlagevehikel der Investment-AG zusammenhängen.

Von den besonderen investment(steuer)lichen Motiven losgelöst, lässt sich aus einer Metaperspektive heraus an dem Konzept der transparenten Besteuerung der Investment-AG als einer Aktiengesellschaft allerdings auch Kritik üben. Die Kritik gründet sich u.a. auf die Nichtberücksichtigung der Aktiengesellschaft als selbständige Trägerin von Rechten und steuerlicher Leistungsfähigkeit sowie auf technische Abwicklungsschwierigkeiten. Im Wesentlichen sind dies dieselben Kritikpunkte, wie sie schon gegen das sog. *Modell einer Teilhabersteuer* vorgebracht worden sind.

Dieses Modell, das vor allem von *Engels* und *Stützel* als Modell einer rechtsformgerechten Unternehmenssteuer geprägt worden ist,[1007] versucht eine Gleichbehandlung von Kapitalgesellschaften und Personengesellschaften dadurch zu erreichen, dass die Besteuerung der Kapitalgesellschaften der Besteuerung der Personengesellschaften angenähert wird. Demzufolge wird der gesamte Gewinn von Kapitalgesellschaften, ebenso wie der Gewinn von Personengesellschaften, unmittelbar bei den Gesellschaftern entsprechend ihrer Beteiligung erfasst und bei diesen der Einkommensteuer unterworfen. Die Zurechnung der Gewinne an die Gesellschafter soll sowohl bei Ausschüttung als auch bei Thesaurierung erfolgen. Auch Verluste werden im Jahr ihres Entstehens – insoweit im Gegensatz zu der Investment-AG – den Gesellschaftern direkt zugerechnet. Die Ebene der Kapitalgesellschaft (bzw. der Personengesellschaft) soll demgegenüber – wie bei der Investment-Aktiengesellschaft – nicht steuerpflichtig sein, mit der Folge, dass die Körperschaftsteuer abgeschafft würde. Auf Ebene der Gesellschaften wird aber eine proportionale Quellensteuer (Teilhabersteuer) auf das Einkommen der Gesellschaften erhoben, die, weil sie ihrem Wesen nach eine Vorauszahlung auf die persönliche Einkommensteuer der Gesellschafter darstellt, jeder Gesellschafter entsprechend des auf ihn entfallenden Anteils auf seine persönliche Einkommensteuerschuld anrechnen kann. Falls die anteilige Teilhabersteuer die Einkommensteuer eines Gesellschafters übersteigt, wird der Überschuss an den Gesellschafter erstattet.[1008]

Im Folgenden soll nicht im Einzelnen das Teilhabersteuermodell untersucht werden, sondern der Fokus auf die denkbaren Kritikpunkte an einer transparenten Besteuerung der Investment-AG gelenkt und diese konkret gewürdigt werden, wobei natürlich wegen der Vergleichbarkeit zum Teilhabermodell auf die dazu geführten früheren Diskussionen rekurriert wird.

---

[1006] Siehe oben Kapitel 3 § 3.

[1007] *Engels/Stützel*, Teilhabersteuer.

[1008] Zu der Darstellung des Teilhabersteuermodells vgl. *Engels/Stützel*, Teilhabersteuer, S. 1 ff.; *Gutachten der Steuerreformkommission* 1971, BMF-Schriftenreihe Heft 17, KSt IV Rn. 104; *Croneberg*, Die Teilhabersteuer, S. 29 f.; *Knobbe-Keuk*, Bilanz- und Unternehmenssteuerrecht, § 14 II 2; *Hey*, in: Herrmann/Heuer/Raupach, EStG/KStG, Einf. KSt Rn. 185; *dies.*, Harmonisierung der Unternehmensbesteuerung, S. 190 ff. (mit Darstellung der in Amerika diskutierten sog. "Partnership-Method", die mit dem deutschen Teilhabersteuermodell vergleichbar ist); *Sieker*, DStJG 25 (2002), 145, 158 f.; *Wamsler*, Körperschaftliche Integration statt Anrechnung, S. 96 ff.; *Friauf*, FR 1969, 27, 27.

## § 1 Nichtberücksichtigung der Investment-Aktiengesellschaft als selbständige Trägerin von Rechten sowie wirtschaftlicher Leistungsfähigkeit

Gegen eine Transparenzbesteuerung der Investment-AG könnte einzuwenden sein, dass dadurch außer Acht gelassen wird, dass die Investment-AG eine selbständige Trägerin von Rechten sowie wirtschaftlicher Leistungsfähigkeit ist, weshalb an sich eine eigenständige Besteuerung der Investment-AG notwendig wäre.

Die Investment-AG ist als Aktiengesellschaft *zivilrechtlich eine juristische Person*. Dies bedeutet, dass die (Investment-)Aktiengesellschaft eine gegenüber den Mitgliedern verselbständigte Organisation darstellt und selbst Trägerin von Rechten und Pflichten ist.[1009] So wird das Gesellschaftsvermögen von den Mitgliedern losgelöst und der Aktiengesellschaft selbst zugeordnet (vgl. § 1 Abs. 1 S. 1 AktG).[1010] Auch kann die Aktiengesellschaft eigenständig Eigentum erwerben, Verpflichtungen eingehen und verklagt werden usw.[1011] Diese Trennung von Aktiengesellschaft und Anteilseignern wird allerdings von der *"Theorie vom wirtschaftlichen Eigentum"*[1012] zumindest für die steuerliche Beurteilung negiert. Diese geht davon aus, dass eine Kapitalgesellschaft im wirtschaftlichen Eigentum der Anteilseigner stehe und damit nichts von den Anteilseignern Verschiedenes sei.[1013] Die Kapitalgesellschaft sei lediglich ein Instrument, um den wirtschaftlichen Interessen der Anteilseigner zu dienen.[1014] Tatsächlich würden die Anteilseigner die Kapitalgesellschaft durch einen von ihnen eingesetzten Vorstand bzw. Geschäftsführung leiten, alle Teile kontrollieren und in ihrer Gesamtheit über den Gewinn verfügen.[1015] Diese wirtschaftliche Betrachtungsweise ist jedoch abzulehnen, da die von ihr angenommene Identität von Kapitalgesellschaft und Anteilseignern jedenfalls bei größeren Aktiengesellschaften mit Streubesitz (eine solche wird die Investment-AG regelmäßig sein!) nicht mit der Realität zu vereinbaren ist.[1016] Denn der Aktionär einer größeren Aktiengesellschaft ist gerade regelmäßig nicht als "Miteigentümer" bzw. "Mitunternehmer" anzusehen, er erscheint vielmehr als Gläubiger der Aktiengesellschaft, der sich nicht wirklich um die

---

[1009] *K. Schmidt*, Gesellschaftsrecht, § 22 I 2; *Hüffer*, Aktiengesetz, § 1 Rn. 4; *Brändel*, in: Großkomm. AktG, § 1 Rn. 4; *Raiser/Veil*, Recht der Kapitalgesellschaften, § 8 Rn. 3.

[1010] *Hennrichs*, StuW 2002, 201, 210.

[1011] Vgl. *Hey*, Harmonisierung der Unternehmensbesteuerung, S. 245; *Raiser/Veil*, Recht der Kapitalgesellschaften, § 8 Rn. 3.

[1012] Zu den Vertreten dieser Theorie gehören *Engels/Stützel*, Teilhabersteuer, S. 29 f.; *Gutachten der Steuerreformkommission* 1971, BMF-Schriftenreihe Heft 17, KSt IV Rn. 52 u. 75.

[1013] Vgl. *Hennrichs*, StuW 2002, 201, 205; *Hey*, Harmonisierung der Unternehmensbesteuerung, S. 249 f.

[1014] Vgl. *Hey*, in: Herrmann/Heuer/Raupach, EStG/KStG, Einl. KSt, Rn. 19; *Desens*, Das Halbeinkünfteverfahren, S. 7.

[1015] Vgl. *Schanz*, FinArch 2 1. Band (1885), 235, 317; *Desens*, Das Halbeinkünfteverfahren, S. 7.

[1016] Vgl. *Schredelseker*, FinArch. 1972/73, S. 27, 31 ff.; *Greif*, KStReform und Anrechnungsverfahren, S. 96 ff.; *Ruppe*, Die steuerliche Doppelbelastung der Körperschaftsgewinne, S. 90 ff.; *Knobbe-Keuk*, Bilanz- und Unternehmenssteuerrecht, § 14 II 3; *Hey*, Harmonisierung der Unternehmensbesteuerung, S. 250 f.; *Hennrichs*, StuW 2002, 201, 205; *Schwochert*, GmbHR 1987, 311, 313.

Geschicke der Aktiengesellschaft kümmert, sondern alleinig daran ein Interesse hat, dass er eine Rendite in Gestalt einer Ausschüttung oder einer gewinnbringenden Veräußerung seines Anteils erhält.[1017] Zudem haben solche Aktionäre auch nicht ohne weiteres Einfluss auf die Geschäftsführung, da diese häufig von einem externen Management – und eben nicht von den Aktionären – selbständig für die Gesellschaft ausgeführt wird, ohne dass dabei unbedingt die Interessen der Aktionäre berücksichtigt werden.[1018] Die Einflussnahmemöglichkeit der Aktionäre auf die Geschäftsführung ist vielmehr durch den Kompetenzrahmen der Hauptversammlung begrenzt. Festzuhalten ist daher, dass die Investment-AG als Aktiengesellschaft sehr wohl eine von den Anteilseignern zu unterscheidende Rechts- und Interessenträgerin ist.

Mit der rechtlichen und wirtschaftlichen Selbständigkeit der Investment-AG geht eine *eigene wirtschaftliche Leistungsfähigkeit*[1019] *der Investment-AG* einher. Denn die Investment-AG nimmt als selbständige Rechtsträgerin mittels ihrer Organe eigenständig am Marktgeschehen teil, wenn sie in Anlagegegenstände investiert.[1020] Die einkünfterelevanten Leistungsbeziehungen sind daher nur ihr und nicht den Gesellschaftern zuzurechnen.[1021] Gleichzeitig wird durch die wirtschaftliche Tätigkeit der Investment-AG zunächst nur das Gesellschaftsvermögen tangiert. Erwirtschaftet die Investment-AG als Ergebnis ihrer wirtschaftlichen Betätigung einen Gewinn, stellt diese Vermögensmehrung jedenfalls in dem Zeitraum, in dem der Gewinn im Gesellschaftsvermögen verbleibt und nicht an die Gesellschafter ausgeschüttet wird, ausschließlich einen Zuwachs an wirtschaftlicher Leistungsfähigkeit auf Ebene der Investment-AG dar.[1022] Auf Ebene der Gesellschafter kann hingegen aufgrund der Zugehörigkeit des Gewinns zum Gesellschaftsvermögen zunächst noch keine disponible Leistungsfähigkeitssteigerung festgestellt werden. Eine Erhöhung der Zahlungsfähigkeit und damit der Leistungsfähigkeit tritt hier erst im Zeitpunkt der Gewinnausschüttung ein, da erst ab diesem Moment die Gesellschafter über einen *realisierten Vermögenszuwachs* in Form der ihnen zustehenden Dividende verfügen.[1023] Berücksichtigt man die Tatsache, dass die Besteuerung nach der Leistungsfähigkeit ein Fundamentalprinzip gerechter Besteuerung darstellt[1024], dessen Geltung grundsätzlich im

---

[1017] *Schanz*, FinArch 2 1. Band (1885), 235, 318; *Schneider*, StuW 1975, 97, 101; *Schwochert*, GmbHR 1987, 311, 313; *Knobbe-Keuk*, Bilanz- und Unternehmenssteuerrecht, § 14 II 3.

[1018] *Hennrichs*, StuW 2002, 201, 210; *Hey*, Harmonisierung der Unternehmensbesteuerung, S. 251; *Walz*, Empfiehlt sich eine rechtsformunabhängige Besteuerung der Unternehmen?, S. F 69.

[1019] Zu dem Begriff der Leistungsfähigkeit, siehe u.a. schon oben Kapitel 4 § 1 A III 1 c) bb).

[1020] Vgl. *Sieker*, DStJG 25 (2002), 145, 161.

[1021] *Hennrichs*, StuW 2002, 201, 207; *Lang*, in: Festschrift L. Schmidt, 291, 294 (in Bezug auf Personengesellschaften).

[1022] *Hennrichs*, StuW 2002, 201, 205; *Hey*, Harmonisierung der Unternehmensbesteuerung, S. 255; *Jachmann*, DStJG 23 (2000), 9, 17; *Flume*, DB 1971, 692, 693.

[1023] *Sieker*, DStJG 25 (2002), 145, 161.

[1024] Vgl. *Tipke*, Die Steuerrechtsordnung, Bd. I, S. 491; *Lang*, in: Tipke/Lang, Steuerrecht, § 4 Rn. 81 ff.; *Hey*, in: Herrmann/Heuer/Raupach, EStG/KStG, Einf. KSt Rn. 27; *Pezzer*, DStJG 25 (2002), 37, 47.

gesamten Steuerrecht bejaht wird,[1025] müßte die bei der Investment-AG vorhandene Leistungsfähigkeit in Gestalt des erwirtschafteten Gewinns erfasst werden und damit die Investment-AG – entgegen der gesetzlichen Lage im InvStG – doch zum Besteuerungssubjekt erklärt werden.

An dieser Feststellung ändert auch die insbesondere von der älteren Finanzwissenschaft verschiedentlich vorgebrachte These nichts, dass juristische Personen gar nicht Zuordnungsobjekt steuerlicher Leistungsfähigkeit sein könnten, da die Besteuerung nach der Leistungsfähigkeit ein gerechtes Opfer, d.h. eine Einbuße an Bedürfnisbefriedigung erfordere und eine solche begrifflich nur von natürlichen Personen, die einen persönlichen Bedarf zu befriedigen haben, auf sich genommen werden könnte.[1026] Dieser Definition von Leistungsfähigkeit, der letztlich eine Gleichsetzung von Opfer- und Leistungsfähigkeitsprinzip zugrunde liegt, ist nämlich entgegen zu halten, dass sie zu sehr individualistisch geprägt ist und dadurch übersieht, dass das Leistungsfähigkeitsprinzip nicht nur subjektive, sondern ebenfalls objektive Komponenten aufweist.[1027] Auch wenn eine subjektive Komponente der steuerlichen Leistungsfähigkeit bei juristischen Personen wegen fehlender persönlicher Bedürfnisse naturgemäß nicht in Betracht kommt,[1028] ist immerhin eine Anknüpfung an die objektive Leistungsfähigkeit möglich, die sich, wie gezeigt, bei juristischen Personen im erwirtschafteten Gewinn ausdrückt und von der nicht einfach abgesehen werden kann.[1029] Des Weiteren ergibt sich ebenso aus Art. 19 Abs. 3 GG, nach welchem die Grundrechte und damit auch Art. 3 Abs. 1 GG, aus dem das Leistungsfähigkeitsprinzip abgeleitet wird,[1030] von juristischen Personen in Anspruch genommen werden können, dass letztere Zuordnungsobjekt steuerlicher Leistungsfähigkeit sein können.[1031]

---

[1025] Vgl. *Birk*, StuW 2000, 328, 329; *Desens*, Das Halbeinkünfteverfahren, S. 351 f.; *Lang*, in: Tipke/Lang, Steuerrecht, § 4 Rn. 85; BVerfG v. 10.11.1998, 2 BvR 1057/91, BVerfGE 99, 216, 232 (zumindest für die direkten Steuern).

[1026] Vgl. *Gutachten der Steuerreformkommission* 1971, BMF-Schriftenreihe Heft 17, KSt IV Rn. 54; *Schneider*, in: Neumark, Handbuch der Finanzwissenschaft II, 3. Aufl. 1980, 509, 544 f.; *ders.*, StuW 1975, 97, 101.

[1027] Vgl. *Friauf*, StuW 193, 97, 107. Ein weiteres Gegenargument gegen diese enge Definition liefert *Schipporeit*, StuW 1980, 190, 196: "... Gegen das Opferprinzip selbst ist einzuwenden, dass es auf einer nicht unbestrittenen, hypothetischen Grenznutzenkurve beruht. Die dabei von den politischen Entscheidungsträgern vorzunehmende "normative Nutzenschätzung" entbehrt nicht einer gewissen Willkür. ...".

[1028] *Friauf*, StuW 1973, 97, 107; *Desens*, Das Halbeinkünfteverfahren, S. 353; *Hey*, Harmonisierung der Unternehmensbesteuerung, S. 254; *Jachmann*, DStJG 23 (2000), 9, 17.

[1029] *Friauf*, StuW 1973, 97, 107; *Tipke*, Die Steuerrechtsordnung, Bd. II, S. 1173; *Hey*, Harmonisierung der Unternehmensbesteuerung, S. 254 f.; *dies.*, in: Herrmann/Heuer/Raupach, EStG/KStG, Einf. KSt Rn. 4; *Lang*, DStJG 24 (2001), 49, 59; *Hennrichs*, StuW 2002, 201, 205; *Pezzer*, in: Festschrift Tipke, S. 419, 424 ff.; *ders.*, DStJG 20 (1997), 5, 13; *Jachmann*, DStJG 23 (2000), 9, 17; *Desens*, Das Halbeinkünfteverfahren, S. 354 f.; *Wendt*, in: Festschrift *Friauf*, S. 859, 869 f.; *Schipporeit*, StuW 1980, 190, 196; *Sieker*, DStJG 25 (2002), 145, 162.

[1030] Siehe u.a. Kapitel 4 § 1 A III 1 c) bb).

[1031] *Lang*, DStJG 24 (2001), 49, 58 f.; *ders.*, in: Tipke/Lang, Steuerrecht, § 4 Rn. 90; *Hennrichs*, StuW 2002, 201, 205; *Jachmann*, DStJG 23 (2000), 9, 18.

Als Ergebnis ist demzufolge zu konstatieren, dass bei der im InvStG normierten transparenten Besteuerung der Investment-AG nicht berücksichtigt wird, dass die Investment-AG aufgrund ihrer eigenen rechtlichen Selbständigkeit sowie wirtschaftlichen Leistungsfähigkeit an sich, wie es das Trennungsprinzip vorsieht, separat besteuert werden müsste.

## § 2 Systemwidrigkeit der steuerlichen Erfassung thesaurierter Gewinne bei den Anteilseignern

Der gesamte Gewinn der Investment-AG wird sowohl im Falle der Ausschüttung als auch bei (vollständiger) Thesaurierung ausschließlich den Anteilseignern zugerechnet und bei ihnen entsprechend ihres jeweiligen Anteils der Besteuerung unterworfen (vgl. § 2 Abs. 1 InvStG), während die Investment-AG selbst steuerfrei gestellt ist (§ 11 Abs. 1 S. 3 i.V.m. S. 2 InvStG). Zwar scheint die steuerliche Erfassung thesaurierter Gewinne bei den Anteilseignern auf den ersten Blick aus Gründen der Gleichbehandlung mit dem Direktanleger gerechtfertigt zu sein.[1032] Andererseits führt die unmittelbare Zurechnung der thesaurierten Gewinnanteile an die Anteilseigner auch zu systematischen Unstimmigkeiten. Zunächst ist darin ein *Verstoß gegen den Grundsatz der Besteuerung nach der wirtschaftlichen Leistungsfähigkeit* zu sehen. Solange die Gewinne auf Ebene der Investment-AG thesauriert sind, haben die Anteilseigner noch keine Verfügungsbefugnis über die Gewinne. Bei ihnen mangelt es insoweit an einem disponiblen zugeflossenen oder realisierten Vermögenszuwachs.[1033] Ein solcher liegt auch nicht dadurch vor, dass sich aufgrund des thesaurierten Gewinns möglicherweise der Aktienwert der Anteilseigner erhöht, da es jedenfalls an einer disponiblen Realisierung des Vermögensvorteils fehlt.[1034] Eine Erhöhung der Leistungsfähigkeit *bei den Anteilseignern*, die grundsätzlich unabdingbare Voraussetzung für eine Besteuerung ist, ist also *bei Thesaurierung der Gewinne* auf Ebene der Investment-AG gerade (noch) nicht gegeben.[1035] Stattdessen ist aber ein Leistungsfähigkeitszuwachs auf Ebene der Investment-AG zu bejahen,[1036] weshalb es systemgerechter wäre, bei Thesaurierung die Investment-AG anstelle der Anteilseigner zu besteuern.

Gegen die steuerliche Erfassung vollständig thesaurierter Gewinne bei den Anteilseignern spricht des Weiteren, dass diese zu *Liquiditätsengpässen bei den Anteilseig-*

---

[1032] Vgl. siehe oben Kapitel 4 § 1 A I 3 b).

[1033] *Hey*, Harmonisierung der Unternehmensbesteuerung, S. 290; *dies.*, in: Herrmann/Heuer/Raupach, EStG/KStG, Einf. KSt, Rn. 185; *Tipke*, Die Steuerrechtsordnung, Bd. II, S. 1200; *ders.*, NJW 1980, 1079, 1080.

[1034] *Sieker*, DStJG 25 (2002), 145, 161; *Reiß*, DStJG 17 (1994), 3, 18.

[1035] Vgl. *Tipke*, Die Steuerrechtsordnung, Bd. II, S. 1200; *Hey*, Harmonisierung der Unternehmensbesteuerung, S. 290: "Erst im Moment der Ausschüttung wirkt sich der Kapitalgesellschaftsgewinn auf die Konsummöglichkeiten des Anteilseigners und damit auf seine Leistungsfähigkeit aus."; *dies.*, in: Herrmann/Heuer/Raupach, EStG/KStG, Einf. KSt, Rn. 185; *dies.*, DStJG 24 (2001), 155, 217 f.; *Pezzer*, in: Tipke/Bozza, Besteuerung von Einkommen, S. 249; wohl auch *Hennrichs*, StuW 2002, 201, 210; *Lang*, DStJG 24 (2001), 49, 98; *Desens*, Das Halbeinkünfteverfahren, S. 354; *Graß*, Unternehmensformneutrale Besteuerung, S. 128; *Frenz*, StuW 1997, 116, 124.

[1036] Siehe oben Kapitel 6 § 1.

*nern* führen kann.[1037] Denn die Anteilseigner können die Steuerzahlung nicht mit von der Investment-AG empfangenen Gewinnen begleichen, sondern müssen diese aus ihrem sonstigen Vermögen finanzieren. Dies kann im Einzelfall problematisch sein, wenn Anteilseigner die erforderlichen Barmittel nicht auftreiben können. Im schlimmsten Fall kann es dazu kommen, dass die Anteilseigner, um Liquidität für die Steuerzahlung zu erhalten, gezwungen sind, ihre Anteile zu verkaufen.[1038] Abgemildert wird das Problem der mangelnden Liquidität allerdings dadurch, dass auf Ebene der Investment-AG von den thesaurierten Erträgen eine Kapitalertragsteuer in Höhe von mindestens 20% (vgl. § 7 Abs. 2 f. InvStG) einbehalten wird, welche die Anteilseigner auf ihre persönliche Steuerschuld in Bezug auf die thesaurierten Gewinne anrechnen können. Damit müssen die Anteilseigner tatsächlich nur noch die Differenz in Höhe des Betrags, welcher noch nicht vorab durch die Kapitalertragsteuer gedeckt wurde, aus ihrem sonstigen Vermögen aufbringen.

## § 3 Abwicklungsschwierigkeiten in der Praxis

Gegen das Modell der Teilhabersteuer wurde zudem häufig die Kritik vorgebracht, dass dieses mit zahlreichen Abwicklungsschwierigkeiten in der Praxis verbunden sei. Inwiefern die in diesem Zusammenhang geäußerten Bedenken bei der Investment-AG stichhaltig sind, wird im Folgenden untersucht.

### A. Ermittlung sowie Information der Anteilseigner

Eine erste Schwierigkeit wurde darin gesehen, dass, um die alleinige Besteuerung auf Ebene der Anteilseigner sicherzustellen, die einzelnen Anteilseigner von der Gesellschaft über die steuerpflichtige Höhe ihres Gewinnanteils informiert werden müssten. Dies sei jedoch zumindest bei Publikumsaktiengesellschaften, denen ihre Aktionäre grundsätzlich nicht bekannt sind, wenn die ausgegebenen Aktien Inhaberaktien (vgl. § 10 Abs. 1 AktG) sind,[1039] mit einem *großen administrativen Aufwand* verbunden, da man erst die Identität der einzelnen Aktionäre ermitteln müsste.[1040] Einfacher wäre dies bei der Ausgabe von Namensaktien zu bewerkstelligen, weil in diesem Fall die Aktionäre mit ihrem Namen, Geburtsdatum, Anschrift usw. in einem gem. § 67 Abs. 1 AktG von der Aktiengesellschaft angelegten Aktienregister einzutragen sind.[1041]

Bei der Investment-AG greift mangels spezieller Regelung im InvG über § 99 Abs. 1 InvG die Vorschrift des § 10 Abs. 1 AktG, so dass sowohl Inhaberaktien als auch

---

[1037] Vgl. *Hey*, Harmonisierung der Unternehmensbesteuerung, S. 192 mwN; *dies.*, in: Herrmann/Heuer/Raupach, EStG/KStG, Einf. KSt, Rn. 185; *Tipke*, Die Steuerrechtsordnung, Bd. II, S. 1200; *Heigl*, Unternehmensbesteuerung, S. 31; *Jacobs*, Unternehmensbesteuerung und Rechtsform, S. 100.

[1038] Vgl. *Hey*, Harmonisierung der Unternehmensbesteuerung, S. 192.

[1039] Vgl. *Zätzsch/Maul*, in: Beck´sches Handbuch der AG, § 4 Rn. 18.

[1040] *Heigl*, Unternehmensbesteuerung, S. 32; *Jacobs*, Unternehmensbesteuerung und Rechtsform, S. 101; ähnlich *Hey*, Harmonisierung der Unternehmensbesteuerung, S. 195.

[1041] Vgl. *Raiser/Veil*, Recht der Kapitalgesellschaften, § 9 Rn. 11.

Namensaktien ausgegeben werden können.[1042] Auf den ersten Blick stellt sich also auch hier das Problem der aufwendigen Ermittlung der Identität der einzelnen Anteilseigner, falls Inhaberaktien ausgegeben werden. Jedoch eröffnet das InvStG Möglichkeiten, die Anteilseigner über die steuerpflichtige Höhe ihres Gewinnanteils zu informieren, ohne dass der Aktionärskreis der Investment-AG persönlich bekannt sein muss. Die Vorschrift des § 5 Abs. 1 Nr. 1 und Nr. 2 InvStG sieht vor, dass die Investment-AG sowohl bei Ausschüttung als auch Thesaurierung der Gewinne die Besteuerungsgrundlagen je Investmentanteil den Anlegern "*bekannt zu machen*" hat. In Bezug auf die Art und Weise der Bekanntmachung gegenüber den Anlegern, die das Gesetz selbst nicht näher regelt, lässt das *Bundesministerium für Finanzen* z.B. das Einstellen der Besteuerungsgrundlagen auf der Internetseite der Investment-AG oder auch die Veröffentlichung im elektronischen Bundesanzeiger, welche die Investment-AG nach § 5 Abs. 1 Nr. 3 InvStG vorzunehmen hat, genügen.[1043] Beide Wege der Bekanntmachung der Besteuerungsgrundlagen sind möglich, ohne dass die Investment-AG unmittelbaren Kontakt mit ihren Gesellschaftern haben muss. Des Weiteren erfahren zumindest die privaten Anleger der Investment-AG auch durch die Depotbank, bei der ihre Anteile deponiert sind, von ihren steuerpflichtigen Einkünften aus ihrer Beteiligung an der Investment-AG. Denn die Depotbank ist nach § 24c EStG verpflichtet, ihren Kunden eine Jahresbescheinigung auszustellen, in der die für die Kunden erforderlichen Angaben für die Erklärung ihrer Einkünfte aus Kapitalvermögen, und damit auch die Einkünfte aus der Beteiligung an der Investment-AG, sowie aus privaten Veräußerungsgeschäften enthalten sind. Festzuhalten ist daher, dass in der Praxis des Investmentwesens die Schwierigkeit der Information der Anteilseigner über die Höhe des anteilig zu versteuernden Gewinns, wenn diese nicht bekannt sind, dadurch überwunden wird, dass man sich verschiedener Medien bzw. der Depotbanken bedient, um die Informationslücke zu schließen. Die Gefahr, dass die Gewinne der Investment-AG bei den Anteilseignern wegen fehlender Information nicht erfasst werden, müsste daher gebannt sein, auch wenn natürlich immer noch Steuerumgehungen seitens der Anleger drohen. Diese Möglichkeit wird allerdings dadurch abgemildert, dass ein großer Umfang der Erträge der Investment-AG bereits auf Ebene der AG einem Kapitalertragsteuerabzug unterliegt (vgl. § 7 InvStG), so dass zumindest eine teilweise Besteuerung sichergestellt ist.

## B. Wechsel der Anteilseigner innerhalb des Geschäftsjahres der Gesellschaft

Als weitere Hürde bei der Teilhabersteuer stellte sich die zeitliche Zurechnung der Gewinne bei den Anteilseignern dar, insbesondere bei großen Aktiengesellschaften, bei denen Anteilseigner innerhalb eines Geschäftsjahres der Gesellschaft häufig wechselten.[1044] Soll dem Anteilseigner, der an einem bestimmten Stichtag Inhaber des An-

---

[1042] Im Vorgängergesetz des KAGG war dagegen gem. § 51 Abs. 2 S. 2 KAGG nur eine Ausgabe von Inhaberaktien möglich. Diese Beschränkung wurde jedoch im InvG nicht übernommen.

[1043] BMF-Schreiben v. 2.6.2005 zum InvStG, BStBl I 2005, 728, Rz. 85; siehe schon oben Kapitel 4 § 1 A I 1.

[1044] *Sieker*, DStJG 25 (2002), 145, 160.

teils war, der gesamte während des betreffenden Geschäftsjahres anfallende anteilige Gewinn der Gesellschaft zugerechnet werden, obwohl er nicht während des gesamten Geschäftsjahres Anteilseigner war (sog. *"Stichtagsrechnung"*), oder soll der Gewinnanteil den Anteilseignern nach Maßgabe der individuellen Besitzdauer während des Geschäftsjahres zugerechnet werden (sog. *"pro-rata-temporis-Verfahren"*)?[1045] Während für das pro-rata-temporis-Verfahren zwar Gerechtigkeitserwägungen anzuführen sind, wurde die Stichtagsrechnung insgesamt aber als die praktikablere Regelung eingeschätzt, da sie auf eine komplizierte Aufteilung des Gewinns, die vor allem bei einem häufigen Inhaberwechsel erforderlich wäre, verzichtet.[1046] Gleichzeitig war man sich jedoch auch der Mißbrauchsanfälligkeit der Stichtagsregelung bewußt, die darin bestehen könnte, dass ein Anteilseigner kurz vor dem Stichtag seinen Anteil an einen Steuerpflichtigen mit geringerem persönlichen Steuersatz verkauft und nach dem Stichtag zurückkauft.[1047]

Bei der Investment-AG werden Fälle des Anteilseignerwechsels vorwiegend durch eine Stichtagsrechnung gelöst. Schüttet die Investment-AG ihre Gewinne aus, sind die Gewinne von dem Anteilseigner zu versteuern, der zum Zeitpunkt der Gewinnausschüttung (privater Anleger sowie betrieblicher Anleger, der seinen Gewinn nach § 4 Abs. 3 EStG ermittelt) bzw. des Gewinnverwendungsbeschlusses der Investment-AG (bilanzierender betrieblicher Anleger) den Anteil innehat. Bei Thesaurierung der Gewinne unterliegt aufgrund der Zurechnungsfiktion des § 2 Abs. 1 S. 2 InvStG derjenige Anteilseigner der Besteuerung, der den Anteil am Ende des jeweiligen Geschäftsjahres der Investment-AG hält.[1048] Etwaige bereits erwähnte Missbrauchsgestaltungen werden zumindest teilweise durch die Besteuerung des Zwischengewinns vermieden, indem der Anleger, wenn er seinen Anteil kurz vor dem anstehenden Ausschüttungstermin bzw. Geschäftsjahresende veräußert bzw. zurückgibt, die im Veräußerungs- bzw. Rückgabepreis des Investmentanteils enthaltenen Entgelte für bisher unversteuerte Zinsen und Zinsansprüche als "Zwischengewinn" versteuern muss. Der Erwerber des Anteils kann den mit dem Veräußerungspreis gezahlten Zwischengewinn als negative Einnahme steuermindernd berücksichtigen, so dass er tatsächlich trotz Zurechnung der gesamten Zinsanteile am Ausschüttungstag bzw. Geschäftsjahresende nur die Zinsanteile versteuern muss, die während seiner anteiligen Besitzzeit erzielt wurden.[1049] Insoweit hat sich der Gesetzgeber demnach einer pro-rata-temporis-Regelung bedient, die nur dann praktikabel ist, wenn die Investment-AG den Zwischengewinn ordnungsgemäß gem. § 5 Abs. 3 S. 1 InvStG veröffentlicht.

---

[1045] Vgl. *Gutachten der Steuerreformkommission* 1971, BMF-Schriftenreihe Heft 17, KSt IV Rn. 137. Als Vertreter des "pro-rata-temporis-Verfahrens" gelten insbesondere *Engels/Stützel*.

[1046] Vgl. *Gutachten der Steuerreformkommission* 1971, BMF-Schriftenreihe Heft 17, KSt IV Rn. 138; *Hey*, Harmonisierung der Unternehmensbesteuerung, S. 194.

[1047] Vgl. *Gutachten der Steuerreformkommission* 1971, BMF-Schriftenreihe Heft 17, KSt IV Rn. 138; *Hey*, Harmonisierung der Unternehmensbesteuerung, S. 194; *Wamsler*, Körperschaftsteuerliche Integration statt Anrechnung?, S. 109.

[1048] Vgl. *Lübbehausen*, in: Brinkhaus/Scherer, KAGG/AuslInvestmG, § 39 KAGG, Rn. 38.

[1049] Vgl. schon oben Kapitel 4 § 2 A III 1.

Zusammenfassend kann festgestellt werden, dass im Zusammenhang mit der Investment-AG Fälle des Anteilseignerwechsels durch die Stichtagsrechnung praktikabel gelöst werden, die im Hinblick auf Zinsanteile mit einem pro-rata-temporis-Verfahren kombiniert wird, mit der positiven Konsequenz, dass die kritisierte Missbrauchsanfälligkeit der Stichtagsrechung reduziert wird.

## C. Nachträgliche Gewinnkorrekturen durch das Finanzamt

Gegen die Realisierbarkeit der Teilhabersteuer wurde des Weiteren vorgebracht, dass Unsicherheiten bestünden, wie nachträgliche Gewinnkorrekturen durch das Finanzamt, z.B. aufgrund einer Betriebsprüfung, in der Praxis zu behandeln seien.[1050] Würde man den korrigierten Gewinn den Anteilseignern zurechnen, die im jeweiligen Entstehungsjahr an der Gesellschaft beteiligt waren, hätte dies zur Folge, dass man zunächst alle im jeweiligen Entstehungsjahr beteiligten Gesellschafter feststellen müsste, um sodann zahlreiche Berichtigungsveranlagungen bei den Gesellschaftern vorzunehmen.[1051] Dies wäre jedoch bei großen Aktiengesellschaften, bei denen die Aktiengesellschaft ihre Anleger aufgrund der Ausgabe von Inhaberaktien nicht persönlich kennt, mit einem äußerst großen Verwaltungs- und Ermittlungsaufwand verbunden, zumal damit zu rechnen sei, dass viele damaligen Anteilseigner ihre Anteile schon vor längerer Zeit verkauft haben.[1052] Als gangbare praktikable Lösung wurde daher vorgeschlagen, dass die gesamten nachträglichen Gewinnkorrekturen den Anteilseignern zugerechnet werden sollten, die im Jahre der Feststellung des veränderten Gewinns an der Kapitalgesellschaft beteiligt seien.[1053]

Angelehnt an eben diese Lösung wird bei der Investment-AG in der Weise verfahren, dass spätere durch das Finanzamt festgestellte Gewinnkorrekturen in dem Jahr, in dem der Bescheid des Finanzamts über die gesonderte Feststellung der Unterschiedsbeträge bestandskräftig wird, den zu diesem Zeitpunkt beteiligten Anteilseignern bekannt zu machen (§ 13 Abs. 4 S. 2 i.V.m. Abs. 3 S. 2 InvStG) und in deren Veranlagung zu erfassen sind.[1054] Dieses Verfahren bringt allerdings den schon dargestellten Nachteil mit sich, dass bei einem Gesellschafterwechsel der gesamte korrigierte Gewinn einem anderen steuerlich zugerechnet wird als demjenigen, der im Entstehungsjahr des in Frage stehenden Gewinns an der Gesellschaft beteiligt gewesen ist.[1055] Darin ist, wie bereits weiter oben schon festgestellt wurde, eine Verletzung des Grundsatzes der Besteuerung nach der wirtschaftlichen Leistungsfähigkeit zu sehen, da u.a. die Gefahr besteht, dass die Neuanleger verpflichtet sind, Steuern zu zahlen,

---

[1050] Vgl. *Hey*, Harmonisierung der Unternehmensbesteuerung, S. 196; *Wöhe*, DStR 1971, 263, 268.

[1051] *Gutachten der Steuerreformkommission* 1971, BMF-Schriftenreihe Heft 17, KSt IV Rn. 142; *Heigl*, Unternehmensbesteuerung, S. 32; *Rasenack*, Theorie der Körperschaftsteuer, S. 178; *Wöhe*, DStR 1971, 263, 268.

[1052] *Hey*, Harmonisierung der Unternehmensbesteuerung, S. 196.

[1053] *Gutachten der Steuerreformkommission* 1971, BMF-Schriftenreihe Heft 17, KSt IV Rn. 144; *Hey*, Harmonisierung der Unternehmensbesteuerung, S. 196; *Schneider*, StuW 1975, 97, 109; *Wamsler*, Körperschaftsteuerliche Integration statt Anrechnung?, S. 111.

[1054] Ausführlich dazu schon oben Kapitel 4 § 1 A III 1 e) bb).

[1055] Vgl. *Gutachten der Steuerreformkommission* 1971, BMF-Schriftenreihe Heft 17, KSt IV Rn. 144.

obwohl die aus den früheren – und erst jetzt zu versteuernden – Gewinnen resultierende Zahlungsfähigkeit (Indiz für Leistungsfähigkeit) ausschließlich bei den Altanlegern entstanden ist.[1056]

Insgesamt ist festzuhalten, dass die Schwierigkeit der Erfassung von nachträglichen Gewinnkorrekturen auf Ebene der Anteilseigner durchaus in der Praxis gelöst werden kann, so dass dieser Aspekt nicht unbedingt gegen die transparente Besteuerung der Investment-AG vorgebracht werden kann. Allerdings muss dabei eine Durchbrechung des Leistungsfähigkeitsprinzips in Kauf genommen werden.

## § 4 Besteuerung ausländischer Anteilseigner

Ein weiteres Argument, welches letztlich gegen das Modell der Teilhabersteuer angeführt wurde, war die steuerliche Behandlung ausländischer Anteilseigner von inländischen Kapitalgesellschaften. Diese sähe bei der Teilhabersteuer nach den derzeitigen Abkommensregelungen in concreto so aus, dass regelmäßig – soweit die Teilhabersteuer als Kapitalertragsteuer ausgestaltet ist – die Vorschrift des Art. 10 Abs. 2 OECD-MA zur Anwendung gelange.[1057] Damit wäre das Besteuerungsrecht von Deutschland als Quellenstaat bei den ausländischen Anteilseignern angesichts der Abschaffung der eigenständigen Besteuerung der Kapitalgesellschaften aber auf eine niedrige Quellensteuer in Höhe von 0% bis 15% der Gewinne der Kapitalgesellschaften beschränkt, während der Wohnsitzstaat ein volles Besteuerungsrecht genießen würde.[1058] Der deutsche Staat müsste also mit hohen Steuerausfällen rechnen, die mit seinem berechtigten Interesse, das in seinem Hoheitsgebiet erwirtschaftete Einkommen zu besteuern, nicht vereinbar sind.[1059] Ein Ausweg aus diesem Dilemma bestände allein darin, DBA-Vorschriften auf die Teilhabersteuer abzustimmen, was aber in der Praxis aufgrund etlicher dann erforderlicher Neuverhandlungen mit den Partnerstaaten kaum umzusetzen ist.[1060]

Dieses Problem der hohen Steuerausfälle im Zusammenhang mit der Besteuerung ausländischer Anteilseigner besteht im gleichen Maße bei der Investment-AG. Die Ebene der Investment-AG ist steuerbefreit. Die Einkünfte der ausländischen Anteilseigner aus der Beteiligung an der Investment-AG sind als "Dividenden" i.S.d. Art. 10 Abs. 3 OECD-MA anzusehen.[1061] Demnach darf auch hier der deutsche Staat nach

---

[1056] Siehe schon oben Kapitel 4 § 1 A III 1 e) bb).

[1057] *Hey*, in: Herrmann/Heuer/Raupach, EStG/KStG, Einf. KSt, Rn. 185; *Sieker*, DStJG 25 (2002), 145, 160; *Rasenack*, Theorie der Körperschaftsteuer, S. 178. Die Begrenzung des Art. 10 Abs. 2 OECD-MA würde allerdings dann nicht eingreifen, wenn der ausländische Anteilseigner im Inland eine Betriebsstätte i.S.d. Art. 5 OECD-MA unterhalten würde und seine Investmentbeteiligung dieser Betriebsstätte zuzurechnen wäre. In diesem Fall wäre nach Art. 10 Abs. 4 OECD-MA die Vorschrift des Art. 7 OECD-MA anwendbar.

[1058] *Hey*, Harmonisierung der Unternehmensbesteuerung, S. 197; *Wöhe*, DStR 1971, 263, 269; *Rasenack*, Theorie der Körperschaftsteuer, S. 178.

[1059] *Gutachten der Steuerreformkommission* 1971, BMF-Schriftenreihe Heft 17, KSt IV Rn. 151; *Wamsler*, Körperschaftliche Integration statt Anrechnung?, S. 101.

[1060] *Hey*, in: Herrmann/Heuer/Raupach, EStG/KStG, Einf. KSt, Rn. 185.

[1061] Siehe oben Kapitel 5 § 2 A II 1.

Art. 10 Abs. 2 OECD-MA insgesamt lediglich eine Quellensteuer in Höhe von maximal 15% auf die im Inland nach § 49 EStG steuerbaren ausgeschütteten und ausschüttungsgleichen Erträge der Investment-AG erheben.

## § 5 Fazit

Das Urteil in Bezug auf die Nichtbesteuerung der Ebene der Investment-AG, wie sie im derzeitigen InvStG gem. § 11 Abs. 1 S. 3 i.V.m. S. 2 InvStG vorgesehen ist, bleibt ambivalent. Für diese Konzeption spricht die Tatsache, dass dadurch das Anlagevehikel der Investment-AG für die Kapitalanleger attraktiver werden könnte. Denn die bisher bestehende steuerliche Ungleichbehandlung zwischen Sondervermögen und der Investment-AG, die als gravierender Nachteil der Investment-AG beurteilt wurde, wird durch die Freistellung von der Körperschaft- sowie der Gewerbesteuer aufgehoben. Zugleich gelingt aufgrund des Wegfalls der steuerlichen Ebene der Investment-AG eine weitgehende Gleichstellung mit dem Direktanleger. Kritisch zu beurteilen ist die transparente Besteuerung der Ebene der Investment-AG aber deswegen, weil dabei die ökonomisch-juristische Realität einer Aktiengesellschaft nicht hinreichend beachtet wird. In der Tat setzt sich das InvStG darüber hinweg, dass die Gewinne, die die Investment-AG erwirtschaftet, zumindest im Fall der Thesaurierung aufgrund der rechtlichen Selbständigkeit der Investment-AG zunächst einmal nur die wirtschaftliche Leistungsfähigkeit der Investment-AG erhöhen und es daher richtiger wäre, die Investment-AG anstelle der Aktionäre zu besteuern, zumal bei diesen mangels Geldzuflusses auch Liquiditätsprobleme entstehen können. Nicht wirklich überzeugend ist auch die Besteuerung ausländischer Anteilseigner geregelt, da der deutsche Staat hier aufgrund der geltenden DBA in der Regel auf die Erhebung von maximal 15% Quellensteuer beschränkt ist. Positiv hervorzuheben ist im Ergebnis aber, dass die häufig bei dem Teilhabersteuermodell geäußerten praktischen Abwicklungsschwierigkeiten, wie Ermittlung und Information der Anteilseigner, Wechsel der Anteilseigner innerhalb des Geschäftsjahres der Gesellschaft sowie nachträgliche Gewinnkorrekturen durch das Finanzamt, im Zusammenhang mit der Investment-AG weitgehend praktikabel gelöst werden.

## Siebtes Kapitel: Zusammenfassung der Ergebnisse

Die Ergebnisse der Untersuchung lassen sich in folgenden Thesen zusammenfassen:

1. Die Investment-AG stellt ebenso wie die KAG eine Investmentgesellschaft dar. Wesentliche gemeinsame Kennzeichen beider Rechtsformen sind die kollektive Kapitalanlage, professionelle Vermögensverwaltung sowie die Anlage des Investitionskapitals nach dem Grundsatz der Risikomischung. Der entscheidende Unterschied zwischen beiden Rechtsformen besteht darin, dass die Investment-AG eine Investmentgesellschaft des Gesellschaftstypus ist, wohingegen die KAG nach dem Vertragstypus konzipiert ist. Das bedeutet, dass die Anleger nur bei der Investment-AG Gesellschafter werden und auf diese Weise die typischen Mitwirkungsrechte eines Gesellschafters wahrnehmen können. Auch bilden nur bei der Investment-AG das Gesellschaftsvermögen und das von den Anlegern aufgebrachte Kapitalvermögen eine Einheit, während im Zusammenhang mit der KAG ihr Vermögen und das Anlegervermögen aufgrund der Bildung des Sondervermögens deutlich voneinander getrennt sind.

2. Die ursprüngliche Investment-AG, welche erst im Jahre 1998 durch die §§ 51 ff. KAGG einen gesetzlichen Regelungsrahmen bekam, war so gestaltet, dass sie für die Praxis höchst unattraktiv war und daher keine einzige gegründet wurde. Das lag vor allem an den sehr begrenzten Anlageobjekten, den steuerlichen Nachteilen gegenüber der Anlage in einer KAG sowie dem closed-end-Prinzip. Letzteres bedeutete, dass die Investment-AG ein fixes Grundkapital hatte und die Anleger – anders als bei der KAG, der generell nur sog. offene Fonds zugeordnet waren – keinen Anspruch gegenüber der Investment-AG auf Rücknahme ihrer Anteile zum anteiligen Inventarwert hatten, wenn sie aus der Investment-AG aussteigen wollten. Ihnen stand ausschließlich die Möglichkeit der Veräußerung ihrer Aktien am Sekundärmarkt offen, was eine Abhängigkeit vom schwankenden Marktpreis bedeutete.

3. Durch das Investmentmodernisierungsgesetz (InvG und InvStG), welches mit Wirkung zum 1.1.2004 an die Stelle des bisherigen KAGG und AuslInvestmG getreten ist und zudem das deutsche Kapitalanlagerecht grundlegend geändert hat, wurde zusätzlich zu der schon aus dem KAGG bekannten Investment-AG mit fixem Kapital eine neue korporative Anlageform geschaffen, und zwar die Investment-AG mit veränderlichem Kapital. In Übereinstimmung mit der Investment-AG mit fixem Kapital sind die Anleger bei der neuen Organisationsform Mitglieder der AG. Eine gravierende Abweichung besteht jedoch darin, dass die Investment-AG mit veränderlichem Kapital als offener Fonds konzipiert ist. Dies bedeutet, dass der Vorstand – anders als bei der herkömmlichen Aktiengesellschaft – jederzeit im Rahmen eines in der Satzung festzulegenden Höchstbetrages eine Kapitalerhöhung durch Ausgabe junger Aktien durchführen kann. Gleichzeitig kann der Anleger gegenüber der Investment-AG grundsätzlich zu jeder Zeit eine Rücknahme seiner Anteile verlangen und ist damit nicht auf einen Verkauf seines Anteils an der Börse angewiesen. Die Investment-AG mit veränderlichem Kapital ist also insgesamt als äußerst flexibles Anlagevehikel aus-

gestaltet. Neben der neu geschaffenen Rechtsform hat der Gesetzgeber auch die Gründung sowie das Anlagespektrum von beiden Investment-AGs neu geregelt. So soll die Attraktivität der Investment-AG dadurch gesteigert werden, dass ihr mit einem Mindestanfangskapital in Höhe von (nur) 300.000 Euro ein gegenüber der Gründung einer KAG vereinfachter Markteintritt ermöglicht wird. Das Anlagespektrum von Investment-AG wurde im Vergleich zum KAGG insgesamt erweitert, auch wenn die Anlage in Immobilien und Immobilien-Gesellschaften sowie grundsätzlich in Personengesellschaften und GmbHs weiterhin ausgeschlossen ist.

4. In Anknüpfung an die zivilrechtliche Betrachtung ist bei der Besteuerung zwischen der Ebene der Investment-AG und derjenigen ihrer Anteilseigner zu unterscheiden. Mangels spezieller Regelung im KAGG richtete sich die anfängliche Besteuerung der Investment-AG und ihrer Aktionäre nach den allgemeinen Steuergesetzen für Aktiengesellschaften und deren Anteilseigner, d.h. insb. nach dem KStG, EStG und GewStG. Demnach war im Rahmen der Besteuerung der Investment-AG das Trennungsprinzip, d.h. eigenständige Steuerpflicht der AG sowie der Aktionäre, anzuwenden. Schon allein wegen der Gewerbesteuerpflichtigkeit der Investment-AG war diese im Vergleich zum von der KAG aufgelegten Sondervermögen, welches sowohl von der Körperschaft- als auch Gewerbesteuer befreit war, schlechter gestellt. Mit Inkrafttreten des InvStG, welches die Besteuerung der inländischen Investment-AG und ihrer Anteilseigner in den Anwendungsbereich mit einbezieht (§ 1 Abs. 1 Nr. 1 InvStG), ist nunmehr entsprechend dem Prinzip „lex specialis derogat legi generali" grundsätzlich das speziellere InvStG – und nicht mehr die allgemeinen Steuergesetze des EStG/KStG/GewStG – für die Besteuerung maßgebend, es sei denn, das InvStG verweist auf die allgemeinen Steuergesetze oder es enthält nicht abschließend geregelte Bereiche. Im InvStG wird eine Angleichung der Besteuerungsregeln von Sondervermögen und seinen Anteilseignern auf der einen Seite und der Investment-AG und ihren Anteilseignern auf der anderen Seite vollzogen, so dass die bisher bestehenden steuerlichen Nachteile der Investment-AG ausgeräumt werden.

5. Die Angleichung an das Sondervermögen erfolgt dergestalt, dass das InvStG abweichend von § 1 Abs. 1 Nr. 1 KStG sowie § 2 Abs. 1 S. 1 i.V.m. Abs.2 S. 1 GewStG für die Ebene der Investment-AG eine subjektive Steuerbefreiung von der Körperschaft- und Gewerbesteuer normiert, mit der Konsequenz, dass sowohl das Sondervermögen als auch die Ebene der Investment-AG zumindest für ertragsteuerliche Zwecke ausgeblendet werden. Damit ist die Investment-AG zwar keine Steuerschuldnerin der Körperschaft- und Gewerbesteuer i.S.d. § 43 S. 1 AO, aber zumindest Steuerpflichtige i.S.d. § 33 AO, so dass ihr weiterhin Mitwirkungs- (§ 90 AO), Anzeige- (§ 137 AO), Aufzeichnungs- (§ 140 AO) und Steuererklärungspflichten (§ 149 AO) obliegen. Um sicherzustellen, dass die Steuerbefreiung der Investment-AG von der Körperschaftsteuer nicht durch einen Kapitalertragsteuerabzug seitens ihrer jeweiligen Schuldner konterkariert wird, sind sowohl das Verfahren der Abstandnahme vom Steuerabzug (§ 11 Abs. 2 S: 1 InvStG) als auch die Erstattung einbehaltener Kapitalertragsteuer (§ 11 Abs. 2 S. 1 InvStG i.V.m. § 44a Abs. 4 EStG) vorgesehen, die bewir-

ken, dass inländische Kapitalerträge der Investment-AG ohne Einbehaltung eines Steuerabzugs zufließen.

6. Anstelle der Erfassung der Investmenterträge zunächst auf Ebene der Investment-AG werden sämtliche Erträge der Investment-AG in Abkehr vom Trennungsprinzip ausschließlich auf Ebene der Aktionäre besteuert. Die Freistellung der Ebene der Investment-AG von Ertragsteuern wie auch die Erfassung sämtlicher Erträge auf Ebene der Aktionäre beruhen auf dem sog. Transparenzprinzip, welches das tragende Prinzip im Rahmen der Investmentbesteuerung darstellt. Der Investmentanleger soll danach die Erträge der Investment-AG so zu versteuern haben, als ob sie ihm unmittelbar selbst (wie einem Direktanleger) als eigene Einkünfte zugeflossen wären. Dadurch soll erreicht werden, dass der Investmentanleger wirtschaftlich weitestgehend wie ein Direktanleger in Finanzinstrumente besteuert wird, um die Attraktivität der Investmentanlage nicht durch etwaige steuerliche Nachteile gegenüber der Direktanlage zu schmälern.

7. Eine Umsatzsteuerpflichtigkeit der Investment-AG kann sich mangels spezieller Regelungen im InvStG, dessen Regelungsbereich auf die Ertragsbesteuerung beschränkt ist, nur aus dem allgemeinen UStG ergeben. Das UStG ist durch die 6. Richtlinie zum gemeinsamen Mehrwertsteuersystem (Richtlinie 77/388 EWG v. 17.5.1977, im Folgenden kurz: 6. Richtlinie) europarechtlich harmonisiert. Dieser gemeinschaftsrechtliche Hintergrund bewirkt, dass das nationale UStG immer mit Rücksicht auf und im Lichte der 6. Richtlinie auszulegen ist (sog. Gebot zur richtlinienkonformen Auslegung). Eine SICAV und damit auch die ihr nachgebildete Investment-AG, übt nach dem Urteil des EuGH in der Sache BBL (EuGH v. 21.10.2004 – C-8/03) eine wirtschaftliche Tätigkeit i.S.d. Art. 4 Abs. 2 S. 2 der 6. Richtlinie aus, indem sie mit den Geldern der Anleger Portefeuilles bildet und diese für Rechnung der Anleger und gegen Entgelt verwaltet. Dies hat für die Anwendung des § 2 UStG, welcher auf Art. 4 der 6. Richtlinie basiert, zur Folge, dass die Investment-AG Unternehmerin i.S. dieser Vorschrift und somit Steuersubjekt der Umsatzsteuer ist.

8. Die Verwaltung des Vermögens der Investment-AG durch diese selbst, d.h. durch ihre Organe, stellt nur dann eine umsatzsteuerbare Leistung i.S.d. § 1 Abs. 1 S. 1 Nr. 1 UStG dar, wenn die Aktionäre für die Verwaltungstätigkeit ein gesondertes Entgelt an die AG bezahlen müssen, da nur in diesem Fall die unabdingbare unmittelbare Verknüpfung von Leistung und Gegenleistung gegeben ist. Ein umsatzsteuerbarer Leistungsaustausch ist hingegen abzulehnen, wenn zwar eine Vergütung für die Verwaltungstätigkeit in der Satzung der AG vorgesehen ist, diese aber in Form eines Abzugs vom Gewinn der Investment-AG abgegolten wird. Werden Verwaltungstätigkeiten durch dritte, im Inland gelegene Unternehmen nach §§ 99 Abs. 3, 16 InvG gegenüber der Investment-AG erbracht, liegt ebenfalls ein der deutschen Umsatzsteuer unterliegender Leistungsaustausch vor, da hier der Verwaltungstätigkeit durch das dritte Unternehmen ein Entgelt der Investment-AG gegenübersteht. Erbringt ein im Ausland ansässiger Dienstleister Verwaltungstätigkeiten gegenüber der Investment-AG, wäre nach § 3a Abs. 1 UStG mangels Eingreifens des § 3a Abs. 3 f. UStG die Leistung

im Ausland ausgeführt, so dass das deutsche UStG nicht eingreifen würde. Allerdings würde bei Berufung auf die entsprechende Richtlinienvorschrift (Art. 9 Abs. 2 Buchst. 3 Gedankenstrich 4 der 6. Richtlinie), welche weiter als die nationale Norm gefasst ist, die Verwaltungsleistung am Sitz der Investment-AG und damit in Deutschland als ausgeführt gelten. Im letzteren Fall läge dann auch eine umsatzsteuerbare Verwaltungsleistung i.S.d. § 1 Abs. 1 Nr. 1 S. 1 UStG vor.

9. Die umsatzsteuerbare Verwaltung des Vermögens der Investment-AG durch diese selbst bzw. diejenige durch Dritte wird nach dem Wortlaut nicht gem. § 4 Nr. 8 Buchst. h UStG von der Umsatzsteuer befreit, da letzterer explizit nur die Verwaltung eines Sondervermögens von der Umsatzsteuer befreit. Beim Vergleich unterschiedlicher Sprachfassungen der zugrundeliegenden Richtlinienbestimmung (Art. 13 Teil B Buchst. d Nr. 6 der 6. Richtlinie) ist zu konstatieren, dass die Vorschrift eine Steuerbefreiung für die Verwaltung von allen möglichen Investmentvermögensmassen, unabhängig von ihrer Organisationsform, vorsieht, wobei der jeweilige Mitgliedstaat darüber entscheiden kann, welche Vermögensmassen in dem jeweiligen Mitgliedstaat von der Umsatzsteuer befreit wird. Danach wäre auch eine Befreiung der Verwaltung des Vermögens der Investment-AG von der Umsatzsteuer möglich. Diese Umsatzsteuerbefreiung kann auf nationaler Ebene aber weder im Rahmen einer richtlinienkonformen Auslegung (entgegenstehender Wortlaut) noch aufgrund unmittelbarer Wirkung der Richtlinie (keine hinreichend genaue Bestimmtheit der Richtlinie) fruchtbar gemacht werden. Eine Umsatzsteuerbefreiung der Verwaltung des Vermögens der Investment-AG wäre letztlich aber durch eine richtlinienkonforme analoge Anwendung des § 4 Nr. 8 Buchst. h UStG konstruierbar, die wegen einer wohl planwidrigen Regelungslücke sowie einer vergleichbaren Interessenlage zulässig ist.

10. Die laufende Besteuerung der von der Investment-AG erzielten Investmenterträge erfolgt auf Ebene der (inländischen) Anteilseigner grundsätzlich nach der sog. Regelbesteuerung gem. §§ 2 ff. InvStG, vorausgesetzt, dass die Investment-AG die in § 5 Abs. 1 InvStG detailliert geregelten Bekanntmachungs- und Veröffentlichungspflichten erfüllt. Nach richtiger Ansicht stellt die Bekanntmachung der Besteuerungsgrundlagen im elektronischen Bundesanzeiger (§ 5 Abs. 1 S. 1 Nr. 3 InvStG) gleichzeitig eine Bekanntmachung gegenüber den Anlegern dar (§ 5 Abs. 1 S. 1 Nr. 1 InvStG); ein strenges Alternativitätsverhältnis zwischen beiden Formen der Bekanntmachung ist schon aus dem Grunde der Vermeidung eines zu großen Verwaltungsaufwands abzulehnen. Aufgrund des auch im Rahmen des InvStG durchschlagenden Dualismus der Einkünfte, aus welchem eine unterschiedliche steuerliche Behandlung von Wertveränderungen bei Privatvermögen einerseits und Betriebsvermögen andererseits resultiert, muss auch bei der steuerlichen Behandlung der Anteilseigner der Investment-AG danach unterschieden werden, ob der Investmentanteil im Privat- oder im Betriebsvermögen gehalten wird.

11. Den Umfang der Steuerpflicht der laufenden Besteuerung markieren sowohl bei Privatanlegern als auch bei betrieblichen Anlegern die ausgeschütteten (§ 1 Abs. 3 S. 2 InvStG) sowie ausschüttungsgleichen (thesaurierten) Investmenterträge (§ 1 Abs. 3 S.

2 InvStG). Beide Arten von Erträgen sind beim Investmentanleger, der Anteile an der Investment-AG *im Privatvermögen* hält, unabhängig von der Ertragsquelle auf Ebene der Investment-AG als Einkünfte aus Kapitalvermögen i.S.d. § 20 Abs. 1 Nr. 1 EStG zu erfassen, unterliegen jedoch nicht allesamt gem. § 3 Nr. 40 S. 1 Buchst. d) EStG dem Halbeinkünfteverfahren. Vielmehr unterfallen aufgrund einer umständlichen als auch missverständlichen Verweisungstechnik in § 2 Abs. 2 InvStG ausschließlich die in den Investmenterträgen enthaltenen in- und ausländischen Dividenden und ähnliche Erträge einer hälftigen Besteuerung, damit eine Gleichbehandlung mit dem privaten Direktanleger und damit die Verwirklichung des Transparenzgrundsatzes erreicht wird.

12. Eine Durchbrechung des Transparenzgrundsatzes zugunsten des privaten Investmentanlegers ergibt sich hingegen aus § 2 Abs. 3 Nr. 1 S. 1 Hs. 1 InvStG, indem beim Investmentanleger in den ausgeschütteten Erträgen enthaltene Veräußerungsgewinne aus Wertpapieren und Termingeschäften generell steuerfrei gestellt werden, wohingegen beim privaten Direktanleger unter den Voraussetzungen des § 23 Abs. 1 S. 1 Nr. 2 u. Nr. 4 sowie § 17 EStG steuerpflichtige Veräußerungsgewinne entstehen. Der Begriff des Wertpapiers in § 2 Abs. 3 Nr. 1 InvStG ist trotz des gegenteiligen Wortlauts, aber aufgrund der Entstehungsgeschichte des InvStG so auszulegen, dass er auch GmbH-Anteile umfasst. Der Begriff des Termingeschäfts ist m.E. so zu interpretieren, dass er Termingeschäfte i.S.d. § 23 Abs. 1 S. 1 Nr. 4 EStG sowie Termingeschäfte erfasst, die im EStG unter die Nr. 2 des § 23 Abs. 1 S. 1 EStG fallen.

13. Die sachliche Steuerbefreiung des § 2 Abs. 3 Nr. 1 erster Hs. InvStG für die genannten ausgeschütteten Erträge bewirkt im Ergebnis beim Privatanleger eine systematisch weitgehend gleichlaufende Besteuerung mit den ausschüttungsgleichen Erträgen, welche, soweit sie Veräußerungsgewinne aus Wertpapieren, GmbH-Anteilen sowie Gewinnen aus Termingeschäften speisen (Fälle des § 23 Abs. 1 S. 1 Nr. 2 und 4 EStG), – ebenfalls im Wege der Durchbrechung des Transparenzprinzips – mangels Aufzählung in § 1 Abs. 3 S. 2 i.V.m. § 2 Abs. 1 S. 1 InvStG keiner Steuerpflicht unterfallen. Dieser Grundsatz der Gleichstellung wird nur bei den in den Investmenterträgen enthaltenen Veräußerungsgewinnen aus Wertpapierleerverkäufen nicht eingehalten, indem letztere m.E. nur im Falle der Thesaurierung keine Steuerpflicht hervorrufen.

14. Eine weitere Bevorzugung des privaten Investmentanlegers besteht darin, dass Rückzahlungen von Einlagen seitens der Investment-AG nach dem InvStG generell nicht steuerbar sind, während der private Direktanleger zumindest in dem Fall, wenn er mindestens 1% Anteile an einer Kapitalgesellschaft hält und er eine Einlagenrückzahlung erhält, die die Anschaffungskosten übersteigt, einen nach § 17 Abs. 4 EStG steuerpflichtigen Veräußerungsgewinn erzielen würde.

15. Bei Anlegern, die Anteile an der Investment-AG im Betriebsvermögen halten, sind die ausgeschütteten und thesaurierten Erträge als Einnahmen im Rahmen einer der drei Gewinneinkunftsarten zu erfassen. Das Halbeinkünfteverfahren bzw. das Beteiligungsprivileg finden gem. § 8b Abs. 1 i.V.m. Abs. 5 S. 1 KStG aus Gründen der

Gleichstellung mit dem betrieblichen Direktanleger ausschließlich auf die in den Investmenterträgen enthaltenen Dividendeneinnahmen Anwendung (§ 2 Abs. 2 InvStG). Bei gewerbesteuerpflichtigen betrieblichen Investmentanlegern schlagen diese Steuerbefreiungen auf die Ermittlung des Gewerbeertrags i.S.d. § 7 GewStG durch. Jedoch bewirkt § 8 Nr. 5 GewStG, welcher ebenfalls auf den betrieblichen Investmentanleger anzuwenden ist, wobei für die Berechnung der Beteiligungsgrenze auf die Beteiligung der Investment-AG an der ausschüttenden Kapitalgesellschaft abzustellen ist, grundsätzlich eine Hinzurechnung der außer Ansatz gebliebenen Dividenden auf den Gewerbeertrag.

16. Eine Verwirklichung des Transparenzprinzips wird auch insofern erreicht, als beim betrieblichen Investmentanleger – im Einklang mit dem betrieblichen Direktanleger – in den ausgeschütteten Erträgen enthaltene Veräußerungsgewinne grundsätzlich steuerpflichtig gestellt werden, und nur bei Veräußerungen von Anteilen an Kapitalgesellschaften die Begünstigungen des § 3 Nr. 40 S. 1 Buchst. a EStG bzw. § 8b Abs. 2 i.V.m. Abs. 3 S. 1 KStG eingreifen (vgl. § 2 Abs. 3 Nr. 1 S. 1 Hs. 2 InvStG), welche sich gleichfalls, in diesem Falle mangels Eingreifen einer Hinzurechnungsvorschrift, aber endgültig auf die Gewerbesteuerermittlung auswirken. Eine Besserstellung des Investmentanlegers gegenüber dem betrieblichen Direktanleger sowie eine Divergenz zwischen der Behandlung von ausgeschütteten und thesaurierten Erträgen besteht darin, dass bei ihm in thesaurierten Investmenterträgen enthaltene Gewinne aus der Veräußerung von Wertpapieren, von nicht in Wertpapieren verbrieften Anteilen an Kapitalgesellschaften sowie Gewinne aus Wertpapierleerverkäufen und Termingeschäften generell nicht steuerbar sind.

17. Die auf Ebene der Anleger steuerpflichtigen ausgeschütteten und thesaurierten Erträgen werden in einem ersten Schritt auf Ebene der Investment-AG ermittelt, indem nach einer Einnahmen-Überschussrechnung (§ 3 Abs. 1 InvStG i.V.m. § 2 Abs. 2 Nr. 2 InvStG) von den Investmenteinnahmen aus den Anlageobjekten die Kosten der Investment-AG abgezogen werden. Die explizite Anordnung der Einnahmen-Überschussrechnung für die Investment-AG ist dabei systemwidrig, da an sich für AG eine Gewinnermittlung durch Bilanzierung gem. § 4 Abs. 1 i.V.m. § 5 Abs. 1 S. 1 EStG verlangt wird.

18. Werbungskosten der Investment-AG, die in einem unmittelbaren wirtschaftlichen Zusammenhang mit Investmenteinnahmen stehen, sind zu ermitteln, diesen Einnahmen zuzuordnen und von diesen abzuziehen. Die Abzugsverbote des § 3c Abs. 1 und 2 EStG bzw. § 8b Abs. 3 und 5 KStG sind nicht unmittelbar im Rahmen der Einnahmen-Überschuss-Rechnung anzuwenden, da dies zu einer systemwidrigen Verankerung führen würde und mit einer Ungleichbehandlung des Investmentanlegers gegenüber dem Direktanleger einherginge. Eine systemgerechte Etablierung der Abzugsverbote ist nur auf die Weise möglich, dass man bei der Ermittlung der Investmenterträge einen direkten Zusammenhang zwischen dem jeweiligen Abzugsverbot und der auf Ebene des Anteilseigners eingreifenden dazugehörigen Begünstigungsnorm herstellt.

19. Die für sog. Allgemeinkosten vorgesehene Dreistufenregelung in § 3 Abs. 3 S. 2 InvStG enthält mehrere Durchbrechungen des Transparenzprinzips: 1.) das pauschale Werbungskostenabzugsverbot i.H.v. 10%, welches vor allem bei einer vorwiegend im Geldmarkt- oder Rentenbereich tätigen Investment-AG zu einer nicht zu rechtfertigenden Benachteiligung des Investmentanlegers führt; 2.) die Regelungen bezüglich der Abzugsverbote im Zusammenhang mit den Dividendeneinnahmen, die eine systemwidrige Verankerung der Abzugsverbote enthalten und daher durch Regelungen ersetzt werden sollten, die einen direkten Zusammenhang zwischen dem jeweiligen Abzugsverbot und der dazugehörigen Begünstigungsnorm wahren.

20. Der aus § 3 Abs. 4 S. 1 InvStG resultierende Verlustvortrag verstößt einerseits gegen das Transparenzprinzip, nach welchem an sich eine Weiterleitung der Verluste an die Anteilseigner konsequent wäre; zum anderen gegen das Leistungsfähigkeitsprinzip in Gestalt des objektiven Nettoprinzips, da Anlegern, die aus der Investment-AG aussteigen, ein vollständiger Verlustausgleich verwehrt bleibt und stattdessen die Erwerber der Anteile in den Genuss der angesammelten Verluste kommen.

21. Anders als bei den ebenfalls transparent zu besteuernden Personengesellschaften findet bei der Investment-AG in verfahrensrechtlicher Hinsicht aufgrund des teilweise nicht namentlich bekannten Anlegerkreises nur eine gesonderte Feststellung der Besteuerungsgrundlagen gegenüber der Investment-AG statt, welche mangels einheitlicher Feststellung gegenüber den Anlegern keine rechtliche Bindungswirkung gem. § 182 Abs. 1 S. 1 AO für die Steuerbescheide der Anteilseigner entfaltet. Das in § 13 Abs. 4 InvStG vorgesehene Verfahren der Fehlerkorrektur führt zu einer Verschiebung der Steuerlast zwischen Alt- und Neuanlegern und dadurch zu einem Verstoß gegen das Leistungsfähigkeits- sowie das Transparenzprinzip, welcher jedoch aus Gründen der Vermeidung eines zu großen Verwaltungsaufwands hinzunehmen ist.

22. Die Ermittlung der steuerpflichtigen Investmenterträge setzt sich in einem zweiten Schritt auf der Ebene der Anteilseigner fort, indem dort von der Differenz der steuerbaren ausgeschütteten und thesaurierten Erträge und der steuerfreien Investmenterträge die individuellen Werbungskosten bzw. Betriebsausgaben des Anteilseigners abgezogen werden. Bei Anteilseignern, die ihren Anteil an der Investment-AG im Privatvermögen halten, erfolgt diese Ermittlung im Rahmen einer Einnahmen-Überschuss-Rechnung, wobei der maßgebliche Zeitpunkt des Ansatzes als Einnahmen sich bei ausgeschütteten Erträgen nach dem Zufluss (§ 11 Abs. 1 S. 1 EStG) und bei vollständig thesaurierten Erträgen nach dem Ablauf des Geschäftsjahres der Investment-AG, in dem die Erträge auf Ebene der Investment-AG angefallen sind, richtet (Zuflussfiktion des § 2 Abs. 1 S. 2 InvStG). Die im Zusammenhang mit der Beteiligung des privaten Anteilseigners an der Investment-AG erwachsenen Werbungskosten sind grundsätzlich in vollem Umzug abzugsfähig, soweit nicht das Abzugsverbot des § 3c Abs. 2 EStG eingreift.

23. Bei betrieblichen Investmentanlegern erfolgt die Ermittlung, je nachdem, ob Bücher geführt werden, entweder durch Betriebsvermögensvergleich aufgrund Bilanzierung (§§ 4 Abs. 1, 5 Abs. 1 i.V.m. § 8 Abs. 1 KStG) oder durch Überschuss der Betriebseinnahmen über die Betriebsausgaben (§ 4 Abs. 3 EStG). Bei letzterer Form der Gewinnermittlung ergibt sich hinsichtlich des Ansatzes der Investmenterträge kein Unterschied zum privaten Anleger. Beim bilanzierenden betrieblichen Anleger gilt zwar hinsichtlich der thesaurierten Erträge ebenfalls die Zuflussfiktion, die ausgeschütteten Erträge sind hingegen im Zeitpunkt der rechtlichen Entstehung des Dividendenanspruchs gegenüber der Investment-AG d.h. Zeitpunkt der Fassung des Gewinnverwendungsbeschlusses, in der Bilanz zu aktivieren. Individuelle Betriebsausgaben sind grundsätzlich in voller Höhe abzugsfähig, nur bei einkommensteuerpflichtigen Anlegern muss das hälftige Abzugsverbot des § 3c Abs. 2 EStG beachtet werden.

24. Die an die Aktionäre der Investment-AG ausgeschütteten und ausschüttungsgleichen Erträge unterliegen einem Kapitalertragsteuerabzug nach § 7 InvStG, unabhängig davon, ob der Anteil an der Investment-AG im Privat- oder Betriebsvermögen gehalten wird. Soweit in den Erträgen Dividenden enthalten sind, ist eine 20%ige Kapitalertragsteuer zu erheben, ansonsten gilt ein Zinsabschlag in Höhe von 30%, es sei denn, bestimmte Erträge, wie z.B. Veräußerungsgewinne aus Wertpapieren und Termingeschäften, sind vom Steuerabzug ausgenommen.

25. Die in § 6 InvStG normierte, bei vollständiger Nichterfüllung bzw. völlig untauglicher Erfüllung der Bekanntmachungspflichten i.S.d. § 5 Abs. 1 InvStG eingreifende, pauschale Strafbesteuerung dient der Sicherstellung einer sachgerechten Besteuerung der Anleger intransparenter Investmentvermögen, dem Anlegerschutz sowie einer Disziplinierung der Investmentgesellschaften. Die nach § 6 InvStG bei den Anteilseignern anzusetzenden Beträge (Ausschüttungen zuzüglich Mehrbetrag oder alternativ, wenn dieser Betrag höher ist, 6% des Rücknahme- bzw. Börsenpreises (sog. Mindestbetrag)) sind der Einordnung des § 2 Abs. 1 S. 1 InvStG folgend bei privaten Investmentanlegern als Einnahmen aus Kapitalvermögen i.S.d. § 20 Abs. 1 Nr. 1 EStG und bei betrieblichen Anlegern als Betriebseinnahmen im Rahmen der jeweiligen Gewinneinkunftsart zu erfassen, ohne dass irgendeine steuerliche Begünstigung eingreift. Die Mindestbetragsbesteuerung verstößt in ungerechtfertigter Weise gegen Art. 3 Abs. 1 GG in Gestalt des Leistungsfähigkeitsprinzips, da eine Besteuerung in Höhe von 6% des Rücknahmepreises selbst dann bei den Anlegern eingreift, wenn diesen keinerlei oder nur geringe Investmenterträge zugerechnet werden.

26. Die Veräußerung bzw. Rückgabe des Anteils an einer Investment-AG durch einen Privatanleger ist entsprechend dem Grundsatz des Dualismus der Einkünfte grundsätzlich nicht steuerbar, es sei denn, der Zeitraum zwischen Anschaffung und Veräußerung bzw. Rückgabe des Investmentanteils beträgt weniger als ein Jahr (vgl. § 8 Abs. 5 Hs. 1 InvStG i.V.m. § 23 Abs. 1 S. 1 Nr. 2 EStG). Aufgrund des Anwendungsverbots des § 3 Nr. 40 EStG (§ 8 Abs. 5 Hs. 2 InvStG) ist der daraus resultierende Gewinn in voller Höhe zu versteuern, wodurch insoweit eine Schlechterstellung des

Investmentanlegers gegenüber dem Direktanleger resultiert, als dass Teile des Erlöses, die auf Aktien beruhen, nicht einer hälftigen Begünstigung unterliegen.

27. Die in § 8 Abs. 5 Hs. 2 InvStG angeordnete Nichtanwendbarkeit des § 17 EStG auf die Veräußerung bzw. Rückgabe des Anteils an der Investment-AG dient der steuerlichen Gleichbehandlung von Investment-AG und Sondervermögen. Gleichfalls bewirkt sie eine Privilegierung des privaten Investmentanlegers gegenüber dem Direktanleger, da nur bei letzterem eine Steuerpflicht nach § 17 EStG entstehen kann.

28. Indem die im Veräußerungs- bzw. Rückgabepreis enthaltenen Entgelte für bisher noch unversteuerte Zinsen und Zinsansprüche beim privaten Anleger unabhängig von einer Veräußerungsfrist als Zwischengewinn steuerpflichtig gestellt werden, werden Fälle des sog. Zinsenstrippings verhindert und eine Gleichstellung von privaten Investmentanleger und Direktanleger in Bezug auf Zinseinnahmen hergestellt. Die Ermittlung des Zwischengewinns erfolgt mangels fehlender Spezialregelung nach § 3 InvStG, mit der Folge, dass das pauschale Abzugsverbot in Höhe von 10% (§ 3 Abs. 3 Nr. 2 InvStG) sowie § 3 Abs. 4 InvStG eingreift.

29. Eine reguläre Besteuerung des Zwischengewinns findet jedoch nur dann statt, wenn die Investment-AG den Zwischengewinn bewertungstäglich ermittelt und zusammen mit dem Inventarwert veröffentlicht. Anderenfalls greift die gegen Art. 3 Abs. 1 GG verstoßende Pauschalbesteuerung des Zwischengewinns nach § 5 Abs. 3 S. 2 InvStG. Der danach anzusetzende Ersatzwert (6% des Entgelts für die Veräußerung bzw. Rückgabe des Anteils) ist aus systematischen Gründen in negativer Höhe auch beim Erwerber anzusetzen. Die Pauschalbesteuerung nach § 5 Abs. 3 S. 2 InvStG trifft mit der Pauschalbesteuerung des § 6 InvStG zusammen, wenn die Investment-AG sowohl den Pflichten des § 5 Abs. 1 als auch denen des § 5 Abs. 3 S. 1 InvStG nicht nachkommt.

30. Beim betrieblichen Investmentanleger spielt die Zwischengewinnbesteuerung keine Rolle, da es an einer zu schließenden Besteuerungslücke fehlt. Denn hier ist der aus der Veräußerung bzw. Rückgabe des Anteils an der Investment-AG resultierende Gewinn generell – auch außerhalb einer Einjahresfrist – steuerpflichtig und umfasst automatisch mitvergütete Zinserträge. Um eine Gleichstellung mit dem betrieblichen Direktanleger zu erreichen, werden die 95%ige Steuerfreistellung nach § 8b Abs. 2 i.V.m. Abs. 3 S. 1 bzw. die hälftige Steuerfreistellung nach § 3 Nr. 40 S. 1 Buchst. a) EStG nach § 8 Abs. 1 S. 1 zweiter Hs. InvStG nicht auf den gesamten Gewinn aus der Veräußerung bzw. Rückgabe der Anteile an der Investment-AG angewandt, sondern nur auf den Teil des Gewinns, der auf von der Investment-AG gehaltenen Anteilen an Kapitalgesellschaften beruht (sog. positiver Aktiengewinn). Die rechnerische Ermittlung des Aktiengewinns sowie dessen Normierung im Gesetz sind nur unbefriedigend geregelt.

31. Die mit einer Outbound-Investition (Investment-AG mit Einkünften im Ausland) einhergehende Doppelbesteuerung ausländischer Zins- und Dividendenerträge

wird bei Vorliegen eines DBA mit dem Quellenstaat vermieden, indem die nach Art. 23A Abs. 2 OECD-MA vorgesehene Anrechnungsmöglichkeit der abkommensberechtigten Investment-AG gem. § 4 Abs. 2 InvStG auf die inländischen Anteilseigner übertragen wird. Die Anleger können demnach die auf die ausländischen Zins- und Dividendenerträge entfallende ausländische Quellensteuer auf ihre inländische Steuerschuld anrechnen, wobei die Anrechnung der Höhe nach auf den sog. Anrechnungshöchstbetrag begrenzt ist. Im Gegensatz zur Direktanlage wird im InvStG (§ 4 Abs. 2 S. 3 InvStG) nicht auf die per-country-limitation-Methode, sondern auf die sog. overall-limitation-Methode zurückgegriffen, die aufgrund ihres höheren Anrechnungspotentials günstiger ist. Eine Durchbrechung des Transparenzprinzips zulasten der Investmentanleger bewirkt jedoch § 4 Abs. 3 InvStG. Neben der Vermeidung der Doppelbesteuerung durch ein DBA existieren auch unilaterale Doppelbesteuerungsausgleichsmechanismen: wiederum eine Anrechnung ausländischer Quellensteuer, Abzug ausländischer Quellensteuer bei der Einkunftsermittlung der Anteilseigner von der Bemessungsgrundlage sowie Berücksichtigung der ausländischen Quellensteuer als Werbungskosten im Rahmen der Ermittlung der Erträge auf Ebene der Investment-AG. Unabdingbare Voraussetzung der Anwendung der Ausgleichsmechanismen ist, dass die Investment-AG die Bekanntmachungspflichten nach § 5 Abs. 1 Nr. 1 c) jj), f) i.V.m. Nr. 2 InvStG erfüllt.

32. Bei ausländischen Anteilseignern der Investment-AG (sog. Inbound-Investition), deren Beteiligung keinem inländischen Betrieb zuzurechnen ist, wird der Umfang der in Deutschland steuerpflichtigen laufenden Investmenterträge durch § 49 Abs. 1 Nr. 5 Buchst. b) EStG abgegrenzt, womit ein Steuerabzug in Höhe von 20% (inländischen Dividenden) bzw. 35% (Erträge aus Tafelgeschäften) einhergeht. Die Vorschrift des § 49 Abs. 1 Nr. 5 Buchst. b) EStG findet aufgrund der isolierenden Betrachtungsweise des § 49 Abs. 2 EStG nicht nur auf private, sondern ebenfalls auf betriebliche ausländische Investoren Anwendung. Die deutsche Besteuerungsbefugnis wird jedoch bei Bestehen eines DBA mit dem Ansässigkeitsstaat des ausländischen Anteilseigners durch die Verteilungsnorm des Art. 10 Abs. 2 OECD-MA begrenzt. – Bei Veräußerung bzw. Rückgabe des Anteils an einer Investment-AG durch einen gebietsfremden Anleger ist entgegen des Wortlauts eine mögliche Steuerpflicht nach § 49 Abs. 1 Nr. 2 Buchst. e) und Nr. 8 EStG aufgrund der in § 8 Abs. 5 InvStG zum Ausdruck gebrachten Wertung von vorneherein abzulehnen.

33. Die im InvStG vorgesehene transparente Besteuerung der Ebene der Investment-AG, die im Kontrast zum herkömmlichen Trennungsprinzip bei Aktiengesellschaften steht, ist ambivalent zu beurteilen. Für diese steuerliche Konzeption spricht, dass dadurch eine Gleichbehandlung von Sondervermögen und der Investment-AG sowie eine steuerliche Gleichstellung von Anlegern einer Investment-AG mit Direktanlegern erreicht wird. Kritisch zu beurteilen ist die steuerrechtliche Ausblendung der Investment-AG aber, weil dadurch außer Acht gelassen wird, dass die Investment-AG eine selbständige Trägerin von Rechten sowie wirtschaftlicher Leistungsfähigkeit ist. Nicht wirklich überzeugend ist auch die Besteuerung ausländischer Anteilseigner geregelt, da der deutsche Staat hier aufgrund der geltenden DBA in der Regel auf die Er-

hebung von maximal 15% Quellensteuer beschränkt ist. Die noch gegen das Teilhabersteuermodell geäußerten praktischen Abwicklungsschwierigkeiten, wie z.B. Ermittlung und Information der Anteilseigner, werden hingegen weitgehend praktikabel gelöst und sprechen daher nicht zwingend gegen eine transparente Besteuerung der Investment-AG.

Kolibri 360 GmbH
Ferdinand-Jühlke-Straße 7
99095 Erfurt, Deutschland
produktsicherheit@kolibri360.de

Druck:
CPI Druckdienstleistungen GmbH
im Auftrag der
Kolibri 360 GmbH
Ferdinand-Jühlke-Str. 7
99095 Erfurt